国家出版基金资助项目

全国高校出版社主题出版项目

重庆市出版专项资金资助项目

西部极核

——成渝地区双城经济圈

张志强　熊永兰　主编

廖祖君　审稿

XIBU JIHE

CHENGYU DIQU SHUANGCHENG
JINGJIQUAN

重庆大学出版社

内容提要

2020 年初,国家提出并正式启动成渝地区双城经济圈建设国家战略。本书以时间轴为观察角度,简要介绍成渝地区双城经济圈建设所在的四川盆地区域历史上巴蜀之国的演变历程;概括说明新中国成立以来川渝地区 60 载社会经济发展巨变;梳理解析"十二五"时期的成渝经济区区域规划、"十三五"时期的成渝城市群发展规划阶段四川省和重庆市的区域竞合发展过程;重点阐述成渝地区双城经济圈建设在新的历史阶段川渝地区以"一极一源两中心两地"(增长极,动力源,具有全国影响力经济中心、科技创新中心、高品质生活宜居地和改革开放新高地)为总体战略目标的一体化发展国家和地方战略及其实施进展,并从这四个方面提出成渝地区双城经济圈高质量发展的有关认识和建议。

西部极核:成渝地区双城经济圈 / 张志强,熊永兰主编. -- 重庆 : 重庆大学出版社,2022.3
(改革开放新实践丛书)
ISBN 978-7-5689-2843-4

Ⅰ.①西… Ⅱ.①张… ②熊… Ⅲ.①区域经济发展—研究—成都②区域经济发展—研究—重庆 Ⅳ.①F127.711②F127.719

中国版本图书馆 CIP 数据核字(2021)第 130171 号

改革开放新实践丛书
西部极核
—— 成渝地区双城经济圈
张志强 熊永兰 主编
策划编辑:马 宁 尚东亮 史 骥
责任编辑:尚东亮 龙沛瑶 版式设计:尚东亮
责任校对:谢 芳 责任印制:张 策
*
重庆大学出版社出版发行
出版人:饶帮华
社址:重庆市沙坪坝区大学城西路 21 号
邮编:401331
电话:(023)88617190 88617185(中小学)
传真:(023)88617186 88617166
网址:http://www.cqup.com.cn
邮箱:fxk@cqup.com.cn(营销中心)
全国新华书店经销
重庆升光电力印务有限公司印刷
*
开本:720mm×1020mm 1/16 印张:26.5 字数:382 千
2022 年 3 月第 1 版 2022 年 3 月第 1 次印刷
ISBN 978-7-5689-2843-4 定价:99.00 元

本书如有印刷、装订等质量问题,本社负责调换
版权所有,请勿擅自翻印和用本书
制作各类出版物及配套用书,违者必究

丛书编委会

主　任：

王东京　中央党校(国家行政学院)原副校(院)长、教授

张宗益　重庆大学校长、教授

副主任：

王佳宁　大运河智库暨重庆智库创始人兼总裁、首席研究员

饶帮华　重庆大学出版社社长、编审

委　员(以姓氏笔画为序)：

车文辉　中央党校(国家行政学院)经济学教研部教授

孔祥智　中国人民大学农业与农村发展学院教授、中国合作社研究院院长

孙久文　中国人民大学应用经济学院教授

李　青　广东外语外贸大学教授、广东国际战略研究院秘书长

李　娜　中国国际工程咨询有限公司副处长

肖金成　国家发展和改革委员会国土开发与地区经济研究所原所长、教授

张志强　中国科学院成都文献情报中心原主任、研究员

张学良　上海财经大学长三角与长江经济带发展研究院执行院长、教授

陈伟光　广东外语外贸大学教授、广东国际战略研究院高级研究员

胡金焱　青岛大学党委书记、教授

以历史视角认识改革开放的时代价值

——《改革开放新实践丛书》总序

改革开放是决定当代中国命运的关键一招。在中国共产党迎来百年华诞、党的二十大将要召开的重要历史时刻，我们以历史的视角审视改革开放在中国共产党领导人民开创具有中国特色的国家现代化道路中的历史地位和深远影响，能够更深刻地感悟改革开放是我们党的一个伟大历史抉择，是我们党的一次伟大历史觉醒。

改革开放是中国共产党人的革命气质和精神品格的时代呈现。纵观一部中国共产党历史，实际上也是一部革命史。为了实现人类美好社会的目标，一百年来，中国共产党带领人民坚定理想信念，艰苦卓绝，砥砺前行，实现了中华民族有史以来最为广泛深刻的社会变革。这一壮美的历史画卷，展示的是中国共产党不断推进伟大社会革命同时又勇于进行自我革命的非凡过程。

邓小平同志讲改革开放是中国的"第二次革命"，习近平总书记指出，"改革开放是中国人民和中华民族发展史上一次伟大革命"。改革开放就其任务、性质、前途而言，贯穿于党领导人民进行伟大社会革命的全过程，既是对具有深远历史渊源、深厚文化根基的中华民族充满变革和开放精神的自然传承，更是中国共产党人内在的革命气质和精神品格的时代呈现，因为中国共产党能始终保持这种革命精神，不断激发改革开放精神，在持续革命中担起执政使命，在长期执政中实现革命伟业，引领中华民族以改革开放的姿态继续走向未来。

改革开放是实现中国现代化发展愿景的必然选择和强大动力。一百年来，我们党团结带领人民实现中国从几千年封建专制向人民民主的伟大飞跃，实现中华民族由近代不断衰落到根本扭转命运、持续走向繁荣富强的伟大飞跃，实现中国大踏步赶上时代、开辟中国特色思想道路的伟大飞跃，都是致力于探索中国的现代化道路。

改革开放，坚决破除阻碍国家和民族发展的一切思想和体制障碍，让党和人民事业始终充满奋勇前进的强大动力，孕育了我们党从理论到实践的伟大创造，走出了全面建成小康社会的中国式现代化道路，拓展了发展中国家走向现代化的途径，为解决人类现代化发展进程中的各种问题贡献了中国实践和中国智慧。党的十九大形成了从全面建成小康社会到基本实现现代化，再到全面建成社会主义现代化强国的战略安排，改革开放依然是实现中国现代化发展愿景的必然选择和前行动力，是实现中华民族伟大复兴中国梦的时代强音。

改革开放是顺应变革大势集中力量办好自己的事的有效路径。习近平总书记指出，"今天，我们比历史上任何时期都更接近、更有信心和能力实现中华民族伟大复兴的目标。中华民族伟大复兴，绝不是轻轻松松、敲锣打鼓就能实现的。"当前，我们面对世界百年未有之大变局和中华民族伟大复兴战略全局，正处于"两个一百年"奋斗目标的历史交汇点。

改革开放已走过千山万水，但仍需跋山涉水。我们绝不能有半点骄傲自满，故步自封，也绝不能有丝毫犹豫不决、徘徊彷徨。进入新发展阶段、贯彻新发展理念、构建新发展格局，是我国经济社会发展的新逻辑，站在新的历史方位的改革开放面临着更加紧迫的新形势新任务。新发展阶段是一个动态、积极有为、始终洋溢着蓬勃生机活力的过程，改革呈现全面发力、多点突破、蹄疾步稳、纵深推进的新局面，要着力增强改革的系统性、整体性、协同性，着力重大制度创新，不断完善和发展中国特色社会主义制度，推进国家治理体系和治理能力现代化；开放呈现全方位、多层次、宽领域，要着力更高水平的对外开放，不断推动共建人类命运共同体。我们要从根本宗旨、问题导向、忧患意识，完整、准确、全面贯彻新发展理念，以正确的发展观、现代化观，不断增强人民群众的获得感、幸福感、安全感。要从全局高度积极推进构建以国内大循环为主体、国际国内双循环相互促进的新发展格局，集中力量办好自己的事，通过深化改革打通经济循环过程中的堵点、断点、瘀点，畅通国民经济循环，实现经济在高水平上的动态平衡，提升国民经济整体效能；通过深化开放以国际循环提升国内大循环效率和水平，重塑我国参与国际合作和竞争的新优势。

由上观之，改革开放首先体现的是一种精神，始终保持改革开放的革命精神，我们才会有清醒的历史自觉和开辟前进道路的勇气；其次体现的是一种方略,蕴藏其中的就是鲜明的马克思主义立场观点方法,始终坚持辩证唯物主义和历史唯物主义,才会不断解放思想、实事求是,依靠人民、服务人民;再次体现的是着眼现实,必须始终从实际出发着力解决好自己的问题。概而言之,改革开放既是方法论,更是实践论,这正是其时代价值所在,也是其永恒魅力所在。

重庆大学出版社多年来坚持高质量主题出版,以服务国家经济社会发展大局为选题重点,尤其是改革开放伟大实践。2008 年联合《改革》杂志社共同策划出版"中国经济改革 30 年丛书"(13 卷),2018 年联合重庆智库共同策划出版国家出版基金项目"改革开放 40 周年丛书"(8 卷),在 2021 年中国共产党成立100 周年、2022 年党的二十大召开之际,重庆大学出版社在重庆市委宣传部、重庆大学的领导和支持下,联合大运河智库暨重庆智库,立足新发展阶段、贯彻新发展理念、构建新发展格局,以"改革开放史"为策划轴线,持续聚焦新时代改革开放新的伟大实践,紧盯中国稳步发展的改革点,点面结合,创新性策划组织了这套"改革开放新实践丛书"(11 卷)。丛书编委会邀请组织一批学有所长、思想敏锐的中青年专家学者,围绕长三角一体化、粤港澳大湾区、黄河流域生态保护和高质量发展、海南自由贸易港、成渝地区双城经济圈、新时代西部大开发、脱贫攻坚、乡村振兴、创新驱动发展、中国城市群、国家级新区 11 个选题,贯穿历史和现实,兼具理论与实际,较好阐释了新时代改革开放的时代价值、丰硕成果和实践路径,更是习近平新时代中国特色社会主义思想在当代中国现代化进程中新实践新图景的生动展示,是基于百年党史背景下对改革开放时代价值的新叙事新表达。这是难能可贵的,也是学者和出版人献给中国共产党百年华诞、党的二十大的最好礼物。

中央党校(国家行政学院)原副校(院)长、教授   重庆大学校长、教授

2021 年 7 月   2021 年 7 月

前　言

　　巴山蜀水紧相连,巴蜀两地一家亲。自古以来,巴蜀地区(今主要指川渝地区)虽然行政区域基本上一直是分割分治的,但两地同处于四川盆地,自然地理气候状况与生态环境条件非常相近。两地山水相依、交通相连,使得人文相亲、经济共生的局面不断加深、日益密切。特别是自公元前316年被秦统一后,巴蜀地区就全面融入了大一统的中华文明体系中,具有独立特色的巴蜀文化也逐渐融入中华文化中。近百年来,川渝两地曾历经多次分治与合治,但两地始终地缘相近、文化相通、人缘相亲、风俗相习。

　　现在一般所称的成渝地区,"成"有狭义和广义两个层面的内涵,狭义的"成"主要是指成都都市圈地理范围,广义的"成"主要是指成都都市圈辐射的四川省范围。所以,对成渝地区的称谓,要具体问题具体分析。在特别强调"成"的广义内涵时,成渝地区就被明确称为川渝地区。

　　川渝地区是我国西部经济发展的战略重心地区,是国家经济与安全发展的战略后方。国家历来重视川渝地区的发展。2011年,国务院批复实施《成渝经济区区域规划》,明确要求把成渝经济区建设成为西部地区重要的经济中心,在带动西部地区发展和促进全国区域协调发展中发挥更加重要的作用。2016年,国务院批准《成渝城市群发展规划》,提出到2020年,成渝城市群要基本建成经济充满活力、生活品质优良、生态环境优美的国家级城市群。2020年1月3日中央财经委员会第六次会议提出,推动成渝地区双城经济圈建设,使成渝地区成为具有全国影响力的重要经济中心、科技创新中心、改革开放新高地、高品质生活宜居地。2020年10月16日,中央政治局会议审议《成渝地区双城经济圈建设规划纲要》,提出成渝地区双城经济圈要建设成为带动全国高质量发展的重要增长极和新的动力源。从成渝经济区到成渝城市群,再到成渝地区双城经济圈,意味着成渝地区在全国区域发展中的战略地位不断上升。成渝地区双城经济圈建设将进一步丰富和发展我国区域协调发展战略布局,有利于发挥区域比较优势和协同优势,在西部形成高质量发展的重要增长极,它对于促进长江经济带发展和促进西部地区经济社会较快发展和高质量发展,也将形成重要的战略支撑以及发挥带动辐射和示范作用。

成渝地区双城经济圈建设战略提出以来,川渝两地以争分夺秒的行动破除壁垒,锐意创新,相向而行。2020年至今,川渝两地签署各类合作协议200多个。在加强交通基础设施建设、加快现代产业体系建设、增强协同创新发展能力、优化国土空间布局、加强生态环境保护、推进体制机制创新、强化公共服务共建共享等领域,呈现出大批亮点,获得显著发展。但成渝地区双城经济圈建设还处于起步和探索阶段,成渝地区双城经济圈建设的有关理论政策研究受到管理界和学术界高度关注,在建设实践中非常急需但还很粗浅。这方面的研究需要川渝地区有关历史发展情况和经验的系统资料支撑。为了更好地服务于推动成渝地区双城经济圈"一极一源两中心两地"建设的国家战略和相关战略的政策理论和实践应用研究,以及帮助社会公众了解成渝地区双城经济圈建设的历史发展和现实基础,编写有关成渝地区双城经济圈建设的普及读物就很有必要。为此,四川省新型智库"现代产业与创新发展研究智库"在系统梳理川渝地区自古以来的行政区划、社会经济发展变迁历史的基础上,深入研究了成渝地区双城经济圈的一体化发展战略方向,并重点从建设具有全国影响力的经济中心、科技创新中心、高品质生活宜居地和改革开放新高地等四个方面整理、综合、剖析成渝地区双城经济圈建设的意义和内容、进展和现状等,并提出相关发展思路。

本书共八章内容。第一章简要介绍了巴蜀古国的起源以及自秦统一全国至新中国成立期间,巴蜀两地的自然地理变化和社会经济文化变迁。第二章分析了新中国成立后60年(至2010年),川渝两地行政区划的调整、经济社会的发展,尤其是西部大开发以来川渝两地各自的发展情况。第三章分析了从成渝经济区区域规划战略到成渝城市群规划战略实施的十年期间,川渝两地的竞争与合作发展情况以及合作发展的典型案例。第四章从城市群一体化战略发展的视角分析了成渝地区双城经济圈一体化发展的必要性和重点内容,并以毗邻地区遂宁—潼南为突破点,提出了其区域一体化的发展思路。第五章从构建现代产业体系、建设先进制造业集群和打造成渝地区双城经济圈内第三极等三个层面提出了成渝国家重要经济中心建设的思路。第六章在分析国内外主要科技创新中心发展规律的基础上,提出了成渝国家重要科技创新中心建设的主体框架、主要内容以及体制机制与政策体系。第七章分析了成渝地区双城经济圈高品质生活宜居地建设的意义、基础与挑战,在此基础上提出了高品质生活宜居地建设的主要内容,并以公园城市建设为案例,对成都如何建设国家公园型城市示范区进行了深入分析。第八章分析了改革开放新高地建设的战略意义和主要内容,就川渝如何融入"一带一路"倡议和长江经济带建设战略进行了剖析,并对四川省进一步深化全面创新改革发展进行了分析。

　　本书由中国科学院大学经济与管理学院教授、中国科学院成都文献情报中心原主任、四川省新型智库"现代产业与创新发展研究智库"负责人和首席专家张志强研究员,中国科学院成都文献情报中心副研究员、四川省新型智库"现代产业与创新发展研究智库"执行负责人熊永兰组织撰写。各章的撰写任务分工为:第一、二章由张宸嘉、熊永兰撰写;第三章由韩文艳、张志强撰写;第四章由熊永兰、张志强撰写;第五章由王恺乐、张志强、宋时立、李婧、杨思飞、熊永兰撰写;第六章由王恺乐、张志强、韩文艳、熊永兰撰写;第七章由韩文艳、张志强撰写;第八章由王恺乐、张志强、熊永兰、韩文艳撰写。全书由张志强、熊永兰负责统稿和审定。本书涉及大量的历史资料和数据资料,撰写人员参考了很多文献。特别是有关巴蜀历史的资料,主要借鉴现有的一些有关巴蜀历史研究的地方志书和研究书籍,文中提到了这些书籍,但没有反复标注引用,在文后的参考文献中有列出。有关经济社会发展的统计数据,主要来源于国家和地方统计年鉴。特此说明。我们对有关机构和学者为我们创造的研究条件致以衷心谢忱。

　　成渝地区双城经济圈建设涉及经济、科技、社会、改革开放等多个领域,本书的主要目的是抛砖引玉,以期向对成渝地区双城经济圈建设感兴趣的有关政府决策与管理人员、战略与政策研究人员、社会公众等提供一份有关成渝地区双城经济圈建设与发展的普及性读物。由于作者的知识面有限,不足之处在所难免,恳请读者和专家批评指正!

　　　　　　　　　　　　　　　　　　　　　　　　　张志强

　　　　　　　　　　　　　　　　　　　　　　　　　2021 年 3 月

目　录

第一章

1

巴蜀地区

第一节　地理环境①

一、行政区划变迁

四川盆地及其周边区域,史称巴蜀地区。战国秦汉时期,就已经明确有了这个地域概念。而古之巴蜀的地理范围,却又超出四川盆地和现今的川渝区域,南至云贵北部,北达陕甘南部,东抵湘鄂西部。

巴蜀地区,随着历史朝代的不断变迁,其地理范围和行政称谓也随之而变。新近的地方史志研究资料,都对历史上巴蜀所在的四川盆地区域历史上的行政沿革变迁有详细记录,如《四川省志·地理志》《巴蜀史》《成都简史》等。

在我国最早的地理著作《禹贡》中,巴蜀被称为梁州;在周代,巴蜀被称为巴国和蜀国。从商周到春秋战国时期,四川盆地区域就建立了两个部族国家:以古蜀族为中心的古蜀国(位于四川盆地西部地区),活动区域以岷江流域为中心;以古巴族为中心的巴国(位于四川盆地东部地区),活动区域以嘉陵江流域为中心。

据有关史籍,古蜀国兴起于岷江上游,从蚕丛氏称王开始,历经蚕丛、柏灌、鱼凫、杜宇、开明五个氏族的统治。西周初期,杜宇在位时期,他教民耕种,开疆拓土,蜀国成为西南地区的大国。公元前316年,秦惠文王趁蜀国与巴国、苴国交战之际,遣张仪、司马错沿石牛道伐蜀,古蜀国灭亡。巴国,夏朝时称为"巴方",商朝时称为"巴奠(甸)",西周初期被封为诸侯国,简称巴国。战国时期疆域"其地东至鱼复,西至僰道,北接汉中,南极黔涪",表明其疆域东至重庆奉节,西至四川宜宾,北接陕西汉中,南及渝东南、黔东北、湘西部分地区。公元前316年张仪攻克巴全境,在江州(今重庆市江北区)筑城,设置巴郡,把巴郡纳入了秦

---

① 四川省地方志编纂委员会.四川省志·地理志:上下册[M].成都:成都地图出版社,1996.

国的郡县体制。

公元前316年秦并巴蜀后,蜀国和巴国被分置为蜀郡(郡治所为成都,即今成都市原中心城区)、巴郡(郡治所为江州,即今重庆市江北区)。三国时期巴蜀为"蜀汉"政权中心区域。晋代把四川盆地东部和陕南汉中盆地区域称为梁州;把四川盆地西部区域称为益州。唐代,四川地区属于剑南道(后分为剑南道西川、剑南道东川,简称西川和东川)、山南道(后分为山南东道和山南西道)等。宋初置西川路(后分峡西路,又并为川峡路),宋真宗时期又重新划分四川为益州、梓州、利州、夔州四路,总称"川峡四路"或"四川路",这是"四川"称谓的最早来源。在元代,今四川地区先后分属于陕西、云南、四川三个行中书省,简称"行省"(这是我国地方政区设省之始),始有四川省之称谓。明朝时期,将四川行中书省改为四川承宣布政使司,仍习惯称"行省"。清代,地方政区的格局基本沿袭明朝,但对地方政区范围进行调整和合并,四川地区的行政区域和范围至此基本定型。

历史上巴蜀文化辐射、传播到了巴蜀以外区域,形成了与巴蜀同俗的地区。李绍明等(1991)认为"巴蜀"一词有三重含义:代指地名、族称、国号。以地名而论,巴蜀地区包括今四川盆地、陕西南部、湘鄂西部、云贵北部、金沙江横断山脉以东区域,也是秦汉时期巴郡、蜀郡、汉中郡及南中各郡所辖之地。到汉魏时期,巴蜀地区指三巴(即巴郡、巴西、巴东)和三蜀(即蜀郡、广汉郡、犍为郡)之地,所涉及地域范围缩小至今四川东部。以族称来看,巴蜀人民指在四川境内居住的人类共同体,由民族、部落、部落联盟直至建立国家,最终大部分融入华夏族;一部分经过长时间迁徙发展,演化为西南少数民族中的某些部族。以国号来看,巴蜀国指四川地区在原始氏族社会解体后,分别形成以成都、重庆为中心的社会群体。

二、地理地貌

川渝两省(直辖市)所在的广大区域的地貌最显著的特点,是东、西两大部分的地貌类型及其结构组合有很大差异。西部为山地、高原。川西高原属青藏高原的东缘,从西北向东南倾斜,平均海拔由 4 200~4 500 米逐渐降到 3 500~3 700米。川西山地处于横断山脉的北段,多海拔 5 100~5 200 米的山岭,冰川地貌发育普遍,河谷深切。东部是中国四大盆地之一的四川盆地,盆地周围则为中山环绕。

(一)平原

成都平原。又名川西平原、盆西平原,长约 140 千米,宽 40~50 千米,总面积 1.8 万平方千米,海拔 600 米左右。成都平原是位于四川盆地西部的一处冲积平原,由冲积扇平原和平原东西两侧的山前阶地组成,为西南至东北伸展的倾斜平原,西北高而东南低,地表松散,沉积物巨厚,地势平坦。平原内属暖湿亚热带太平洋东南季风气候区,四季分明,日照少,气候温和,降雨充沛。其水系格局特殊,呈纺锤形,河流出山口后分成许多支流奔向平原,分支交错,河渠纵横,土壤肥沃。成都平原有自古闻名的都江堰灌溉工程,水渠纵横,农业发达,物产富饶,人口稠密,是中国重要的水稻、甘蔗、蚕丝、油菜籽产区,自古有"天府之国"的美誉。

峨眉平原。位于峨眉山市东北部,面积 200 多平方千米,海拔 450 米左右。峨眉平原系由断陷所成,有深厚的新生代沉积,尤其以中更新统泥砾层分布最广,构成了东北方向倾斜的扇状平原,其物质来源于峨眉山主峰山前的大沟、张沟等地。

梁平—开江平原。梁平及开江分别位于龙溪河向斜谷地。沿丘陵谷底分布有宽阔的平原,物质由河湖沼泽相黄色粉沙、亚黏土及河流砾石组成。剖面中常见薄层泥炭及植物根块,最宽可达 21 千米,当地称为"坝子",面积共约 250 平方千米。

川江两岸平原。川江两岸发育有 1~2 级阶地,部分地方甚至有 3 级阶地,构成地面平坦、面积较大的冲积平原。川江两岸平原包括宜宾南岸平原、李庄平原、南溪附近平原、江安附近平原、泸州附近平原。

岷江、青衣江两岸平原。岷江、青衣江两岸的冲击平原有眉山—彭山平原、洪雅平原、夹江平原、双江平原、大渡河下游平原、五通桥平原、金栗与石板溪平原、犍为平原、泥溪平原。

沱江两岸平原。沱江两岸较大的坝子有金堂县的淮口镇，简阳市壮溪北面的谢家坝、黄家坝，石钟坝对岸的陈家坝，石桥铺对岸的上、下花园坝，简阳市区东南的十里坝、赖家坝、平泉镇及对岸的堰河坝、莲坝、三江坝等，资阳市的韩家坝、李家坝、雁家坝、董家坝，资阳市区及对岸的张家坝、长滩坝等。均为河流冲积平原。

涪江流域平原。涪江沿岸主要冲积平原有城塘坝、江油平原、绵阳至三台葫芦溪平原、射洪县金华镇以下的涪江冲积平原。

嘉陵江沿岸平原。嘉陵江沿岸主要平原有阆中附近平坝、南充市内的主要平坝。

山间盆地及宽谷中的平原。主要有安宁河谷平原、广元附近河谷平原、石灰岩地区平原。

川西高原与山原的河谷平原。阿坝、壤塘一带的大渡河支流切割高原面，相对高度 500~600 米，谷地宽 300~400 米到 1.5~2 千米。金沙江在石渠县正科至洛须之间，谷地开阔，谷底有 4~5 级阶地分布，形成宽 100~500 米的平坝。雅砻江和鲜水河谷地分布着一系列的断陷盆地，盆地中有河流冲积，形成较平坦的谷地平原。

（二）丘陵

川渝地区丘陵分布较广，面积约 10.5 万平方千米，主要分布在东部盆地区。盆地中部的盐亭、阆中、营山县以南，龙泉山至华蓥山西麓区域，面积约 7 万平方千米。海拔 350~500 米，相对高度多为 20~200 米。丘陵主要由侏罗—白垩系的紫色砂、泥岩构成，以"川中红盆丘陵"著称。

丘陵除按相对高度分为高丘（相对高度 100~200 米）、中丘（50~100 米）、低丘（20~50 米）、缓丘（<20 米）外，还可根据地质状况分为背斜构造、单斜构造

和水平构造的丘陵。川中以水平构造的方山或桌状山式丘陵为主。

(三)山地

低山。低山海拔低于1 500米,相对高度200~500米,占区域总面积的20%以上。按成因可分为背斜构造低山、水平构造低山、单斜构造低山和岩溶低山等。其中背斜构造低山从东到西,主要有挖断山、黄草山—东温泉山、桃子荡山、明月山、铜锣山、观音山、龙王洞山、中梁山、缙云山、云雾山。水平构造低山主要分布在盆地北部和川东平行岭谷的向斜轴部和盆地长江以南。单斜构造低山主要分布于盆地边缘和背斜构造低山两侧。岩溶低山分布在盆地南部高县、筠连、珙县等县境内,盆地东南綦江区打通及南桐区的崇林等地,多呈残丘、峰丛。

中山。中山海拔1 000(1 500)~4 000米。相对高度大于500米,约占区域总面积的22%。包括盆地北部边缘山地的米仓山、大巴山,盆地东部、盆地东南边缘山地的巫山、七岳山、方斗山、龚家山、八面山、酉阳山、云峰山等,盆地南部、盆地西南边缘山地包括大娄山系北部、大凉山、岷江与金沙江之间山脉和马边河至美姑县黄茅埂以东的宁山等,盆地西部边缘山地的龙门山系、摩天岭,川西南中山的碧鸡山、马鞍山、罗木大山、老君山等,盆底中山的铁凤山、华蓥山,盆北中山的九龙山、望乡山、盆西南中山等。

高山。高山绝对高度3 500(4 000)~5 000(5 200)米,相对高度大于1 000米,占川渝面积的近5%。川西高山有日尔郎山、南坪山、岷山、邛崃山、夹金山、贡嘎雪山等,川西南高山有小相岭、螺髻山。

极高山。对高度大于5 000(5 200)米,相对高度大于1 000米的山地,占区域面积约1%。极高山分两类:一类是山岭终年积雪覆盖;另一类有季节性积雪,冻融物理作用极为强烈。极高山多属高山的峰岭,大部由结晶岩构成。

(四)高原与山原

高原。主要分布在甘孜藏族自治州的石渠县和色达县,阿坝藏族自治州的红原、阿坝、若尔盖等地。高原的外围是山原。高原的界线大致从石渠南莫拉山向东南经德格县竹庆、色达县东南河西寺、阿坝藏族自治州的壤塘县城北、马尔康市北沙耳、红原县南刷经寺、若尔盖县东郊巴西乡入甘肃省。高原面由西向东倾斜，西部石渠至色达一带，平均海拔 4 200~4 500 米，至东部红原、若尔盖县一带降至 3 700~4 000 米。高原可分为两大类型：一类是平坦的高原，包括堆积和剥蚀的两种，海拔 3 500~4 200 米；另一类是剥蚀的丘状高原，海拔 3 900~4 900米。

山原。山原是山地与高原的过渡地带。山原主要分布在川西,凉山和长江以南的川鄂交界地区亦有分布。川西山原与横断山北端的界线,自西向东,大致是:沿雀儿山北麓向东,经白玉县赠科折向南,经义敦、乡城、木里等县折向北,沿雅砻江上溯至孜河转向东,沿大雪山西麓北上,至道孚县玉科折向东,经阿坝藏族自治州金川县的安宁、小金县的抚边,沿红桥山、鹧鸪山西麓北上,至黑水县向东折抵松潘县南面的镇江关,再沿岷江河谷北上,经南坪县西部的农康、黑河入甘肃省境。凉山山原分布在北大凉山、黄茅埂以西,挖黑河、西溪河、甘洛河、普雄河的上游以南,螺髻山以东,普格、布拖以北,是以美姑、昭觉、布拖为中心的山原。川东长江以南川鄂交界的山原是湖北恩施、利川山原的延伸部分,在重庆境内有两处:巫山、奉节、云阳、万州的长江以南;石柱土家族自治县的官渡河、悦来河东南。

三、气候

川渝地处中纬度、亚热带。境内西部是青藏高原东南缘的川西高原地区(简称川西高原),东部为四川盆地。地理位置和复杂的地形,使盆地区与川西高原的气候特点有明显差异。

四川盆地区的主要气候特点:冬暖,无霜期长;春季气温回升早(与同纬度地区比较),变化不稳定,降水量偏少,常有春旱;夏季降水多而分配不均,常有旱、涝;秋季多连阴雨;全年多阴天,日照少,多夜雨。

川西高原大部分地区雨、旱季分明,气温低,冬长无夏或夏季很短,霜雪频繁,无霜期短,晴天多,日照丰富;河谷地区气候干热。

（一）气温

盆地区年平均气温为16~18 ℃,南部高于北部,长江沿岸地区18 ℃以上,是盆地内的高温区。川西高原的甘孜、阿坝两自治州的年平均气温,河谷地区可达12 ℃以上,海拔较高和纬度偏北的地区都在6 ℃以下,红原、若尔盖在2 ℃以下,色达为0 ℃,石渠为零下1.6 ℃。凉山州(含攀枝花市)大致以盐源、德昌、普格一线为分界,以南除会理、会东两地为15~16 ℃外,其余均在18 ℃以上,攀枝花达23 ℃;以北地区为12~18 ℃,美姑、昭觉、布拖为10~12 ℃。

（二）降水

年平均降水量,盆地大部分地区1 000~1 200毫米,渠江以东的盆地东北部及盆地东南部的黔江、彭水、酉阳、秀山等地,以及盆地西部的青衣江流域大部分地区,可达1 200~1 500毫米。其中名山、峨眉山超过1 500毫米,天全、雅安可达1 710~1 750毫米,是四川省降水量最多的地区。盆地中部偏西北的沱、涪两江中游地区,年降水量只有890~980毫米,是盆地年降水量最少的地区。甘孜、阿坝两州的大部分地区年降水量为600~780毫米。凉山州南部为1 000~1 160毫米,渡口仅有763毫米。

（三）日照

全年平均日照时数,川西高原多于盆地区。盆地区自西南向东北增多,盆地西南部有800~1 000小时,是四川省日照最少的地区。东北部有1 400~1 570小时。盆地其余地区有1 000~1 400小时。盆地区是全国日照最少的地区之一。川西高原是全国的多日照地区之一,大部分地区在2 000小时以上,仅甘孜、阿坝、凉山三州的东部为1 600~1 900小时,甘孜、炉霍、理塘、稻城可达2 600小时以上,攀枝花达2 709小时。

（四）湿度、蒸发量

川渝相对湿度,盆地区大于川西高原。盆地西部、西南部及沱、涪、嘉、渠各江下游地区都达 80%～85%,盆地其余地区为 71%～79%。甘孜州大部分地区为 50%～59%,甘孜州西北部和阿坝州、凉山州西昌以南地区为 60%～69%。凉山州东北部可达 70%～76%,雷波县为 83%。

年平均蒸发量,川西高原大于盆地区。盆地大部分地区为 1 000～1 200 毫米,盆地西北部和西部为 920～1 100 毫米,盆地中南部、北部和东北部为 1 200～1 500 毫米,奉节、巫山为 1 540～1 570 毫米。川西高原的阿坝州北部和东北部、甘孜州北部为 1 200～1 300 毫米。甘孜州中部和南部、阿坝州西南部、凉山州北部和东部均为 1 600～1 950 毫米。凉山州西南部可达 2 000～2 500 毫米。各地年蒸发量均大于年降水量。

四、水文

川渝河流数量多,分布广。流域面积超过 100 平方千米的河流有 1 419 条,超过 500 平方千米的河流有 343 条,超过 1 000 平方千米的河流有 160 条,超过 10 000平方千米的河流有 19 条。

区域内河流分属于长江和黄河两大水系。黄河水系分布于区域的西北部,包括发源于若尔盖地区的黑河、白河等河流,在区域内的面积约 2 万平方千米,占区域总面积 3% 左右。长江水系,区域内的流域面积约 55 万平方千米,为区域面积的 97%,占长江流域总面积的 33%。长江在区域内的支流,除个别支流流出区域境外,其余各支流自盆周山地及西部高原山地汇入盆地南部的长江干流,构成了向心状水系。

(一)水系

河流可划分为 11 个主要水系:金沙江干流水系、雅砻江水系、大渡河水系、青衣江水系、岷江水系、沱江水系、涪江水系、嘉陵江干流水系、渠江水系、乌江水系和长江干流上游水系。还有黄河支流黑、白二河,汉江、沅江等系统不完整的水系。大致可分为 3 个部分:西部高原河流、东部盆地长江以北河流和长江以南边缘山地的河流。

(二)流域

川渝河流根据分布地区和水量特征,可分为 8 个区:金沙江区,岷、沱江区,嘉陵江区,乌江区,长江上游干流区,黄河区,汉江区和沅江区。后 3 区较小,前 5 区流域特征复杂。流域特征表现为:

河网密度,在东部盆地一般较大,在西部地势坦缓、降雨较多的小流域也较大,如雅砻江支流鲜水河和安宁河。河网密度最大的是沱江流域,最小的是雅砻江流域。

流域的平均宽度,盆地内较大,边缘山地和平行岭谷区较小。雅砻江流域的平均宽度也很大。

流域的形状系数,岷江干流、雅砻江较大;渠江、青衣江流域偏小。即前者狭长,后者则近于圆形。在各大河流域的支流小流域中,龙溪河流域最小,理塘河流域最大。

(三)河道

川渝的河流一般具有山溪性河道特征。河流岸坡较陡,河谷多呈 V 形和 U 形,宽谷与狭谷河段交替出现。河流多急弯与山间曲流。河道纵比降大,纵断面多呈折线或阶梯状,多急流、瀑布和险滩。如岷江、沱江、嘉陵江等就有大小险滩千处。

(四)河川径流补给及变化

川渝河川补给来源主要有降水、地下水、季节性融雪及现代冰川融水 4 种。各河大多有两种以上的补给来源,西部河流补给多达 3 种以上,因而河川径流补给具有综合性特征。直接由降水形成的地表径流为主要补给,占河川径流总量的 70% 以上,部分小河可高达 90%。其次是地下水补给,河流的平均地下水补给量约占河川径流总量的 23%,一般为 15%~25%,部分发育于可溶性岩类地区的河流,地下径流丰富,地下水补给可达 50%。季节性融雪及现代冰川补给的河流,多在西部大河上段及其支流,补给量一般在 10% 以内,部分河流如磨西河、田湾河等可达 15%~25%。

川渝区域内的河流多属季风型河流,河川径流的季节性变化较明显。各区河流随季风进退不同时期的径流占年径流总量的比重差异较大。受东南季风影响的盆地区,汛期(4—10月)径流占年总量的 60%~80%,最大月径流占年总量的 20%~40%,春季径流占年总量的 10%~30%。

五、土壤

受气候、地貌、母质、植被、人类生产活动等因素影响,川渝地区土壤类型多样且极具特征性。

(一)赤红壤类

赤红壤又称砖红壤性红壤,为南亚热带的代表土类。于川西南安宁河、雅砻江、金沙江等海拔 1 300 米以下河谷,呈狭长不连续的条带状分布,在金沙江河谷与燥红土交错分布。气候属燥红土和红壤之间的过渡性干热河谷气候。成土母质为花岗岩、玄武岩、变质岩、石灰岩、泥岩、砂岩、白云岩、陆相碎屑岩和第四系红色黏土风化物。

(二)红壤类

红壤集中分布在川西南凉山州海拔 1 300~2 300 米的山地、河谷和川东南 1 000 米以下的山间盆地。分布区属亚热带气候。主要成土母质为花岗岩、变质岩、石灰岩、砂页岩、玄武岩风化物和第四系红色黏土。植被是以山毛榉科、山茶科和樟科为主的常绿阔叶林及针阔叶混交林。

(三)黄壤类

黄壤主要分布在盆东平行岭谷低山和海拔 500~1 500 米的盆缘山地,盆西岷山、眉山、雅安、乐山等地的老冲积台地也有分布。成土母质为石灰岩、砂岩、页岩、变质岩和第四系红色黏土。自然植被为常绿阔叶林,目前多为次生林和草本灌丛。

(四)黄棕壤类

黄棕壤分布在盆边山地龙门山、大巴山、七曜山,大娄山北坡,大凉山东坡和金沙江、雅砻江、大渡河、岷江中下游的山地。在垂直带谱中,是黄壤向棕壤或暗棕壤过渡的土类,海拔高度 1 500~2 000 米。气候接近北亚热带,阴凉、潮湿、多雨雾、湿度大。植被为常绿阔叶和落叶阔叶混交林。成土母质多为砂页岩、灰岩、白云岩、玄武岩和变质岩等残积、坡积物。

(五)黄褐土类

黄褐土主要分布在嘉陵江流域广元一带和大渡河中游河谷海拔 600~1 600 米坡地,万州长江两岸也有。

(六)棕壤类

棕壤分布在盆周山地和川西山地的中上部,部分靠近高原面的下切河谷的阴坡部位。海拔 2 000~3 000 米大巴山、摩天岭南坡、松潘、马尔康、康定、德格等地,在垂直带中皆有分布,属湿润温带气候,植被以落叶阔叶林的栎类、桦木为主,也有冷杉、垂枝云杉及壳斗科栓栎、槲树等。成土母质多为风化度较低的砂页岩、灰岩、玄武岩、花岗岩、变质岩的残积、坡积物。部分地方由于森林遭到破坏,被草类代替,形成草甸棕壤。

(七)暗棕壤类

暗棕壤又称灰棕壤,分布于海拔 2 000~3 200 米的盆地西北和川西山原的中、上部及川西南山地的上部。气候冷凉,多云雾,夏季短,有冻土现象,属温带湿润针叶林下发育的土壤。在垂直带谱中,位于棕壤之上,灰化土之下,为棕壤向棕色针叶林土过渡土类。植被为暗针叶林,林下多箭竹、杜鹃和大量地衣、苔藓。成土母质多为酸性结晶岩、变质岩、灰岩、砂页岩、砂板岩、白云岩和玄武岩等的残积、坡积物。

（八）棕色针叶林土类

棕色针叶林土前称灰壤、山地灰化土、银灰土和漂灰土。分布在海拔2 500～4 200米的川西高山峡谷区及盆周山地西北部的高山中、上段,在川西南高山上段有零星分布。属高山亚寒带气候。植被为冷杉及藓类。在沙鲁里山南端至木里县的半阳坡生长有长苞冷杉、箭竹和灌丛。棕色针叶林土位于棕壤或暗棕壤之上,在高山及亚高山草甸土之下。成土母质为砂泥岩、花岗岩、玄武岩、灰岩、板岩、片岩、白云岩和千枚岩等残积物。

（九）燥红土类

燥红土类分布于海拔1 200米以下的金沙江、雅砻江等河谷中。属南亚热带半干旱气候。植被为稀树草原。成土母质为老冲积物和昔格达组砂页岩、石英闪长岩及三叠系等紫色砂泥岩的残积、坡积物。

（十）褐土类

褐土又称褐色土,分布于海拔1 200～2 000米的川西高山峡谷区山地的下部及高原上的河谷,以岷江、大渡河上游河谷较为集中,在甘孜、炉霍的雅砻江中,上游鲜水河河谷及山原下部和阿坝一带,褐土分布高度可达3 000米以上。在垂直带谱中,褐土上接棕壤或黄棕壤,是山地棕壤向干旱区过渡的土类。褐土位于暖温带半干旱气候区,土壤发育处于半淋溶状态。成土母质为板岩、千枚岩、灰岩、砂页岩、紫色砂页岩及花岗岩,玄武岩的残积、坡积物和黄土状母质。植被以落叶阔叶林为主,并伴生灌丛,经济林木有核桃、花椒、雪梨等,农作物一年一熟至两熟。

（十一）紫色土类

四川紫色土区面积约16万平方千米,占区域总面积的28%,集中分布于四川盆地丘陵和800米以下低山,为我国紫色土分布最广的省份。在凉山州各县海拔1 000～3 000米的中山亦有成片分布。四川紫色土区属中亚热带高温高湿气候,原生植被亚热带常绿阔叶林早已为人工植被代替。

（十二）石灰岩土类

石灰岩土分布在海拔 700~2 500 米的川西南、盆地内低、中山及盆周山地，在各地质时期石灰岩风化壳上发育而成，和黄壤、黄棕壤、红壤成复区分布。

（十三）钙质黄泥土类

钙质黄泥土主要分布于成都平原高阶地及万州长江沿岸阶地。成土母质为风成和堆积黄土(成都黏土和巫山黄土)及具有石灰反应的冰水沉积物。

（十四）新积土类

新积土前称潮土，分布在成都平原及龙门山、邛崃山山前冲积、洪积扇上，河流的阶地和低山山麓也有。成土母质为河流新近的流水沉积物，土层深厚，不同地区由于物源不同，冲积土的颜色有紫色、灰棕色、黄色和黄红色。

（十五）风沙土类

风沙土也称飞沙土，在岷江、大渡河、雅砻江和金沙江等河流上游有零星分布。气候较干燥，昼夜温差大，风蚀频繁、强烈，沙粒和细土，河谷和坡脚，富集成半固定沙丘，植被稀疏矮小。

（十六）水稻土类

水稻土为长期水耕熟化形成的人工水成土壤。主要由潮土、紫泥土、黄壤及红壤等母土发育而成。区域各县(市)都有水稻土分布，面积约 5 000 万亩(1 亩≈666.67 平方米)，占区域耕地面积的一半。主要分布在盆西(成都)平原，盆地内的丘陵、平坝和盆周低中山区及安宁河流域，常与紫色土、黄壤、红壤呈复区分布。

（十七）草甸土类

草甸土分布于阿坝、甘孜、凉山州的中山和高原的开阔平坦河谷地段，属半湿润气候和喜湿的中生草甸植被，地形平坦，排水差，形成半水成土壤，表现为腐殖质的积累和季节性的氧化还原作用，形成潴育层。

（十八）山地草甸土类

山地草甸土分布于海拔 2 500~3 000 米的川东盆周山地的中上部及川西、川西南中山上部阴坡,属山地暖温带、温带气候。多在针阔叶混交林原生植被破坏后形成的灌丛草甸上,或是在林间草场草甸、棕壤草甸、黄棕壤的基础上形成。

（十九）潮土类

潮土分布于成都平原及盆地河岸低阶地,为长期受地下水影响的土壤。处于氧化还原状态,剖面中有明显的锈纹锈斑,沉积层明显,多具石灰反应,熟化度高,多已开垦为稻田。

（二十）沼泽土类

沼泽土集中分布在若尔盖、阿坝、红原、松潘等县的洼地及河湖低湿地。海拔2 000~3 700 米的理塘、石渠、色达、甘孜、凉山、大巴山、七曜山、武陵山的低湿地带有零星分布。气候多属寒带。成土母质多为河湖沉积物。生长喜湿性沼泽草甸植物或沼泽植物。

（二十一）泥炭土类

泥炭土分布于红原、若尔盖的草原大沼泽四周地势稍高的支沟洼地及沟谷源头、古河道和湖盆地中,海拔 2 000~3 800 米的凉山地区的山间洼地也有小面积分布。地下水位较腐泥沼泽土稍低,有季节性落干,植被为沼泽草甸,有莎草、苔草、嵩草等草类。

（二十二）亚高山草甸土类

亚高山草甸土分布在阿坝州海拔 3 000~3 800 米山地或高原的阿坝、壤塘、红原及若尔盖县。亚高山草甸土多处于阳坡及山脊,与暗棕壤呈复区分布。植被主要为高山草甸草本植物及箭竹、大叶杜鹃等灌丛。气候属寒温带,成土母质为花岗岩、闪长岩、变质岩、沉积砂岩、泥岩、石灰岩的残积、堆积物及河湖冲积物、洪积物等。

（二十三）高山草甸土类

高山草甸土分布在海拔3 700~4 800米的甘孜、阿坝州石渠、色达、甘孜、理塘等县丘原。雅砻江上、中游浅切河谷,地表相对高度不超过200~300米。一般属高山亚寒带气候,冻土时间长,多冰雹和大风。阳坡生长高山草甸植物,阴坡或沟谷有高山灌丛草甸植物。

六、植被

（一）植被类型

亚热带常绿阔叶林是四川的地带性植被。随海拔高度的不同,出现不同类型,低山主要有栲树林、刺苞米储林、小果润楠林等,中山有峨眉栲林、高山栲林、包石栎林。川西高寒山地则出现以高山栎类林为主的硬叶常绿阔叶林,是地中海硬叶常绿阔叶林在我国的残留和衍生。

针叶林类型多样,高山有寒温性的云杉林、冷杉林、落叶松林、园柏林;中山有温性的高山松林、铁杉林、华山松林、云南松林、油松林;低山丘陵则有暖性的马尾松林、巴山松林、油杉林、川柏木林等。还有第三纪孑遗植物组成的杉木林、水杉林、银杉林。

山地垂直带谱自下而上有常绿阔叶林、常绿和落叶阔叶混交林、针阔叶混交林、寒温性针叶林、高山灌丛草甸、流石滩植被等。川西南山地河谷及大渡河、岷江等干热河谷,多稀树草丛、干旱河谷灌丛。

（二）植被分布

川渝地区的植被分布,东西两大部分具有明显差异,大致以邛崃山、大相岭、大凉山一线为界。

东部包括四川盆地和盆缘山地,处于北纬27°40′~32°55′和东经102°05′~110°05′之间,受太平洋气流影响,属亚热带偏湿性常绿阔叶林植被,主要成分为喜湿的樟科、山毛榉科、山茶科等种属植物,也有马尾松、杉木、川柏木等暖性针叶林和亚热带竹林。

西部包括川西山地高原和川西南山地,位于北纬 26°05′~34°10′,大部分在东经 99°~102°,地势自西北向东南急剧倾斜,北部高原平均海拔在 4 000 米以上,南部金沙江谷地仅 1 000 米左右。境内除北部为宽缓的高原外,大部分为并列的南北走向高山、峡谷。在川西南山地,干湿季分明,植被为以山毛榉科等种类为主组成的偏干性的亚热带常绿阔叶林,常见的有高山栲、元江栲、滇石栎、多变石栎、云南樟、滇新樟、滇润楠、长柄润楠、毛木荷等。亚热带针叶林则以云南松、干香柏、云南油杉等为常见。还有大面积的黄背栎、灰背栎等硬叶阔叶林。干热河谷还可见到木棉、番石榴、橄榄等具有热带性的植物。自川西南山地向北,植被组合在川西中部高山峡谷为亚高山针叶林、硬叶常绿阔叶林。在偏北在高山和山原上则以高山灌丛和高山草甸为主。位于最北的川西北高原,则出现大片沼泽草甸和沼泽植被。

第二节　巴蜀简史

一、原始社会时期

(一)蜀人

关于蜀人,主要有两种观点,一种认为蜀人出自百濮民族系统,一种认为蜀人出自氐羌民族。《华阳国志》记载,夏商时代蜀人的部落首领是蚕丛、柏灌、鱼凫,他们被认为是蜀族早期的三代首领。蚕丛时代,部落居住在石洞里,以打猎、捕鱼为生,迁徙不定。柏灌(晋人《华阳国志》、六朝《文选·蜀都赋》、宋朝《太平御览》皆云蜀国"次王曰柏灌",唯独《蜀王本纪》中记载的叫"柏濩")时代,蜀人向东南的成都平原迁徙。柏灌以后的部落首领为鱼凫(即分别以鱼和凫为始祖神崇拜的部族组成的部落联盟),以鱼为始祖神崇拜的氐人多生活在今岷江上游,蒙文通认为氐人开初在成都平原以西生活,因此从西部高原进入平原河谷地带的氐人,是以后蜀人的祖先。有学者认为凫部族来自东夷,《山海经》记载,以鸟为始祖神崇拜的凫族来自东夷,后经由中原,辗转进入蜀地,到达成都平原,与先从川河谷地进入成都平原的氐人们会合,结成联盟,最后征服且统一了蜀地。鱼凫居民的生活由渔猎逐渐转向农耕,随着人口的增长、生产力的不断发展,逐渐形成了城乡分野的雏形。古蜀国在鱼凫时已建立了一个具有高度集权的国家政体,神权和王权合一的统治形式为有效控制自然资源、生产资料和社会财富奠定了基础。此外,大型的宗教礼仪中心、大型的居住区与简陋的平民居住区、商业关系与对外贸易以及专为宗教神权服务的艺术群体和神职人员等,都标志着古蜀鱼凫时期已开始进入阶级社会。

(二)巴人

古文献中对"巴"字的记载最早出现于《山海经》中,之后见于《逸周书》《世本》《左转》中。管维良在《鱼凫族探源与三星堆断想》中认为巴族从巫巴山地走出。通过考古发现,巴族最早的文化出现在三峡和鄂西长江两岸,诞生时间早于夏初。袁庭栋在《巴蜀文化志》中认为:巴最早是指一个活动范围,主要涉及今川东、川北、陕南、粤西及洞庭湖一带的古老民族,除了主体族巴族外,也有支系的、迁徙而来的民族。在这些民族中,有姬姓,即宗姬之巴;有属于南方的濮人系统的廪君之巴;有属于夏人后裔的丹山之巴;有属于太皞之后的后照之巴;亦有活动在今川东地区、后世称板楯蛮的賨人之巴。所有这些在巴地生存繁衍的人们,被统称为巴人,其活动区域被称为巴,以嘉陵江流域为中心。《山海经》记载,巴人始祖为风姓。

何介福在《巴蜀史》中认为,风姓巴人部落首领为巴氏务相,称为廪君,始住在湖北长阳武落钟离山(又名"恨山",是土家族祖先——古代巴人聚居、生息和繁衍的处所,又是巴人首领廪君务相掷剑、浮舟而称王的地方)。之后巴人从夷水到盐阳,后进入四川东部、贵州东部,与当地部落融合,以江州(重庆江北区)为中心,成为川、黔东部及鄂西南地区最大的一个部落。作为部落联盟首领的周武王，封其宗室(姬姓)为巴，都江州为子爵，是为"巴子"，史书称为"巴姬"。经过夏商两朝千年的发展，巴族逐渐发展为多个氏族，包括落脚于武落钟离山(湖北长阳县)的廪君部巴人，进入北川的賨人部巴人，北上至成都平原建立起开明蜀国的鳖灵部，散居江边以捕鱼为业的蜑部民，最早进入四川建立起鱼凫蜀王朝的鱼凫部。

二、奴隶制社会时期

(一)奴隶制蜀王国

晋代书籍《华阳国志》记载："有蜀侯蚕丛，其目纵，始称王。次王曰柏灌。次王曰鱼凫。"李白的《蜀道难》中写道："蚕丛及鱼凫，开国何茫然！"古蜀国最早的王蚕丛及鱼凫，开国的历史因年代久远而无法详谈。有关古蜀国的历史记载和研究资料比较少，现在比较一致的说法是，古蜀国最早的王是蚕丛、柏灌(柏濩)、鱼凫，三代而下是杜宇、鳖灵(开明)。

夏商之际，蜀王鱼凫带领蜀人东迁，从茂汶盆地南下进入广汉平原。并且古蜀国已经从原始氏族转化到了奴隶制，鱼凫国王便是奴隶制度的第一位统治者。《华阳国志·蜀志》载："鱼凫王田于湔山，忽得仙道。蜀人思之，为立祠于湔。""田"，"畋"也，就是在湔山田猎，可见鱼凫王统领的时期还处于渔猎时代，湔山就是其生产生活的地方。

湔山在哪里？历史研究者认为，龙门山古称茶坪山、湔山，也就是玉垒山脉，是一座具有五千年文明史的天下名山。中华民族最早的一位治水英雄大禹就诞生在龙门山，为纪念大禹"凿龙门，铸九鼎，治水患"的伟大功绩，该山因此名为龙门山。湔山与古蜀蚕丛、鱼凫、柏灌、杜宇和开明数代古蜀王朝的生存紧密相关。湔山有多处天然关隘屏障，据险可守，是理想的护国天障。天然峡谷关隘为古蜀王国军事、政治、经济服务。在历史上，关、堡、墩、台作为军事设施，均有定制和规模，关以险据，堡为中坚，墩为报信，相互联系，构成了一个严密的军事防御网。《华阳国志·蜀志》说:"江、潜、绵、洛为池泽。"所谓"池泽",有富饶区域之意。"江"即今岷江;"潜"就是"湔",发源于今天彭州北境的湔江;"绵"即绵远河;"洛"即今石亭江。而"江、潜、绵、洛"四水相会之处,应是古蜀国的腹心地带和富饶区域,与推测三星堆、金沙为古蜀都城"瞿上"相符。

从广义来说,"湔山"包括今天整个龙门山西南段,从都江堰的宝瓶口到北川县曲山镇都可称为湔山;但狭义来说,联系古蜀人迁徙路线,鱼凫主要种田的地域湔山,应该位于今天龙门山腹地,面对成都大平原,主要应为都江堰市的白沙河河谷(虹口)、彭州市的蒲阳河支流土溪河谷(磁峰)和湔江河谷(龙门山镇、通济镇、白鹿镇等)①。

近年来遗址挖掘出土的文物显示,约在西周末年杜宇时代,蜀族已完全进入奴隶制社会,鱼凫氏在湔山被来自郫邑的杜宇氏推翻取代,杜宇氏自立为蜀王,此时蜀国活动范围主要涉及今四川盆地西部,北至陕西汉中,南至芦山、天全一带,东以涪水为界与巴国相邻。在杜宇的带领下,成都平原得到了初步开发,但由于奴隶主的残酷压迫,奴隶们生产、生活条件艰苦。

约在公元前7世纪时期,成都平原遭受了较为严重的水灾侵害,治水有功的开明氏(原杜宇王朝的相鳖灵)使得川西平原成为四季丰收、不知饥馑的"天府之国",赢得了威信,势力不断增强,最终取代了杜宇氏开启了开明王朝,号丛帝。开明朝经济、政治和文化较杜宇王朝时代都有较大的发展。至开明二世卢帝时,蜀的势力已发展到汉中北面,开明三世保子帝将其势力发展到今宜宾一带,蜀王国逐渐成西南地区的一个强国。开明王朝共十二世,开明九世迁都到成都。开明十二世(公元前368年至公元前321年),蜀王国拥有褒谷、汉中一带。公元前316年,秦惠文王出兵伐蜀,蜀国大败,开明氏亡。

(二)奴隶制巴王国

巴王国是周朝的一个姬姓国家,范围涉及四川盆地东部、贵州东北和湖北

---

① 庄永红.鱼凫田湔山,湔山今何在[J].品鉴彭州,2019(10):126-129.

西南部的长江上游地区,都城建在江州(重庆嘉陵江北岸,即今重庆市江北区)。巴王国形成于公元前 11 世纪的西周初期,于公元前 316 年的战国中期被秦国所灭,约有 800 年历史。

巴国最早见于《山海经·海内经》:"西南有巴国。太葜生咸鸟,咸鸟生乘厘,乘厘生后照,后照是始为巴人。"太葜即上古时代东方部落首领伏羲,后照为巴人始祖。宋代史学家罗泌《路史·后记》卷一记载:"伏羲生咸鸟;咸鸟生乘厘,是司水土,生后照;后照生顾相,降处于巴,是生巴人。"

《后汉书·南蛮西南夷列传》说:"巴郡南郡蛮,本有五姓:巴氏、樊氏、曋氏、相氏、郑氏。皆出于武落钟离山。其山有赤黑二穴。巴氏之子生于赤穴,四姓之子皆生黑穴,未有君长,俱事鬼神。乃共掷剑于石穴,约能中者奉以为君。巴氏子务相乃独中之,众皆叹。又令各乘土船,约能浮者当以为君,馀姓悉沉,惟务相独浮。因共立之,是为廪君。乃乘土船,从夷水至盐阳,盐水有神女谓廪君曰:'此地广大,鱼盐所出,愿留共居。'廪君不许,盐神暮辄来取宿,旦即化小虫,与诸虫群飞,蔽掩日光,天地晦冥,积十馀日。廪君伺其便因射杀之,天乃开明。廪君于是乎君于夷城,四姓皆臣之。"

《辞源》:"巴国,古国名,位于今重庆、湖北、四川、贵州一带地方。"夏朝时(距今 4100—3600 年)称为"巴方",商朝时(公元前 16 世纪初—公元前 11 世纪中)称为"巴奠(甸)"。巴奠(甸)向商朝年年纳贡,岁岁服役。后来巴人不甘商朝的压迫,于公元前 11 世纪,参与周武王伐纣,巴人英勇善战,迫使纣王军队阵前倒戈,终于打败商纣王,西周建立。

西周初期分封了 71 个诸侯国,巴氏被封为子国,首领为姬姓宗族,子爵,因而叫巴子国,通常简称巴国。巴国的地域大致在陕南的汉水上游,南及大巴山北缘,东至襄阳,春秋时有所扩展。战国时期疆域"其地东至鱼复(治今奉节),西至僰道,北接汉中,南及黔涪"。其疆域之辽阔,包括今重庆全境、湖北恩施、川东北部分地区。巴国与蜀国、楚国为世仇,公元前 447 年巴姬国出兵攻楚,败于楚国,陆续失去其在湖北的土地,后失去奉节、侭巴、云阳、忠州、丰都等地。巴子从江州迁都到垫江(即合州,今之合川),后巴子五季被风姓巴人擒获流放,风姓巴人为王,都城在阆中。

公元前 316 年秦并巴国后,秦惠文王派张仪在江州筑城,设置巴郡,把巴地纳入了秦国的郡县体制。

三、秦汉时期

公元前 316 年(秦惠文王更元九年),秦灭蜀国后挥军入巴,巴国灭,秦修成都、郫县、临邛、阆中等城邑,巴国和蜀国已完全处在秦国统治之下。公元前 311 年,秦在巴蜀等地修筑城市建立新的政治经济中心,在江州、阆中等地建造了城邑,在成都修整街道,开设店铺,设盐铁官、锦官分别管理盐铁和织锦工商业。并从巴蜀盆地南部修筑"五尺道"通往云贵高原,方便巴蜀与云贵间的交通往来,巩固了西南边防,进一步开发了巴蜀之地。秦国不断加强对巴蜀的管理和开发,其财富和人力尽归秦国所有,秦国得天府巴蜀财货之利,综合国力得到大大提升,远超其余六大强国,巴蜀成为秦国统一天下的重要支撑。

公元前 285 年(秦昭王二十二年),秦王结束了在蜀地实行了数十年的分封制与郡县制并行的双轨制,郡县制在蜀地完全确立。蜀郡以成都为郡治,下辖成都、郫、广都、繁、蒲阳、临邛、江源、青衣、葭萌、新都、什邡、南安、武阳、严道等县。秦国末年,蜀郡共辖 15 县,巴郡治江州(今重庆市江北区),辖有江州、垫江、阆中、临江、宕渠、枳、胊脍 7 县。后又置黔中郡及南郡,辖有鱼复县、巫县。

巴蜀盆地,资源丰富,水草丰美,但水涝灾害较为严重,尤其是在成都平原。杜宇王朝时代,就常出现洪水灾害,早年有杜宇开明氏等人治水,后有李冰在前人治水的基础上组织蜀郡人民修筑了都江堰水利工程。两千多年前的灌县一带常遭受水灾,主要是由于从海拔三四千米的松潘流出的岷江水,水流湍急,流至灌县一带,海拔陡然下降至 700 米以下,流速突然减缓,泥沙堆积,淤塞河床。

每到春夏之交,江水暴涨造成严重洪灾,平原低洼处常常变成泽国,水患严重,农业生产受到严重影响。都江堰的建成,消除了岷江水患,有利于灌溉和发展航运。也正是因为都江堰水利工程的建设,蜀文化与中原文化逐渐融合,农业得到快速发展,蜀地便成为秦汉王朝的重要粮仓。

公元前202年,汉王朝建立,这是继秦之后的第二个统一王朝,史称西汉。东汉时期设置了巴东郡(治今奉节)、巴西郡(治今阆中)。公元前316年秦并巴蜀后,推行封建政治、经济制度等,总体而言,秦汉时期巴蜀在农业、手工业和商业上都有迅速的发展,在汉代成都和江州已形成贸易中心。汉高祖时,全国共分为62郡,至汉平帝时增至103郡。公元前106年,汉武帝于全国置13州刺史部监察各郡政事,川渝地区属益州管辖。西汉时,除巴、蜀、南三郡外,另置广汉郡、犍为郡、越巂郡、沈黎郡、汶山郡;东汉又析置巴东郡、巴西郡、涪陵郡。南郡巫县改蜀荆州。今四川地区在西汉时有66个县,东汉时期有72个县。

四、三国晋南北朝时期

东汉末年,曹操的儿子曹丕在北方建魏,史称"曹魏";孙权在江南建吴,史称"孙吴";刘备在巴蜀建汉,史称"蜀汉"(后世史学家为了将刘备所建立的汉国与东汉、西汉区别,故而称之为蜀汉),成都在秦统一中国后,第二次成为国都。今四川地区为"蜀汉"政权中心,疆域北起武都(今甘肃省东南)、汉中(今陕西省南部),南至南中(今四川南河、贵州省、云南省),西到汶山(今四川岷江上游)、汉嘉(今雅安地区),东达巴东(今奉节县)。蜀汉政权在四川共辖17郡(蜀、广汉、东广汉、梓潼、巴、巴西、宕渠、巴东、涪陵、黔安、犍为、江阳、汶山、汉嘉、越巂、阴平、建平),84县。在四川境外辖有8郡,110县。蜀汉国的建立,使成都在战争中崛起,经济和文化得到了长足发展,提升了成都在西南地区的地位。三国时期,成都城池坚固,号为"金城石郭"(何一民 等,2018),城市规模较秦时期有所扩大。东汉末年受战争影响,大量北方移民避乱入蜀,蜀地人口大增。

公元 263 年,司马炎在取代曹魏建立晋朝之前三年,灭掉蜀汉国,蜀地纳入晋朝的管辖之下。公元 280 年,西晋朝灭了孙吴,三国鼎立时代结束。西晋时,今四川地区有益州的蜀、犍为、汶山、汉嘉、汉阳、越巂 6 郡;梁州的梓潼、广汉、新都、涪陵、巴、巴西、巴东 7 郡;秦州阴平郡、荆州建平郡的部分县,共 70 县。西晋王朝是中国历史上短暂的大一统封建王朝,仅仅维持了 51 年(从西晋代魏算起),统一时间仅 37 年(从西晋灭吴算起)。西晋王朝统治阶级腐败、政治黑暗等一系列问题导致诸王纷争、混战不休长达 16 年,此外,饥荒频发,疾病肆虐,以致社会动荡、民不聊生。西晋末年,益州蜀郡巴氏族首领李特率难民起兵反晋,李氏家族在成都建国,后改国号为汉,史称成汉,它是南方地区唯一一个由少数民族建立的政权。成汉政权共经历 43 年,李雄在位时期,为成汉国最为强盛时期,其版图不断扩大,东到巴东,北至汉中,西达沈黎(今雅安)、汉嘉(今芦山),南到宁州(今云南华宁县),包括了今四川、重庆、陕西、云南和贵州大片地域,此阶段,蜀地及周边西南少数民族地区政治、经济、文化得到了较快的发展。347 年,成汉灭国,蜀地尽归东晋,东晋在巴西郡(治今南部)之外又设置了北巴西郡(治今阆中)、新巴郡(治今江油)。《四川古代史稿》记载,东晋时今四川地区有益州的蜀、宁蜀、晋原、犍为、汶山、江阳、东江阳、越巂、平乐、沈黎 10 郡;梁州的梓潼、晋寿、广汉、晋熙、遂宁、涪、巴、巴西、宕渠、北巴西、新巴 11 郡;荆州的巴东、建平 2 郡;秦州的阴平 1 郡,共 127 县。

南北朝时期,南朝从 420 年到 589 年共经历了宋、齐、梁、陈四代,北朝则从 439 年北魏一统北方开始至 534 年分裂为东魏、西魏,后东魏被北齐取代,西魏被北周所取代,北周灭北齐,北周为隋所灭(南北朝巴蜀地区州郡县数量见表 1.1)。

表 1.1　南北朝巴蜀地区州郡县数量①

朝代	政区		
	州	郡	县
宋	3	45	171
齐	3	52	192
梁	23	74	138
西魏	32	91	156
北周	37	109	187

隋后灭梁、陈,结束了南北朝的分裂局面,全国复归统一。在此时期,巴蜀先属南朝,在宋、齐、梁的统治之下;后属北朝,被西魏、北周、隋统治。刘宋设置了巴渠郡(治今达县),齐设置了巴州(治今奉节),梁设置了东巴郡(治今南江)、宁巴郡(治今宣汉东林)、巴中郡(治今开江)、开巴郡(治今宣汉普光),北周设置了巴县(治今重庆)、三巴郡(治今宣汉普光)。

五、隋唐时期

隋唐时期,成都的政治地位逐渐提高。公元 582 年隋文帝在成都置西南道行台尚书省,命蜀王杨秀为尚书令,掌管西南地区行政大权。隋文帝时期(公元583 年),以州领县,今四川地区共有 40 州,170 县。至隋炀帝时(公元 607 年),改州为郡,变为县二级制,将旧时州、郡进行合并后,巴蜀地区有 24 郡(蜀、眉山、临邛、汶山、同昌、隆山、资阳、泸川、犍为、越巂、平武、义城、普安、金山、清化、通川、巴西、新城、遂宁、涪陵、宕渠、巴、巴东、黔),170 余县(熊梅,2015)。

唐代设置了巴川郡(治今合川),唐高祖在成都设益州总管府,强化成都作为西南地区的政治中心地位。唐中后期,南北各地出现战乱,而成都由于未遭

---

① 四川省地方志编纂委员会.四川省志·地理志:上册[M].成都:成都地图出版社,1996.

战争破坏,大量人口涌入蜀地,进一步推动了成都的社会、经济、文化发展。巴蜀地处长江上游,地形如盆,山川险固,水源充沛,土地肥沃,以"天府之国"而闻名。公元627年,唐太宗分全国为十道,今四川地区分属剑南道、山南道和江南道。公元733年,唐玄宗分天下为十五道,剑南道一分为二(剑南东道和剑南西道),与山南西道合称为"剑南三川",部分地域归属山南东道和黔中道管辖。

六、五代十国时期

唐末五代时期,今四川地区先后为前蜀和后蜀政权所据,疆域以今四川为中心,并包括今陕甘南部及鄂西地区。唐天佑四年(公元907年),朱全忠即皇帝位于汴州,建立后梁,是为梁太祖。蜀王王建在成都称帝,国号大蜀,史称"前蜀",以成都为都城。王建在位12年,蜀地社会稳定,经济文化都有一定发展。公元918年王建去世,其子王衍继位,公元925年,前蜀灭亡。公元932年,后唐朝廷内乱,孟知祥在成都称帝,国号"蜀",史称"后蜀",以成都为都城。公元966年,北宋兵分两路伐蜀,一路攻打后蜀北方门户(剑阁北),一路直入后蜀东方的大门夔州(四川奉节县东),王全斌破剑门,率军进入成都,后蜀后主孟昶降宋,后蜀灭亡。

七、宋元时期

宋太祖乾德三年(公元965年),宋军灭后蜀后设西川路,治益州(成都)。开宝六年(公元973年),又设陕西路,治梁州(兴元府,陕西汉中)。太平兴国六年(公元981年),将西川路和陕西路合并为川陕路。宋太宗至道三年(公元997年)将天下分为十五路,巴蜀包括西川路和峡西路。咸平四年(公元1001年),将西川路析置为益州路(后改为都府路)、梓州路(后改为潼川府路)两路;将峡西路析置为利州路、夔州路两路,故宋人合称其为"川峡四路"(总称"四川路"),简称"四川",为四川得名起源。川峡四路(四川)与两浙路(江南)成为宋代最主要的两大经济区,是宋朝政府的主要财政来源地。历史上北宋时就已将"巴蜀"改称为"四川",简称"蜀"。北宋接管成都后,并未对成都市进行大规模改建,基本沿袭了唐城格局。宋代金水河和后溪从南北贯穿成都,形成了许多通往城外府河、南河的小渠,形成了便利的城市水道;此外,宋代官员重视开渠筑堰、疏浚河道以发展和保护城市生态环境,成都呈现出如画般的水城景观。四川盆地素有"天府之国"美誉,其优越的自然和气候条件、在前后蜀时期积累的大量财富、发达的商品经济,使成都一跃成为著名的"西南大都会"。两宋时期,成都经济高度发达,物产丰富,加之城内便捷的陆路、水路运输条件,使其成为一座风景优美、生活舒适的商贸城市。

元朝开始改革地方行政管理建制,"省"级行政机构进入历史。《成都简史》一书中提到,元世祖进行了地方行政建制改革,除设立中书省总理全国政务,直辖山东、陕西、河北和山西之外,并另设 10 个行中书省(简称"行省"),包括岭北、辽阳、河南、陕西、四川、甘肃、云南、江浙、江西、湖广,川西少数民族地区,按辖区大小、人口多寡实行土司制度。元代后的明清、民国至中华人民共和国都继续沿用行省制,仅行省范围和管理体制在不断变化。其中,四川作为重要的战略要地,四川行省自公元 1260 年与陕西合为秦蜀行省以来,经过多次设立、合并之后,终于在公元 1286 年被确立为独立行省,以达到镇成西南边疆的目的。随着四川行省的建立,成都逐步确立并稳固了省会的地位。

八、明清时期

公元 1368 年朱元璋在应天府(今南京)称帝,建立明朝,后于公元 1371 年灭夏,平定全川。明朝控制四川后,实行轻徭薄赋政策,鼓励农民发展生产,四川逐渐实现了经济复兴。明朝是中国历史上继汉唐之后又一个发展比较显著的时期。公元 1376 年,改四川行中书省为四川承宣布政使司,仍称"行省",全国共有 13 个布政使司,下设府、州和县两级,辖区还包括今贵州西北部和云南东北部,川西设军屯所。成都作为西南重镇,成为蜀王的驻地,从第一代蜀王朱椿开始至末代蜀王朱至澍共历 10 世 13 王,总计 267 年。

明朝末年,中国北方遭遇干旱和水灾,粮食产量下降,人们遭遇了严重的饥荒,为了生存,人们铤而走险,加入到反抗政府的起义军中。公元 1644 年 4 月,陕西农民军首领李自成率军闯入北京,明崇祯皇帝朱由检自缢,大明朝宣告灭亡,明将吴三桂败于李自成后投降清朝摄政王多尔衮,双方联合抗击李自成军队,大败的李自成于仓促间率残部建立大顺政权,同年 5 月明朝福王朱由崧在南京建立南明政权,无论大顺政权还是南明政权存在时间都较短。公元 1644 年正月,另一位农民军首领张献忠率农民起义军攻入四川,6 月张献忠攻陷重庆,9 月攻入成都,蜀王投井自杀。后张献忠、李自成抗清失败,清军入川。11 月初,顺治皇帝爱新觉罗·福临迁都北京,清朝开始统治中国。清朝统治下的四川经历多年战乱,张献忠撤离成都时更是放火烧毁了千年古城,百年文明毁于一旦。清军入关后对四川各地展开了残忍的杀戮,蜀中经历的战火,直至康熙二十年才熄灭。之后,清王朝采取优惠的税赋措施,鼓励外省移民大规模入川垦荒,移民主要来自湖南、湖北、陕西、江西、广东、福建等省份。

清代地方政府的总格局相较于明代并无太大变化。顺治年间,全国共设 18 行省,省以下设道、府(直隶州、直隶厅)、县(州厅)三级。清代调整了川、滇、黔三省省界,主要是将遵义划入贵州省管辖范围,将镇雄、乌蒙和东川划归云南省管辖范围,基本确立了现四川南部省界,并在川西少数民族地区实行"改土归流"办法。至清末,四川省共辖 15 府、9 个直隶州、4 个直隶厅、13 个府辖州、9 个府辖厅、120 个县。

九、中华民国时期至行政督察时期

1912 年,政府废"道",以府州厅直隶于省。1913 年,政府实行"废省改道",将四川分为川西、上川南、下川南、川北、川东和川边的边东、边西 7 道。1914 年,改盆地五道名称。1928 年,废道,划县归属省。川西边地设置川边特别行政区,受四川省节制,后改为西康屯垦区。1914 年,四川共辖 5 道、1 区、163 县。

1935 年,全川共设 18 个行政督察区,改川边特别行政区为西康行政督察区。1938 年 1 月 11 日,国民政府迁都重庆。1939 年 1 月 1 日,国民政府建制西康省,川、康实行分治。至 1939 年 5 月 5 日,改重庆市为中央直辖市。1946 年 5 月 5 日国民政府还都南京。1949 年,四川省有 1 个直辖市、2 个省辖市、16 个行政督察区、141 个县、1 个局;西康省有 5 个行政督察区、35 个县。

第三节　巴蜀文化

公元前 316 年,秦国军队征服巴蜀,自那时起,四川盆地区域的巴蜀地区成为中华文明的正式组成部分。由于缺乏文字记载,在秦并巴蜀之前巴蜀早期历史与文化的脉络,长期笼罩在神秘的传说之中。但四川盆地区域考古的一系列重大发现,正在不断揭开巴蜀地区历史上辉煌文明的神秘面纱。

四川广汉三星堆遗址持续出土的令世人惊叹的文物,不断揭示出,巴蜀地区历史上存在过一种高度发达的文明,可能延续了数千年。在 1930 年代发现的三星堆遗址,一直是中国考古界的最大谜题之一。2021 年 3 月,该遗址考古工作又有重大发现,经过一年多大规模的发掘,新发现"祭祀坑"6 座,出土文物 500 多件。出土了世界上最大的青铜器和大量黄金制品,其中有一张最大的黄金面具残片(比金沙遗址博物馆所保存的商周大金面具体积更大),高达 4 米的青铜神树,巨青铜面具、象牙等。三星堆出土的大量文物显示出,历史上的巴蜀地区已经具有繁荣的经济和先进的技术。

春秋战国及汉时期,编史之风盛行,一系列优秀的史学著作相继出现,包括著名的《春秋》《左传》等。两汉时期,秉承了良好的修史传统。魏晋南北朝时期,蜀地史学家人才辈出,以陈寿和常璩为代表的两位著名史学大家更是千古留名,陈寿所著的《三国志》与《史记》《汉书》和《后汉书》并称为中国历史著作的"前四史";常璩所撰《华阳国志》则是我国现存最早、保存较完整的地方志,被称为地方志之祖。《三国志》与《华阳国志》被视为魏晋南北朝时期巴蜀史学双璧,不仅弘扬了巴蜀文化,更具有重要学术价值。

汉代巴蜀的学科以历算、天文学尤为出名。景帝、武帝时的落下闳创造了"浑天说",制造了"浑天仪"。西汉中叶是西汉国力最为强盛时期,汉武帝在开拓疆土的同时,提倡文治,源于楚辞的辞赋是当时最流行的文学载体,司马相如、王褒、扬雄等则是以辞赋著称的人。司马相如更是汉赋的奠基人,其《子虚赋》《上林赋》是汉代辞赋的代表作。王褒是骈体文学的先驱,其《甘泉》《洞箫》等辞赋也是汉代辞赋的经典佳作。巴蜀地区出土的汉代石刻显示出汉代巴蜀书风较盛、风格多样且已具有相当水平。此外,汉代巴蜀绘画水平较高,已具有强烈的艺术感染力,遗留至今的有画像石、画像砖和漆画。

唐代特别是盛唐以后,社会稳定,经济繁荣,国家统一,政治开放,文化鼎盛,是我国古代诗歌发展的黄金时期。唐代诗坛群贤毕集,巴蜀的陈子昂作为开创这一时代的先驱者,对唐代诗人产生过巨大的影响。唐朝初年,被誉为"初唐四杰"的王勃、杨炯、卢照邻、骆宾王四人都被蜀地奇山秀水、安适的社会生活和文化氛围吸引而入蜀。盛唐以后,李白创造了唐代浪漫主义文学的高峰,曾在巴蜀生活过的杜甫是唐代伟大的现实主义诗人,黄荃在巴蜀开创了院体画派,王勃、高适、岑参、元稹、白居易、刘禹锡、贾岛、李商隐、温庭筠、罗隐、韦庄、陆游等出于避难、宦游、贬谪、流寓、探亲等原因相继入蜀;巴蜀也不乏以周仲美、卓英英、薛涛、张窈窕等为代表的著名女诗人。巴蜀地区不仅诗歌文学繁荣,而且歌舞兴盛,末代开明王就是一位音乐天才。《华阳国志》记载,巴人勇敢锐进,载歌载舞助武王伐纣,称为"武王伐纣,前歌后舞"。晋代左思在《蜀都赋》中以"纤长袖而屡舞,翩跹跹以裔裔"来描绘蜀人喜好歌舞、宴乐盛行的情景。唐代不仅诗歌文学鼎盛,且戏曲冠天下,唐明皇李隆基大力推广戏曲,开设教坊——梨园,使戏曲得到较快发展。隋唐五代,巴蜀地区受战争影响很小,这期间出现了一批有名的文学家、艺术家,文化因此而繁荣。唐代是中国画成熟时期,且受中原避难而来的学士、僧人、道士影响,以佛教为题材的壁画大放异彩。唐中期至五代,以王宰、左全、赵公佑、常粲等为代表的著名画师云集,推动了巴蜀绘画事业的发展。唐末兴起一种新文体——词,多配曲演唱,逐渐形成了词学发展史上占据重要地位的花间词派,代表人物有温庭钧、韦庄、花蕊夫人、欧阳炯等。

五代十国时期,与北方有着崇山峻岭相隔的蜀地社会相对稳定,大批北方人迁徙至此,带来了手工技艺与文化的碰撞,迁徙而来的北方人中亦有文人学士,使巴蜀的文学艺术有了新的发展;五代十国时期西蜀的音乐与绘画享有盛名。前蜀时期,国家重视发展教育和文化,陆续恢复学校与孔庙;减轻民众赋税,鼓励百姓积极从事农桑生产和手工业。

宋代是继唐代后又一个社会、经济、政治、文化高度发展的历史时期,以成都为中心的蜀地人才辈出。宋代传承了汉代文翁办学的精神和理念,宋仁宗时期鼓励地方兴办学校和书院,培养出了一大批有学之士。人民生活水平和文化素质得到提高,加上高度发展的唐文化基础,思想界儒、释、道三家融合互补的程度提高,宋代时文化的发展更上一层楼。宋代名士大家辈出,如华阳范氏家族,先后出了以"三范修史"的范镇、范祖禹及其子范冲为代表的共 27 位进士。眉山苏氏家族,培养出了中国历史上著名的一门三位文学大家——苏洵及其子苏轼和苏辙,他们是宋代蜀学的代表人物和领军人物,并以此形成了苏氏蜀学,对后世影响极为深远。集宋代蜀学之大成者魏了翁是南宋著名的理学家、思想家、书法家,创建鹤山书院,研究理学,传播理学,践行理学。魏了翁生平著述颇丰,传世有《鹤山先生大全文集》109 卷、《九经要义》263 卷。鹤山书院"尊经阁"藏书均为魏了翁私人藏书,数量达 10 余万卷,其藏书规模是宋代各大书院之首。在其影响下,巴蜀地区形成了以魏了翁为首的"鹤山学派"。还有在蜀地任职的文学家陆游和范成大,范成大统帅蜀州,陆游为参议官,二人以文会友,成莫逆之交。宋代除了诗词歌赋兴盛,史学发展更是进入了历史上的鼎盛时期,当时四川的史学家为宋代史学的发展做出了巨大贡献,历史中有记载的成都史学家有数十人,史学著作丰硕,其中最突出的是范镇、范祖禹、范冲、赵抃、李焘、李心传等,著作包括《新唐书》(宋祁、欧阳修、范镇、吕夏卿等合撰)、《唐鉴》(范祖禹)、《神宗实录》《哲宗实录》(范冲)、《成都古今记》(赵抃)、《续资治通鉴长编》(李焘)、《建炎以来系年要录》(李心传)等。

两汉至两宋时期巴蜀易学更是发展到了一个高峰,据记载,蜀地第一位传授易学之人是胡安,司马相如也向他问学。西汉晚期,蜀地出了一名著名的易学家严君平,此人精通易学,以占卜为业。作为道家学者,严君平一生淡泊名利,在成都卖卜时,"日得百钱,即闭户下帘",通读《老子》《庄子》《易经》等典籍,深入钻研周易数理和老庄哲学,直至融会贯通。严君平著有《老子注》《老子指归》等,《老子指归》一书将老子的道家学说系统条理化,使其得以发扬光大。

西汉时期著名文学家、思想家扬雄,年轻时曾拜严君平为师,扬雄著有《太玄经》。宋代巴蜀学者撰写易学著作,成果丰硕,其研究独具特色,象数学作为宋代易学研究的一个重要学派,其创始人为陈抟。著名易学家"观物先生"张行成是宋代易学象数学派的代表人物,平生著述甚多,其易学著作包括《周易述衍》十八卷、《皇极经世索隐》二卷、《皇极经世观物外篇衍义》、《周易通变》四十卷、《翼玄》十二卷、《元包数义》三卷、《潜虚衍义》十六卷等。

由于南宋及元末的战乱对四川产生极大影响,其经济的衰退带来文化的式微,因此元明两代诗词平平。但值得一提的是,在明代仍出现了如大学者杨慎,理学家赵贞吉,理学家、易学家、诗人来知德,文学家黄娥(杨慎夫人),易学家破山海明等佼佼者。

明末清初,巴蜀地区遭遇长时间严重的战乱与天灾。直至康熙年间,四川经济再趋繁荣,城市文化设施与历史文化古迹的重建与维修也逐渐开始,如孔庙、贡院、锦江书院等名胜古迹。蜀地作为中华文明的发祥地之一,涌现了无数博学之士,如汉代司马相如、扬雄,唐代李白、陈子昂等大诗人,宋代苏洵、苏轼、苏辙、范祖禹等文学大家,元代虞集,明代杨慎等名士。清朝建立后,尤其是康熙末年,清政府通过发展书院来培养人才,锦江书院是康熙年间国内较早兴办的省级书院之一,除此之外还有潜溪书院、芙蓉书院、墨池书院、少城书院等。清朝中后期,清政府日益加深的封建专制和王朝痼疾,以及鸦片战争后西方资本主义国家不断加深对中国的压迫，导致学风日益败坏，教育弊端凸显，传统教育面临严峻挑战。1901年9月，清政府开始了全面教育改革。1905年清政府宣布废除科举制度，中国的教育制度发生了重大转变，新式学堂取代传统书院，新式教育制度代替传统教育制度。教育制度的改革给四川，特别是成都带来深远影响，四川的教育在清初到同治年间基本处于衰竭状态，光绪年间仍远落后于其他地区。最终通过创办新式学校、制定兴学目标、派遣学生出国学习、大力兴办师范教育、聘请外国人讲学、设立女性学堂等措施，新式教育在四川发扬光大，培养了一大批新型知识分子。1894年，甲午战争爆发，清政府被迫签订丧权辱国的中日《马关条约》，西方列强加强了对中国的侵略，全国各地大批爱国志士燃起了救亡图存、维新变法的爱国热情，四川在京官员以刘光第和杨瑞为代表。

第四节　巴蜀社会经济

蜀国和巴国在奴隶制社会时期就已经拥有较为发达的农业与手工业。杜宇时代巴人、蜀人提倡农耕，杜宇派开明氏治水、开山、挖掘河道、引水灌溉，为成都平原的农业发展创造了良好的条件，巴国和蜀国农作物富饶。古巴蜀的手工业发展也较早，主要包括纺织、制铜、制陶等。蜀是我国织锦业最早发展起来的地区。从三星堆出土的文物来看，古巴蜀的炼铜技术已较为纯熟，估计已达到或超过中原地区，此外，巴蜀的制陶业较为出名。

秦并巴蜀，为巴蜀地区与中原的经济文化交流与融合打下了基础，中原地区较为先进的生产技术、政治制度不断传入巴蜀地区，大量北方人口迁徙进入巴蜀，为巴蜀地区的发展注入了活力。秦汉时期，成都平原沃野千里，物产富饶，人多工巧，铜、铁、茶、盐、蜀锦、漆器之盛，在西南地区无出其右。战国时期，蜀国的织锦业已具有相当规模，主要是因为秦并巴蜀后，向蜀地大规模移民，其中包括大量的劳动力和手工业者。

何一民在《成都简史》一书中指出,魏晋南北朝时期,天下动乱,民不聊生,仅蜀中地区相对安宁。唐朝时期,国家高度重视水利和农业的发展,对都江堰进行修复、疏浚和扩建,开发茫江堰、云门堰、百丈堰、通济堰等,一系列水利建设促进了巴蜀地区的农业发展。此外,外来农业生产技术和经验的传入,包括曲辕犁的使用,间种、复种、育种和施肥技术的推广,成都地区逐渐成为全国著名的粮仓,其粮食产量不仅可以满足蜀地,也曾救济关中和南方等地人民。成都也是唐代重要的经济作物产地,其经济作物主要包括茶叶、麻、橘、桑等,茶树的种植主要在成都平原毗邻的丘陵地带,在绵、汉、彭、蜀、邛、眉、雅等州形成了一条产茶地带。

秦末汉初与西汉末年至东汉初的中原地区战火不断,而巴蜀地区未遭受大规模战争破坏,居民生活环境相对安定,使得该地区的经济文化发展速度远高于国内其他地区,一跃成为当时全国最繁荣富庶的地区。农业的发达为工商业、手工业的发展奠定了物质基础。隋唐时期,成都的丝织、制纸、陶瓷、印刷、漆器、酿酒、冶铁等行业在国内处于领先地位,蜀锦自汉代以来便享有盛誉。唐代巴蜀的制瓷业已有名声,其"邛三彩"闻名全国;成都制造的"薛涛笺"是全国文明的书写笺纸;成都和扬州是全国最早使用雕版印刷的地区。以成都为起点的南方丝绸之路在唐代得到很大的开拓,主要向天竺等南亚国家输出丝绸等特产。岷江、沱江早在秦汉就已通航,成都与长江中下游地区因此保持密切的经贸联系,由成都出发的商船,东经三峡,可直抵荆州、扬州等地,发达的水陆交通,很好地促进了长江地区经济的发展。

前后蜀时期成都的农业生产稳定,粮食储备充盈,桑、麻、茶、花卉等经济作物产量高;手工业也保持了唐代的发展趋势,手工业技术有较大的进步,且纺织、造纸、印刷、冶铁等成为支柱产业。到后蜀,成都的织锦业继续发展,蜀锦的制作难度有所提升。

宋朝鼓励蜀地发展农业和手工业,宋代执政者更是高度重视对都江堰水利工程的维护和疏浚,防止旱涝灾害。大量中原人口移民至蜀地,使蜀地人口大量增加,充足的劳动力极大地促进了城乡经济的快速增长。两汉时期成都平原的农业实行自流灌溉的循环生产模式,至宋代已发展成为精耕细作的模式,"地狭而腴,民勤耕作,无寸土之旷",农产品数量大大增加,质量也有较大提升。两宋时期,以茶叶、花卉为代表的经济作物种植规模和种植技术也有较大提高。此外,成都的手工业发展势头迅猛,蜀锦、蜀纸、蜀刻技艺先进且做工精良。宋代,成都商业繁荣,商贾云集,坊市解体更是推动了商品经济的发展。

在长达数十年的宋元战争中,巴蜀地区的经济文化等遭到前所未有的灾难和破坏,成都首当其冲,城墙和城市街道、建筑被摧毁,人口损失严重,这座通都之邑几乎成了瓦砾之场。宋末元初,蒙古军发动了大规模的战争并于1236年攻入四川,摧毁宋王朝最后一块重要的后方基地,43年后,最终在四川确立统治,之后,元代统治者通过移民、发展水利、对因战争而导致年久失修的都江堰水利工程进行彻底整治和维修、发展农业生产、重新修茸城防基础、设立专门的城市管理机构等一系列措施对巴蜀地区实施重建。元朝中期,巴蜀地区的人口增加,农业、手工业和商业都得到了恢复。元末明初,巴蜀地区再次处在动乱中,四川人口显著减少,生产和经济都受到严重破坏。

明朝时期,第一代蜀王以礼治蜀,因而明初的四川社会经济稳步发展,百姓安居乐业。明代四川出产的丝织品、茶叶质量上乘,远销北方各省及西南边疆。四川地区的盐业、矿业在明代也有较好的发展。

明末清初长期的、大范围的破坏,使得巴蜀地区在明代恢复的城市生活遭到毁灭性打击,人口锐减、残垣遍地、文物尽毁,也是巴蜀地区历史上最黑暗、最惨痛的时期,成都这座千年古城遭遇毁城之殇。此外,极端天气导致粮食减产,食物匮乏,战争加剧了自然灾害带来的影响,瘟疫肆虐,四川一度成为虎狼纵横之地。康熙三十三年(1694年),大量移民在清政府的多重优惠政策引导下迁移至四川从事农耕或从事手工业、商业等,为四川经济的恢复和发展注入动力。在大量移民数十年的共同努力下,乾嘉年间,成都获得恢复。顺治十八年(1661年)四川人口为8万人左右,乾隆五十六年(1791年)增至949万人,嘉庆二十五年(1820年)达到2626万人,道光二十年(1840年)为3833万余人。耕地面积也从顺治十八年(1661年)的118万亩增至同治十二年(1873年)的8572万亩。康熙五十七年(1718年),四川的农业生产水平已恢复至明末战乱前的水平。人口的迁移带来生产技术、生产方法和作物品种的进步,红苕、玉米于明末清初随人口迁移从我国东南沿海传入四川。清朝时四川农产品商品化逐渐扩大、传播,蚕丝、烟草、茶叶、甘蔗、药材、大豆等成为农村商品经济的重要组成部分。部分农产品更是远销其他地域和海外,如丝业,清代在成都、嘉定、顺庆等地形成丝业中心,远销苏州及海外。

2

新中国川渝60载沧桑巨变

本章主要概述介绍新中国成立以来至 2010 年 60 余载,川渝政治与经济社会发展变迁的情况。"十二五"期间,2011 年国家发布《成渝经济区区域规划》;"十三五"期间,2016 年国家发布《成渝城市群发展规划》。两个五年计划,十年时间,国家和川渝递进推进成渝经济区、成渝城市群建设,成渝地区发展进入新阶段,这些内容将另外专章描述。

由于川渝地区行政区域变化,在下面有关的介绍和描述中,将视川渝合治、分治的实际情况而定,有关数据统计资料,四川省的数据,或者包括重庆、或者不包括重庆,完全依照实际统计口径。

第一节　川渝地区行政区划变迁

川渝地区位于我国长江上游,属西南内陆区域,自然地理环境相对封闭,地貌类型复杂,地势西高东低,高差巨大。西部多为海拔 3 000 米以上的高原、高山,东部多丘陵和盆地,海拔在 500~2 000 米。川渝地区有包括汉、藏、羌、彝、蒙、回、苗、瑶、纳西族等多个民族,具有多民族、多宗教文化特征。

1949 年年底四川省全省解放,中央人民政府建立大行政区军政委员会(人民政府)来管辖省、直辖市。11 月 30 日,重庆市解放。1950 年解放西康省,设西南军政委员会,刘伯承为西南军政委员会主席,委员会驻重庆市,辖 1 直辖市 4 省(重庆市、四川省、西康省、云南省、贵州省),并设立西南军政委员会。后撤销四川省,分四川省为川西、川北、川南和川东 4 个行署区,并将重庆市改为中央直辖市,保留西康省建制,仍直属西南军政委员会领导。西南军政委员会辖 1 直辖市 3 省 4 行署区(重庆市、云南省、贵州省、西康省;川东行署区、川南行署区、川西行署区、川北行署区)。

1952 年 8 月撤销行署区,合并恢复四川省建制。9 月,四川省人民政府成立,西南军政委员会辖 1 直辖市 4 省(重庆市、四川省、云南省、贵州省、西康省)。11 月,改大行政区人民政府为行政委员会,改西南军政委员会为西南行政委员会。西南行政委员会辖 1 直辖市 4 省(重庆市、四川省、云南省、贵州省、西康省)。1953 年,重庆市改为中央直辖市,由西南行政委员会代管,重庆直辖 6 个区。1954 年,撤销西南行政委员会,重庆市改为四川省省辖市。1955 年撤销西康省,将金沙江以东各县并入四川,以西的昌都地区划归西藏管辖范围,形成了现四川省。1959 年初,四川省人民委员会批准江津专区的巴县、綦江县、涪陵专区的长寿县划归重庆市管辖。重庆市辖 7 区 3 县(市中区、北江区、沙坪坝区、九龙坡区、南岸区、北碚区、南桐矿区;巴县、綦江县、长寿县)。1965 年,重庆市大渡口区正式成立,重庆市辖 8 区 3 县。1968 年,重庆市及所属各区县政权机构均改名为革命委员会。

1978 年年底,四川省有自治州 3 个(阿坝藏族自治州、甘孜藏族自治州、凉山彝族自治州)、省辖市 4 个(表 2.1)、地区 11 个,另有县级市 7 个、市辖区 20 个。3 个自治州均是传统少数民族地区,占四川省总面积一半以上。

表 2.1　1978 年年底四川省省辖市简表①,②

省辖市	辖区	辖县
成都	东城区、西城区、金牛区、龙泉驿区、青白江区	金堂、双流
重庆	市中区、江北区、沙坪坝区、九龙坡区、南岸区、北碚区、大渡口区、双桥区、南桐矿区	巴县、綦江、长寿、江北
渡口	东区、西区、郊区	米易、盐边
自贡	大安区、贡井区、自流井区、郊区	

1980 年,重庆市及所属各县行政领导机构恢复人民政府名称。1983 年 2 月撤销永川地区,永川地区所属 8 县归属重庆市。重庆市辖 9 区 12 县(市中区、北江区、沙坪坝区、九龙坡区、南岸区、大渡口区、北碚区、南桐矿区、双桥区;

①　史为乐.中华人民共和国政区沿革(1949—2002)[M].北京:人民出版社,2006.
②　赵尔阳.浅析改革开放以来四川省行政区划的变迁[J].西南农业大学学报(社会科学版),2013,11(12):50-53.

巴县、綦江区、长寿县、北江县、永川县、大足县、铜梁县、合川县、璧山县、潼南县、江津县、荣昌县)。

至1985年年底,四川省辖有11个省辖市(成都、重庆、自贡、渡口、泸州、德阳、遂宁、广元、绵阳、内江、乐山),6个地区(雅安、宜宾、南充、达县、涪陵、万县),3个民族自治州(阿坝、甘孜、凉山),8个县级辖市,174个县,1个工农区,31个市辖区(县级),8 090个乡,687个镇(表2.2)。

表2.2　四川省行政区划统计表(1985年)①

序号	市地州名称	县级市	市辖区	县	自治县	工农区	乡		镇	面积/平方千米
							总数	民族乡		
1	成都市		5	12			351		81	12 053.10
2	重庆市		9	12			758		80	23 113.95
3	自贡市		4	2			163		15	4 372.63
4	渡口市		3	2			76	26	3	7 434.40
5	泸州市		1	5			317	5	26	12 242.90
6	德阳市		1	4			184		17	5 953.75
7	绵阳市		1	7			361	18	37	20 249.45
8	广元市		1	4			268	1	29	16 306.30
9	遂宁市		1	2			211		18	5 320.42
10	内江市		1	8			540		73	13 340.03
11	乐山市		4	11	2		518	2	58	20 012.65
12	万县地区	1		9			661		33	29 485.17
13	涪陵地区	1		4	5		545		38	29 735.86
14	宜宾地区	1		9			383	12	20	13 283.38
15	南充地区	2		10			626	1	77	16 918.86
16	达县地区	1		11		1	708		36	30 832.23

---

① 四川省地方志编纂委员会.四川省志·地理志:上册[M].成都:成都地图出版社,1996.

续表

序号	市地州名称	县级市	市辖区	县	自治县	工农区	乡		镇	面积/平方千米
							总数	民族乡		
17	雅安地区	1		7			170	14	12	15 062.13
18	阿坝藏族自治州			12	1		219	15	17	82 021.64
19	甘孜藏族自治州			18			334	7	11	151 082.71
20	凉山彝族自治州	1		16	1		688	12	26	60 114.68
合计	20	8	31	165	9	1	8 090	113	687	570 116.04

1997年,国家设立重庆直辖市,将四川分为今四川省和重庆直辖市两个部分,川渝再次实行分治,重庆至此在历史上第三次成为直辖市,管辖原四川省的重庆市、万县市、涪陵市和黔江地区的所辖区域(表2.3)。

表2.3 民国至中华人民共和国成立后重庆市建制一览表①

时期		重庆市
中华民国(1912年至1949年9月30日)	1914年	东川道 辖36县(巴县、江津、长寿、綦江、永川、璧山、铜梁、大足、合川、江北、荣昌、南川、武胜、涪陵、奉节、巫山、巫溪、云阳、万县、开县、达县、东乡、开江、渠县、大竹、万源、忠县、丰都、垫江、凉山、酉阳、秀山、黔江、彭水、石柱、城口)
	1942年	重庆市 辖18区(第一至第十七区、水上区)。 四川省第三行政督察区 辖10县(永川、巴县、江津、綦江、璧山、铜梁、大足、江北、合川、荣昌)

---

① 重庆市地方志办公室.重庆市志:综合卷(1986—2016)[M].重庆:西南师范大学出版社,2020.

续表

时期		重庆市
中华人民共和国（1949年10月1日）成立以来	1951年	**重庆市** 川辖7区（第一区至第七区）；1县（巴县）。 **东行署区** 辖2直辖市（北碚市、万县市）；5专区（江津专区、涪陵专区、大竹专区、万县专区、酉阳专区）
	1959年	**重庆市** 辖7区（市中区、江北区、沙坪坝区、九龙坡区、南岸区、北碚区、南桐矿区）；3县（巴县、綦江、长寿）
	1985年	**重庆市** 辖9区（市中区、江北区、沙坪坝区、九龙坡区、南岸区、大渡口区、北碚区、南桐矿区、双桥区）；12县（巴县、綦江、长寿、江北、永川、大足、铜梁、璧山、合川、潼南、江津、荣昌）
	1997年3月	**重庆市** 管辖院四川省的重庆市、万县市、涪陵市和黔江地区的所管辖的43个区县（自治县、市）。 ■ 重庆市直接管辖11个区（渝中区、江北区、沙坪坝区、九龙坡区、南岸区、大渡口区、北碚区、渝北区、巴南区、万盛区、双桥区）、3个县级市（永川市、江津市、合川市）、7个县（綦江县、长寿县、大足县、铜梁县、荣昌县、潼南县、璧山县）。 ■ 万县市辖3个区（龙宝区、天城区、五桥区）、8个县（开县、梁平县、忠县、云阳县、奉节县、巫山县、巫溪县、城口县）。 ■ 涪陵市辖2个区（枳城区、李渡区）、1个县级市（南川市）、3个县（垫江县、丰都县、武隆县）。 ■ 黔江地区辖5个少数民族自治县（黔江土家族苗族自治县、石柱土家族自治县、彭水苗族土家族自治县、酉阳土家族苗族自治县、秀山土家族苗族自治县）
	2016年12月	**重庆市** 26个区（万州区、黔江区、涪陵区、渝中区、江北区、沙坪坝区、九龙坡区、南岸区、大渡口区、北碚区、渝北区、巴南区、长寿区、江津区、合川区、永川区、南川区、綦江区、大足区、璧山区、铜梁区、潼南区、荣昌区、开州区、梁平区、武隆区）、8个县（城口县、丰都县、垫江县、忠县、云阳县、奉节县、巫山县、巫溪县）、4个少数民族自治县（石柱土家族自治县、秀山土家族苗族自治县、酉阳土家族苗族自治县、彭水苗族土家族自治县）

截至2010年年底,四川省全省辖21个州、市,市辖区43个、县级市14个、县120个、自治县4个;共有乡2 586个、镇1 821个(表2.4)。

表2.4　四川省行政区划统计表(2010年年底)①

序号	市、州	市辖区	县级市	县	自治县	乡		镇
						总数	其中民族乡	
1	成都市	9	4	6		27		196
2	自贡市	4		2		21		75
3	攀枝花市	3		2		23	13	21
4	泸州市	3		4		43	8	85
5	德阳市	1	3	2		21		99
6	绵阳市	2	1	5	1	133	15	144
7	广元市	3		4		139	2	91
8	遂宁市	2		3		44		68
9	内江市	2		3		24		87
10	乐山市	4	1	4	2	115	2	96
11	南充市	3	1	5		228	1	174
12	宜宾市	1		9		72	13	104
13	广安市	1	1	3		86		86
14	达州市	1	1	5		208	4	102
15	巴中市	1		3		123		65
16	雅安市	1		7		106	18	42
17	眉山市	1		5		59		69
18	资阳市	1	1	2		87		84

---

① 四川省地方志工作办公室.四川年鉴(2019)[M].成都:四川年鉴社,2019.

续表

序号	市、州	市辖区	县级市	县	自治县	乡		镇
						总数	其中民族乡	
19	阿坝藏族羌族自治州			13		192	2	31
20	甘孜藏族自治州			18		298	7	27
21	凉山彝族自治州		1	15	1	537	13	75
	合计	43	14	120	4	2 586	98	1 821

第二节　1949—2000 年川渝社会经济发展变迁

一、人口概况

（一）人口发展迅速

中华人民共和国成立后,社会稳定,经济得到了较快发展,医疗卫生条件得到改善,四川全省人口出生率、人口平均寿命提高。四川省人口数量增长较快,1949 年四川省总人口为 5 730 万人,约占全国总人口的 10.6%;至 1985 年四川省总人口增至 10 187.5 万人,净增 4 457.5 万人。人口数量变化主要有 3 个特点:①人口自然增长较快,自然增长是四川省人口数量增加的决定性因素。②少数民族人口增长速度高于汉族,1949—1964 年,少数民族人口年平均增长率比汉族高 0.63%;1964—1982 年,少数民族人口年平均增长率接近汉族的 2 倍。③农村人口增长大于城市人口。1963—1975 年,乡村人口对总人口增长影响是最大的,乡村人口共增加了 2 866 万,年平均增长率为 3.13%。截至 2009 年年底,四川省共有 8 984.69 万人,年增长率与 2008 年相比下降了 0.81 个百分点,同时,出生人口减少,死亡人口减少,自然增长率有所下降。

四川省农业人口占比较大,1949 年全省农村人口占总人口的 91.4%,1960 年为 83.9%。1982 年农村人口占总人口的 85.7%。盆地中部、东部各地农业人口比重(93%~94%)高于西南部地区(87%~90%)。随着经济的发展,农业人口逐渐向非农业人口转化。2009 年,全省农业人口 6 698.39 万人,约占总人口的 74.55%,非农业人口占总人口比例比 2008 年增加了 0.71 个百分点。2009 年,全省农业人口转非农业人口 75.29 万人。

1986 年,四川省重庆市总人口 1 427.46 万人,至重庆直辖前的 1996 年年底,四川省重庆市总人口为 1 529.72 万人。重庆直辖后,全市人口结构的变化特点主要体现在:①性别结构趋于合理,出生人口性别比下降。②年龄结构总体平衡,人口红利助推经济发展。③城乡人口结构持续调整,城市集聚效应进一步显现。④人口分布格局优化,大都市区人口集聚优势凸显。人口结构改变的同时,人口素质也不断提高,平均受教育年限提高,高学历人口占比不断上升;市民生活条件持续改善,人口平均预期寿命不断提高。根据 2010 年第六次人口普查,重庆市共有 55 个少数民族人口居住,常住少数民族人口约 193.7 万人,占全市总人口的 6.7%。

(二)少数民族人口迅速增长,文化水平有较大提高

1950 年以来,主要受自然增长率上升、民族转化、人民生活水平提高、社会经济发展、医疗卫生事业改善等因素影响,四川省少数民族人口增长较快,由 1949 年的 134 万增至 1982 年的 366 万,净增长率为 173%。1964—1982 年,汉族人口增长了 44.94%,少数民族人口增长了 109.72%,比汉族人口增长速度快 1.44 倍。四川少数民族人口(约 98%)主要聚居在川西高原山地和川南、川东南山区各市县,剩余 2% 人口杂散居住在四川盆地内部和东北山区。少数民族人口分布以青川—北川—灌县—宝兴—汉源—屏山连线为界,该连线以西地区居住了 264 万少数民族人口,占全省少数民族人口的 72%,连线以东盆地南部沿宜宾—珙县—綦江—南川—彭水—石柱一线以南的川南、川东南山地居住了约 96 万人,约占全省少数民族人口的 26%;剩余 2% 少数民族分散于盆地内(图 2.1)。

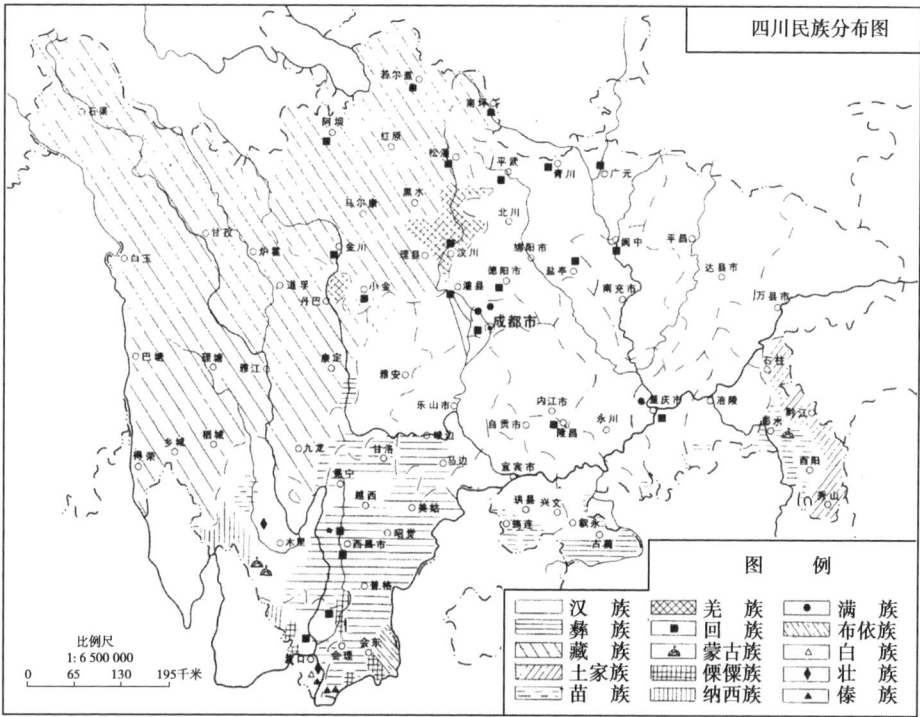

图 2.1　四川民族分布图①

　　1982 年,四川全省共 9 971 万人,汉族占 96.3%(约 9 605 万人),少数民族仅占 3.7%(约 366 万人),性别比属于正常范围。两次人口普查结果显示,少数民族人口的文化程度有较大提高,具有大学文化程度的人口增长 6.9%,具有高中文化程度的人口增长 177.4%,具有初中文化程度的人口增长 390.7%,但民族地区文化程度仍远低于其他区域。1991 年,四川省少数民族人口增至 491.55 万,仅次于广西、云南、贵州、新疆和辽宁,位居全国各省区第 6 位,其中 89.8% 的人口居住在川西、川西北高原山地和川东南、川西南地区,10.2% 的人口杂散居在内地各城镇及农村地区。至 1991 年年底,民族区域自治地区有各类学校 8 867所,专任教师 55 031 人,普通高等学校在校生 4 320 人,中等专业学校在校

① 四川省地方志编纂委员会.四川省志·地理志:上册[M].成都:成都地图出版社,1996.

生13 535人,普通中学在校生 209 668 人,小学在校生 79.41 万。2009 年,全省继续实施《四川省民族地区教育发展十年行动计划(2011—2020 年)》,开工建设校舍、改造教师周转房、小农(牧)场,为家庭贫困的寄宿学生提供生活补助。2009 年美姑、色达两县已实现"普及九年义务教育",全省"基本实施九年义务教育、基本扫除青壮年文盲"人口覆盖率达 99.99%。

1986 年,四川省重庆市除汉族外,有 35 个少数民族,全市少数民族人口(约 1.5 万人)占全市总人口 0.01%。全市 21 个区县中均有少数民族居住,其中在城镇居住的少数民族约 9 000 人,农村地区约 6 000 人。世居少数民族主要有回、苗、满、彝 4 个民族,其他少数民族(含壮、白、土家、布衣、蒙古、藏、侗、朝鲜、维吾尔等)多为 1949 年前后迁入。1997 年直辖后,重庆市成为以汉族为主、49 个少数民族组成的多民族地区。1997 年末,49 个少数民族人口升至 175 万,占全市总人口的 5.75%,其中土家族(113 万人)和苗族(52 万人)占多数。

二、经济社会发展

(一)四川省

1949 年新中国成立后,全省各族人民在党的领导下,顺利地进行了社会主义改造和建设,经济、社会得到了全面发展,人民群众生活水平显著提高。1949—1980 年,四川在经济建设方面取得的主要成就包括:①建立并发展了社会主义公有制经济、全民所有制经济。②国民经济得到迅速发展,1980 年全省工农业总产值与 1949 年相比增长 8.6 倍。③物质技术水平有极大提高。1950—1980 年,全省初步形成了布局较为合理、门类较为齐全的生产体系,工业部门及新兴工业部门的生产技术都有了很大提高,创造了大批新工艺、新设备及新材料。"三五"计划时期,四川省进行了一系列"三线"建设,积极地促进了四川的经济发展,全省建成多条铁路干、支线,形成了以成、渝两市为中心的交通运输网络。农村开展农田水利基本建设,抵御自然灾害的能力显著增强。

④随着工业生产的发展,国内商业和对外贸易有极大增长。⑤城乡人民生活水平、质量明显提高。全民所有制职工年平均工资、农民家庭人均纯收入都有明显增长。随着群众性体育事业的蓬勃发展、医疗卫生和生活条件的极大改善,全省人民平均寿命明显提高,人口死亡率下降。

改革开放以后至 2000 年,四川省(数据包含重庆市)的经济得到了快速发展,人民生活水平有大幅提高(图 2.2、图 2.3)。

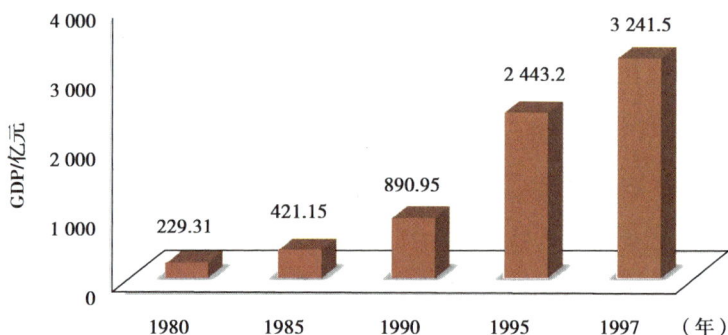

图 2.2 改革开放以后四川省主要年份地区生产总值(GDP)

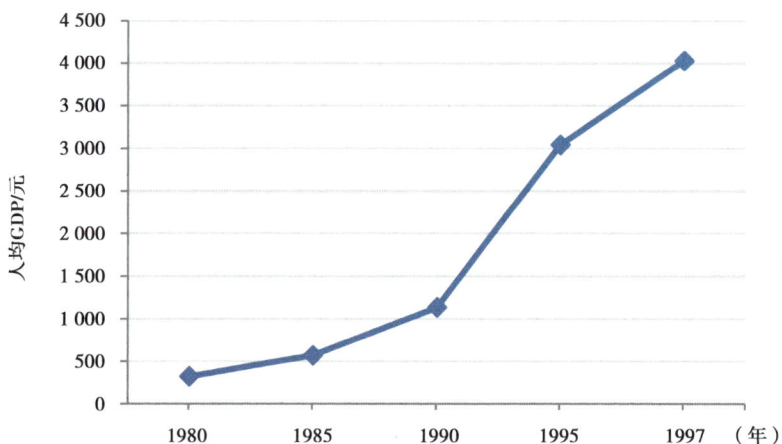

图 2.3 改革开放以后四川省主要年份人均地区生产总值(GDP)

1981年至1985年（"六五"时期），四川省对内搞活经济，对外实行开放政策，加快以城市为重点的整个经济体制改革的步伐，深入进行农村经济体制改革，社会主义现代化建设取得明显成就。全省经济和社会发展成就包括：①国民经济稳定、协调发展，农业与轻重工业比例关系有所改善，农村产业结构逐步趋于合理，传统农业向多层次多部门结构转化。②经济体制改革逐渐深入。③投资结构趋于合理。④横向经济联系和对外交流有所进展。⑤宏观经济效益有所提高，国民收入、财政收入和社会劳动生产率的发展速度均衡增长。⑥城乡居民收入显著增加，生活水平有很大改善。⑦科技、教育等事业有较大发展，投资比重增大，科研工作有较大突破。

1986年至1990年（"七五"时期），全省继续坚持将改革放在首位，加强重点建设、技术改造和智力开发。主要经济和社会发展目标包括：增加社会总产值、国民收入、国民生产总值、财政收入、固定资产投资；抓好和发展重大科研项目；重点加强基础教育、发展职业技术教育、提高高等教育和成人教育质量；控制人口增长速率；提高人民生活水平和质量。

1991年至1995年（"八五"时期），全省国民经济保持良好发展势头，农业生产取得喜人成绩，粮食产量达到历史最高水平，工业生产保持稳定增长，科技、教育、文化、卫生和体育事业全面发展，市场一片繁荣，人民生活水平不断提高，提前完成"八五"计划提出的目标任务。

1996年至2000年（"九五"时期），农业生产连续获得丰收，农村经济快速发展，城乡市场繁荣，人民生活继续改善；同时，工业生产持续发展，财政收支基本平衡，金融形势稳定，对外开放力度加大；其他各项社会事业健康发展。农业基础设施得到进一步完善和加强，水利和生态环境建设投入力度加大，增强了抵御自然灾害的能力。各年粮食、油料及肉类总产量均有明显提高，小城镇建设进展顺利。工业生产着力于抓好重点地区、扩张型企业的发展，使重点亏损企业扭亏增盈，企业逐步加强内部管理，注重开拓市场，一定程度上实现了减亏增效。关注小企业的改革与发展，培育支柱产业。同时，旅游、房地产、饮食服务业等第三产业发展较快。

（二）重庆市

经济实现较快增长。1986 年至 1996 年,四川省重庆市经济实现较快增长。1986 年,四川省重庆市 GDP 为 118.89 亿元,1996 年,GDP 为 857.12 亿元。重庆直辖后,全市经济实现大发展,1997 年,重庆市 GDP 增至 1 350.1 亿元,人均GDP 为 4 535 元,三次产业结构为 22.6∶41.7∶35.7,非农产业比重持续上升。

农业综合生产力逐步提高,农村经济得到发展。1986 年,四川省重庆市粮食产量为 554.9 万吨,1996 年,农业增加值为 155.8 亿元。直辖后,重庆市农业结构不断优化,农业产业化步伐加快,1997 年全市农业增加值为 307 亿元,农民人均纯收入 1 692 元,粮食总产量保持稳定。

旅游业产业化转型发展推进,旅游文化产业发展良好。1986 年四川省重庆市旅游外汇收入为 2 422 万美元,旅游与文化产业融合发展,旅游业逐渐成为新的经济增长点。1997 年重庆市旅游外汇收入达到 10 548 万美元。2000 年,重庆市获"中国优秀旅游城市"称号,同年,重庆推出山水都市、红岩联线等旅游文化精品。

内外服务贸易市场逐步形成,直辖后生产性服务业加快发展。1997 年,全市第三产业增加值 485 亿元,社会消费品零售总额 507.9 亿元,全市大型商业设施和交易市场建设加快,中心城市商圈聚集辐射功能增强。

三、交通运输

（一）内河航运

新中国成立后至 1980 年代,四川内河航运事业有了巨大发展,经历了 4 个主要时期:①恢复和初步发展时期(1950—1957 年);②四川内河航运的曲折发展时期(1958—1965 年);③动乱中求发展时期(1966—1976 年);④快速发展时期(1976—1985 年)。在新中国成立的最初 30 多年间,四川内河航运事业得到了较快发展,从省到地、市、县逐渐建立起一套管理体系,建设起了负责航道港口勘测、维修和船舶修造的队伍。此外,造船工业体系的形成,不仅满足了本省的造船需求,同时还承担了外省和国防、冶金的船舶制造任务。但相较于四川铁路、公路的发展,内河航运的发展速度是缓慢的。1999年,四川省水路运输全年保证了支农物资、重点物资的运输,水路货运以煤炭、矿建材料、化肥为主(约占全省运量的93.4%)。全省开展防治船舶水污染执法监督大行动:一是防止向航道乱倾倒固体废物;二是严禁船舶排污,监督危险货物运载;三是加大科技投入,在重点湖泊、旅游风景区投入低噪声及低污染太阳能游船;四是在嘉陵江和渠江开发建设航电枢纽。

(二)公路运输

20世纪50年代,四川对原有的公路进行了修复和养护,全面恢复交通,重点修建了成阿、沐石、宜西、东巴、川藏等公路干线,少数民族地区交通得到极大改善。1950—1970年,实行"地群普"(即依靠地方、依靠群众,普及为主)方针,修建公路6万余千米,大大促进了地区农业生产。至1980年,县乡公路、桥梁建设均取得一定成绩,公路里程增加约10倍,尤其是交通不便的边远山区也建起了公路网。1981年全国公路普查结果显示,四川公路里程居全国第一,公路密度居全国第15位。1980年以后,国家以发展能源交通为重点,实施了一系列支持交通事业发展的政策,公路建设速度明显加快。20世纪90年代末,四川省以质量为主题,以改革为动力,加快以高速公路为主的交通基础设施建设,使全省交通持续、快速、健康发展。至1999年年底,全省完成了120.5亿元的公路建设投资,成雅、成乐、自宜、隆沪等高速公路相继通车,全省高速公路通车里程达747千米。全省公路网基础初步奠定,高速公路网建设时代逐步开启。

(三)铁路

新中国成立后,四川逐步建成成渝、宝成、川黔、成昆、襄渝、内昆6条铁路干线及广罗、德天等9条直线。成渝铁路也成为新中国成立后自主建设的第一条铁路。至 1985 年年底,全省共有 54 个县、市通了火车,全省铁路运营里程由新中国成立初期的 67 千米增至 2 896 千米,增长 43 倍。四川的铁路发展,大大促进了四川乃至西南地区的政治、文化、经济、国防发展,提高了人民生活水平,更为加强民族团结创造了良好基础。1999 年,四川省实现了宝成复线铁路、成昆电气化铁路四川境内正线开通、渝达电气化铁路建成、达成铁路国家验收、内宜电气化铁路开工等目标。

(四)民用航空

新中国成立后,民航事业得到了较快发展。1950 年 8 月,民航局开辟了新中国成立后第一条通向四川和西南地区的航线,由天津经北京、汉口到重庆,之后开辟了重庆到成都、昆明、贵阳的航线。1965 年,成都到拉萨的航线正式通航。为适应民航发展需要,成都双流机场和重庆白市驿机场进行扩建,便利了四川与全国其他城市间的空中交通。1983—1985 年,双流机场、重庆江北机场先后扩建为国家一级机场,南充机场于 1987 年投入使用。除对机场的维修和扩建外,飞机机型也得到了更新,新增飞机的载客量、安全性和舒适性大大提高。1985 年 3 月新开辟成都—香港航线,8 月开辟成都—上海—乌鲁木齐,11 月开辟成都—广州—哈尔滨等航线;1987 年 3 月开辟成都—北京—拉萨—成都—北京—成都航线,9 月开辟拉萨—加德满都国际航线。1986 年四川省航空公司成立,为四川的航空运输提供了支持。1999 年,四川省有航班飞行的机场 6 个,四川民用航空系统企事业单位增至 12 个,分别是中国民用航空西南管理局、中国西南航空公司、中国民用航空西南管理局空中交通管理局、成都双流国际机场、中国民用航空总局第二研究所、民航飞行学院、中国航空油料西南公司、中国民航物资设备公司西南公司、中国航空器材西南公司、四川航空公司、宜宾民航管理处、泸州民航管理处。至此,四川省民用航空发展具备了坚实基础。

四、科技、教育事业

1950—1980 年,科技、教育、卫生事业费占全省财政支出的 22.5%,1981—

1985 年("六五"期间),四川省在重视经济发展的同时,增大了对科技教育发展的投资力度,将科技、教育卫生事业费比重提升至 33.9%。与 1980 年相比,1985 年的科学教育事业费约 12.2 亿元,增长近一倍。"六五"期间,科学研究和科技信息开发逐渐得到重视,科研工作取得重大突破;教育事业有较快发展,全省普通高校数量、在校生和毕业生人数增加,各种成人教育得到前所未有的发展,小学教育的普及工作取得积极进展;卫生、文化等事业也有较大发展。"八五""九五"期间,全省多渠道筹措教育经费,增加教育投入;加强骨干教师、学术带头人、教育教学专家后备人选的选拔、培养;以普及九年义务教育为重点,进一步深化教育教学改革,全面推进素质教育并提高教育质量。经过改革开放以来四个五年规划的努力,四川省作为我国科技、教育大省的地位进一步得到巩固。

第三节　西部大开发以来川渝发展成就

一、四川省经济社会发展成就

(一)经济持续快速发展,综合实力明显提升

进入 21 世纪,西部大开发政策开始实施。西部大开发政策为四川省的发展带来新的机遇,经济社会发展速度和质量都明显提高。特别是党的十八大以来,中国特色社会主义建设进入新时代,四川的经济社会更是进入了高质量的发展阶段。在党的领导下,全省经济规模持续扩大,发展水平显著提高,经济发展主要取得以下成就:①经济规模实现跨越式增长。西部大开发以来,以 5 年为时间尺度进行观察,四川省地区生产总值(GDP)实现较快增长(图 2.4)。特别是 2000—2020 年,四川省地区生产总值已经跨越了 4 万亿元台阶,四川省地区生产总值由 1952 年的 24.6 亿元到 2007 年的 10 562.4 亿元,用 55 年实现了万亿元规模的跨越;2018 年地区生产总值达到了 40 678.1 亿元,迈上了 4 万亿

元的台阶;2020 年地区生产总值达 48 598.8 亿元,接近 5 万亿元规模(图 2.5),比 2019 年增长 3.8%(这是在新冠肺炎疫情严重影响的情况下)。至 2020 年,四川全省地区生产总值超千亿元的市州达到 16 个。②人均地区生产总值水平显著提升。2000 年,四川人均地区生产总值仅 4 956 元,随着生产水平的提升,人均地区生产总值水平大幅跃升,2019 年达到 55 774 元(图 2.6)。③地方财政实力显著增强。

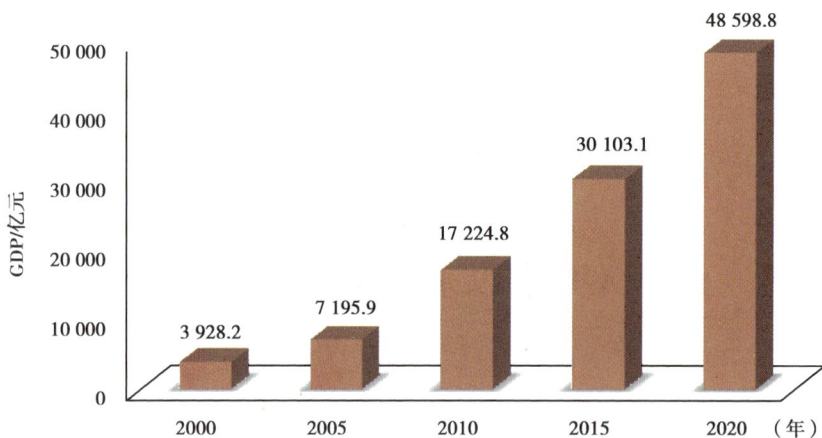

图 2.4 四川省 2000 年至 2020 年地区生产总值(GDP)

(二)经济结构持续转型升级,供给侧结构性改革取得成效

新中国成立以来,四川省由过去的以农业经济为主转变为现今的由工业和服务业共同主导的经济发展格局,经济结构持续转型升级,城乡一体化加速融合。至 2018 年,四川省产业结构几经转型,1952 年的"一三二"型(59.1∶14.9∶25.9),1991 年的"二一三"型(33.4∶37.0∶29.6),1999 年的"三二一"型(25.4∶37.0∶37.6);2016 年产业结构为 11.9∶40.8∶47.3,服务业比重超过第二产业,经济增长转为由工业和服务业共同主导的结构。2018 年产业结构再次升级为 10.9∶37.7∶51.4,服务业增加值占比首次突破了 50%,成为四川经济的支柱性产业。党的十八大以来,全省淘汰落后产能,钢铁、煤炭行业结构性去产能、房地

产去库存都取得明显成效,企业杠杆率逐渐下降,投资补短板力度加大。

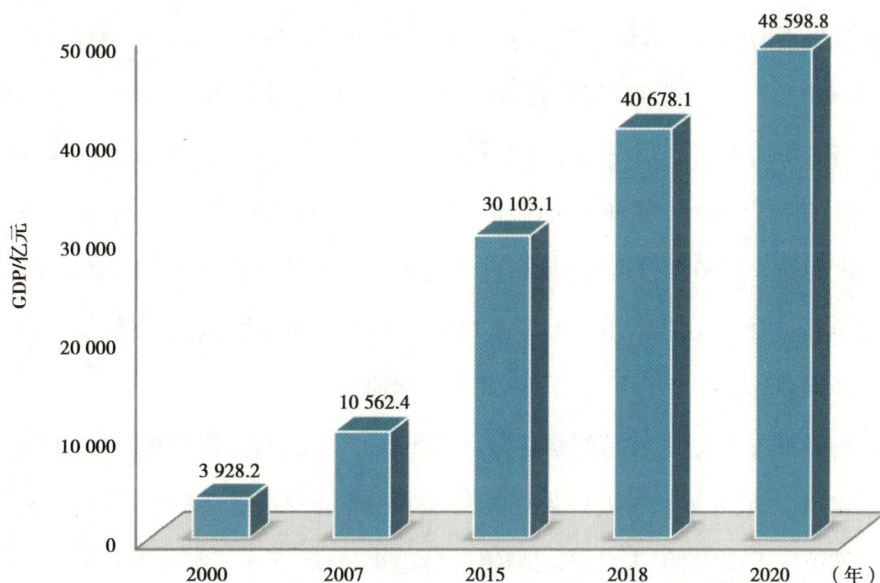

图 2.5　2000 年至 2020 年四川省地区生产总值(GDP)跨越 4 个万亿元台阶

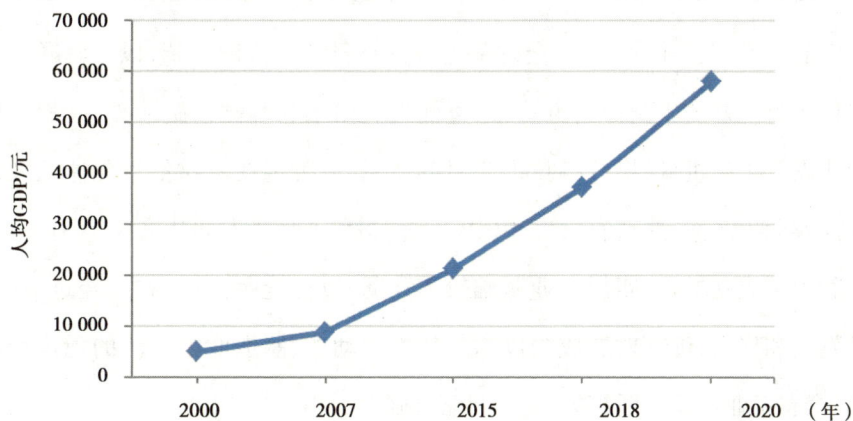

图 2.6　2000 年至 2019 年四川人均地区生产总值(GDP)

（三）区域经济协同推进，城乡经济联动发展

四川省各市(州)经济发展良好。新中国成立后特别是改革开放后，区域经济协同发展不断取得新成就。2015年("十二五"末)成都市经济总量突破万亿元；2020年("十三五"末)四川省有16个市(州)经济总量达到千亿元。四川省五大经济区协同发展，成都平原经济区在2018年时GDP就已占全省总量的60%以上，川南、川东北、攀西经济区和川西北生态示范区追赶发展。县域经济发展速度加快。2000年，经济总量超过百亿元的县、市、区有4个，至2018年，经济总量超过百亿元的县、市、区共有118个，其中6个县区超过千亿元，分别是龙泉驿区、双流区、金牛区、青羊区、武侯区和锦江区。

市场经济快速发展，经济结构逐渐由农业生产向工业化、现代化发展，大量资源集聚于市场，导致农村人口大规模向城市和经济发达地区转移，四川省常住人口城镇化率2018年达52.3%，城镇人口达4 361.5万人。常住人口城镇化率2020年达到60%。

（四）农业生产稳定发展，工业体系日益完善，服务业支撑作用日益增强

党的十一届三中全会后，全省率先进行农村经济体制改革，以家庭联产承包责任制为主要的生产经营方式，通过加强农田水利基础设施建设、大规模应用现代农业生产机械、提升科技推广服务体系、完善现代农村信息化体系来帮助提高农业生产率、调动农民生产积极性，使得农业稳步发展壮大。

新中国成立初期，四川工业基础较为薄弱，以传统手工业为主，经过70余年的发展和努力，逐渐发展成为以高新技术为动能、制造业为主体的现代产业结构，全省工业规模不断扩大，实力显著增强。

四川服务业增加值由1997年跨入千亿元台阶，2013年迈上万亿元台阶，2018年突破两万亿元大关，占全省地区生产总值50%以上。服务业逐渐由传统服务业转向以软件和信息技术服务业和金融业为代表的现代服务业，成为四川

经济增长点。此外,人们对文化、旅游、科技、信息等新兴服务业的需求大增,旅游业作为万亿集群产业,成为四川经济的重要支柱。

(五)基础设施建设成果显著

截至 2008 年年底,四川综合交通运输体系已粗具规模:四川省各类运输线路总里程达到 23.1 万千米,约占全国的 5%。其中,铁路运营里程 3 086 千米;二级以上公路 1.4 万千米,包括 2 162 千米高速公路;内河航道里程 1.2 万千米;民航大型枢纽机场 1 个,支线机场 10 个。

2009 年四川编制完成《西部综合交通枢纽建设规划》。规划显示,从 2009 年到 2020 年,四川西部综合交通枢纽建设涉及铁路、公路、水运和航空等重大项目 107 个,估算总投资 10 866 亿元。到 2020 年,四川省综合运输网总里程力争达到 37 万千米,铁路运营里程达到 8 000 千米,高速公路通车里程达到 8 200 千米,港口集装箱吞吐能力达到 300 万标箱,水运四级以上航道 2 381 千米。《西部综合交通枢纽建设规划》进一步强调出川通道建设,强化成都枢纽功能,完善了四川的交通网络布局。到 2020 年,四川将建成包括 18 条铁路、21 条高速公路和 2 条水运航道在内的 41 条进出川通道,全省通航机场 17 个、直接通航城市 121 个、航线 185 条。成都主枢纽将直接引入 12 条铁路、16 条高速公路,建成成都第二机场,形成成都至贵阳、西安、兰州等周边省会城市 4 小时交通圈,至环渤海、珠三角和长三角地区 8 小时交通圈。同时,四川省内也将形成成都至其他市(州)政府所在地的 1 小时、2 小时和半日交通圈。

自《西部综合交通枢纽建设规划》战略实施以来,新开工建设高速公路项目达 20 个,总里程 2 503 千米。铁路建设取得重大进展,西部综合交通枢纽建设铁路项目完成投资 213.4 亿元,加快建成成绵乐客专、成都至都江堰、遂渝二线、兰渝铁路、乐巴铁路、成都集装箱中心站、成都东客站、成昆货车外绕线等铁路项目。累计开工建设项目 13 个,投资规模超过 1 300 亿元,铁路运营里程达到 3 364 千米,在建铁路项目总里程达 1 348 千米。民航发展加快推进,西部综合交通枢纽建设民航项目完成投资 50 亿元,双流机场新航站楼开工建设,南充机场、西昌机场、九黄机场三期、稻城亚丁机场和阿坝红原机场扩建。

至 2018 年年末,全省公路里程已达 33.2 万千米。在通车里程中,高速公路达 7 238 千米,通达 21 个市(州)。一、二级公路里程 8 357 千米,成绵乐城际铁路、成渝高铁、西成客专建成通车。全省水运、铁路、航空运输发展较快。全省铁路营运里程 4 950 千米。天府国际机场获批建设,国家级国际航空枢纽地位凸显。2018 年全省公路、铁路、航空和水路等运输方式完成货物周转量 2 820 亿吨千米,为 1978 年的 13 倍(215.8 亿吨千米)。

二、重庆市经济社会发展成就

(一)全市经济实现跨越式发展

2000 年全市 GDP 为 1 822.1 亿元,人均 GDP 6 383 元。2019 年全市 GDP 为 2.360 77 万亿元,人均 GDP 7.582 8 万元(图 2.7、图 2.8)。2016 年,全市 GDP 为 1.76 万亿元,人均 GDP 达 5.79 万元,三次产业结构比为 7.4∶44.2∶48.4,服务业比重超过了工业,农业比重大幅下降。

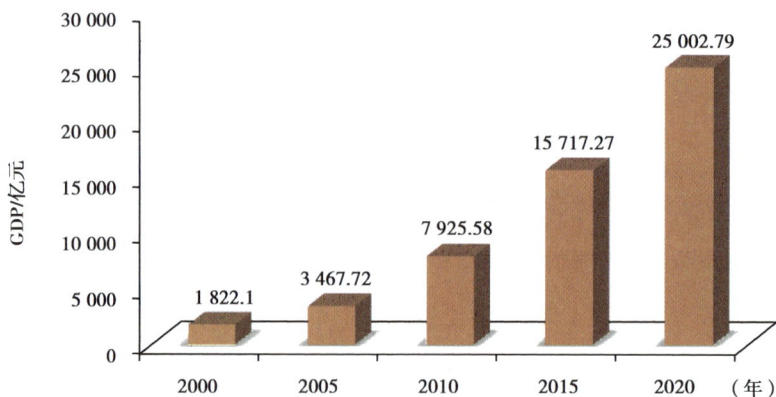

图 2.7 2000 年以后,重庆市地区生产总值(GDP)增长趋势

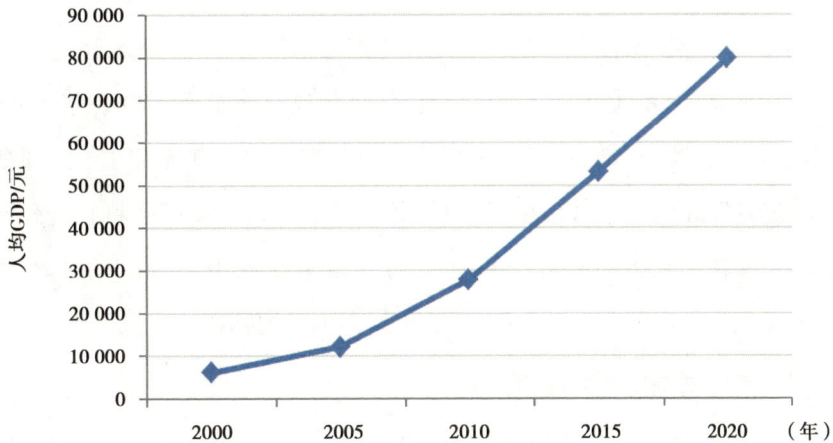

图 2.8　2000 年以后重庆市人均地区生产总值（GDP）增长趋势

2010 年,国家级新区——重庆两江新区获国务院正式批准成立,它是中国内陆第一个国家级开发开放新区,是继上海浦东新区、天津滨海新区后,由国务院批复的第三个国家级开发开放新区,至此重庆市多层次开发开放平台体系逐渐完善。国家赋予两江新区五大功能定位,要求其在国家战略层面成为统筹城乡综合配套改革试验的先行区、内陆重要的先进制造业和现代服务业基地、长江上游地区的金融中心和创新中心、内陆地区对外开放的重要门户、科学发展的示范窗口。两江新区是中国（重庆）自由贸易试验区等国家级重大项目所在地或实施地。2020 年 3 月,被工业和信息化部评定为国家新型工业化产业示范基地。

（二）农业农村经济快速发展

全市农业结构不断优化,新型农业经营主体加快形成,农业产业化速度加快。2004 年至 2016 年,中央出台的指导"三农"工作的"一号文件"对重庆市农村改革发展产生了重大影响。

（三）科技实现跨越式发展

西部大开发以来,重庆市综合科技进步水平位列全国第 20 位,2016 年升至全国第 8 位,西部地区第 1 位。2000 年全市用于研究与试验发展的经费支出为 10.13 亿元,2016 年增至 300 亿元,占地区生产总值的 1.7%。2005 年,重庆市重点开展与国际组织和外企的合作与交流,促进科技对外发展。2008 年实施"引进来、走出去"战略,推动多领域、多层次科技合作。2008 年至 2015 年,重庆市通过举办多场国际学术会议、申报多项国际科技项目、启动国际科技合作基地培育计划、新建国家级国际合作基地、国家级联合研究中心、市级国际合作基地、国家级国际科技园合作基地等方式,更好地加强国际科技交流合作。

(四)工业与信息化发展进入新阶段

"十五"期间重庆市工业经济良性发展,"十一五"期间加快产业结构调整,全市工业经济步入快车道。2000 年,重庆市成立信息产业局,以信息化带动工业化发展。2002 年,全市开始建设特色工业园区。2004 年,电子政务全面开启,2007 年成为全国首个统筹城乡信息化试验区,形成了以电子信息和汽车产业为核心的特色工业集群。

(五)旅游文化产业成为经济增长新动力

2000 年,重庆市国际旅游接待力强劲,为历史最高水平。2008 年,全市接待海外游客突破 1 亿人次,旅游收入达 561.63 亿元,占国内生产总值 11%。旅游总收入和旅游接待人数增幅位列全国第二,仅次于天津市。

三、从成渝经济区到成渝地区双城经济圈:国家发展的新增长极

成渝经济区域拥有两个国家中心城市——成都、重庆,两个中心城市各自形成了都市圈,在区域发展中有很强的带动和辐射作用。成渝经济区域在我国整体经济社会区域发展中占有重要地位,特别是在西部地区中占有极其重要的社会经济地位,是西部地区率先开发的区域,是开发强度、开发密集度最高的区域,更是西部地区产业基础、经济实力、文化教育、科技实力最为强大、发展潜力最大的地区之一。因此,成渝经济区域的发展战略,是国家区域发展战略的重

要组成部分,直接影响和辐射我国西部地区乃至整个国家的发展。加强、提升成渝经济区域整体发展能级,使成渝经济区域在国家整体区域经济社会发展中发挥更大的带动、引领、辐射和示范作用,成为国家发展的重要增长极,是大势所趋。

2000 年以后,成渝地区加强合作,2001 年,重庆市和成都市携手打造"成渝经济走廊"。

2004 年,四川、重庆两省市政府签订《关于加强川渝经济社会领域合作共谋长江上游经济区发展的框架协议》,协议共涉及交通能源、旅游、文化、农业、广播电视、公安警务 6 个专项合作。

2010 年后,政府和学界加强成渝城市群的规划研究,2011 年,建设部、重庆市政府、四川省政府共同编制《成渝城镇群协调发展规划》。

2011 年,国家发展和改革委员会批复《成渝经济区区域规划》,其中涉及重庆市 31 个区县和四川省 15 个市在内的成渝经济区。

2016 年,国家发展和改革委员会批复了《成渝城市群发展规划》,成渝城市群的发展理念逐渐完善。

2020 年,国家战略明确提出成渝地区双城经济圈建设,并明确赋予"一极一源两中心两地"的战略使命。

从成渝经济区到成渝城市群,再到成渝地区双城经济圈的变化,是国家关于川渝经济区域发展战略的重要升级。将成渝经济区、成渝城市群、成渝双城经济圈建设好,对川渝两地、西部乃至全国发展都有重大促进作用和战略支撑意义。

3

双城记：
从成渝经济区到成渝城市群

近十年来，国家对成渝地区发展高度重视，多次为其把脉定向、标定航向，为推动区域协同发展擘画宏伟蓝图。早在 2011 年，国务院批复实施《成渝经济区区域规划》，明确要求把成渝经济区建设成为西部地区重要的经济中心，在带动西部地区发展和促进全国区域协调发展中发挥更加重要的作用；2016 年，国家发展和改革委员会、住房和城乡建设部联合印发的《成渝城市群发展规划》明确提出，到 2020 年，成渝城市群要基本建成经济充满活力、生活品质优良、生态环境优美的国家级城市群。在国家重大区域发展战略的指引下，成都、重庆两大核心城市"相向发展"格局开始破冰，一个以成都、重庆为双核心，包括四川和重庆 42 个市（区）县、涵盖 18.5 万平方千米国土、拥有近 1 亿人口和超 6 万亿元经济总量的国家级城市群正在我国西部崛起。

第一节 《成渝经济区区域规划》："双核五带" 建设蓝图[①]

一、"双"发展核心

充分发挥成渝双核对区域发展的引领作用，强化区域资源整合，实现错位发展，打造带动成渝经济区发展的双引擎和对外开放的门户城市，促进成渝经济区一体化协调发展。

（一）成都发展核心

提高成都作为西部特大中心城市的竞争力和带动力，拓展成都及周边，强化成都作为成渝经济区"双核"之一的引擎作用。推进国家统筹城乡综合配套改革试点，重点发展现代服务业、高技术产业、先进制造业及特色农业，提升交

---

① 国家发展和改革委员会.成渝经济区区域规划［EB/OL］.（2011-05-30）［2020-10-01］.中华人民共和国国家发展和改革委员会.

通、通信、金融、商贸物流等城市综合服务功能,加快发展总部经济,推进创新型城市建设,优化人居环境,建设城乡一体化、全面现代化、充分国际化的大都市。

(二)重庆发展核心

充分发挥直辖市体制优势和辐射集聚作用,推进国家统筹城乡综合配套改革试验,高起点建设两江新区,强化交通、金融、商贸、物流等城市综合服务功能,推进创新型城市建设,重点发展先进制造业、高技术产业、现代服务业,提高对外开放水平,大力发展总部经济,打造经济繁荣、社会和谐、环境优美的国际大都市。

二、"五"发展轴带

以成渝经济区主要交通干线为纽带、重点城市为依托,打造五大发展轴带,以带串点,以带促面,加快构建成渝经济区协调、联动的发展新格局。

(一)沿长江发展带

以长江黄金水道和沿江高速公路、铁路为纽带,依托宜宾、泸州、乐山、重庆等城市,有序推进岸线开发和港口建设,集聚冶金化工、装备制造、新材料、清洁能源、轻纺食品、商贸物流等产业,加快城镇发展,加强环境保护和生态建设,建成长江上游重要的产业和城镇集聚带。

(二)成德绵发展带

以成绵乐城际客运专线、宝成—成昆铁路和成绵、成乐、成雅高速公路及大件运输通道为纽带,依托成都、德阳、绵阳、乐山、眉山、雅安等城市,重点发展装备制造、电子信息、生物医药、科技服务、商贸物流和特色农业,优化城市功能,改善环境质量,建成具有国际竞争力的产业和城市集聚带。

(三)成内渝发展带

以成渝铁路和成渝高速公路为纽带,依托成都、自贡、内江、资阳、荣昌等城市,重点发展电子信息、精细化工、新型建材、轻纺食品、装备制造、商贸物流等支柱产业,积极引导产业与人口集聚,建成连接"双核"的重要经济带。

(四)成南(遂)渝发展带

以兰渝、渝遂铁路,成南、渝遂、渝南高速公路和嘉陵江为纽带,依托成都、遂宁、南充、重庆等城市,重点发展机械制造、轻纺食品、油气和精细化工等产业,大力发展商贸物流,积极发展特色农业,培育连接"双核"的新兴经济带。

(五)渝广达发展带

以襄渝、达万铁路和渝达、渝宜高速公路为纽带,依托重庆、达州、广安等城市,重点发展天然气及盐化工、机械制造、冶金建材、轻纺食品等产业,大力发展商贸物流和特色农业,加强跨区域分工协作,建成东北部重要的经济增长带。

三、政策举措

(一)四川方面

政策落实方面,四川省及市、州层面积极贯彻落实《成渝经济区区域规划》,并出台相应的政策意见。抢抓历史新机遇,按照区域一体化发展的总体思路,全面推进实施规划的宏伟蓝图,促进要素合理流动,优化生产力布局,提升区域综合实力,并充分发挥在带动西部地区发展和促进全国区域协调发展中的重要作用。四川各地级市也积极融入成渝经济区建设,如内江提出大力打造成渝经济区新兴休闲度假旅游目的地,加快构建成渝经济区商贸物流中心;南充要倾力打造成渝经济区现代物流中心;自贡提出努力构建成渝经济区西南部区域中心城市;达州依托得天独厚的地缘优势和资源优势,力争在《成渝经济区区域规划》实施中大有作为;宜宾确定借势成渝、联动川南、辐射滇黔的发展思路,打造宜宾为成渝经济区中的区域性中心城市和次高地,倾力打造成渝经济区第三增长极。下表为2011—2014年四川关于推动成渝经济区建设的主要政策(表3.1)。

表 3.1　四川关于推动成渝经济区建设的主要政策

年份	文号	政策名称	主要内容
2011	川府发〔2011〕32 号	关于贯彻成渝经济区区域规划的实施意见	深化认识,准确把握贯彻《规划》的总体要求;务实创新,扎实推进成渝经济区建设重点工作;强化保障,全面实现成渝经济区域规划蓝图
2011	川办函〔2011〕223 号	贯彻实施《成渝经济区区域规划》具体责任分工方案	从优化空间布局、统筹城乡发展、发展现代产业、夯实基础设施、提升公共服务、建设生态文明、深化改革开放、强化实施保障等方面进一步明确责任主体和工作主体
2011	—	成都海关支持成渝经济区及天府新区开放型经济发展十项措施	成都海关将加强对成渝经济区及天府新区内电子信息、装备制造、汽车摩托车制造、民用航空航天、医药等重点产业的进出口贸易监测预警,开展相关外贸分析研究,提前介入区域内各级政府招商引资工作,为政府决策、企业经营提供支持
2014	川办发〔2014〕54 号	关于印发成渝经济区成都城市群发展规划(2014—2020 年)和南部城市群发展规划(2014—2020 年)的通知	成都城市群提到,到 2020 年,成都市全国竞争力和国际影响力显著提升,中心城市辐射带动能力进一步增强,城市群同城化水平进一步提升,城镇化率达到 65%。南部城市群将做大做强自贡、泸州、内江、宜宾"四核",有序拓展发展空间,强化中心城市协作联动,共同发挥辐射带动作用,统筹周边县城和城镇建设,增强综合服务功能
2014	川府发〔2014〕67 号	贯彻国务院关于依托黄金水道推动长江经济带发展指导意见的实施意见	推动四川天府新区创新发展,加快建设成渝经济区最具活力的新兴增长极;促进成渝城市群一体化

续表

年份	文号	政策名称	主要内容
2014	川府发〔2014〕75号	四川省人民政府关于印发支持四川天府新区建设发展若干政策的通知	努力把天府新区建设成为以现代制造业为主的国际化现代新区，打造成为内陆开放经济高地、宜业宜商宜居城市、现代高端产业集聚区、统筹城乡一体化发展示范区和成渝经济区新兴增长极
2014	川办发〔2014〕66号	川东北经济区发展规划（2014—2020年）	建成成渝经济区重要的特色优质农产品生产加工基地、汽摩配套生产基地；加强和成渝等地医药企业合作，优化产品结构，推进医药行业加快发展；达广渝发展带，建成成渝经济区东北部重要的经济增长带。加快完善与成渝经济区产业分工协作配套和市场对接机制，共建产业园区，在主动服务成渝、配套成渝的过程中分享发展机遇、壮大自身实力。加快推进川渝合作示范区（广安片区）建设，加强与重庆、成都产业的战略合作，依托产业合作园区，打造分工协作、衔接配套的制造业基地

创新举措方面，一是强化顶层统筹协调，建立由重庆市和四川省政府主要负责同志参加的联席会议制度，协调解决《成渝经济区区域规划》实施的重大问题。二是促进成渝经济区形成统一开放的人力资源市场体系。《四川省人力资源和社会保障事业发展"十二五"规划纲要》，描绘了成渝经济区内进一步加强人力资源社会保障事业发展区域合作的美好前景，将促进区域范围内形成统一开放的人力资源市场体系，逐步实现社会保险一体化管理，并推进建立健全劳动保障监察协作执法机制和劳动人事争议仲裁跨地区重大案件调处机制。三是促进成渝经济区人才要素一体化，在区域人才合作上，将完善相关政策措施，打破行政壁垒，促进人才合理有序流动。四是推进川渝地方与部门间合作。如

作为川渝合作的最前沿,2012 年邻水县高滩川渝合作示范园区成立,并作为重庆空港工业园区的配套园区;成都海关建立支持成渝经济区及天府新区发展专门协调工作机制,并强化与区域内相邻海关特别是重庆海关的联系合作。

(二)重庆方面

政策落实方面,重庆及其区县积极贯彻落实《成渝经济区区域规划》。一方面以推动川渝合作示范区建设为主要抓手。潼南充分利用与四川遂宁、广安、资阳交界的独特区位优势,抢抓重庆市唯一川渝合作示范区的历史机遇,进一步壮大产业支撑、提升城市品质、加快城乡统筹、推动区域合作,努力建成新型工业基地、生态文化名城、西部绿色菜都、川渝合作示范区,力争成为重庆城市发展新区的"示范窗口"和川渝合作示范的"排头兵",为整个川渝经济带的互动发展提供借鉴和支撑①。重庆与广安开展全面务实合作。2011 年 4 月 26 日,重庆市委副秘书长周传航率市委办公厅、市政府办公厅等 20 个市级部门和重庆大学、重庆银行等高校和企业赴广安,与四川省发展和改革委员会、广安市四大班子、广安辖区县政府和广安市级部门共同召开了渝广合作领导小组第二次联席会议,并实地考察了邻水县、华蓥市工业园区,研究了共建产业园区的思路,推动川渝合作示范区建设。另一方面强化交通基础设施建设,重庆市发展和改革委员会及时批复《关于重庆渝北至四川广安高速公路重庆段工程可行性研究报告》,推动川渝交通一体化建设,为区域协调发展夯实基础。

创新举措方面,一是联盟促进成渝经济区一体化发展。2011 年,包括安岳县、璧山县、大足县、简阳市、乐至县、龙泉驿区、双桥区在内的成渝两地市(区、县),成立了"成渝直线经济联盟",7 个市(区、县)负责人达成《成渝直线经济联盟大足共识》,共同签署了《成渝直线经济联盟战略框架协议》②。成渝直线经济联盟成立以来区域合作取得显著成效,每年定期举办会议,成员单位紧扣"优势互补,携手打造成渝直线经济带"主题展开了深入讨论。二是川渝顶层加快

---

① 李耕,王翔,王萃.潼南:争当川渝合作示范"排头兵"[EB/OL].(2013-11-09)[2020-10-01].华龙网.
② 成渝经济区城市群产业发展协同创新中心.直线经济联盟的情况[EB/OL].(2014-03-14)[2020-10-01].成渝经济区城市群产业发展协同创新中心.

沟通交流。如 2015 年 5 月 20 日，重庆市党政代表团赴四川考察，交流学习、加强对接、推动合作，共商融入国家"一带一路"倡议和长江经济带战略，深化两省市交流合作。2015 年 5 月 21 日，重庆市政府与四川省政府共同签署《关于加强两省市合作共筑成渝城市群工作备忘录》，标志着川渝合作迈上新的台阶。

　　渝西川东七区县经济社会发展协作会（大足区、潼南县、荣昌县、资阳安岳县、内江东兴区、内江隆昌县、泸州泸县）在建立区域协作发展机制、推动区域基础设施建设、培育区域特色优势产业、加快生态文明工程建设等四个方面联手推进一批合作事项及项目①。此外，健全川渝合作示范区经济协作联席会议制度，定期召开会议，开展对口部门合作，制订交通、产业、市场、公共服务、生态环保等专项合作计划。以下为重庆关于推动成渝经济区建设的主要政策（表 3.2）。

表 3.2　重庆关于推动成渝经济区建设的主要政策

年份	文号	政策名称	相关内容
2012	渝发改交〔2012〕979 号	关于重庆渝北至四川广安高速公路重庆段工程可行性研究报告的批复	该项目路线起于渝北区堕井，与两江新区四纵城市快速干道相接，与重庆绕城高速公路相交，经北碚复兴、静观、合川清平、三汇、渭溪、香龙等场镇，止于合川香龙镇张家祠堂川渝交界处
2015	渝府发〔2015〕63 号	重庆贯彻落实国务院关于推进国内贸易流通现代化建设法治化营商环境意见	重庆、成都是建设成渝经济区、成渝城市群和成渝流通产业集聚带的"双核"，在推进区域、城乡内贸流通一体化发展中起着核心引领作用。由市商委牵头，会同各区县（自治县）人民政府、市政府有关部门开展成渝流通产业集聚带、跨区域流通网络建设的重大课题研究，配合国家有关部委、有关省市编制成渝商业功能区和跨区域骨干流通网络建设规划

① 重庆市发展和改革委员会.重庆成都城市群部分区县加强联动——渝西川东七区县经济社会发展协作会在潼南召开[EB/OL].（2013-03-15）[2020-10-01].重庆市发展和改革委员会.

专栏 3-1：成渝直线经济联盟

2011 年 4 月 30 日,位于成渝高速复线沿线的安岳县、璧山县、大足县、简阳市、乐至县、龙泉驿区、双桥区等川渝两地 7 个市(区、县),在重庆市大足县共同发起成立成渝直线经济联盟,共同打造成渝直线特色经济带。

成渝直线经济联盟按照"联合主办、轮流承办"的方式,每年召开一次联盟年会,研究决定协作的重大事宜,签订相关合作协议,提出加强经济社会协作的规划和建议。该经济联盟还建立了合作联席会制度、联系会议制度等,加强情况通报和信息共享。

成渝直线经济联盟成员处在成渝间的脊梁位置,各地要在差异中寻求合作,在合作中取得共赢。成渝直线经济联盟为川渝两地开展深度合作提供有益探索,积累宝贵经验。成渝直线经济联盟通过"合作联席会制度""联盟年会制度""联系会议制度"三项制度,确保区域合作顺利进行。根据合作联席会制度,由各区(市、县)党政主要负责人组成的"联席会",是联盟最高决策机构,"遇有紧急事情,联盟成员有权号召发起联席会,由联席会成员磋商解决";联盟年会制度,按照"联合主办、轮流承办"的方式举行,原则上每年一次,每次年会由承办地提出会议主题并征求联盟其他成员意见;联系会议制度,每年在年会承办地设联盟联络处,负责年会的统筹协调工作,研究本届年会有关工作及筹备下一届年会。

第二节 《成渝城市群发展规划》^①："双中心"建设蓝图

一、"一轴两带"发展方向

（一）成渝发展主轴

依托成渝北线、中线和南线综合运输通道，积极推进重庆两江新区和四川天府新区建设，加快推动核心城市功能沿轴带疏解，辐射带动资阳、遂宁、内江、永川、大足、荣昌、潼南、铜梁、璧山等沿线城市加快发展，打造支撑成渝城市群发展的"脊梁"。

（二）沿江城市带

依托长江黄金水道及沿江高速公路、铁路，充分发挥重庆的辐射带动作用，促进泸州、宜宾、江津、长寿、涪陵、丰都、忠县、万州等节点城市发展，培育形成沿江生态型城市带。

（三）成德绵乐城市带

依托由成绵乐城际客运专线、宝成—成昆铁路和成绵、成乐、成雅高速公路等构成的综合运输通道，发挥成都辐射带动作用，强化绵阳、德阳、乐山、眉山等城市的节点支撑作用，带动沿线城镇协同发展，提升人口综合承载能力，建成具有国际竞争力的城镇集聚带。

重点推进成德绵核心区域建设。主要通过发挥好天府新区、成都国家自主创新示范区、德阳国家高端装备产业创新发展示范基地、绵阳科技城等优势，加强区域间技术合作和智力共享，促进创新要素集聚和知识传播扩散，推进成德

---

① 国家发展改革委，住房城乡建设部.成渝城市群发展规划［EB/OL］.（2016-04-27）［2020-10-01］.中华人民共和国国家发展和改革委员会.

绵区域协同创新,进而带动城市群乃至西部地区的开放创新、协同创新。同时,切实增强军民深度融合发展的内生动力。①

二、"双核三区"发展节点

(一)"双"发展核心

1.重庆核心

围绕建成国家中心城市,强化重庆大都市区西部开发开放战略支撑和长江经济带西部中心枢纽载体功能,充分发挥长江上游地区经济中心、金融中心、商贸物流中心、科技创新中心、航运中心的作用,加快两江新区建设,全面增强集聚力、辐射力和竞争力。加强城市规划建设管理,强化城市规划约束性作用,根据山地特色合理控制建筑物高度,提升现代化国际大都市形象。以主城区为核心,以城市发展新区为腹地,联动沿江城市带和四川毗邻城市发展,构筑具有国际影响力的现代化大都市区。

2.成都核心

以建设国家中心城市为目标,增强成都在西部地区重要的经济中心、科技中心、文创中心、对外交往中心和综合交通枢纽功能,加快天府新区和国家自主创新示范区建设,完善对外开放平台,提升参与国际合作竞争层次。

建设面向亚欧辐射全国的经济中心。成都将实施工业强基、服务业提升、新经济培育行动和先进制造业载体建设、现代服务业发展等重大工程,全力提升经济综合实力和竞争力,加快建设具有较强国际竞争力的中西部先进制造业领军城市和高端服务功能集聚的全国服务业核心城市,以及辐射带动作用明显的多区域经济合作核心城市。

建设具有全球影响力的科技中心。成都进一步发挥人才、科技等创新要素

---

① 徐璨.四川省发改委解读《成渝城市群发展规划》[EB/OL].(2016-06-11)[2020-10-01].四川省人民政府.

集聚优势,开展全面创新改革行动,加快建设世界一流大学与科研机构汇集地、国际级科技研发孵化大平台、国内外一流科技人才高地。

建设广聚全球资源的对外交往中心。成都将实施融入"一带一路"行动,积极拓展对外交流渠道和形式,全面提升国际交流合作紧密度、便利度,加快建设亚洲重要的国际性机构聚集地、国际友好往来门户和内陆经济开放高地。

建设国际知名的文创中心。成都将充分利用历史文化底蕴和文创产业比较优势,实施文创名城培育行动,以创新推动文化与三次产业发展高度融合,加快建设具有影响力的文化创意名城、具有感召力的现代艺术之都和开放包容的人文城市。

打造国际性的综合交通枢纽。成都将进一步巩固提升枢纽功能,建设通达全球的综合交通枢纽,实施国家门户城市建设行动和对外互联互通工程,推进对外大通道建设,加快建设国际性区域航空枢纽、国际性区域铁路枢纽、国家区域性高速公路枢纽、国际性区域物流中心和国际性区域通信枢纽。

(二)"三"城镇密集区

1.川南城镇密集区

川南城镇密集区包括自贡、内江、泸州、宜宾的市区和部分县(市),促进自贡—内江联合发展、泸州—宜宾沿江协调发展,建设成为成渝城市群南向开放、辐射滇黔的重要门户。

2.南遂广城镇密集区

南遂广城镇密集区包括南充、遂宁、广安的市区和部分县(市),加强与重庆协作配套发展,建设成为成渝城市群跨区域协同发展示范区。

3.达万城镇密集区

达万城镇密集区包括达州市部分地区、万州、开县和云阳部分地区,加快达万综合通道建设,促进万开云一体化融合发展,建设成为成渝城市群向东开放的走廊。

成渝城市群空间格局如图 3.1 所示。

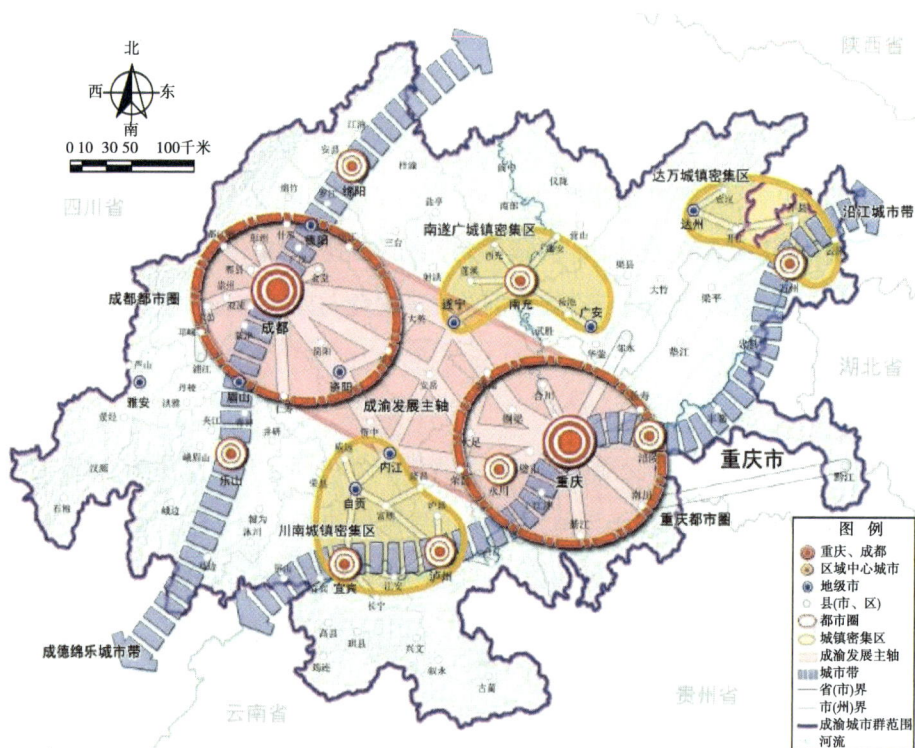

图 3.1　成渝城市群空间格局示意图①

三、政策举措

（一）四川方面

关于成渝城市群建设,四川主要从产业、基础设施、环境保护等领域加以贯彻与推进。产业方面,强化川渝、成渝城市群城市间的产业及科技合作。如四川在战略新兴产业发展中支持与重庆开展科技合作;川渝加强旅游合作,共同打造"两江一刻"(长江上游国际黄金旅游带、嘉陵江旅游带和大足—安岳石

---

① 国家发展改革委,住房城乡建设部.成渝城市群发展规划[EB/OL].(2016-04-27)[2020-10-01].中华人民共和国国家发展和改革委员会.

刻），建成西部旅游辐射中心。基础设施方面，加强成渝城市群城市间的互联互通，尤其是交通设施。如加快成渝城市群综合立体交通走廊等高速公路通道建设，开通成都至重庆港、泸州港、南充港、广安港的集装箱城际货运班车，进一步强化与周边区域的互联互通。环境保护方面，强化川渝联防联控联治机制。如深入开展成渝城市群环境保护合作，创新区域联动协作机制，推进环境信息的共享，破除环境保护的行政区划壁垒。主要政策见表3.3。

表3.3　四川关于推动成渝城市群建设的主要政策

年份	文号	政策名称	主要相关内容
2017	川府发〔2017〕8号	四川省"十三五"战略性新兴产业发展规划	支持与港澳台、京津冀、长三角、珠三角及重庆等周边地区开展"近联远引"科技合作
2017	川府发〔2017〕12号	四川省"十三五"能源发展规划	继续深化与重庆、浙江、江苏、上海等能源需求中心的战略合作。新建川渝500千伏第三通道工程（四川段）、以盐源为起点的四川水电外送第四回特高压直流工程及换流站500千伏配套工程
2017	川府发〔2017〕14号	四川省"十三五"环境保护规划	深入开展成渝城市群环境保护合作，创新区域联动协作机制
2017	川府发〔2017〕20号	四川省"十三五"综合交通运输发展规划	成渝通道起自成都，经资阳、遂宁、内江等地，是支撑成渝经济区一体化发展的战略通道。加快省际、成渝城市群及长江经济带综合立体交通走廊等高速公路通道建设，进一步强化与周边区域的互联互通。开通成都至重庆港、泸州港、南充港、广安港的集装箱城际货运班车，形成成都至重庆至长三角公铁水联运通道

续表

年份	文号	政策名称	主要相关内容
2017	川府发〔2017〕23号	四川省"十三五"服务业发展规划	完善跨省旅游合作机制,推进川陕甘、川渝、川滇藏、川滇黔渝的省级旅游区域合作,促进秦巴山区、成渝城市群、藏区、乌蒙山区旅游发展
2017	川府发〔2017〕25号	四川省"十三五"旅游业发展规划	促进川渝合作,加快成渝城市群发展,共同打造"两江一刻"(长江上游国际黄金旅游带、嘉陵江旅游带和大足—安岳石刻),建成西部旅游辐射中心
2017	川府发〔2017〕37号	四川省"十三五"工业发展规划	重点支持遂宁、眉山、资阳、南充、达州、广元、巴中、广安、凉山等城市,充分发挥区位优势、资源优势,主动承接成渝"双核"辐射带动

(二)重庆方面

关于成渝城市群建设,重庆主要从产业、基础设施、城镇化、交流合作等领域加以贯彻与推进。产业方面,探索建立区域联动发展机制,促进区域产业转型升级,推动川渝产业协同发展。如做强成渝旅游城市群,依托川渝独特的生态和文化资源,建设自然与文化遗产国际精品旅游区,打造西部旅游辐射中心;拓展区域金融市场合作,推进成渝城市群建立机构互设、产品互认、资金互通、市场互联的合作机制;探索设立服务成渝城市群的产业和基础设施投资基金。基础设施方面,推进交通、信息等基础设施互联互通与一体化网络建设。如推进成渝高速公路扩能、合川至安岳高速公路、永川至泸州高速公路、大足至内江高速公路建设;加强成渝城市群之间信息化合作,建成高速连通、服务便捷的城市群信息网络,搭建城市群信息服务平台。城镇化方面,重庆市年度推进新型城镇化工作要点,务实推进成渝城市群一体化发展,继续推动渝西川东毗邻地区合作和川渝合作示范区建设。交流合作方面,强化川渝毗邻地区间的交流合作。如潼南与遂宁在推动两地规划衔接、协调发展特色产业、共同构建基础设施等方面开展全方位的交流合作。2016年，万州与达州签订战略合作框架协议；2018年，两地又签署了《深化达万合作推动全方位协同发展行动计划实施方案》；2019年，双方再次签订《深化达州万州一体化发展2019年重点工作方案》，区域合作深度、广度、力度不断扩大[①]。主要政策见表3.4。

表3.4　重庆关于推动成渝城市群建设的主要政策

年份	文号	政策名称	相关内容
2016	渝府办发〔2016〕114号	重庆市测绘地理信息发展"十三五"规划	围绕长江经济带、成渝城市群等国家战略发展需求，开展区域地理国情监测，为基础设施合理配置、区域协调发展等提供数据与技术支撑
2016	渝府办发〔2016〕66号	2016年重庆市推进新型城镇化工作要点	推进成渝城市群建设。落实国家《成渝城市群发展规划》，务实推进成渝城市群一体化发展，按照川渝两省市合作备忘录要求，会商四川省提出2016年川渝合作重点工作任务，继续推进一批重大合作事项和项目。协调推进2016—2017年度渝广（安）合作事项和项目
2016	渝府发〔2016〕58号	重庆市内陆开放高地建设"十三五"规划	深化川渝合作，务实推进成渝经济区和成渝城市群建设，继续推动渝西川东毗邻地区合作和川渝合作示范区建设
2016	渝府发〔2016〕60号	重庆市建设国内重要功能性金融中心"十三五"规划	拓展区域金融市场合作。与长江经济带沿线省市、成渝城市群密切协作，建立机构互设、产品互认、资金互通、市场互联的合作机制

---

① 解书睿.积极融入成渝地区双城经济圈建设　万州唱好一体化发展"大戏"[N].万州时报,2020-03-16(2).

续表

年份	文号	政策名称	相关内容
2017	渝府办发〔2017〕138号	重庆市贯彻落实国务院"十三五"旅游业发展规划重点任务分工	做强成渝旅游城市群。充分发挥长江上游核心城市作用,依托川渝独特的生态和文化资源,建设自然与文化遗产国际精品旅游区,打造西部旅游辐射中心。依托长江黄金水道,发挥立体交通网络优势,推动生态旅游、文化旅游、红色旅游、低空旅游和自驾车旅游发展,积极融入连接东西、辐射南北的长江中游旅游城市群
2017	渝府发〔2017〕51号	关于印发重庆市基础设施建设提升战略行动计划(交通行动计划)工作方案的通知	2017年建成成渝高速公路扩能(永川环线段),2018年建成成渝高速公路扩能(九龙坡至永川段),2020年建成合川至安岳高速公路(重庆段)、永川至泸州高速公路(重庆段)、大足至内江高速公路(重庆段)等项目
2017	渝府发〔2017〕32号	重庆市"十三五"信息化规划	加强成渝城市群之间信息化合作,建成高速连通、服务便捷的城市群信息网络,搭建城市群信息服务平台,拓展"一卡通"结算范围,逐步实现城际公交、市政代缴费、医疗健康、文化教育等领域无差别化结算
2018	渝府令〔2018〕322号	中国(重庆)自由贸易试验区管理试行办法	重庆自贸试验区应当探索建立区域联动发展机制,促进区域产业转型升级,增强口岸服务辐射功能,推动长江经济带和成渝城市群协同发展
2018	渝府办发〔2018〕168号	重庆内陆国际物流分拨中心建设方案	建立快速高效的公路集疏运网络,加快建设合川至安岳高速公路(重庆段)等省际高速公路,加强西向与四川的通道建设,强化与周边地区高速公路通道联系,加速推动成渝、渝遂等射线高速公路通道扩能项目,大幅提升射线高速公路通行能力

续表

年份	文号	政策名称	相关内容
2019	渝府发〔2019〕32号	重庆市现代服务业发展计划（2019—2022年）	探索设立服务成渝城市群、西部陆海新通道建设的产业和基础设施投资基金，大力吸引丝路基金、境内外各类金融机构等参与投资
2019	渝府办发〔2019〕121号	加快建设国际消费中心城市的实施意见	深化省际交流合作。加强与周边省（区、市）的交流合作，全面推进成渝城市群一体化协同联动发展，健全协同开放发展机制，强化公共服务共建共享，促进产业创新协同发展

　　川渝顶层强化完善合作机制，保障成渝城市群建设。近年来，川渝两地围绕资源要素有序流动、公共服务设施共建共享、市场监管等关键环节，积极探索建立城市群管理协同模式，努力实现城市群一体化发展。2018年6月，重庆和四川签署《深化川渝合作深入推动长江经济带发展行动计划（2018—2022年）》和12个专项合作协议。2019年3月，在重庆分别召开了"成渝城市群一体化发展毗邻地区合作联盟筹备工作会"和"川渝合作示范区经济协作联席会第二次会议"两次会议，双方在生态环境联防联治、基础设施互联互通、重点产业合作共兴、公共服务共建共享、对外开放合作等领域全方位开展合作①。

　　2019年7月，两省市又签署了"2+16"合作协议，即《深化川渝合作推进成渝城市群一体化发展重点工作方案》《关于合作共建中新（重庆）战略性互联互通示范项目"国际陆海贸易新通道"的框架协议》和16个专项合作协议，并建立了四级协调推进机制，项目化、事项化、清单化推动合作协议落地落实②。其中《深化川渝合作推进成渝城市群一体化发展重点工作方案》提出，要共同推进成渝城市群一体化发展，努力将成渝城市群建设成为具有国际竞争力的国家级城

---

① 王彩娜.成渝竞合渐入佳境［N］.中国经济时报，2019-04-19（7）.
② 韩振.成渝积极搭建合作机制推动城市群一体化发展［EB/OL］.（2020-01-08）［2020-10-01］.新华网.

市群,引领带动西部地区高质量发展,加快建设重庆、成都国际门户枢纽城市,共同打造内陆开放高地和开发开放枢纽,推动基础设施互联互通。《关于合作共建中新(重庆)战略性互联互通示范项目"国际陆海贸易新通道"的框架协议》指出,双方同意协同推进中新互联互通项目"陆海新通道"建设,充分发挥重庆、新加坡在中新互联互通项目中的枢纽作用和重庆、成都、西安国际门户枢纽功能,以广西北部湾港口作为国际陆海联通的重要交会点,并以西部相关省(区、市)的中心城市和交通枢纽为重要节点、沿海沿边口岸为通道门户,通过铁路、水运、公路、航空等多种物流方式的高效联动,形成纵贯西北西南,联通中国西部与东盟国家(地区)的陆海通道主轴,辅以各节点拓展支线体系,提升辐射集聚效应,实现与中欧、中亚等国际通道的有机衔接,形成"一带一路"经中国西部地区的完整环线,构建联通全球的互联互通网络(表3.5)。

表3.5 川渝"2+16"合作协议具体内容①

年份	政策名称
2019	深化川渝合作推进成渝城市群一体化发展重点工作方案
2019	关于合作共建中新(重庆)战略性互联互通示范项目"国际陆海贸易新通道"的框架协议
2019	共建合作联盟备忘录
2019	推进成渝城市群产业协作共兴2019年重点工作方案
2019	推进成渝城市群生态环境联防联治2019年重点工作方案
2019	推进成渝城市群交通基础设施互联互通2019年重点工作方案
2019	推进成渝城市群开放平台共建共享2019年重点工作方案
2019	推进成渝城市群无障碍旅游合作2019年重点工作方案
2019	推进成渝城市群市场监管体系一体化2019年重点工作方案

① 重庆发布.重磅!重庆、四川携手干大事![EB/OL].(2019-07-11)[2020-10-01].重庆市发展和改革委员会.

续表

年份	政策名称
2019	深化规划和自然资源领域合作助推成渝城市群一体化发展协议
2019	深化建筑业协调发展战略合作协议
2019	推动乡村振兴共建巴蜀美丽乡村示范带战略合作协议
2019	川渝合作示范区(广安片区)2019 年重点工作方案
2019	川渝合作示范区(潼南片区)2019 年重点工作方案
2019	成渝轴线区(市)县协同发展联盟 2019 年重点工作方案
2019	深化川渝合作推动泸内荣永协同发展战略合作协议
2019	深化达(州)万(州)一体化发展 2019 年重点工作方案
2019	共建成渝中部产业集聚示范区合作协议

专栏 3-2：深化川渝合作推进成渝城市群一体化发展重点工作方案

　　发展目标：共同推动成渝城市群一体化发展快速上升为国家战略,打造西部地区开放开发的核心引擎,在推进新时代西部大开发中发挥支撑作用,在推进共建"一带一路"中发挥带动作用,在推进长江经济带绿色发展中发挥示范作用,努力走在西部全面开发开放的前列。

　　重点任务：推进成渝城市群一体化发展 9 大方面 36 项重点任务。推动战略协同和规划衔接(共同落实中央关于新时代推进西部大开发形成新格局重要战略部署、共同争取成渝城市群一体化发展上升为国家战略、加强成渝城市群一体化发展规划衔接),推进生态环境联防联治(共建生态环境联防联治机制、加强跨省市水污染防治、加强大气污染防治力度、深化生态建设合作、提升水资源保障能力),推动基础设施互联互通(构建交通运输一体化网络体系、构建高速共享信息网络、加强能源领域合作),推动开放通道和平台建设(构建川渝对外开放通道、优化对外开放平台、推进口岸开放合作),推动区域创新能力提升(推动军民融合科研生产合作、促进科技成果转化对接合作、加强农业科技合作、推进标准化和知识产权改革创新、加强土地制度改革试点合作),推动产业协作共兴(共建高端装备制造业集群、共建智能制造和电子信息产业集群、共建大健康产业集群、共建国际文化旅游目的地、开展农业产业合作示范、共建现代物流产业集群、推进园区合作共建、加强建筑领域合作),推动市场一体化发展(加快推进金融市场一体化、加快推进劳动力市场一体化、加快推进社会信用体系协作),推动公共服务一体化发展(推动公共服务对接共享、推动社会保障一体化、推动食品监管一体化、加强应急管理合作),推动合作平台优化提升(推进川渝合作示范区建设、促进毗邻地区一体化发展)。

双方将成立合作联盟联合办公室,下设战略规划组、基础设施组、产业合作组、生态环境组、开放合作组、公共服务组等6个专项合作组,分行业、分领域策划推进具体合作事项及项目。

第三节 发展成效:竞合实现区域崛起

一、经济发展

(一)经济实现稳步增长

自2011年国务院批复实施《成渝经济区区域规划》以来,川渝两地抢抓国家战略机遇,经济增长质量与效益均稳步提升。四川省GDP(地区生产总值)由2011年的21 027亿元,增至2019年的46 616亿元,2018年首次突破4万亿元大关,2011—2019年GDP年均增长率为10.51%。重庆市GDP由2011年的10 011亿元,增至2019年的23 606亿元,2018年首次突破2万亿元大关,2011—2019年GDP年均增长率达11.33%。

（二）经济地位不断提高

随着川渝两地经济总量的稳步提升，川渝在西部乃至全国的经济比重不断提高，进一步凸显了两省市作为西南地区乃至整个西部地区发展龙头的地位。川渝 GDP 占西部比重由 2011 年的 30.97%，增至 2019 年的 34.22%，占西部经济总量的三分之一以上。川渝 GDP 占全国比重由 2011 年的 5.95% 增至 2019 年的 7.13%，进一步显示出中国经济版图重要一极的地位，以及携手打造中国经济增长第四极的巨大潜力（图 3.2）。

图 3.2　2011—2019 年川渝 GDP 情况①

（三）产业结构逐步优化

自《成渝经济区区域规划》实施以来，随着川渝经济稳步快速发展，经济结构调整和产业升级步伐不断加快，区域服务业发展稳中向好。四川省第三产业GDP 占比由 2011 年的 33.36% 提高至 2019 年的 52.44%，2015 年突破 40%，2018 年突破 50%；重庆市第三产业 GDP 占比由 2011 年的 36.2% 提高至 2019 年

---

① 图 3.2 至图 3.17 数据来源于《中国统计年鉴》《四川省国民经济与社会发展统计公报》《重庆市国民经济与社会发展统计公报》、Wind 金融终端。

的 53.2%,2013 年突破 40%,2019 年突破 50%。对比来看,川渝两省市 2011 年第三产业 GDP 占比均低于西部及全国平均水平,2013—2015 年重庆 GDP 占比明显高于西部乃至全国的平均水平,2019 年重庆第三产业 GDP 占比高于西部的 51.4%、全国的 53.18%,而四川则高于西部,略低于全国水平(图 3.3)。

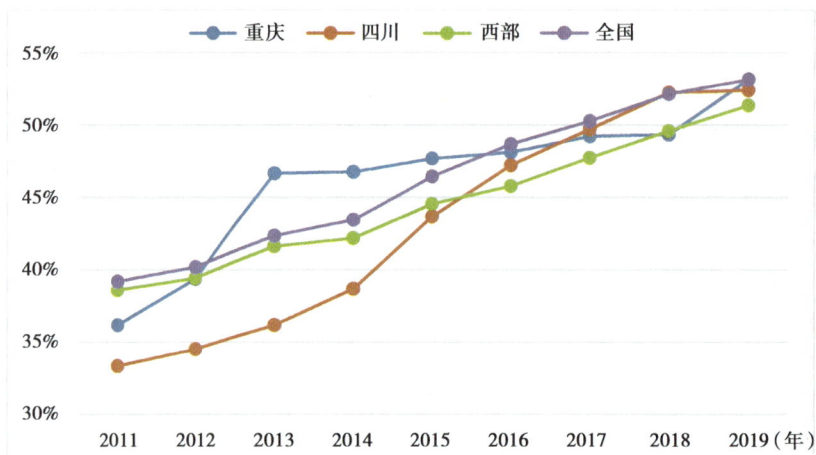

图 3.3　2011—2019 年川渝第三产业 GDP 占比情况

(四)生活水平不断提高

人均 GDP 在一定程度上反映了区域人民生活水平。2011—2019 年,川渝两地的人均 GDP 均呈逐年上涨的趋势,分别由 2011 年的 26 133 元、34 500 元,上涨至 2019 年的 55 774 元、75 828 元;川渝人均 GDP 由 2011 年的 30 317 元,增至 2019 年的 65 801 元,超过了西部以及全国 2019 年的人均 GDP。对比来看四川省人均 GDP 在 2019 年超过西部平均水平;2011—2019 年重庆市人均 GDP 一直高于西部平均水平,且 2015 年之后一直高于全国平均水平;2011—2019 年川渝人均 GDP 一直高于西部平均水平,且于 2019 年超过全国平均水平(图 3.4)。可见随着《成渝经济区区域规划》《成渝城市群发展规划》的实施,川渝地区经济发展已形成合力,人民生活水平逐步提高。

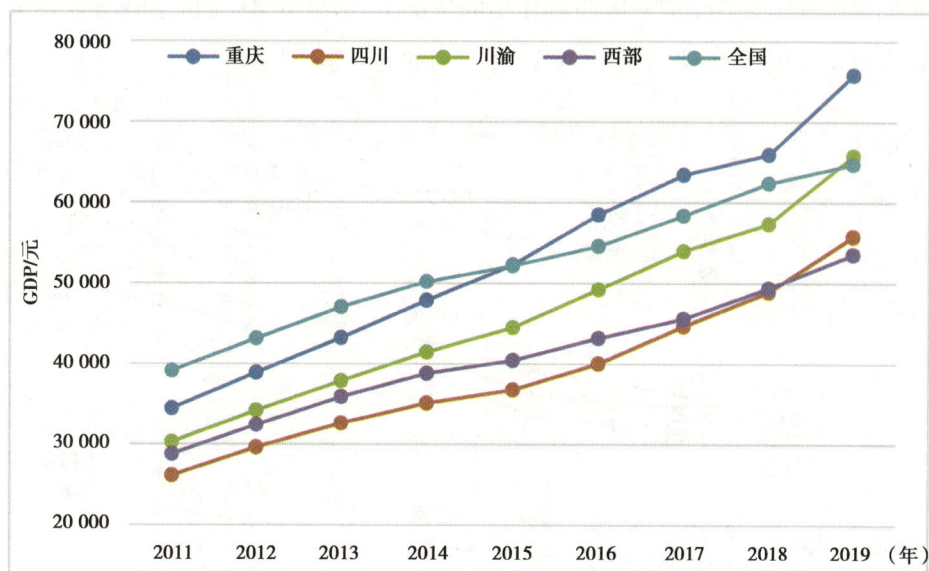

图 3.4 2011—2019 年川渝人均 GDP 占比情况

二、科技创新

（一）科技创新投入不断加大

从经费投入来看，2011—2019 年川渝两省市 R&D 经费投入强度总体呈波动上升趋势，分别由 2011 年的 1.40%、1.28%，上升至 2019 年的 1.87%、1.99%。对比来看，川渝 R&D 经费投入强度远高于西部平均水平，一直低于全国平均水平，但 2016 年之后与全国平均水平差距逐步缩小，2019 年川渝 R&D 经费投入强度 1.93%，全国则为 2.23%（图 3.5）。可见川渝研发经费投入在西部处于领先地位，但仍不及全国平均水平，未来还应加大资金投入，拓宽资金来源，支撑区域科技创新。

从科技人员投入来看，川渝两省市 R&D 人员全时当量呈逐年上升状态，由 2011 年的 123 183 人，上升至 2018 年的 250 820 人，研发人员规模不断壮大。对比来看，川渝两省市 R&D 人员全时当量在西部地区占有重要份额，占比由 2011 年的 34.64%，增至 2018 年的 45.64%，几乎占据西部地区 R&D 人员全时当量的半壁江山。在全国份额相对较小的情况下,川渝 R&D 人员全时当量在全国占比由 2011 年的 4.27%,上涨至 2018 年的 4.97%(图 3.6)。

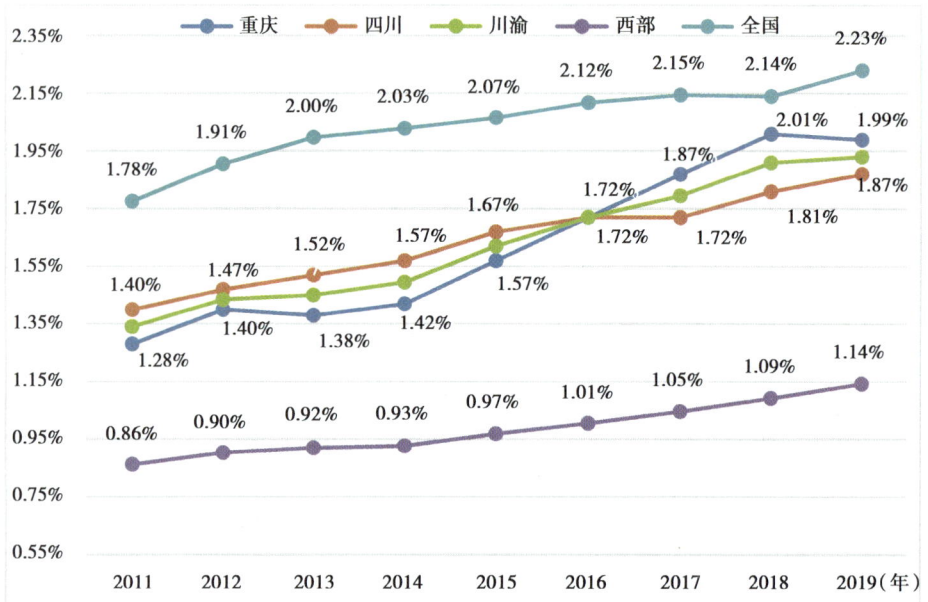

图 3.5　2011—2019 年川渝 R&D 经费投入强度情况

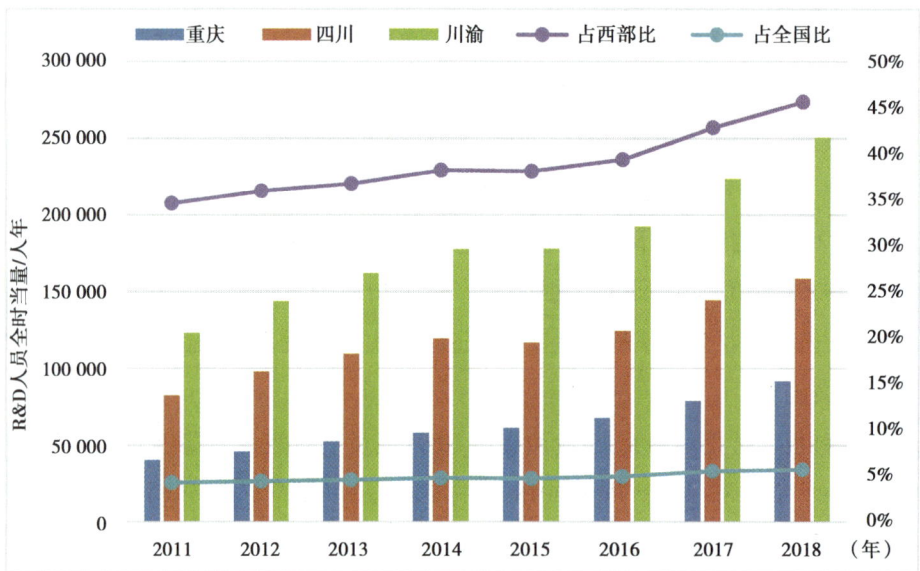

图 3.6　2011—2018 年川渝 R&D 人员全时当量

（二）科技创新成效显现

从科技创新产出来看，川渝两省市发明专利授权量呈逐年上升趋势，由2011年的5 135件，上升至2019年的18 892件，其中四川的专利规模要明显领先于重庆。对比来看，川渝两省市发明专利授权量在西部地区占有近一半的份额，占比由2011年的43.05%，增至2019年的47.33%；在全国份额相对较小，占比由2011年的4.85%，上涨至2019年的5.36%（图3.7）。

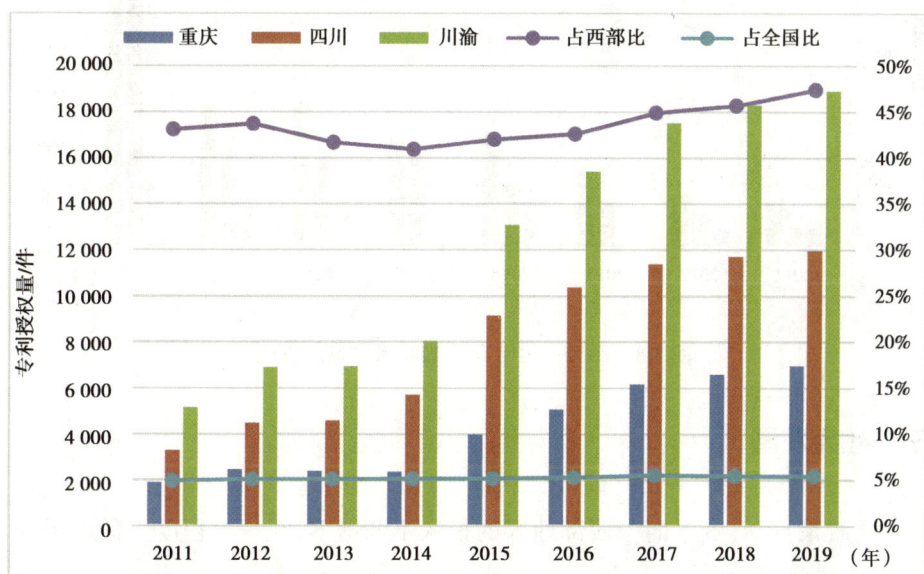

图3.7　2011—2019年川渝发明专利授权量

技术市场成交额客观反映了技术市场发展情况，折射出了区域科技创新和技术转移的成效。2011—2018年，川渝技术市场成交额呈逐年上升趋势，由2011年的135.98亿元，上升至2018年的1 185.05亿元。川渝技术市场成交额在西部乃至全国的份额也逐步扩大，在西部占比由2011年的28.17%，增至2018年的40.47%；在全国占比由2011年的3.05%，增至2018年的6.92%（图3.8）。此外，川渝地区要积极布局一批高端要素集聚和发展的科技创新平台，促进川渝地区结构升级和新旧动能转换,形成成渝双城经济圈引领西部高质量发展的新格局。

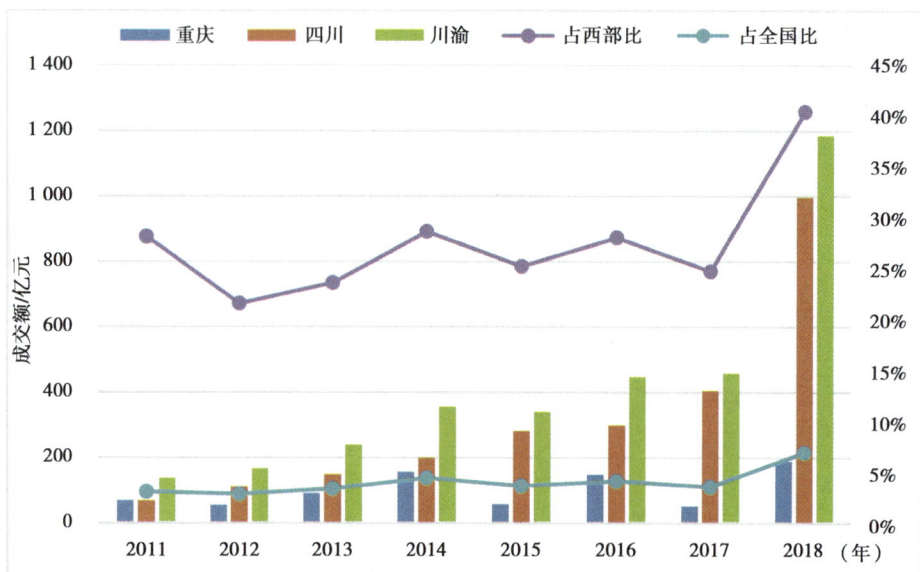

图 3.8　2011—2018 年川渝技术市场成交额

三、社会发展

受政策推动,资本向中西部地区的投入不断增多,在一定程度上促进了区域经济发展。2011 年以来川渝两省市的全社会固定资产投资额不断加大,川渝全社会固定资产投资额,由 2011 年的 21 696 亿元,上升至 2017 年的 49 439 亿元。在西部占比由 2011 年的 30.09%,下降至 2017 年的 29.13%,变化幅度较小;在全国的占比由 2011 年的 7.09%,上升至 2017 年的 7.77%(图 3.9)。可见川渝地区全社会固定资产投资在西部乃至全国占有一定份额,主要原因是为更好地服务社会发展,川渝地区将较多的资金用于了基础设施建设。

图 3.9　2011—2017 年川渝全社会固定资产投资额

地方公共财政支出,对于提升区域公共服务、医疗教育、社会保障、交通运输水平有重要支撑作用。川渝两省市地方公共财政支出呈逐年上升态势,由 2011 年的 7 245 亿元,上升至 2019 年的 15 197 亿元,同比增长率高达 109.76%,其中四川的地方公共财政支出要明显高于重庆。对比来看,川渝两省市地方公共财政支出在西部地区占比由 2011 年的 26.45%,波动下降至 2019 年的 25.62%;在全国占比由 2011 年的 7.81%,下降至 2019 年的 7.47%(图 3.10)。可见川渝在提升公共服务等领域投入了较大资金,对于提升区域社会发展水平具有重要作用,但还需不断提升区域自身造血能力,提高经济活力,在资金来源中减少中央对地方的转移支付。

从城镇劳动力的失业程度来看,2011—2019 年川渝两省市的城镇登记失业率总体呈下降趋势。其中四川的城镇登记失业率由 2011 年的 4.10%,下降至 2019 年的 3.31%,且在 2017 年后低于全国平均水平。重庆的城镇登记失业率由 2011 年的 3.50%,下降至 2019 年的 2.60%,且在 2012 年以来一直低于全国平均水平。可见川渝地区就业状况总体平稳、稳中有进，走势良好（图 3.11）。

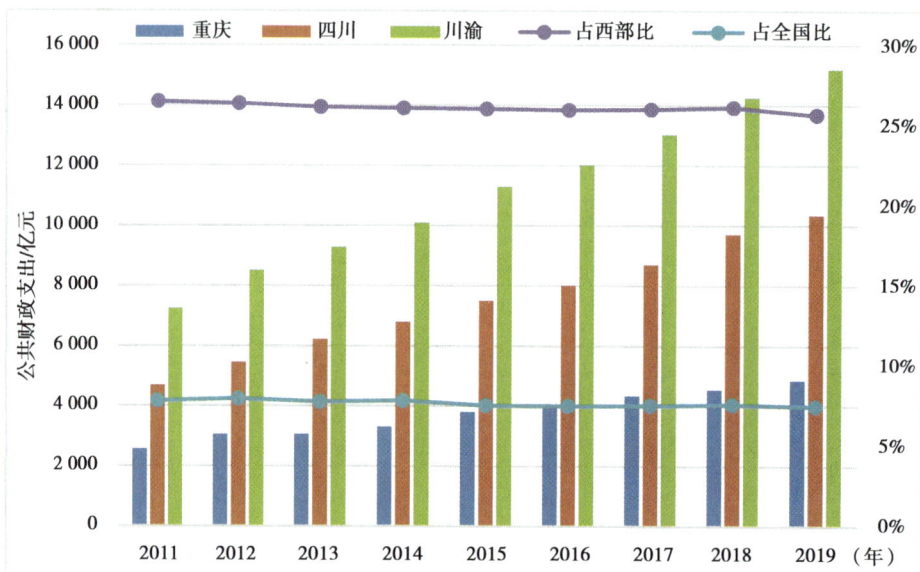

图 3.10 2011—2019 年川渝地方公共财政支出情况

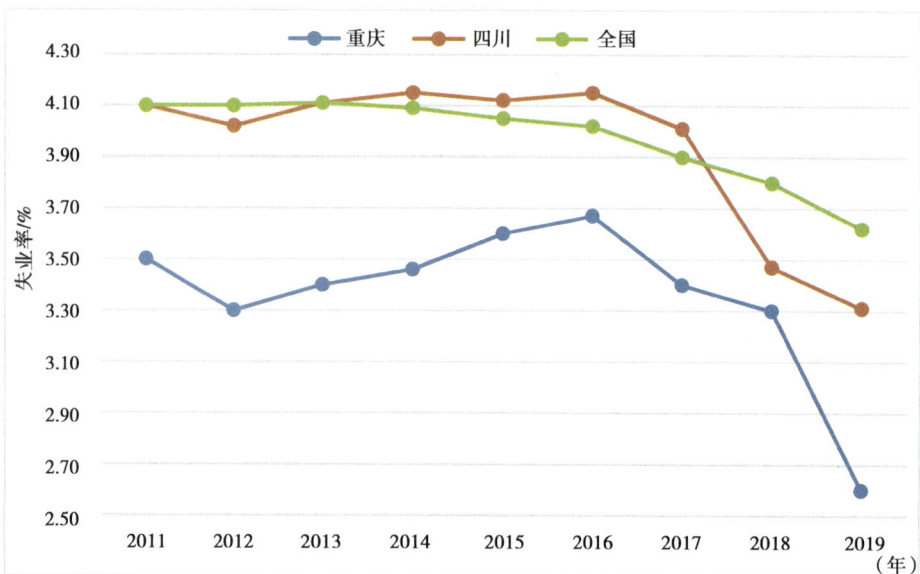

图 3.11 2011—2019 年川渝城镇登记失业情况

四、对外贸易

深化对外开放,强化对外贸易,对于拉动区域经济发展具有重要作用。从对外贸易的总规模看,2011—2019 年川渝两省市的进出口总额呈波动上升趋势,川渝的进出口总额由 2011 年的 769 亿美元,上升至 2019 年的 1 824 亿美元。其中四川 2011—2012 年领先重庆,在 2013—2016 年落后于重庆,但二者差距不大。对比来看,川渝两省市进出口总额在西部地区占比由 2011 年的 43.64%,上升至 2019 年的 46.57%;在全国占比由 2011 年的 2.15% 上涨至 2019 年的 3.19%(图 3.12)。可见川渝对外贸易总规模在西部占有重要份额,但在全国层面所占比例较小,说明外向型经济发展还有较大潜力。

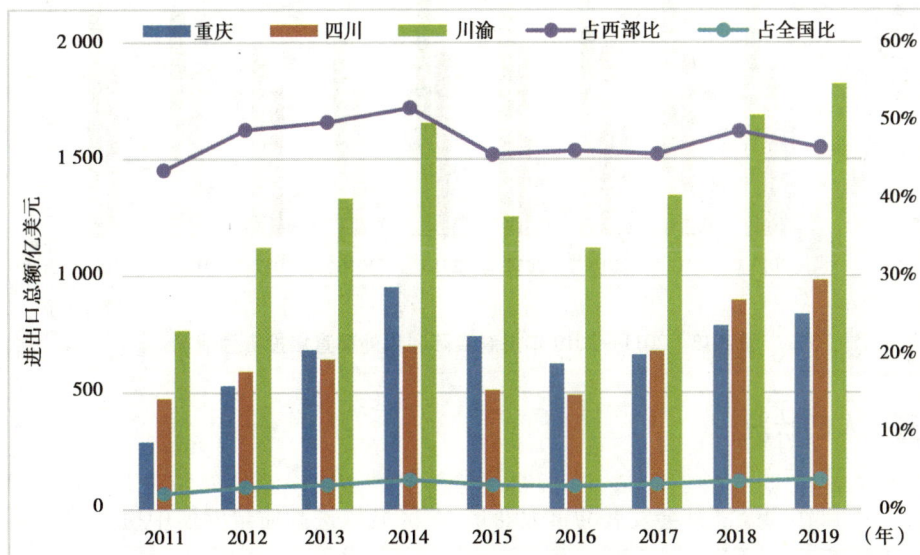

图 3.12 2011—2019 年川渝进出口总额情况

从实际利用外商直接投资来看,2011—2019 年川渝两省市呈波动下降再上升的趋势。川渝实际利用外商直接投资额由 2011 年的 153.07 亿美元,波动下降至 2017 年的 103.62 亿美元,再上升至 2019 年的 195.4 亿美元。其中 2011—

2018 年四川实际利用外商直接投资额一直领先于重庆,但 2019 年被重庆反超,2019 年川渝两省市实际利用外商直接投资额分别为 195.40 亿美元、92.3 亿美元。在全国占比由 2011 年的 13.19%,下降至 2017 年的 7.91%,再上升至 2019 年的 14.15%(图 3.13)。川渝两省市随着改革开放的不断深入与发展,吸收外商直接投资的成效显著,随着改革开放高地的打造,川渝未来在吸引外资方面还有较大的发展空间与潜力。

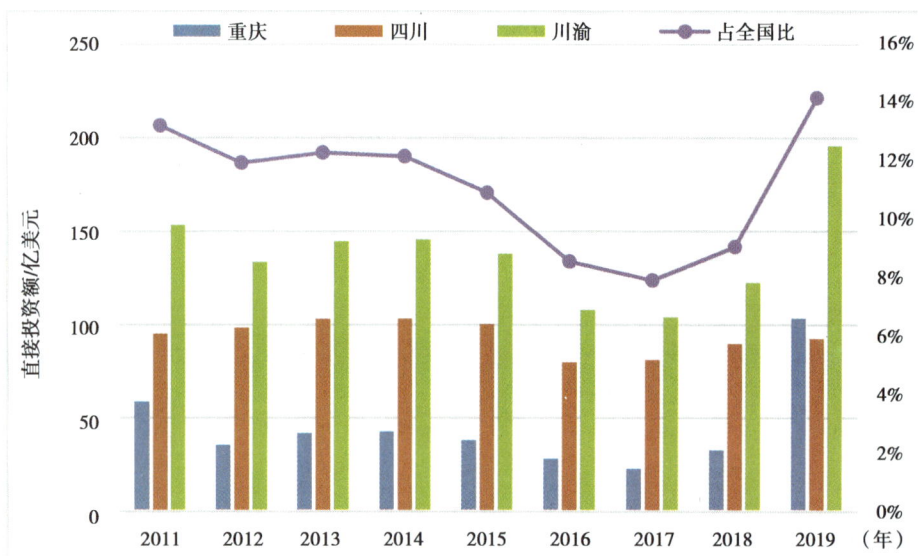

图 3.13   2011—2019 年川渝实际利用外商直接投资额情况

五、人口状况

人口作为经济社会发展的重大变量,在区域推进高质量发展中扮演着重要角色。从人口数量规模来看,2011—2019 年川渝两省市常住人口数量呈缓慢上升的趋势,由 2011 年的 10 969 万人,上升至 2019 年的 11 499 万人,同比增长率为 4.83%。其中川渝两省市的常住人口分别由 2011 年的 8 050 万人、2 919 万人,上升至 2019 年的 8 375 万人、3 124 万人,同比增长率分别为 4.04%、7.03%。

对比来看,川渝两省市常住人口在西部地区占比由 2011 年的 30.28%,下降至 2019 年的 30.12%;在全国占比由 2011 年的 8.18%,上涨至 2019 年的 8.19%。可见 2011—2019 年川渝常住人口数量及其在西部乃至全国占比,变化幅度均不大,随着少子老龄化的趋势加快,未来川渝地区要积极吸引年轻人口加入,为经济社会发展提供劳动力与智力支撑(图 3.14)。

图 3.14 2011—2019 年川渝常住人口情况

随着新型城镇化的加快推进,人口不断向城市集聚,川渝在城镇人口集聚方面取得重要进展。2011—2019 年川渝两省市的城镇人口比重呈现逐年上升的趋势,由 2011 年的 48.41%上升至 60.30%,一直高于西部平均水平,低于全国平均水平,但与全国平均水平的差距在不断缩小,由 2011 年的 5.27%缩小至 2019 年的 1.4%。其中重庆的城镇人口占比由 2011 年的 55.02%,上升至 2019 年的 66.90%,长期领先于西部乃至全国平均水平。四川城镇人口占比由 2011 年的 41.80 上升至 2019 年的 53.79%,尽管长期落后于全国平均水平,但与西部平均水平的差距在不断缩小,且于 2019 年超过西部平均水平(53.31%)。可见,川渝地区,尤其是四川未来在城镇化方面还有较大发展空间,有序推进新型城镇化与乡村振兴战略,促进区域内人口合理流动,推动区域协调发展(图3.15)。

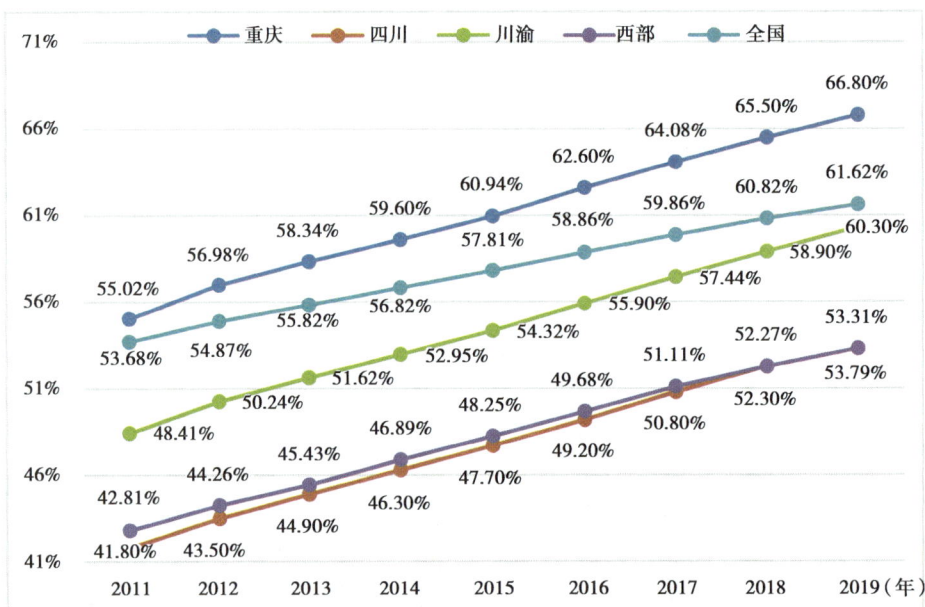

图 3.15 2011—2019 年川渝城镇人口比重情况

六、交通建设

铁路、公路等交通线对于区域发展,如同人体的血管,因此加强交通基础设施建设对于区域发展具有重要作用。从铁路运营里程来看,2011—2019年川渝两省市的铁路运营里程总体呈上升趋势,由 2011 年的 0.49 万千米,增至 2019年的 0.76 万千米。其中四川铁路运营里程明显长于重庆,分别由 2011 年的0.35 万千米、0.14 万千米,上升至 2019 年的 0.52 万千米、0.24 万千米。对比来看,川渝两省市铁路运营里程在西部地区占比由 2011 年的 13.46%,上升至2019 年的 13.67%;在全国占比由 2011 年的 5.24%,上升至 2019 年的 5.43%。可见,尽管川渝铁路建设步伐加快,但是在西部和全国占比皆较低,在铁路网络布局建设方面还有较大发展空间,尤其是区域交通一体化网络建设(图3.16)。

图 3.16　2011—2019 年川渝铁路运营里程情况

　　从公路里程来看,2011—2019 年川渝两省市的公路里程总体呈上升趋势,由 2011 年的 40.19 万千米,增至 2019 年的 51.14 万千米。其中四川公路里程明显长于重庆,分别由 2011 年的 28.33 万千米、11.86 万千米,上升至 2019 年的 33.71 万千米、17.43 万千米。对比来看,川渝两省市公路里程在西部地区占比由 2011 年的 24.76% 上升至 2019 年的 24.79%;在全国占比由 2011 年的 9.79% 上升至 2019 年的 10.2%(图3.17)。可见川渝地区的公路网发展水平不断提高,为加快构建内畅外联、快捷高效的区域交通运输体系,还需加大高速公路建设力度,尤其是毗邻地区。

图 3.17　2011—2019 年川渝公路里程情况

第四节　川渝合作示范区——区域合作的先导区

一、广安片区

（一）建设现状

1.注重顶层设计,强化统筹推进

2011 年 3 月,国务院通过《成渝经济区区域规划》,广安被确立为四川省唯一的川渝合作示范区。2012 年 11 月,国家发展和改革委员会正式批复《川渝合作示范区(广安片区)建设总体方案》,明确将广安建成成渝经济区乃至全国区域合作的典范。2013 年 6 月,四川省人民政府发布《关于支持川渝合作示范区(广安片区)建设的实施意见》,提出推动落实合作功能区建设、基础设施一体化建设、产业合作基地建设、生态环境共建共治、公共服务对接共享、完善区域合作机制等重点任务,到 2020 年,力争广安工业化、城镇化达到重庆城市群平均

水平,基本实现与重庆一体化发展,与全省同步全面建成小康社会。至此,每年都会有一个《川渝合作示范区(广安片区)建设重点工作方案》出炉,制定年度合作目标,或顶层设计年度推动落实的重点任务或合作的重点领域(表3.6)。

表3.6　川渝合作示范区(广安片区)主要相关政策

年份	文号	政策名称	主要目标或相关内容
2014	川办发〔2014〕36号	2014年川渝合作示范区(广安片区)建设重点工作方案	全面深化改革、扩大开放,创新区域合作机制,加快合作功能区规划建设和重点项目实施,进一步扩大渝广合作,进一步提高开放水平,推进示范区建设取得阶段性成效,力争地区生产总值增长11%、全社会固定资产投资增长25%、招商引资到位资金800亿元以上
2015	川办函〔2015〕74号	2015年川渝合作示范区(广安片区)建设重点工作方案	坚持立足四川、融入重庆、发挥优势、合作共建,全面深化改革,创新区域合作机制,加快推动跨区域重大项目建设,在推进发展规划衔接、基础设施互联互通、产业协作配套、公共服务对接共享、生态环境共建共治等方面取得新突破,力争地区生产总值突破1 000亿元,实现示范区建设初见成效、渝广合作水平显著提高的目标
2016	川办函〔2016〕122号	2016年川渝合作示范区(广安片区)建设重点工作方案	坚持立足四川、融入重庆、发挥优势、合作共建,全面融入长江经济带发展和成渝城市群建设,进一步完善区域合作机制、提升基础设施一体化水平、强化产业协作配套、推进公共服务对接共享、加强生态环境共建共治,力争地区生产总值增长9%、全社会固定资产投资增长15%以上
2017	川办函〔2017〕79号	2017年川渝合作示范区(广安片区)建设重点工作方案	推进基础设施互联互通、产业发展协作配套、公共服务对接共享、生态环境共建共治、区域发展协调联动
2018	川办函〔2018〕34号	2018年川渝合作示范区(广安片区)建设重点工作方案	加快基础设施互联互通、加强产业对接协作、推动统一市场建设、深化社会事业领域合作、推进生态共建环境共治、健全区域协同发展机制

续表

年份	文号	政策名称	主要目标或相关内容
2019	广安府办函〔2019〕38号	川渝合作示范区(广安片区)2019年度合作计划	从规划、交通、产业、公共服务、生态环保、推进机制等领域,加强与重庆市相关部门对接联系

2.以共建园区为抓手,有序推进川渝合作

四川关于川渝合作设立的第一个省级园区——四川广安川渝合作高滩园区,以装备制造、汽车、新材料为主导产业,位于邻水县高滩镇,地处重庆市半小时经济圈,与重庆市渝北区茨竹镇仅一桥之隔,是川渝合作的"前沿阵地"。2012年,邻水县成立高滩川渝合作示范园。2019年,广安把高滩园区升级到市级层面,提出建设川渝合作高滩新区,成为广安市推进和重庆合作的主要载体。2020年1月22日,四川省政府批复同意设立四川广安川渝合作高滩园区,实行现行省级开发区政策。2020年8月13日,广安市和重庆市渝北区签订《缔结协同发展友好城市共同推动成渝地区双城经济圈建设战略合作协议》,双方缔结为协同发展友好城市,合作共建高滩—茨竹新区。2020年12月7日,四川省政府第59次常务会议审议通过了《川渝高竹新区总体方案》(以下简称《方案》),在此之前的11月30日,重庆市政府第120次常务会议也审议通过了此《方案》。提出川渝高竹新区要建成"两区一城":努力建成经济区与行政区适度分离改革试验区、产城景融合发展示范区、重庆主城都市区新型卫星城。2021年1月,重庆市发展和改革委员会与四川省发展和改革委员会印发《川渝高竹新区总体方案》。截至2020年10月,园区建成面积约5.5平方千米,建成道路13.2千米,累计完成固定资产投资约146亿元,签约项目107个(84%为重庆企业),协议资金约224亿元,投产企业40户(32户来自重庆),规模以上企业27户(24户来至重庆)[①]。

---

① 蒋露露.邻水:做跨省域产城融合的排头兵[N].重庆政协报,2020-10-13(2).

（二）合作建设成效

2013 年 6 月，四川省人民政府发布《关于支持川渝合作示范区（广安片区）建设的实施意见》，本研究选取 2014 年以来的相关数据，分析川渝合作示范区（广安片区）的经济社会发展成效。

1. 经济持续增长，发展态势良好

2014—2019 年广安市 GDP 逐年增长，由 2014 年的 919.6 亿元，增至 2019 年的 1 250.4 亿元。其中 2015 年广安市 GDP 首次突破千亿元大关，地区生产总值达到 1 005.6 亿元。就年度 GDP 增速来看，广安市 GDP 增速由 2014 年的 10.2%，波动下降至 2019 年的 7.5%，GDP 总体下降与经济发展的大环境密切相关，但广安市 GDP 增速依旧高于全国平均水平。如 2019 年广安市 GDP 增速为 7.5%，高于 2019 年全国的 6.11%，说明广安市经济发展还具备一定后劲和潜力（图 3.18）。

图 3.18　2014—2019 年广安市 GDP 及增速①

---

① 图 3.18 至图 3.27 数据来源于《广安市国民经济和社会发展统计公报》。

2.人均 GDP 逐年增长

随着川渝合作示范区(广安片区)的建设加快,广安经济社会发展水平逐步提升,人民财富不断积累和增长。2014—2019 年广安人均地区生产总值呈逐步增长的趋势,由 2014 年的 28 489 元,增至 2019 年的 38 522 元。其中 2015 年首次突破 30 000 元,人均 GDP 达到 31 046 元(图 3.19)。值得注意的是,尽管广安人均 GDP 取得了较好成绩,但与全国平均水平相比还存在一定差距,未来在提升经济总规模的同时,还应不断提高经济发展水平和质量,大力提高人民生活水平。

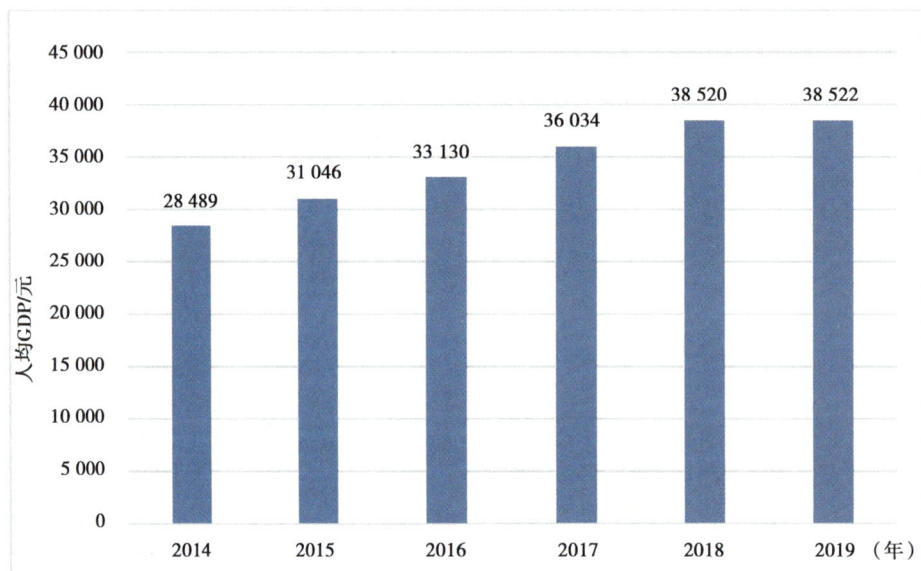

图 3.19　2014—2019 年广安人均 GDP 情况

3.产业结构不断优化

广安紧扣高质量发展要求和四川省委提出的构建"5+1"现代产业体系,准确把握广安工业发展的历史方位和现实基础,市委五届六次全会提出,坚持"以工强市",构建"341"现代工业产业体系,推进高质量发展,促使广安产业结构更优化、产业生态更完善、现代特色产业集群加速形成。从 2014—2019 年广安市三次产业 GDP 占比来看,产业结构不断优化,三次产业结构由 2014 年的 16.9：

52.5∶30.6 调整为 2019 年的 16.3∶32.9∶50.8。总体来看,第一产业、第二产业 GDP 占比均呈下降趋势,分别由 2014 年的 16.9%、52.5%,下降至 2019 年的 16.3%、32.9%,而第三产业 GDP 则呈现上升趋势,由 2014 年的 30.6%,增至 2019 年的 50.8%。可见,广安市产业结构不断优化,第一产业 GDP 占比相对较为稳定,而第二产业与第三产业 GDP 占比变化幅度较大,产业结构调整主要表现为去工业化、推进产业服务化,产业发展提质增效升级趋势明显,呈现持续向好的态势(图 3.20)。

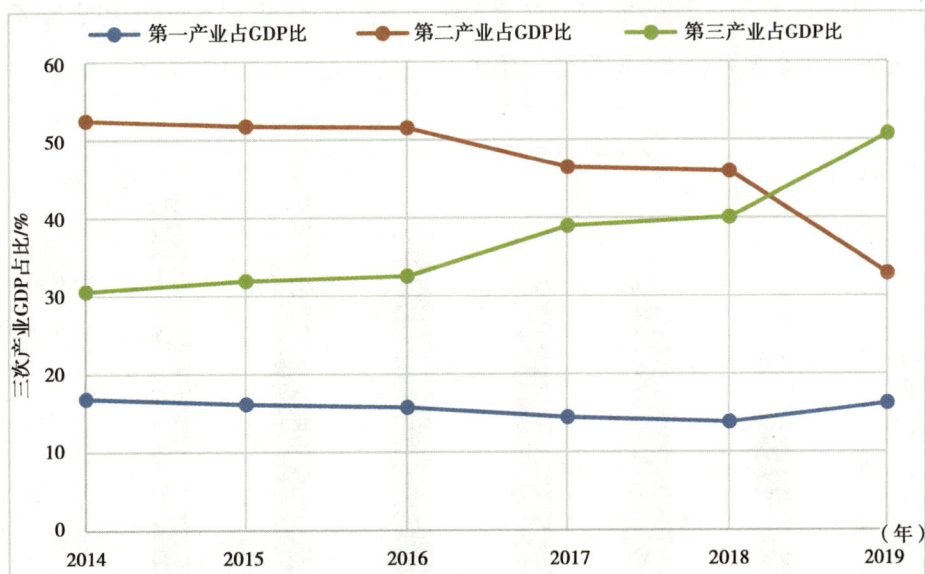

图 3.20　2014—2019 年广安三次产业 GDP 占比情况

4.民营经济逐步壮大

近年来,广安市全面贯彻中央、省关于促进中小企业发展的决策部署,认真落实"四川民营经济 20 条""广安民营经济 25 条"等政策措施,在拓宽融资渠道、创新激励机制等方面持续发力,扎实做好"放管服"改革,不断优化企业发展环境,推动全市中小企业高质量发展。2014—2019 年,广安民营经济规模总体呈上升态势,增加值由 2014 年的 529.7 亿元,增至 2019 年的 723.2 亿元,同比增长率为 36.5%。此外,广安民营经济占据了其地区生产总值的半壁江山,民营经济增加值占 GDP 的比重由 2014 年的 57.6%,增至 2019 年的 57.8%(图3.21)。广安民营经济的发展,离不开政策的支持。如 2018 年 12 月,广安市委市政府发布了《关于支持民营经济健康发展的实施意见》,针对广安民营企业发展难题出台了 25 条有针对性的"真金白银"支持意见,主要在创造公平环境,提振民间资本投资信心;降低税费、用地、用电、用气、用工、物流等经营成本,扩大民营经济生存空间;精准金融施策,加强信贷支持,鼓励直接融资,破解民营企业融资难题;推动转型升级,提升民营企业竞争实力;优化政务服务,构建亲清新型政商关系等多领域共同发力,力促广安民营企业发展再上新台阶。

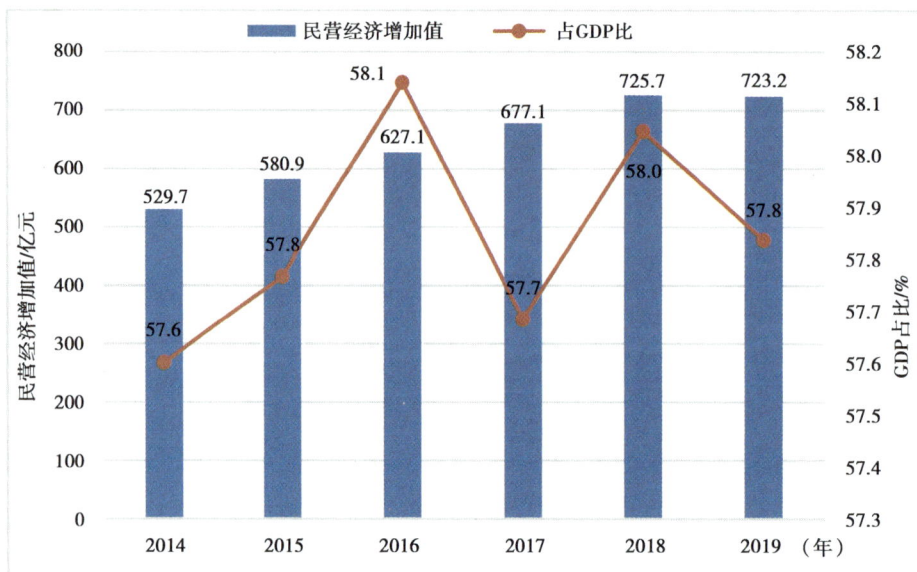

图 3.21 2014—2019 年广安民营经济增加值及 GDP 占比情况

5.固定资产投资持续增长

随着经济社会发展以及川渝合作示范区(广安片区)的建设,广安全年完成的社会固定资产投资额不断增加,主要投资了重点基础设施项目、重点产业项目、重点民生及社会事业项目、重点生态环保项目、房地产项目等。2014—2019

年,广安市全年完成的社会固定资产投资额总体呈上升趋势,由 2014 年的 919.2 亿元,上升至 2019 年的 1 368.8 亿元,同比增长 50%(图 3.22)。广安固定资产投资保持快速增长,投资规模不断扩大,投资结构逐步优化,投资质量持续提高,对经济社会持续健康发展和人民生活水平提高发挥了关键作用。产业投资趋于合理,推动产业结构调整优化,如 2019 年广安产业固定资产投资中,第一产业投资增长 7.2%;第二产业投资增长 9.8%,其中工业投资增长 10.0%;第三产业投资增长 11.1%。基础设施和基础产业投资迅速扩大,经济社会发展基础不断加固,2019 年 216 个重点基础设施项目完成投资 211.2 亿元。住房和房地产投资快速增长,城乡居住条件明显改善,2019 年 82 个房地产项目完成投资 199.9 亿元。民生领域投资大幅增长,人民生活环境条件显著改善,2019 年 127 个重点民生及社会事业项目完成投资 90.9 亿元。

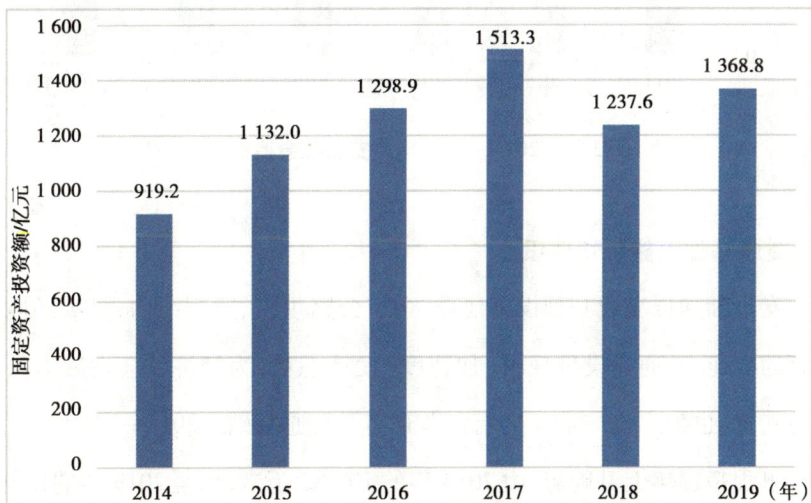

图 3.22　2014—2019 年广安全年完成社会固定资产投资额

6.消费增长拉动经济增长

随着经济社会的发展和居民生活水平的逐步提高,居民消费水平逐步提高,较好地刺激了批发业、零售业、住宿业和餐饮业等产业的发展。2014—2019 年,广安市全社会消费总额总体呈上升态势,由 2014 年的 330 亿元,上升至

2019 年的 554 亿元,同比增长率为 68%。其中广安市全社会消费总额 2015 年
突破 400 亿元,2017 年突破 500 亿元(图 3.23)。可见,作为拉动经济增长的重
要动力之一,内需市场广阔,居民消费对经济发展的贡献还有较大的提升空间。

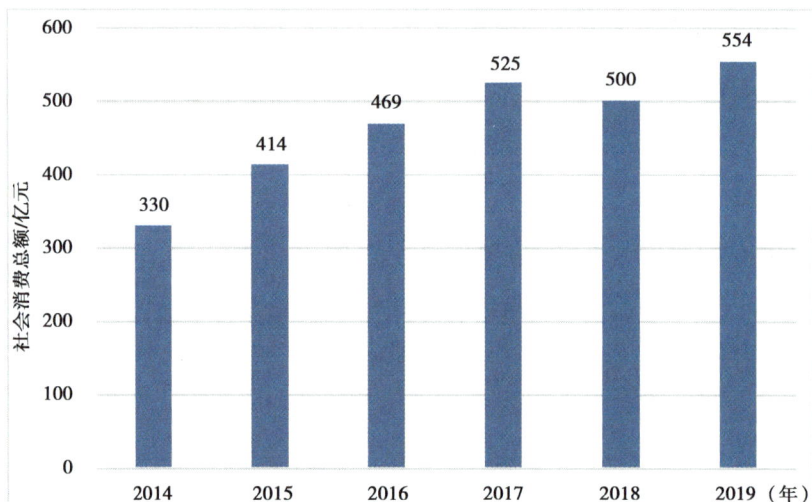

图 3.23　2014—2019 年广安全社会消费总额

7.交通基础设施加快建设

广安不断加强交通基础设施建设,全市公路规模、路网结构、路域环境发生
了显著的变化,交通建设呈现出"加速度"发展态势,为经济社会发展提供了强
有力的支撑,也为广安与重庆交流合作夯实了交通基础。2014—2019 年广安公
路通车里程呈逐年上升趋势,由 2014 年的 10 782 千米,增至 2019 年的13 962 千
米(图 3.24)。交通建设不仅支撑了经济社会发展,还畅通了对外交流通道,
2017 年 9 月 20 日下午 3 时,G85 高速广安至重庆段正式开通,广安市过境高速
公路东环线、渝广高速公路支线于 2020 年 12 月 25 日通车。四川省交通厅表
示,将继续强化厅市合作,支持广安与重庆毗邻区县共同建设"成渝地区双城经
济圈交通一体化发展先行示范区",并同意将其纳入"交通强国"试点;全力支持

广安机场、成遂广忠黔高铁等项目纳入中央、省规划并协助推进；积极协调重庆市交通局争取渝西高铁重庆至广安段先期开工建设；支持广安抓好"四好农村路"建设，开展全域示范市创建；支持广安农村客运先行先试并形成经验；给予广安人才支持，选派优秀干部到广安挂职，助推广安实施"交通强市"战略，打赢交通硬仗①。

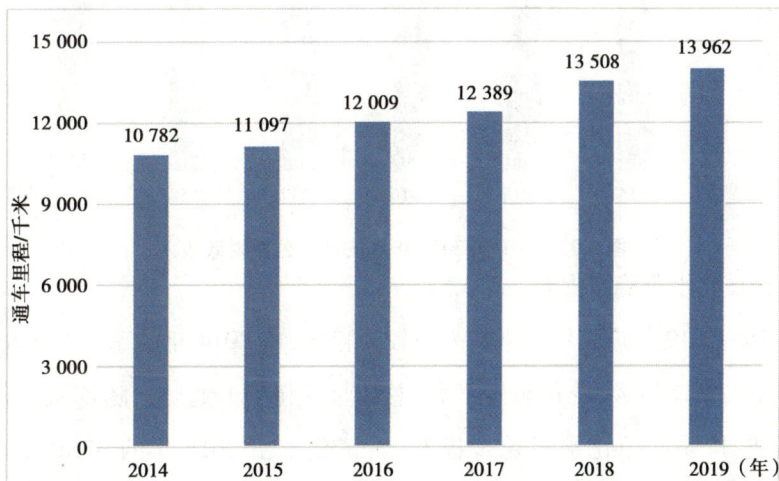

图3.24 2014—2019年广安公路通车里程

8.公共财政收入稳步增长

随着广安经济发展稳步向好，其财政收入也逐年增长。2014—2019年广安地方公共财政收入呈逐年增长趋势，由2014年的46亿元，增至2019年的85.7亿元，同比增长率高达86.3%。其中2015年突破50亿元，2016年突破60亿元，2017年突破70亿元，2018年突破80亿元（图3.25）。尽管广安财政收入近年增长速度放缓，但总体发展态势良好，随着财政收入的不断充裕，政府未来在社会经济活动中将提供更多的公共物品和服务，强化政府服务能力，提升居民的幸福感和获得感。

---

① 张兵,张飞.实施"交通强市"战略 用心打赢交通硬仗[N].广安日报,2020-03-20(1).

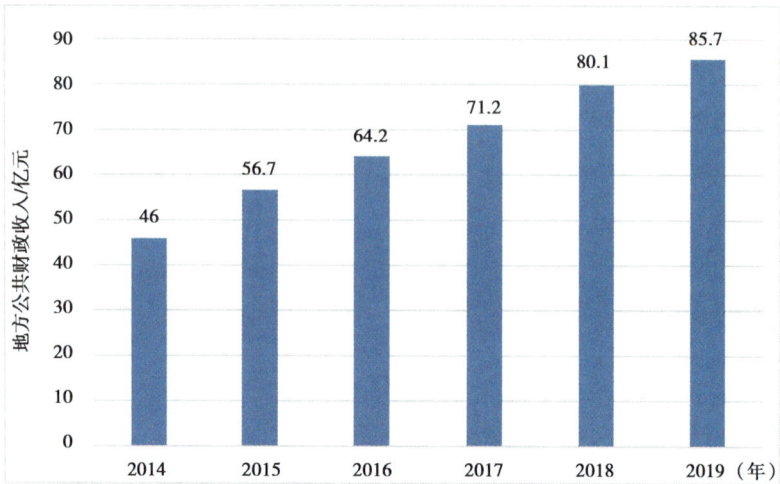

图 3.25　2014—2019 年广安地方公共财政收入

9.城镇化水平稳步提升

2014—2019 年广安年末常住人口较为稳定,由 2014 年的 323.2 万人,增至
2019 年的 325.1 万人,变化幅度不大,总体呈缓慢上升趋势。随着城镇化进程
全面推进,广安城镇化水平稳步提升,城镇化率由 2014 年的 35.8%,提升至
2019 年的 43.3%,年度增速较为显著(图 3.26)。但与四川省乃至全国平均水平

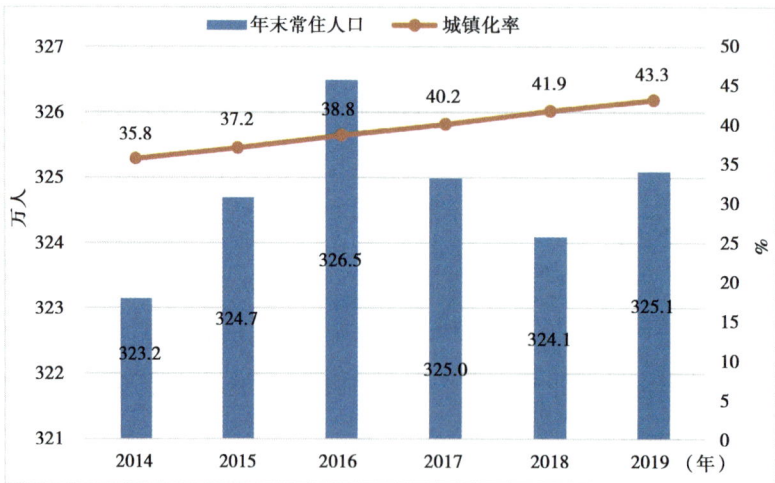

图 3.26　2014—2019 年广安常住人口及城镇化率

相比还存在较大差距,如 2019 年四川省城镇化率为 53.79%;2019 年全国常住人口城镇化率为 60.60%,比上年末提高 1.02 个百分点,首次突破 60% 大关。可见,广安城镇化发展潜力巨大,未来广安将继续围绕以广安主城区为依托、县城为骨干、小城镇为基础、幸福美丽新村为补充的市域城镇规划体系,全面实施乡村振兴战略,助推新型城镇化建设,促进城乡统筹发展、区域协调发展。

10.技术创新能力逐步提升

近年来,广安市科技创新工作以习近平新时代中国特色社会主义思想为指导,全面贯彻党的十九大和十九届五中全会精神,贯彻落实省相关会议精神,在市委、市政府坚强领导和省科技厅指导下,切实把高质量发展的基点放在创新上,突出抓重点、补短板、强弱项、优机制,提升自主创新能力、技术攻关能力、成果转化能力和社会治理科技支撑能力。2014—2019 年,广安专利授权量总体呈增长态势,由 2014 年的 368 件,增至 2019 年的 963 件,同比增长率高达 161.7%,这在一定程度上反映出广安技术创新水平和区域自主创新能力正在逐步提升(图 3.27)。

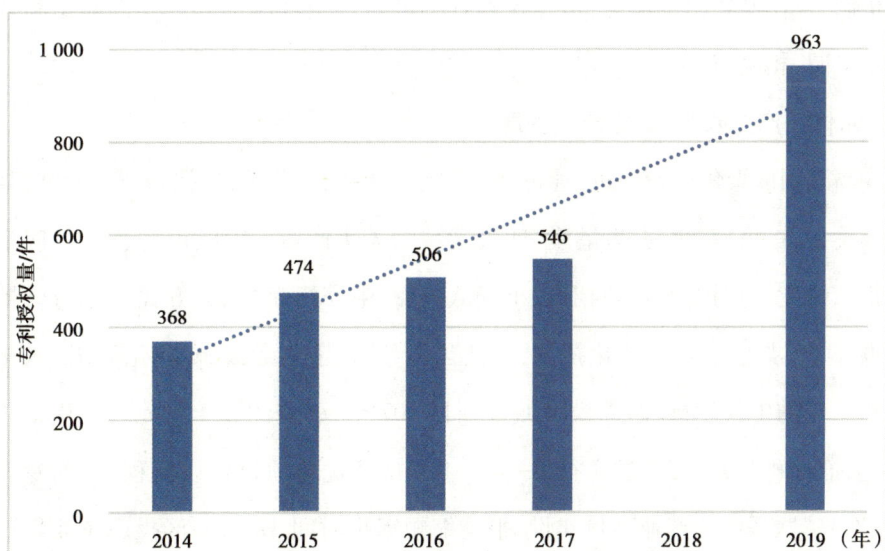

图 3.27　2014—2019 年广安专利授权量

（三）合作发展典型做法

随着川渝合作示范区（广安片区）建设的逐步推进，在取得系列建设成效的同时，典型做法开始显现，园区建设发展取得了一些经验。

1.统一战线联盟，民主党派积极发挥作用

如在川渝合作示范城市建设的过程中，民主党派率先联谊，搭建起川渝合作之桥。民建广安市委会与民建重庆市渝北区委会缔结友好市委会，广安民建三个支部与重庆民建支部结成友好支部；重庆民建 27 名企业家赴武胜县考察调研，召开招商引资项目推荐会，投资武胜经济建设。

2.明确"卫星城市"发展理念与定位

广安在成为川渝合作示范城市的实现路径上，优势互补，牢固树立"卫星城市"理念，推进产业"错位互补"发展，实现要素"集群集聚"保障。

3.探索建立跨省财税分享机制

为承接重庆产业转移，川渝合作示范区要在全国率先探索建立跨省财税分享机制，合作框架初步拟定，承担探索任务的重庆空港园区和广安高滩川渝合作示范园，相隔 40 千米左右[①]。

4.依托产业园区，聚焦产业发展

高滩园区聚焦产业引进，通过坚持领导"清单制+责任制"挂帅招商制度，瞄准成渝、长三角、京津冀、粤港澳"四大区域"，着力政策、产业、市场、成本"四个分析"，优化驻点招商、产业招商、小分队招商、中介招商"四大方式"，推行营销化推介、区域化竞争、产业化招商、个性化服务、数字化考核、专业化队伍"六化招商"，签约中科先行、西部模具城等项目 107 个，引资约 224 亿元。聚焦企业效益，抢时间抓进度，通过实行"一企一策"持续优化项目建设流程，明确专人"一对一"联系服务产业项目建设，平均缩短审批时间 32%，园区投产企业累计

---

① 曾小清,刘川.川渝合作示范区探索建立跨省财税分享机制[N].四川日报,2015-05-21(1).

达 40 户。坚持以"亩产论英雄"提升单位面积投入强度、产出效益、容纳就业、税收贡献,培育规模以上企业 28 户,省专精特新企业 8 户,2019 年实现工业产值 53.3 亿元。2020 年上半年,在受疫情影响的情况下,高滩园区成功签约引进劲德兴、萱铭科技等项目 19 个,总投资 30.3 亿元;累计实施重点项目 98 项、投产企业 40 户,实现产值 31.28 亿元,同比增长 60.82%。[①]

5.紧密围绕重庆发展

园区充分发挥紧邻重庆的优势,定位为重庆配套园区,承接重庆产业转移,吸纳重庆企业入驻。"重庆基因"一直是园区的最大特色,也是园区面向重庆、依靠重庆、借力重庆发展的反映。比如,2017 年园区新签入驻的 18 户企业中 12 户来自重庆,投产的 11 户企业中 9 户来自重庆,已培育的 5 户规模以上企业均为重庆籍企业;2018 年累计入驻的 62 户企业中重庆企业有 52 户等。目前,川渝合作广安高滩园区签约入驻企业 129 个,80%的企业来自重庆,90%的产品配套重庆,并于 2019 年启用重庆电话区号"023",开通至重庆举人坝轻轨站的直通车[②]。

6.建立健全合作机制

建立合作会商制度,广安、重庆两市每年召开一次经济协作联席会,分别以两地政府名义印发年度合作计划,双方牵头部门对合作重点任务进行检查和评估。建立党政交流制度,广安与重庆 30 多个部门及毗邻区县签订了合作框架协议,定期进行信息交流与情况互通[③]。

---

① 舒艳.奋力建设川渝合作先行示范区[N].广安日报,2020-07-10(6).
② 王宏,夏兴初,蒲靖,等.推进川渝合作高滩园区建设研究[EB/OL].(2020-12-22)[2021-01-10].广安市政协网.
③ 王益.地方政府间跨区域合作研究:以川渝合作示范区(广安片区)为例[D].重庆:重庆大学,2018.

专栏 3-3：川渝高竹新区总体方案

　　规划范围：新区规划范围包括重庆市渝北区茨竹镇、大湾镇的部分行政区域和四川省广安市邻水县高滩镇、坛同镇的部分行政区域，总面积262平方千米，其中渝北区124平方千米、邻水县138平方千米，2019年常住人口10.7万、实现地区生产总值约45亿元。

　　发展定位：经济区与行政区适度分离改革试验区，产城景融合发展示范区，重庆中心城区新型卫星城。

　　发展目标：到2025年，城市形态初步形成，经济区与行政区适度分离机制更加完善，基础设施内畅外联，现代产业加速集聚，公共服务全面融合，空间利用效率逐步提升，示范引领毗邻地区一体化发展作用充分凸显。常住人口15万人以上，地区生产总值120亿元以上。到2030年，产城景融合格局全面形成，高端要素资源加速集聚，现代产业集聚发展，基本建成经济区与行政区适度分离改革试验区和产城景融合发展示范区。常住人口20万人以上，地区生产总值250亿元以上。到2035年，新发展理念引领高质量发展充分体现，生产、生活、生态空间高度和谐统一，城市治理体系和治理能力显著提升。常住人口28万人以上，地区生产总值400亿元以上。

　　功能布局：综合考虑规划区域资源环境承载能力、开发强度和发展潜力，构建"两区一城一带"功能布局：先进制造业集聚区，都市近郊现代农业集中发展区，高品质生活宜居城，生态康养旅游带。

　　重点任务：集聚发展先进制造业，建设高品质宜居新城，打造生态康养旅游目的地，深化体制机制改革，加强生态保护修复，创新合作开发模式。

二、潼南片区

（一）合作建设现状

2011 年国务院批复《成渝经济区区域规划》，明确广安、潼南为川渝合作示范区。2016 年国务院批复实施的《成渝城市群发展规划》，再次将潼南定位川渝合作示范区。2017 年经重庆市政府同意，市发展和改革委员会正式批复《川渝合作示范区（潼南片区）建设工作方案》。

近年来，潼南区按照《川渝合作示范区合作计划》，扎实推进与四川多个市县的合作项目实施，强化与毗邻的遂宁市合作，大力推动遂潼一体化发展，努力实现成渝发展主轴的中部崛起，正加快建设成为成渝城市群产城景融合发展的"明珠城市"。

（二）合作建设成效

2017 年重庆市发展和改革委员会正式批复《川渝合作示范区（潼南片区）建设工作方案》，本研究选取 2018 年以来的相关数据，分析川渝合作示范区（潼南片区）的经济社会发展成效。

1.经济发展势头良好

随着创新驱动战略的深入实施和区域合作的逐步加强，潼南地区生产总值呈逐年增长的态势，2019 年潼南 GDP 达 451.08 亿元，比上年增长 7.8%，增速高于全国的 6.11%[①]。就人均地区生产总值来看，2019 年潼南区人均 GDP 为62 368 元，比上年增长 7.0%，但低于重庆平均水平（75 828 元）和全国平均水平（70 892 元）。可见，潼南经济实力逐步提升，未来经济发展将有较大的提升空间。

2.产业结构持续优化

围绕特色优势产业发展，着力提高先进实用技术的引进、消化和再创新能

---

① 本章节中关于潼南的相关数据均来源于《潼南区国民经济和社会发展统计公报》及网上相关公开数据。

力,潼南持续优化升级产业结构。2019年,第一产业增加值为66.02亿元,增长4.5%;第二产业增加值为203.6亿元,增长10.6%;第三产业增加值为181.46亿元,增长5.8%,三次产业结构由上年的14.5:44.2:41.3调整为14.6:45.1:40.3。可见,第二产业在潼南产业结构中占据重要地位。近年来,潼南抢抓智能化转型机遇,潼南工业对接先进制造业,主要培育建设"六大产业集群":智能手机及智能终端产业、智能装备及智能制造产业、天然气综合利用及精细化工产业、农产品精深加工与绿色健康品产业、大众消费品及特色轻工产业、环保科技及新材料能源产业。

3.民生福祉不断提升

通过加强区域合作,创新驱动、多措并举保障民生福祉,潼南群众幸福感、获得感和安全感不断增强。2019年城乡居民人均可支配收入27 304元,同比增长10.0%,增速高于经济增长速度,位居全国前列,基本公共服务水平显著提高,城乡居民居住条件明显改善。随着经济发展和社会发展,居民消费水平逐步提高,2019年全体居民人均生活消费支出17 374元,同比增长7.1%。

4.城镇化水平逐步提高

2019年,潼南区常住人口72.59万人,比上年增加0.53万人,常住人口城镇化率为55.56%,比上年提高1.65个百分点;年末户籍总人口95.28万人,比上年增加0.08万人,户籍人口城镇化率为42.11%,比上年提高0.32个百分点。为抢抓成渝地区双城经济圈建设重大机遇,深化全国城乡融合发展试验区建设,加快推动新型城镇化试点,提升城市人口集聚能力,2020年潼南区政府办公室发出《关于加快推进城市人口集聚能力的通知》,从全面放宽落户条件、吸引农业人口转移进城落户、吸纳区外人员来潼落户、吸引高层次人才来潼落户、支持扩大就业、优化公共服务等方面推出十条政策举措,打出了提升城市人口聚集组合拳。

5.基础设施加快建设

作为重庆主城都市区"桥头堡"城市,重庆、成都两座国家级中心城市一小时经济圈交会点,区域交通网络日趋完善。2019 年潼南区公路线里程 4 557.67 千米,高速公路通车里程 104 千米,相较 2018 年分别增长 2.8%、258.6%。2019 年,潼荣高速公路通车,打通了潼南南北向高速公路出口通道;成资渝高速定于 2020 年 12 月 31 日 24 时正式开放交通。未来,潼南围绕加快建设互联互通交通体系,加强川渝合作,与四川协调,打通毗邻地区断头路,统一标准、统一时序,强化川渝毗邻地区干线路网互联互通。

(三)合作发展典型做法

潼南区经济实现了跨越式发展,GDP 从 2012 年的 162.75 亿元上升到 2019 年的 451.08 亿元,人均 GDP 也从 25 331 元上升至 62 368 元。在经济社会高质量发展势头良好的同时,各项事业稳步前进,潼南区工业、农业、旅游业发展水平得到了不同程度的提升,整个城市的建设更加美好,更加宜居、宜业、宜游。

1.建立健全协调机制

潼南与四川市县签订交通设施、水利设施、能源基础等 12 个方面的合作,积极探索区域交通、科教文卫、养老大健康、安全环保等领域的合作发展新机制,推动公共服务共建共享。依托高新区建设,与绵阳、自贡等城市的高新区协作共建高新产业走廊;与遂宁共同建立"川渝合作示范园",努力实现成渝发展主轴"中部崛起"。利用川渝旅游资源,强化区域旅游纵深合作,建设川渝休闲旅游带。

2.加快交通基础设施建设

潼南在川渝大通道建设过程中,正积极推进渝潼安高速、兰渝高铁等重大项目,这些项目建成后,潼南将形成"四高三铁一江一机场"立体交通格局,届时潼南与周边广安、南充、遂宁等 6 个市区将实现 30 分钟互联互通。

3.联手打造柠檬国际交易中心

在农业领域加强合作,利用潼南柠檬的品牌优势,从基地标准化建设、深加工产业链、销售渠道等方面与安岳柠檬深度融合,共同提高国产柠檬的国际竞争力。

4.民营企业交流合作

潼南在川渝合作示范区建设中,通过跨地区共享民营企业技术中心等创新平台、共建智能制造联盟等方式,加强交流合作。2019 年,四川民营企业在潼南投资 25.65 亿元。

专栏 3-4:遂潼川渝毗邻地区一体化发展先行区总体方案

规划范围:遂潼川渝毗邻地区一体化发展先行区规划范围为遂宁市和潼南区全域,总面积 6 905 平方千米。2019 年常住人口 391 万,实现地区生产总值 1 795 亿元。

发展定位:围绕成渝地区双城经济圈目标定位,结合遂宁潼南两地的区位特征和发展特色,全力打造"三地一枢纽",共同建设遂潼川渝毗邻地区一体化发展先行区。联动成渝的重要门户枢纽,川渝毗邻地区一体化制度创新试验地,成渝中部地区现代产业聚集地,成渝地区双城经济圈高品质生活宜居地。

空间布局:立足地形地貌特点、国土空间规划布局、产业发展基础、交通基础条件、土地利用现状,按照全域一体、毗邻突破、平台共建、产业协同的发展路径,构建"双中心、三走廊、一园区"空间结构,逐步形成集约高效、疏密有度、生态宜居的空间格局:遂宁中心城区、潼南中心城区,现代产业创新走廊、涪江生态绿色走廊、琼江乡村振兴走廊,遂潼涪江创新产业园区。

发展目标:到 2025 年,功能平台基本建成,基础设施联通畅达,特色产业集群成链,公共服务便利共享水平显著提升,生活宜居环境显著改善,一体化发展体制机制基本建立,服务成渝"双核"的配套功能明显增强,力争常住人口达到 430 万人,地区生产总值突破 2 700 亿元。到 2030 年,遂宁潼南城市组团发展能级大幅提升,创新生态持续优化,主导产业集群优势突出,基础设施通勤能力显著增强,公共服务优质均衡基本实现,生活宜居品质更加显现,一体化发展体制机制更加完善,一体化发展格局基本形成,为遂宁潼南同城化发展打下坚实基础,力争常住人口达到460万人,地区生产总值突破3 800亿元。到2035年,遂宁潼南一体化发展格局更加成熟完善,参与区域内外分工、集聚高端要素资源的整体竞争力大幅增强,基本实现遂宁潼南同城化发展,力争常住人口达到500万人,地区生产总值突破5 000亿元。

主要任务:围绕基础设施一体化,推动交通互联互通先行。围绕产业发展一体化,推动合作载体共建先行。围绕生态环保一体化,推动跨区域绿色发展先行。围绕机制创新一体化,推动政策协同集成先行。围绕公共服务一体化,推动标准水平统一衔接先行。

4

成渝地区双城经济圈：
一体化发展国家新战略

　　我国幅员辽阔、人口众多，各地区自然资源禀赋差别之大在世界上都是少有的，所以统筹区域发展历来都是一个大问题。而解决区域发展不平衡问题的一个重要途径就是一体化。2018年11月，党中央、国务院发布的《关于建立更加有效的区域协调发展新机制的意见》提出，加强城市群内部城市间的紧密合作，推动城市间产业分工、基础设施建设、公共服务提升、环境治理、对外开放、改革创新等协调联动，加快构建大中小城市和小城镇协调发展的城镇化格局；将"基本公共服务均等化，基础设施通达程度比较均衡，人民生活水平大体相当"作为区域协调三大目标。这三大目标也是区域一体化的重要目标。"一体化"，是区域协调发展的高级形态，尤其在当前加快形成以国内大循环为主体、国内国际双循环相互促进的新发展格局下，畅通区域内"小循环"更显重要。成渝双城经济圈一体化发展是促进我国区域协调发展的重大战略。成渝地区双城经济圈的一体化，实际就是成渝城市群的一体化，它将依托区域内城市之间基础设施和制度的衔接，促进资源要素在更大区域范围内的快速流动和优化配置，促进区域内各城市间的分工协同，提高区域整体的生产率和均衡发展水平①。

第一节　区域一体化发展是城市化发展的战略方向

一、区域发展战略新格局：区域发展战略体系化

　　国家的区域发展战略和方针政策一直是党中央各个时期的重要决策。新中国成立后至改革开放前的近30年，中国长时期实施向内地推进的平衡发展战略。改革开放以来，党中央、国务院更加高度重视区域发展，作出了一系列重要部署，沿用了30多年的"沿海—内地"区域格局两分法被扬弃，开始采用"东

---

① 张志强，熊永兰.成渝地区双城经济圈一体化发展的思考与建议[J].中国西部，2020(2)：1-12.

部、中部、西部"三大地带划分法,统筹推进东部率先发展、西部大开发、中部崛起和东北振兴区域发展战略,引领发挥各地区比较优势,区域发展的协调性不断增强。尤其是党的十八大以来,在以习近平同志为核心的党中央坚强领导下,我国深入实施区域协调发展战略,重大国家战略相继推出,精心谋划,扎实推进,国家区域发展战略进行重大升级和体系化发展,形成了"4+4+3+M+N"的区域发展战略体系,促进区域协调发展、协同发展、共同发展,推动形成东西南北纵横联动协调发展的新格局。

这些数字、字母有各自的含义:第一个"4"即东部、中部、西部和东北地区,从传统的三大区域经济板块调整为四大区域经济板块,更加遵循区域经济发展的特点和规律,四大区域经济板块发展各有特点和优劣势,相互衔接与贯通、相互扶持与支撑,构建起我国经济完整的大版图。第二个"4"即京津冀协同一体化发展、长三角区域一体化发展、粤港澳大湾区一体化发展、成渝双城经济圈"一体化"(未来趋势是必然走向一体化)发展,这四大一体化发展区域,无疑将是我国最重要的主要经济核心区域,是国家经济发展的战略重心区域。"3"即"一带一路"倡议、长江经济带发展、黄河流域生态保护与高质量发展战略,形成贯通国内、链接世界的线性经济带,成为实现区域内一体化、区域内外一体化、国内国际一体化发展的纽带。"M"即是建设 5 个以上国家科技创新中心和综合性国家科学中心,2019 年以前国家已经批准建设北京(国际科技创新中心)、上海(全球影响力科技创新中心)、合肥(综合性国家科学中心)、粤港澳大湾区(国际科技创新中心)等 4 个国家科技创新中心和综合性国家科学中心,2020年初国家确定建设成渝双城经济圈国家重要科技创新中心。这 5 个国家级科技创新中心和综合性国家科学中心,各自有不同的基础优势和发展定位,北京、上海、粤港澳大湾区科技创新中心的定位已经提升,要建设国际科技创新中心,成为世界主要科技创新中心。《国家"十四五"规划和 2035 年远景目标纲要》明确,未来还将进一步加强区域科技创新中心建设,可以预期国家和区域科技创新中心未来还将进一步扩容。国家科技创新中心和综合性国家科学中心是国家未来创新发展的科技创新高地与动力策源地。上述这些战略无疑都是国家区域发展战略的核心战略，构成国家区域发展战略的骨架体系。"N"即一系列支撑性国家区域发展战略，这些支撑性国家发展战略，诸如，全面创新改革试验区（8 个）——探索深化改革创新发展的体制机制；自由贸易试验区（11+6 个），以及海南自由贸易试验区（也称为海南自贸港，范围为海南岛全岛，面积为 3.5 万平方千米）——探索自贸试验区生态绿色发展新模式；西部陆海新通道——建设西部内陆区域对外开放大通道、形成陆海双向开放新态势。这些支撑性区域发展战略，是国家区域发展战略的重要组成部分，使国家区域发展战略的内涵更丰富、体系更加完善。

总体而言，经过新中国成立 60 多年来与时俱进的积极探索，我国区域发展战略经历了从均衡发展、非均衡发展到现今的协调发展的转变，国家区域发展战略随着社会经济的发展在不断地调整、完善和体系化，国家区域协调发展战略框架体系渐趋成型。

二、区域发展政策供给新特点：区域发展政策体系化、精准化

以国家重大区域发展战略为引领，国家全面深化体制机制改革，根据各区域的发展基础和条件，不断调整完善区域发展政策制度体系，形成有中国特色的区域发展治理体系。这些政策制度包括各种类型的区域发展规划（如国家已经发布的 11 个城市群规划、科技创新中心规划（方案）、区域经济板块的五年规划或者振兴规划、各类经济区规划、国土空间开发规划、具体经济规划、区域合作规划等）、大型基础设施建设计划（如高铁网络、机场网络规划）、区域间经济合作方案和协议（如《环渤海地区合作发展纲要》）以及中央试点的特殊区域建设计划（如创新型省份、全面创新改革试验区、自由贸易港、新旧动能转换综合试验区、中国特色社会主义先行试验区、跨境电子商务综合试验区、数字经济创新发展试验区等）。这些内容作为区域发展战略实施的政策组成部分和政策实施机制，着重于区域的发展定位和发展方案，其本质上也是区域发展的一种结

构性、制度性安排。这些区域发展的政策体系不断更新迭代发展,将不断促进区域发展战略变成区域经济发展蓝图和发展结果。

我国区域经济分化态势越发明显,进一步加剧态势显现。未来以互联网和智能制造为特征的新经济业态,具有更强的积聚效应,先发地区的优势会继续被强化,区域分化态势很有可能持续下去。因此,处于不同发展阶段和不同空间尺度的区域主体面临的区域发展问题也不同,例如长三角地区一体化面临的是跨省协调机制问题,粤港澳大湾区面临的是"一国两制"和市场一体化问题,成渝地区可能面临着如何推动差异化、互补性、融合式发展。在区域经济发展形势、区域间关系日趋复杂的情况下,对区域政策的差异性和精准性的要求就更高,更精准、更有针对性的区域政策将是解决区域分化态势问题的有力工具①。

三、区域发展资源动力极化显著:大城市及城市群集聚发展要素

进入 21 世纪以来特别是近年来,我国经济发展的空间结构正在发生显著的变化,区域发展动力极化现象日益突出,经济和人口向大城市及城市群集聚的趋势更加明显②。曾经学界和管理界希望弱化的城乡二元发展结构和格局,如今不但没有弱化,反而更加强化,这是不以人的意志为转移的大趋势。大城市由于其强大的经济规模效应,成为对周边区域乃至更远区域资源的强大虹吸池。从我国已经批准的 11 个国家级城市群的建设规划与发展的进展可以看出,其中已经形成了东部沿海的 3 大城市群一体化区域,以及未来的成渝城市群一体化区域。其他的 7 个城市群,向大城市群的发展势头也不断增强,现在已经或者未来必然是区域的主要经济和人口集聚中心,形成集聚区域发展要素

---

① 韩永文,马庆斌,陈妍.完善体制机制和创新政策体系,加快落实区域协调发展战略[EB/OL].(2020-05-06)[2020-10-01].中国发展观察.
② 习近平.推动形成优势互补高质量发展的区域经济布局[EB/OL].(2019-12-15)[2020-10-01].求是网.

的区域增长极。根据中国发展研究基金会 2019 年 3 月发布的《中国城市群一体化报告》，2006—2015 年，京津冀、长三角、珠三角、成渝、武汉、长株潭、辽中南、哈长、关中、中原、海西及山东半岛这 12 个城市群占全国 GDP 的比重从70.56% 上升至 82.03%，年均增长超过 1 个百分点。所有城市群占全国经济份额的比重都得到了提升，反映出经济活动向城市群集中的趋势。其中，长三角、京津冀、珠三角三大城市群的经济份额超过 40%。城市群一体化已成为高质量发展、区域均衡发展的重要驱动力。

从全球来说，大城市群的极化发展效应都在不断增强，都在不断集聚区域的人口与经济社会发展要素，一些大城市的影响力远远超出其城市群范围。通过城市和区域之间的协同分工，这些城市群正成为全球经济的增长极。当前全球 40 多个城市群，以 20% 的人口贡献了全球近 50% 的 GDP，是世界经济的重要引擎，充分表明经济高度集聚将带来高质量发展水平。美国的波士华城市群，以 2% 的土地，居住了 17% 的人口，创造了 20% 的 GDP；日本的太平洋沿岸城市群，以 9% 的土地，居住了 53% 的人口，创造了 60% 的 GDP[①]。类似的情况还发生在大伦敦地区、大巴黎地区以及德国莱茵—鲁尔地区。2018 年，五大世界级城市群（美国东北部大西洋沿岸城市群、北美五大湖城市群、日本太平洋沿岸城市群、英伦城市群、欧洲西北部城市群）人均 GDP 普遍超过 5 万美元，每平方千米产值至少超过 1 000 万美元，高的达到近亿美元。在美国、日本和西欧，尽管国家层面的人口城市化已经基本保持稳定，但人口和经济活动还继续在向以少数大城市为中心的城市群地区集聚。在全球化背景下，城市群形成强强联合的经济命运共同体，成为打造竞争力的关键。世界大城市群作为区域经济发展的极化中心，其创新能力也是当今世界主要城市群的发展引擎。根据世界知识产权发布的《2019 年全球创新指数》报告，我国有 18 个集群进入科技集群百强，

---

① 波士顿咨询公司,中国发展研究基金会.国际比较视野下的京津冀协同发展研究[R/OL].(2017-11-24)[2020-10-01].百度文库.

且排名均有上升①,这 18 个集群主要集中在京津冀、长三角、粤港澳、成渝、长江中游、关中平原等主要城市群。

面对这样一种全球性发展大趋势,为了充分发挥大城市在经济社会发展方面的规模经济效应,国家也出台了一些政策推动经济、人口、资源更进一步地向大城市和城市群集聚,如 2019 年 12 月中共中央和国务院印发的《关于促进劳动力和人才社会性流动体制机制改革的意见》提出,全面取消 300 万以下城市落户限制,全面放宽 300 万~500 万大城市落户条件,完善 500 万以上超大特大城市积分落户政策。另外,2019 年 8 月中央财经委员会第五次会议指出,"要增强中心城市和城市群等经济发展优势区域的经济和人口承载能力"。因此,预计大城市群、城市圈将进一步拓展发展空间,持续强化对各类发展要素的集聚。适应国家区域发展战略实施的需要,必然将有一些区域中心城市在城市群一体化趋势中成长壮大,在大的区域发展格局中发挥辐射或联动功能。一些区位条件优越的区域中心城市未来不断成长壮大,也将是未来区域经济发展的新动能。

四、区域发展集群化新趋势:超特大城市辐射带动及一体化发展

作为城市空间的一种重要组织形式,城市群一体化有利于解决行政区划造成的区域经济联系松散、产业分工不合理、公共治理缺乏整体性等问题。在城市群的发展过程中,一开始,中心城市不断成长,出现都市外延化,从而形成和带动都市圈发展;随着城市化水平的提高,以都市圈为单位出现城市群内部协同,通过都市圈外溢带动周边,甚至将中间地带连接起来,从而带动城市群的发展。在一体化程度较高的城市群中,形成了主次分明的城市布局与区域覆盖,共享便捷的基础设施,共享经济活动联系,共享相近的环境条件和资源禀赋,共

---

① WIPO.Global innovation index 2019 [EB/OL]. (2019-07-24) [2020-10-01]. GLOBAL INNOVATION INDEX.

享相似的地域文化与历史渊源①。全球典型经济区（如伦敦都市圈、纽约都市圈、东京都市圈等）已经成为所在国家人口最密集、经济最活跃、竞争力最强的经济区，是经济全球化的主要参与者，是科技全球化的主要推动者，是所在国家或地区经济发展的枢纽和参与全球竞争的制高点②。这些经济区都以超特大城市或辐射带动功能强的大城市为中心，依托区域内城市之间基础设施和制度的衔接，促进资源要素在更大区域范围内的快速流动和优化配置，促进区域内各城市的分工协同，提高区域整体的经济效率和区域均衡发展水平，使整个区域形成一体化、协同化发展格局③。

在我国，以中心大城市为核心，以"1 小时通勤圈为范围"的都市圈，正成为城市群内一个重要的形态。研究显示，北京、上海、广佛肇、深莞惠等 10 个 2 000 万人口以上的大都市圈，重庆、成都、青岛等 14 个 1 000 万~2 000 万人口的大都市圈，这 24 个都市圈以全国 6.7% 的土地聚集了 33% 左右的人口，创造了 54% 的 GDP。大城市带动都市圈，都市圈带动城市群，城市群带动区域发展的态势正在形成。

我国大城市群及其一体化的持续发展，无疑已经形成了几个（如京津冀、长三角、珠三角等）并将继续形成更多个超特大城市集群及一体化发展的层次体系：数个超特大城市群一体化一级区域（如京津冀、长三角、珠三角、成渝城市群等），数个特大城市群一体化二级区域（如其他 7 个已经批准的城市群），8 个大城市一体化三级区域等，进而形成我国区域城市集群一体化发展体系。未来，国家主要的人口、经济等都将高度集中在这三级大城市群及其一体化所在区域。这些城市群地区将作为我国下一阶段统筹城乡和区域平衡发展、经济提质增效的主要平台和抓手。

---

① 美国南加州大学教授、规划学者马克·皮萨诺（Mark Pisano）在 2014 年 5 月 28 日的"大都市圈发展：国际比较与启示"研讨会上的发言。

② 李春霞.大都市圈：未来的国家竞争力高地［N］.经济日报,2014-06-10(13).

③ 中国发展研究基金会.中国城市群一体化报告（会议版）［R/OL］.(2019-03-18)［2020-10-01］.中国发展研究基金会.

第二节　成渝地区双城经济圈一体化发展的必要性

一、成渝双城经济圈一体化发展是我国区域协调发展战略的重要组成部分

《中华人民共和国国民经济和社会发展第十三个五年规划纲要》明确的 19 个城市群，承载了我国 78% 的人口，贡献了超过 80% 的国内生产总值。其中，成渝、京津冀、长三角、珠三角、长江中游 5 个城市群以 10.4% 的国土面积，集聚了近 40% 的人口，创造了超过一半的国内生产总值（表 4.1）。自 2016 年 4 月 12 日国家发展和改革委员会批准《成渝城市群发展规划》并开始实施以来，从成渝经济区到成渝城市群，再到成渝地区双城经济圈，成渝地区在全国区域发展中的战略地位不断上升。成渝城市群的经济总量已从 2014 年的 3.76 万亿元，增长到 2018 年的 5.75 万亿元，其占全国的比重从 5.84% 上升到 6.25%，增速在全国的城市群中位居前列，显示出了较高的增长动力。

成渝地区作为西部大开发的"主阵地""前沿窗口"和"一带一路"倡议、长江经济带等国家区域发展战略深入全面实施的重要支点和引擎，应当在国家大力实施区域协调发展战略中当好"排头兵"，实现新作为[①]。在国家批注实施成渝双城经济圈战略的大背景下，如果再进一步明确成渝双城经济圈的一体化发展战略方向，并将其上升为国家战略，共同合力打造内陆开放经济发展高地，增强成渝综合实力、辐射带动力和区域竞争力，将使成渝经济圈在国家区域发展和对外开放格局中发挥更加重要的作用，有助于深入推进全国层面的区域协调发展特别是西部地区的显著发展。

---

① 曹清尧.成渝城市群一体化发展的战略思考[J].经济,2018(14):74-81.

表 4.1　2018 年全国 19 个城市群人口、经济基本情况①

城市群 一体化 层级	城市群	常住 人口 /万人	人口 占比 /%	城镇 化率 /%	GDP /万亿元	GDP 占比 /%	人均 GDP /元
超特大城市 群一体化 一级区域	京津冀城市群	11 270	8.1	65.4	8.4	9.3	74 373
	长三角城市群	15 401	11.0	68.6	17.7	19.7	115 997
	珠三角城市群	6 301	4.5	85.3	8.1	9.0	128 625
	成渝城市群	10 015	7.2	53.8	5.8	6.3	57 426
特大城市 群一体化 二级区域	长江中游城市群	12 677	9.1	60.9	8.3	9.2	65 630
	中原城市群	6 905	4.9	49.7	3.8	4.2	54 946
	哈长城市群	4 625	3.3	58.8	2.7	3.0	59 072
	北部湾城市群	4 211	3.0	50.4	2.1	2.3	50 532
	关中平原城市群	4 038	2.9	58.5	1.8	2.0	44 577
	呼包鄂榆城市群	1 151	0.8	69.9	1.5	1.7	130 321
	兰州—西宁城市群	1 526	1.1	59.3	0.6	0.7	38 008
大城市 一体化 三级区域	山东半岛城市群	10 047	7.2	56.7	7.9	8.8	78 508
	海峡西岸城市群	5 951	4.3	64.9	4.2	4.7	70 735
	辽中南城市群	3 054	2.2	58.6	2.2	2.4	72 082
	山西中部城市群	1 627	1.2	60.4	0.9	1.0	52 243
	黔中城市群	2 702	1.9	51.7	1.2	1.3	44 412
	滇中城市群	2 270	1.6	47.9	1.1	1.2	48 458
	宁夏沿黄城市群	564	0.4	61.4	0.4	0.4	62 057
	天山北坡城市群	692	0.5	50.6	0.6	0.7	82 370

二、成渝双城经济圈一体化发展是带动西部地区发展的战略引擎

我国西部发展显著滞后导致的国家区域发展严重不平衡,是不利于国家的

---

① 任泽平,熊柴,闫凯,等.2019 中国城市发展潜力排名[EB/OL].(2019-04-12)[2020-10-01].财新网.

和谐与战略稳定的。中国区域经济发展的不平衡性使得西部地区亟须发展起与东部沿海城市群量级相匹配的城市群。党中央、国务院一直以来十分重视西部大开发,先后出台了推进西部大开发的多个重量级政策文件。当前,西部发展还存在西北西南区际差距较大、基础设施供给不足、致富奔小康任务艰巨等问题,推进西部大开发在新时代形成新的格局,仍需要龙头城市群和中心城市的带动。在西部的这些城市群中,成渝城市群的重庆、成都"双核"在前期发展积累的基础上已经跃升到一个较高的层级,对区域资源组织整合的能力显著增强,无论是规模还是经济发达程度,排名首位的当属成渝城市群(表4.1),其经济总量占到整个西部地区城市群经济总量的三分之一以上。按照2016年《成渝城市群规划》,成渝城市群总面积为18.5万平方千米,辐射人口超过1亿人,拥有2个国家级中心城市,GDP远超西部其他城市群。推进西部大开发想要在第三个十年取得新成效、新突破,需要继续发挥成渝城市群作为区域核心的引领作用,联动西部大中小城市(镇),高效集聚并配置资源,对低梯度地区双管齐下,开展资源型"输血"和示范型"造血",有效弥合区域城乡发展差距。

　　区域一体化是指空间上临近并且具有广泛经济往来的地区,试图跨越行政区划,构建统一市场,促进各类要素自由流动,实现区域经济一体化、产业分工一体化、空间发展一体化、基础设施建设一体化和环境投资开发与保护一体化[1][2]。"同城化"是区域一体化在空间上的突出表现形式,是指在区域一体化背景下,区内城市之间基于"优势互补、资源共享、互利共赢"的共同目标,突破行政界限,以"同城"为标准,在同质的环境中形成的相互依存、相互作用、协同发展的新型地域组合关系,是相邻城市之间基于更低交易费用诉求的利益博弈与利益共享的动态制度变迁过程[3]。成都、重庆两个城市,具有体量相当、距离

---

① 张利华,徐晓新.区域一体化协调机制比较研究[J].中国软科学,2010(5):81-87.
② 李雪松,孙博文.长江中游城市群区域一体化的测度与比较[J].长江流域资源与环境,2013,22(8):996-1003.
③ 曾群华.新制度经济学视角下的长三角同城化研究:以上海、苏州、嘉兴为例[D].上海:华东师范大学,2011.

相近、人文相同等优势，未来融合一体化乃至同城化发展是大势所趋，完全可能打造成为我国第四个超大城市经济圈、西部最大的一体化发展区域。通过成渝双城经济圈一体化发展，打造西部最重要的经济增长极和发展带动引擎，可以辐射带动汉中、贵阳、遵义、恩施、昭通等周边省市经济的发展，有力缩小西部省市间的发展差距，提高我国区域协调发展的水平。

三、成渝一体化双城经济圈发展是辐射区域协调发展的重大动力源

从整体上看，西部地区总面积占全国的 71.5%，是全国重要的矿产资源和能源资源接续地，有着独特的发展优势和广阔的提升空间，是我国发展的巨大回旋空间。但西部地区和东部地区发展差距仍然较大。因此，发掘西部自身优势，让更多优质资源要素向西部集聚，就成了一道重要命题。我国西部地区缺乏发展的重大战略平台和经济动力源。没有大平台和动力源，就没有大舞台和大机遇。难以争取到国家的重大发展支持、重大发展宣传、重大发展导向，西部地区就只能一直按部就班、循序渐进地发展，不可能有显著突破和重大跨越。成渝地区双城经济圈是我国西部地区经济发展水平最高的城镇化区域，区位优势明显，不仅是推进西部大开发形成新格局的重要平台，也是推进"一带一路"尤其是丝绸之路经济带、长江经济带发展的重要支撑，还是沟通西南西北、连接国内外的重要枢纽。正因如此，国家适时提出成渝地区双城经济圈，就是要在西部形成一个高质量发展的重要增长极，并带动整个西部的发展。《成渝地区双城经济圈建设规划纲要》明确提出"打造带动全国高质量发展的重要增长极和新的动力源"，表明国家不仅期望成渝地区是辐射西部的重要经济腹地，更希望能和东部发达地区形成优势互补，在双循环特别是内循环中发挥更重要的作用，带动更大范围地区的发展。

当前我国发展的国内国际环境不断发生深刻、复杂的变化，推动成渝双城经济圈建设，有利于形成优势互补、高质量发展的区域经济布局，有利于拓展市场空间、优化和稳定产业链供应链，是构建以国内大循环为主体、国内国际双循

环相互促进的新发展格局的一项重大举措。成渝双城经济圈一体化乃至同城化发展,将极大地扩大双城经济圈的经济实力、经济竞争力和辐射带动力,成为四川、重庆乃至辐射整个西部区域的国家层面的大平台和动力源,二者共同争取全球知名企业、国家级重大设施平台、重大项目等入驻布局,不仅能弥补西部地区大城市群一体化发展的国家战略的空白,更可以成为辐射带动整个西部地区发展乃至全国高质量发展的动力源。

四、成渝双城经济圈一体化发展是实现川渝协同发展的必然选择

明确了成渝双城经济圈一体化发展的战略目标,就可以在战略目标的引领下,形成目标导向的发展组织体系和发展政策体系,有效化解发展中的行政阻力,减少发展成本。以一体化发展目标为指引,川渝两地可以共同实现高质量、有机、协同发展,共同谋划两地同频共振、错位发展,而不会是恶性竞争、同质化发展。如今,唱好"双城记"、建好"经济圈",成渝不仅要在空间布局上"相向发展",更要建立起一种有序竞争、积极合作的新格局。比如,共建有竞争力和带动力的开放型产业体系,用规模效益对冲产业同质化带来的竞争损耗。数据显示,成渝地区电子信息产业规模占到全球的三分之一,若能形成合力,电子信息有望成为第一个具有世界影响力的产业;成渝之间汽车产量占全国的18%,有望成为具有全国影响力的产业;成渝在航空航天和轨道交通领域的技术创新能力,处于全国领先位置,是有可能形成动力源的产业。

目前川渝两地初步建立了联席会议制度,成渝轴线区市县协同发展联盟和渝西—川东经济社会发展协作会等合作平台也已建立。因此,以双城经济圈一体化发展为战略目标,就需要建立和健全更高层面的跨区域协调发展的体制机制。只有强化顶层设计的引领作用和组织领导,争取国家层面的更多支持和机制化协调,成立类似"一体化发展组织机构"等组织机制,全面开展大量体制机制改革与创新,才能有效合理配置区域发展资源,让生产要素突破行政壁垒有序自由流动,实现全方位开放合作发展,实现一体化共同发展目标。这样的成

渝双城经济圈一体化发展目标，是前无古人的，必将造就川渝发展的新历史奇迹。

第三节　成渝地区双城经济圈一体化发展的重点内容

一、成渝地区双城经济圈一体化发展的现状与问题

（一）经济总量持续提升，但与世界级城市群的差距明显

2015—2019 年，成渝城市群经济总量持续增长，GDP 总量由 2015 年的 4.41 万亿元上升至 2019 年的 6.38 万亿元，年均增长率高达 9.69%（图 4.1）。2016 年国家批复《成渝城市群发展规划》后，2017 年成渝城市群 GDP 总量突破 5 万亿元，相比 2016 年增长 10.74%，经济总量取得跨越式发展。此外，成渝城市群生产总值占全国比重高于 6%，成渝城市群一体化高质量发展成效显著，在全国经济格局中占有重要地位。但与长三角城市群（21 万亿元）、粤港澳大湾区（10 万亿元）、京津冀城市群（9 万亿元）差距明显，更无法与美国东北部大西洋沿岸城市群（26 万亿元）和日本太平洋沿岸城市群（22 万亿元）等世界级城市群相比。

（二）产业门类齐全、基础雄厚，但缺乏综合竞争优势

从全国来看川渝的产业，尽管门类齐全、基础实力雄厚，且产业布局各有优势，存在着一定的互补性，产业结构层次上的差异逐渐显现，但产业发展仍面临着发展规模不足、专业化分工不尽合理的问题。从发展规模来看，两地规模工业总量仅相当于京津冀的 72.7%，长三角的 25.4%，在全国产业发展格局中缺乏综合竞争优势，即使被认为同质竞争最激烈的电子制造业，总规模也不足江苏一省；汽车产量虽占全国 18% 左右，但产值仅 8%，单车均价和利润均低于全国

图 4.1　2015—2019 年成渝城市群经济总量情况

平均水平。从产业结构专业分工来看,产业结构趋同化现象依然比较突出,专业化指数偏低,地区间专业化分工水平不高,低水平同质化竞争较为激烈,要素一体化和产业一体化发展进程缓慢。两地的制造业结构趋同,在集成电路、新型显示、智能终端、新一代信息技术、汽车制造等细分领域存在同质化竞争和资源错配现象,尚未形成跨区域产业联动协同发展模式。

（三）双核型椭圆经济圈格局形成,但发展不平衡、不充分问题仍然存在

成渝城市群以成都、重庆为核心,是世界为数不多的"AA 型双核椭圆城市群"。随着成都、重庆经济总量的不断壮大,位于这两大城市中间的大量中小城市,却因发展不足而出现了"中部塌陷"的状况,形成了明显的两极格局,表现为"两头大、中间小"的"哑铃式"发展结构。双城经济圈内,发展不平衡、不充分问题仍然存在。与其他国家级城市群对比,成渝城市群只有成、渝两个 GDP 万亿级城市,第三名城市绵阳 GDP 总量只达 2 300 亿元,城市群等级序列不完整,缺乏次增长极,多地支撑效果薄弱。反观同处长江经济带的长三角城市群,围绕着核心城市上海的,既有特大型城市南京,还有杭州、苏州、宁波等 13 座大城市以及 9 座中等城市、42 座小城市,形成了完备的城市体系;珠三角亦如此,除了广州和深圳这两座核心城市以外,还分布着东莞、佛山、珠海、惠州、中山等多个大中型城市,构成了成熟的多层次城市体系;京津冀除了有北京、天津"双城"

外,还有雄安新区、石家庄、唐山等中坚力量。可见,如何进一步挖掘成渝地区双城经济圈内更多中小城市的潜力,优化升级成渝城市群发展的空间结构,实现大中小梯度布局,带动区域整体发展将是未来面临的又一挑战。

（四）人口规模优势凸显，但人才短板明显

2015—2019 年,成渝城市群年末常住人口持续增长,由 2015 年的 9 823.93 万人,增至 2019 年的 10 022.06 万人,年均增长率为 0.50%。成渝城市群占全国总人口的比重高达 7% 以上,且总体呈上升的趋势,由 2015 年的 7.15% 上升至 7.16%（图 4.2）。成渝城市群作为中国经济发展的一个新的增长极,人口规模优势显著,未来应围绕释放人口红利、将人口优势"变现"、实现人才一体化等方面,制定相应的政策措施。同时,应当看到的是,成渝地区的人才规模、质量和结构不能满足"双城经济圈"建设的需要,特别是科技领军人才、企业家人才、高技能人才和高水平创新团队仍存在明显短板,在与经济发达地区的激烈人才竞争中处于不利的地位。

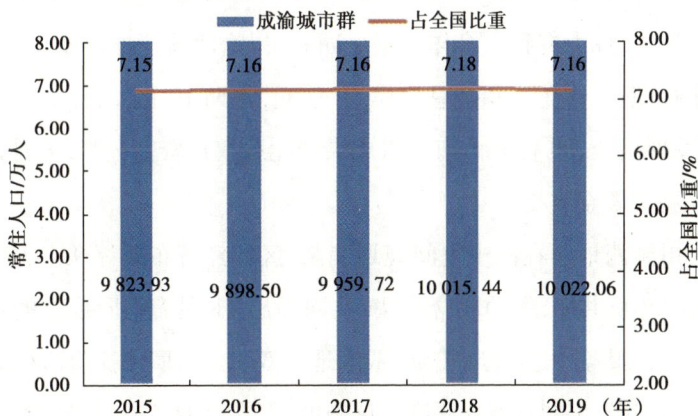

图 4.2　2015—2019 年成渝城市群人口规模情况

（五）一体化发展达成共识，但一体化的机制仍需完善

自 2020 年 1 月 3 日中央财经委员会第六次会议召开以来,川渝两地以争分夺秒的行动破除壁垒,锐意创新,相向而行。一年来,川渝两地签署合作协议

200多个(专栏4-1)。在加强交通基础设施建设、加快现代产业体系建设、增强协同创新发展能力、优化国土空间布局、加强生态环境保护、推进体制创新、强化公共服务共建共享等领域,呈现出大批亮点。

在交通基础设施建设方面,成渝客专提质改造项目已完工;成渝中线高铁用时不到1年即将进入可研审批阶段;成达万高铁已于2020年12月启动建设;渝西高铁已完成可研鉴修审查;南充至潼南、内江至大足等多条跨省市高速公路并肩发力,川渝毗邻地区交通互联互通加快推进。

在现代产业体系建设方面,2020年6月,川渝两地联合印发《关于加快推进成渝地区双城经济圈产业合作园区建设的通知》,共同发起成立两地产业园区合作联盟和智慧园区建设联盟,探索以市场化方式助力产业合作园区建设。签署《成渝地区工业互联网一体化发展示范区战略合作协议》《成渝地区双城经济圈汽车产业协同发展战略合作协议》。共建电子信息产业经济走廊,打造全国重要的电子信息产业基地和全球电子信息高端研发制造基地。

在协同创新方面,2020年8月,2020年度川渝联合实施重点研发项目申报工作启动,强调"你中有我"、合作申报。同时,川渝两地还推动发布"成渝地区双城经济圈科创母基金",基金总规模50亿元,首期10亿元;设立300亿元双城经济圈发展基金、20亿元西南首只成果转化股权投资基金等,为科技创新积极"输血",提供资金支持。

此外,川渝两地还在国土空间规划编制、区域经济布局等9个方面深入合作;生态共建环境共保,启动联合执法;共同提出11项需协同推进的重大改革举措;强化公共服务共建共享,出炉《成渝地区双城经济圈便捷生活行动方案》。

尽管川渝两省市初步建立联席会议制度,但在资源开发、基础建设、产业培育以及社会事业发展等方面,依旧缺乏可操作性的合作机制和建设平台。具体来看,重庆、成都两个核心城市协调合作机制还不够健全,空间发展战略缺乏充分对接,高端发展平台的谋划和建设竞争大于合作,产业分工协作不够充分,经济尚未形成紧密的有机联系,基础设施建设不尽协调,还没有达到预期效果。如广安市作为川渝合作示范区,积极承接重庆的汽车、电子信息等产业的转移,但川渝两地政策标准不统一阻碍了企业落地；地处渝西、川东地区的荣昌区、内江市、泸州市三地，相邻不到 100 千米，纷纷把装备制造、生物医药等作为主导产业大抓特抓，同质化情况十分严重，在招商引资、资源配置等方面形成同质竞争。

专栏 4-1：2020 年以来川渝两地省级政府联合发布的政策文件和签署的合作协议

1.2021 年 1 月 4 日：《四川省人民政府办公厅 重庆市人民政府办公厅关于印发成渝地区双城经济圈便捷生活行动方案的通知》（川办发〔2021〕2 号）

2.2020 年 12 月 29 日：《四川省人民政府　重庆市人民政府关于同意设立遂潼川渝毗邻地区一体化发展先行区的批复》（川府函〔2020〕259 号）

3.2020 年 12 月 29 日：《重庆市人民政府 四川省人民政府关于同意设立川渝高竹新区的批复》（渝府〔2020〕55 号）

4.2020 年 10 月 30 日：《四川省人民政府办公厅 重庆市人民政府办公厅关于印发川渝通办事项清单（第一批）的通知》（川办发〔2020〕67 号）

5.2020 年 7 月 27 日：《重庆市人民政府办公厅 四川省人民政府办公厅关于印发川渝毗邻地区合作共建区域发展功能平台推进方案的通知》（渝府办发〔2020〕97 号）

6.2020 年 7 月 22 日，四川省人民政府办公厅与重庆市人民政府办公厅签署《关于协同推进成渝地区双城经济圈"放管服"改革合作协议》

来源：四川省人民政府网、重庆市人民政府网。

二、成渝地区双城经济圈一体化发展的重点内容

（一）建立健全成渝双城经济圈一体化发展的体制机制，以现代治理体系和治理能力服务区域一体化发展

积极推动、争取高层批准成立国家级成渝双城经济圈一体化建设领导小组,建立协同高效的"成渝双城经济圈一体化"联席会议制度和常规办事服务机构,定期召集国家有关部委细化实化工作方案,出台推进措施,明确完成时限,加大督查考核。川渝省市层面,设立成渝双城经济圈管理办公室,统筹城市经济圈管理和项目实施,合理布局城市群功能分工和产业分工,构建系统性的政策支撑体系,引导生产要素自由流动和高效配置,让各城市实现合理的分工和协作。此外,将成渝合作或带动中部区域发展的政绩纳入考核机制。启动一批一体化示范项目,特别是在川渝毗邻地区建设一体化示范区,先行试验体制机制创新改革,率先打破行政壁垒,打通"断头路"构建跨界快速交通通道,合作共建新兴产业园区,启动一批示范项目,加快推进医疗、教育、社保等公共服务对接,促进基础条件好、发展潜力大、经济联系比较紧密的渝西川东区县组团、广安合川北碚组团、江津永川泸州组团、铜梁潼南资阳组团等省际交界地区融合发展①。

（二）明确成渝双城经济圈空间范围，按照三圈层优先次序推动双城经济圈发展

"成渝双城经济圈"目前还没有国家明确的地理和行政范围。从长远看,成渝双城经济圈应该形成包括"核心圈""拓展圈""辐射圈"三圈层在内的多圈层经济圈。成渝双城经济圈的核心圈的地理与行政范围,应包括重庆市全域(38个区县区),面积8.24万平方千米;四川省除了甘孜、阿坝、凉山三州以及攀枝

---

① 国家发展改革委,住房城乡建设部.《成渝城市群发展规划》[EB/OL].(2016-04-27)[2020-10-01].中华人民共和国国家发展和改革委员会.

花市外,四川盆地其他17个地级城市(面积18.79万平方千米),合计面积27万平方千米。这里,本文将原来不在成渝城市群规划中包括的重庆的部分区县,四川省广元市、巴中市,都纳入成渝双城经济圈的"核心圈"范围,这是在新的发展战略下应该考虑到的。成渝双城经济圈的"拓展圈"应该包括成渝双城经济圈的重要卫星城市(四川的西昌、攀枝花等城市),以及云南(昭通、丽江)、贵州(遵义、六盘水、贵阳)、陕西(汉中、安康)等部分城市。从国家建设成渝双城经济圈的大战略考虑,其"辐射圈"应该是包括整个西南地区乃至西北地区。

合理安排城市群内部结构,形成超级大城市、都市圈、城市群多重嵌套、分工协作的新格局。都市圈的同城化是城市群一体化发展的重要抓手。成渝双城经济圈的一体化需要采取以点带面的方式,首先依托成都和重庆主城区两个超级大城市,通过进一步完善交通通道,建设快速立体交通网络,形成1小时交通通勤圈;调整产业、人口合理布局;共建共享基本公共服务,带动成德眉资都市圈和重庆一小时经济圈两个大型都市圈内部的同城化发展。其次,培育次级中心城市都市圈,重点是遂宁—南充—广安都市圈、自贡—宜宾—内江—泸州都市圈和达州—万州都市圈,打造双城经济圈中的多支点城市群强核。最后,通过都市圈之间的互联互通,实现整个双城经济圈内城市群的全面一体化发展。

目前,四川省的《国民经济和社会发展第十四个五年规划和二〇三五年远景目标纲要》明确提出"坚持以成渝地区双城经济圈建设为战略牵引,深化拓展'一干多支'发展战略,构建'一轴两翼三带'区域经济布局,引导重大基础设施、重大生产力和公共资源优化配置,提升全省区域协调发展水平,加快构建高质量发展的动力系统"。从中可以看出,成渝两地正在从空间层面上推动一体化(图4.3)。

(三)规划建设成渝高端产业创新走廊,成为先进高端产业承载平台

按照成渝双城经济圈的发展理念,成渝需要相向发展,在成渝双城之间建立产业轴带,促进创新资源集聚,构建协同创新网络。围绕优势产业集群,依托

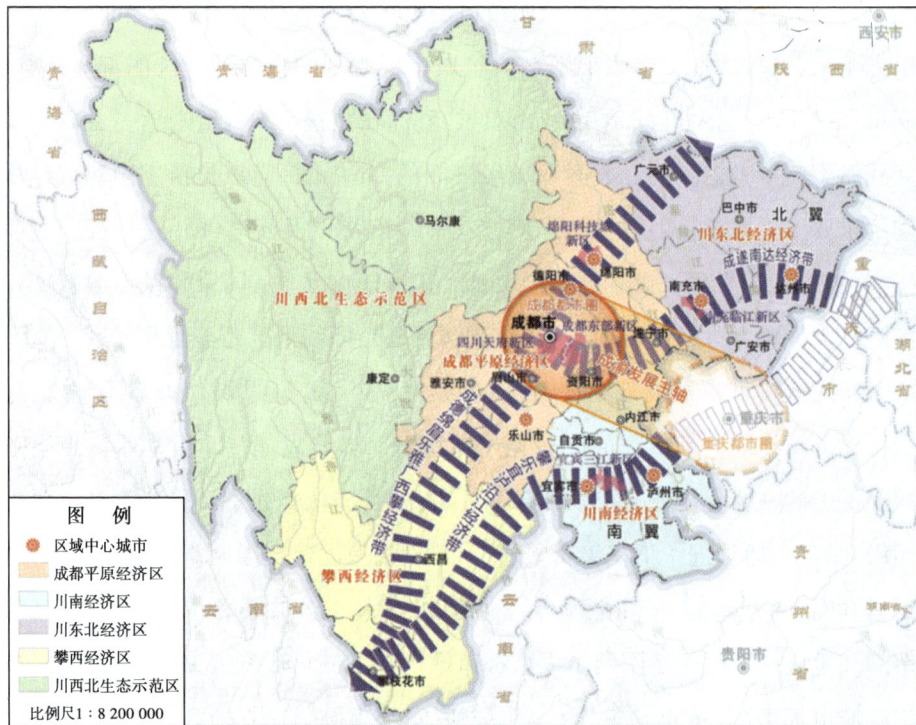

图 4.3 四川省"十四五"区域经济布局示意图

中心城市的创新资源,规划建设成—渝现代高端产业科创走廊(成渝高端产业科创轴带),形成适合先进制造业等发展的集聚载体,"以线带面"带动成渝地区先进制造业等高端产业的发展,作为双城经济圈一体化发展中增量产业发展的承载平台,更是双城经济圈之间强有力的连接"轴带",将两大顶级城市、若干区域中心城市、一系列三级县级城市连在这一条产业轴带上。通过重点建设成都(天府)科学城、绵阳科学城和重庆(两江新区)科学城等,以科研院所、高校等为依托,以国家战略需求为导向,以解决成渝地区先进制造业等领域关键"卡脖子"问题为目标,构建以领军企业为核心的关键共性技术、现代工程技术协同创新网络。在创新走廊内,要布局建设跨区域的产业共性技术研发平台、产业技术公共服务平台、产业技术创新战略联盟、科技成果中试熟化与产业化基地,要加强创新网络中的信任机制、利益分享机制、激励机制等机制建设,促进协同创新各利益主体实现跨领域、部门和地域的连接、交互与整合。

（四）协同建设国家重要科技创新中心，成为双城经济圈科技动力策源地

协同建设国家重要科技创新中心，使之成为成渝双城经济圈创新驱动发展的强大科技动力策源地，是成渝经济圈一体化发展的重要战略任务。首先，借鉴长三角的经验，要加快建立区域协同创新的体制机制，推动成渝双城科技创新资源要素的集聚集群化以及创新链协调统筹化发挥作用；其次，依托国家自主创新示范区、国家级高新区、国家级新区、科学城（成都科学城、绵阳科学城、两江新区科学城）等平台，形成各有特色、优势互补的独特创新组织体系，成为"一体化经济圈"的新科技知识策源地；再次，以产业发展政策激励现代产业创新、引导科技创新，在区域内建立范围更大、层次更高的产学研创新联盟，包括产业联盟、教育联盟等，支持电子信息、汽车、轨道交通、新材料等产业联合建设共性关键技术创新平台，通过协同创新，突破产业技术瓶颈。最后，推进区域人才一体化建设，在户籍政策、福利制度、薪资水平、子女教育、财政税收方面达成"共享人才"协议，破除人才流动的藩篱。

（五）强化市场和营商服务一体化建设，全面提高经济圈市场效率

重点推进资本市场、区域通关、金融基础设施、信息网络和服务平台、人力资源市场、技术市场、市场秩序和信用体系、旅游服务等方面的一体化乃至同城化建设，推动实行统一的市场准入制度和标准。市场秩序和信用体系方面，推动川渝两地海关、工商、质监、食品药品监管等部门信息共享、资质互认、执法互助，逐步建立社会信用体系信息交流共享和应用联合惩戒机制。通关合作方面，成渝海关开展"推进区域通关一体化""创新海关监管模式"等合作，与沿江11 城市海关全面启动区域通关一体化①。市场监管方面，两地工商、质监、税务、劳动和知识产权部门进一步加强联合执法、信息共享，两地实现企业登记、

---

① 重庆市人民政府，四川省人民政府.深化川渝合作深入推动长江经济带发展行动计划（2018—2022年）［EB/OL］.（2018-06-30）［2020-10-01］.重庆市人民政府.

市场准入等结果互认和执法信息共享,开展工商、食药等商品异地委托检验。会展合作方面,两省市每年均派出高规格的政府代表团参加对方组织的西博会、糖酒会、渝洽会、智博会等展会活动①。强化市场一体化建设,为川渝城市群一体化发展营造了良好的营商环境。此外,两地正逐步推进成渝区域教育、医疗等公共服务设施一体化建设。

(六)建设"美丽成渝"示范工程,打造高品质生活宜居地,筑牢长江上游生态屏障

践行绿色发展理念,推进成渝双城经济圈版"美丽中国"建设。一是要打造成渝高品质生活宜居地,吸引优秀人才入驻成渝经济圈。成渝北部区域有良好的自然生态条件、气候环境条件和川陕革命根据地红色旅游资源等独特优势,特别是地处成都、重庆、西安三大城市之间的良好地理区位优势,完全可以规划建设成渝北部区域(主要包括四川遂宁、南充、广安、达州、巴中和重庆潼南、合川、万州等)绿色经济增长极,着力打造万亿级大健康产业集群,在川陕革命老区崛起新的绿色经济增长极,尤其打造绿色高品质生活宜居地,使其成为成都、重庆人民生活的美好后花园。二是全面践行绿色发展理念,把双城经济圈建设成为绿色发展的标杆经济圈。深入贯彻落实重庆市人民政府、四川省人民政府《深化川渝合作深入推动长江经济带发展行动计划(2018—2022年)》,科学论证和推动创建跨行政区域的生态文明示范区,制定跨区域生态文明制度,加强跨界河流的联防联治,探索跨区域流域生态补偿模式;建立雨情、汛情、火情、灾情、疫情、林业有害生物、大气污染等方面的信息共享、会商预警、联防联控与联合执法机制。三是建设绿色发展经济圈的生态文明高地。建立以国家公园为主体的自然保护地体系,加快大熊猫国家公园的建设,增(扩)建自然保护区范围,加强森林公园、地质公园、湿地公园等自然公园的建设和管理,保护生物多样性,提高区域的生态价值,提高基于区域生态价值的可持续长期经济产出。

---

① 重庆市发展和改革委员会.重庆市发展和改革委员会关于市五届人大一次会议第1056号建议的复函[EB/OL].(2018-05-30)[2020-10-01].重庆人大网.

第四节　川渝毗邻地区——遂潼一体化发展

成渝地区双城经济圈建设的战略方向无疑是成渝一体化发展，而实现长远战略性的成渝一体化发展，首先需要破解川渝毗邻地区一体化发展难题。川渝毗邻地区一般指在行政地理区划上交界的川渝两省市地区，四川省涉及 6 个地级市 17 个县(分布在 8 个市州)，重庆市涉及 13 个区县。川渝毗邻地区处于成都和重庆两核的中间地带，是连接成渝两核的桥梁和纽带，是成渝城市群发展的重要支撑。但从发展的情况来看，这些地区是成渝两大城市发展中的"被边缘化"地区，经济发展缓慢，被形象地称为"中部塌陷"地区。显然，没有这些川渝毗邻地区的一体化发展和经济跨越发展，就不可能有真正意义上的成渝一体化发展。因此，成渝双城经济圈建设，亟须川渝毗邻地区一体化发展先行先试和探索经验，通过务实开展多层次、多领域合作，相互借鉴发展理念、政策设计和组织实施等经验，以强有力的政策措施促进经济互补协作，带动成渝城市群高质量发展。

一、成渝经济圈一体化需要川渝毗邻地区一体化的先行和示范

（一）城市毗邻地区成为城市群一体化发展的前缘和中心地区

按照一般的城市化规律，传统的城市外围地区，在城市化持续推进、城市规模不断扩大、向大城市演进的过程中，因其地处城市"边缘"的地理空间而常常成为城市化发展的"边缘化"地区，或者成为发展滞后的"城乡接合部"。而大城市之间的毗邻区域，在这种城市化趋势下，更是成为"三不管"的"被边缘化"的地区，成为被相邻城市"遗忘的角落"，"城郊棚户区""断头路""垃圾场"等结果常常是城市边缘和毗邻地区要接受的。但当城市化进入高级阶段，交通等基础设施突飞猛进，城市空间距离大大缩短，城市间通勤更为方便，城市群、城市

圈一体化发展成为大势所趋。在当代城市化发展的这种新的大趋势下,城市群、城市圈之间的毗邻地区,反而就成为城市圈、城市群一体化发展的前缘地带、中心位置和主要区域。在城市群一体化的推进过程中,开展毗邻地区先行示范、探索创新,容易取得实质性进展和可复制的经验成果,是高质量建设城市群的重要步骤和抓手。区域一体化发展经验表明,地方政府通过省际毗邻区域之间的合作与分工,对区域发展进行合理的统筹规划,可以大大降低生产成本,最终促进规模经济的发展。一是能够促进资源在更大范围流动和配置,获得更高的利用率;二是能够发挥各地区的比较优势,实现共同发展;三是能够推动区域间不同发展水平地区的协调发展;四是能够破除国内外不确定因素的影响,增强市场竞争力。长三角地区在一体化的过程中以省际毗邻地区为突破,以点带面推进一体化进程。《长江三角洲区域一体化发展规划纲要》中明确提出,"加强跨区域合作,探索省际毗邻区域协同发展新机制。支持顶山—汊河、浦口—南谯、江宁—博望等省际毗邻区域开展深度合作"。"顶山—汊河""浦口—南谯""江宁—博望"位于江苏与安徽省际毗邻区域。2019年以来,皖苏两省已达成"毗邻共识",通过共建一体化发展新型功能区,下好一体化发展"先手棋",探索形成新发展格局的路径(专栏4-2)。

专栏4-2: 长三角省际毗邻区域跨界合作的"样本"

2019年,南京江宁区与马鞍山博望区签署《江宁—博望跨界一体化发展示范区共建框架协议》;南京江北新区与滁州来安县,南京浦口区与滁州南谯区分别签署了《顶山—汊河跨界一体化发展示范区共建框架协议》《浦口—南谯跨界一体化发展示范区共建框架协议》。这样,皖苏省际毗邻区域就形成了三个跨界合作的"样本"。

　　1.顶山—汊河跨界一体化发展新型功能区。战略定位为长三角产业协同发展示范区。按"一心两片"的空间格局进行规划建设,即以江北新区顶山街道为"一心",江北新区盘城、葛塘和汊河毗邻区域为"两片",总面积约 70 平方千米,其中启动区面积 13 平方千米。从四个方面推动:一是产业协作一体化,共同打造智能制造、轨道交通装备等先进制造业产业集群;二是规划政策一体化;三是基础设施一体化,构建以轨道交通为主导的综合交通网络;四是生态环保一体化,开展滁河水环境综合治理,保育生态空间。

　　2.浦口—南谯跨界一体化发展新型功能区。战略定位为长三角省际毗邻地区绿色发展示范区与苏皖跨界城乡融合发展试验区。规划总面积 50 平方千米,其中启动区 17.75 平方千米。从四个方面推动:一是基础设施一体化,建设"零距离"交通圈;二是生态环保一体化;三是产业协作一体化,积极发展休闲观光、创意农业产业等;四是社会治理一体化,健全重大灾害事故联防联控机制,完善总体应急预案及相关专项预案。

　　3.江宁—博望跨界一体化发展新型功能区。战略定位为长三角省级产城融合同城化发展先行示范区和长三角省际毗邻地区社会治理体制创新示范区。总面积约 30 平方千米,启动区约 8 平方千米。从四个方面推动:一是生态保护一体化,签订石臼湖生态环境保护合作框架协议;二是社会治理一体化,探索一体化刑侦警务协作等;三是基础互联一体化,打通断头路;四是产业协同一体化,共同编制产业规划。

来源:吕小瑞,孔令刚.扎实推进省际毗邻区域协同发展[EB/OL].(2020-10-16)[2021-01-01].搜狐网.

（二）成渝经济圈一体化发展,毗邻地区应发挥良好的先行和示范作用

　　在成渝地区双城经济圈建设的国家新战略下,成渝两个超大城市一体化发展、建设成为我国第 4 个城市群一体化发展区域,已经是不可阻挡的战略趋势。在此新的大趋势和大背景下,川渝毗邻地区特别是位于成渝主轴之间以及成渝双城经济圈内的地区的一体化发展就成为必然趋势,特别是成为成渝一体化发展的先行区和示范区。2020 年 7 月 16 日,四川省委发布的《中共四川省委关于深入贯彻习近平总书记重要讲话精神 加快推动成渝地区双城经济圈建设的决定》中,第八条专门提出"推动川渝毗邻地区联动发展"。8 月 13 日,重庆市人民政府发布《重庆市人民政府办公厅 四川省人民政府办公厅关于印发川渝毗邻地区合作共建区域发展功能平台推进方案的通知》,表示川渝两省市将科学有序推进川渝毗邻地区合作共建区域发展功能平台(专栏 4-3)。其中,四川遂宁市和重庆潼南区是其中最具有典型代表性的毗邻地区。遂潼一体化发展对探索川渝一体化、成渝一体化发展会有良好的先行试验和示范意义。有了川渝毗邻地区一体化的先行经验和示范作用,就更加有利于顺利推进成渝双城经济圈的一体化发展。

专栏 4-3:川渝毗邻地区合作共建区域发展功能平台布局

1.围绕川东北渝东北地区一体化发展布局建设功能平台。探索建立一体化发展体制机制,协同打造北向东向出渝出川综合交通枢纽,合作开发利用优势资源,持续巩固脱贫攻坚成果。加快创建万达开川渝统筹发展示范区,推动梁平、垫江、达川、大竹、开江、邻水等环明月山地区打造明月山绿色发展示范带,支持城口、宣汉、万源建设革命老区振兴发展示范区。

2.围绕成渝中部地区协同发展布局建设功能平台。推进成渝中部地区产业布局一体谋划,主动承接成渝地区和东部沿海发达地区产业转移,强化为成渝"双核"配套服务的能力。推动广安、渝北共建高滩茨竹新区,支持合川、广安、长寿打造环重庆主城都市区经济协同发展示范区,推进遂宁、潼南建设一体化发展先行区,推动资阳、大足共建文旅融合发展示范区。

　　3.围绕川南渝西地区融合发展布局建设功能平台。加强基础设施互联互通、产业协作共兴,合作共建产业园区,协同承接产业转移,探索区域融合、产城融合、城乡融合发展新机制。推动内江、荣昌共建现代农业高新技术产业示范区,加快泸州、永川、江津以跨行政区组团发展模式建设融合发展示范区。

来源:重庆市人民政府办公厅,四川省人民政府办公厅.川渝毗邻地区合作共建区域发展功能平台推进方案[EB/OL].(2020-08-12)[2021-01-01].重庆市人民政府网站.

二、遂宁—潼南一体化成为川渝一体化的典型先行和示范区的优势

(一)遂宁—潼南一体化发展先行和示范的"天时"优势

在成渝地区双城经济圈建设上升为国家战略的一年时间里,遂宁、潼南两地成立一体化发展领导小组和8个专项工作组,已共同编制了《遂潼一体化发展总体方案》(以下简称《总体方案》)和《遂潼一体化发展规划》,签订"1+N"合作协议,建立重点事项清单化管理机制、遂宁潼南党政定期互访机制以及部门协同机制等。制定基础设施共建、产业协作共兴、生态环境共保、公共服务共享、三年行动计划和年度重点任务等中长期规划,率先开通川渝首条跨省城际公交,实现住房公积金异地互贷。2020年12月30日,四川省人民政府、重庆市人民政府发布关于同意设立遂潼川渝毗邻地区一体化发展先行区的批复。批复要求先行区立足成渝、联动双城、先行先试、形成典范,推进基础设施、产业发展、生态环保、机制创新、公共服务等一体化,助力打造区域协作的高水平样板,

建设联动成渝的重要门户枢纽,对成渝地区中部崛起形成重要支撑。

(二)遂宁—潼南一体化发展先行和示范的"地利"优势

从地理位置来看,遂潼处于成都和重庆之间的地理中心,一体发展有"地利"之便。遂宁,地处四川盆地中部,涪江中游,成渝城市间相对中心位置,与成渝两大城市等距离 128 千米,面积 5 326 平方千米,是联动成渝的发展轴心和毗邻地区先行区,也是互济南翼、北翼的中枢纽带。而潼南地处四川盆地中部丘陵区,涪江中游,重庆西北,距离重庆城市中心 110 千米,面积 1 583 平方千米,是成渝两地合作发展的门户和桥头堡。《总体方案》显示,遂潼川渝毗邻地区一体化发展先行区规划范围为遂宁市和重庆市潼南区全域,总面积 6 905 平方千米。两地主城区直线距离 35 千米,已构建至成渝及周边城市 90 分钟交通圈。

借助"地利"之便,遂潼两地交通基础好。目前,遂宁和潼南之间有成遂渝高铁、成渝环线高速连接,而未来,交通网络将更密集。2020 年 1 月,两地启动《遂宁融入成渝地区双城经济圈及遂潼一体化发展交通专项规划》,提出打造"112344"交通网:"1 环"即遂潼一体化大环线;"1 水"即涪江复航线;"2 机"即遂宁安居民用机场、潼南通用机场;"3 铁"即遂渝铁路、遂渝城际铁路、璧山至铜梁延伸至潼南遂宁的市郊铁路;"4 高"即南遂潼高速、遂渝高速扩容及规划的璧山经潼南、遂宁至简阳高速、盐亭经蓬溪至潼南高速;"4 快"即遂潼大道、遂潼快捷通道、金桥经荷叶至米心沿江通道、潼安大道。

遂潼两地人口 473 万(两地主城区人口近 200 万,若以"遂潼市"论,开始跻身大城市之列),区域面积 6 909 平方千米,两地主城区直线距离 35 千米。2019 年 GDP 为 1 796 亿元。潼南尽管隶属重庆主城区,但与遂宁空间上更加密切,二者一体化发展可以成为成渝双城经济圈内、成渝主轴连线上的"二级"双城经济圈。

(三)遂宁—潼南一体化发展先行和示范的"人和"优势

遂宁市人口有 370 多万,2019 年 GDP 为 1 345.7 亿元。生物资源(1 500 多种)和农作物资源(栽培品种 367 个)丰富,富有天然气等矿产资源。风光秀丽,环境优美,城—水—岛—寺—山交相辉映融为一体,拥有绿色城市、卫生城市、宜居城市、文明城市、公园城市、海绵城市等城市名片。遂宁在高端产业发展上已开始有力布局,如遂宁创维电子产业园(生产数字信息终端产品),遂宁利普芯微电子公司(集成电路封装企业),在成渝经济圈中以奋力建设绿色经济强市而闻名。潼南区,人口 103 万,2019 年 GDP 为 451 亿元。天然气、水电等资源丰富。涪江、琼江横贯区境,植被丰茂,山清水秀,风景秀丽。潼南享有全国生态旅游城市、现代农业示范区、乡村旅游示范区等城市名片,有着"巴蜀福地,六养潼南"的美誉(秀美风光养眼养心,绿色生活养颜养生,优秀文化养气养福)。在产业发展上有其独特亮点,如汇达柠檬科技集团(中国柠檬产业领军企业,国家级农业龙头企业),国内一流水平的巨科环保电镀工业园(重金属污染防治高科技环保产业园)。在成渝经济圈中正在建设休闲旅游花园城市、现代宜居滨江城市、绿色养生田园城市等。

整体而言,遂潼空间区位极其优越、交通通达性良好、生态宜居性很高、经济发展基础本底较好、高端产业形态初现,但要在未来成为高度连接成渝两个超大城市的中心节点"二级城市圈",必须在人口规模、产业体系、经济体量等方面形成竞争力和影响力。比如,在"十四五"期间,遂潼城市化人口规模不断集聚,达到大城市规模(300 万以上);经济规模上达到 3 000 亿元以上,产业体系上成为成渝产业集群体系的重要组成部分等,这些数量化的发展目标也是实现遂潼一体化发展先行和示范必须要追求的目标。

遂宁—潼南地区地处成渝两个超大城市连接的主轴线的近中心点位置,是成渝轴线上的中心支点城市。如果有关决策者能够认识到遂潼地区的特殊区位优势条件,就可以基于其地处川渝毗邻地区中最为优越和难得的区位优势,谋划遂潼在成渝双城经济圈中的发展战略定位:二者形成的区域"二级"中心城市群,是成渝经济圈的"圆心点"城市群、成渝主轴线上的"中心支点"城市圈、连接成渝两大极核的"纽带节点"城市群。遂潼二级区域中心城市群的崛起,可以解决成渝主轴轴线"断裂"问题、成渝双城经济圈圆心点"空心"问题。

三、遂潼一体化发展先行和示范的重点任务

现在所提的区域"一体化发展",不是把所涉及的两个或几个行政区域合并为一个行政区,而是维持现有的行政管理体制和建制不变。所谓"行政区与经济区适度分离",即行政区维持现状,而推进建立一体化发展的经济区和社会发展区。因此,所谓"一体化",恰恰就是"不是一体化"(行政体制)下"如何一体化"(经济社会发展)的问题。因此,一体化发展的难点和障碍恰恰是"行政非一体化"(平行体制,互不隶属,非上下级领导和被领导关系)下的"经济一体化",所以破解和推动一体化发展的关键,还在于建立"一体化"的行政运行机制。因此,要解决一体化发展的问题,就必须在行政区域分割束缚、行政运行独立自主下探索出发展一体化经济和社会体系的方法;必须面对和解决既"合灶做饭"(协同合力、一体化发展经济),又"分灶吃饭"(经济发展收益和成果合理分享)的利益机制问题。如何建立一体化经济社会发展的有效决策体系(组织领导机制)、高效执行体系(工作推进机制)?而这一方面需要更高层面的行政授权和合法制度化安排;另一方面也需要在更高层面的指导和监督下,让一体化发展的地方相关领导主体认识到一体化是政治正确的、对相关领导主体都是有政绩利好的事业,从而使相关一体化领导主体有真正的一体化积极性。所以,化解一体化发展困境、降低一体化发展成本的力量必然来自更高层面。因此,一体化执行在一体化相关主体层面,但一体化有效决策其实需要建立更高层面的组织领导机制。如果只是下面"热热闹闹"而上面"冷冷清清",一体化不会取得什么效果。

遂潼一体化发展要成为成渝一体化发展的先行和示范区,就不是遂潼两个地方政府主体自己的事情。这需要从国家战略层面和成渝双城经济圈角度着眼,提高遂潼一体化发展先行和示范的战略定位和目标,至少纳入川渝两省级决策高度去设计和推动,列入成渝双城经济圈建设的重大示范工程、开局引领

工程，而不是由两个地方政府主体自行发挥主观能动性、自己去设计和推动小区域的一体化，如果是这样，从一开始就可以预见不会有高质量的先行和示范成果。

（一）决策政策一体化

决策和政策是制度安排。组建一体化发展的高一层级的领导组织体系和工作推进机制。这样的治理体系，是实现区域发展决策机制协调化、发展政策体系一体化、发展推进合力化的治理基础。这样的一体化治理体系，才有权力既"做减法"（破除制约一体化发展的政策壁垒和障碍等），又"做加法"（真正有权力先行先试，建立促进一体化发展的行之有效政策体系和运行机制），促进改革发展、开放发展，大胆探索成渝改革开放新高地的政策制度创新经验。比如，川渝联袂设立"遂潼"新区，授权在遂潼新区内可以进行政策创新。只有这样才能为成渝一体化探索出有益路径和经验。

（二）规划体系一体化

规划是发展的前瞻引领和导向约束，包括国土空间开发、基础设施、产业体系、生态环保、城乡融合与乡村振兴等一系列规划。不仅要站在遂潼地区自身发展角度，更要站在成渝双城经济圈的宏观空间范围，开展区域一体化的发展规划工作。一体化发展规划既符合遂潼地区发展的需求和趋势，更要适应成渝双城经济圈的发展战略和趋势。这样的一体化规划才是顺应大势和有生命力的。比如，遂潼未来国土空间开发规划，要充分考虑区域空间结构及其主要河流（涪江、琼江）等生态资源环境特点，制订有利于河流绿色生态带优势发挥、绿色经济规模扩大发展的规划，使遂潼地区成为成渝高品质生活宜居地的高地。遂宁、潼南各有高新区，二者的同质化竞争难以取得更大的经济效益，如果两个高新区按照产业链条化、集群化的思路规划设计产业体系，就可以形成一个更大范围的协同发展、优势互补、产业集群型发展的"双市域"一体化高新区，而不是两个碎片化的高新区。

（三）基础设施一体化

基础设施是现代经济社会发展的基石。要重点推进交通、水利、能源、通信、公共服务（医疗卫生、社会保障等）等各类基础设施的一体化建设，特别是要打通省际（区际）断头公路，使道路交通等基础设施在毗邻区域内外完整、完美连接，提高交通路网密度和交通通达性。特别是要建设发展乡村基础设施，促进城乡融合一体化发展和乡村振兴，使遂潼地区成为城乡融合发展和乡村振兴的示范区。基础设施的高标准高质量一体化发展，是实现经济社会一体化发展的关键基础。

（四）生态环保一体化

"绿水青山就是金山银山"。以绿色发展和循环经济为导向，全面加强生态环境保护，执行最严格的生态环境保护标准，建立全流域的河流水质监测和污染防范，规划建设流域生态绿色经济廊道，维护好区域绿色农业发展和高品质宜居环境的生态本底，提升"绿色遂宁""六养潼南"的生态价值和生态品位，发展休闲康养大健康产业集群，打造成渝两个超大城市之间高品质生活宜居地的示范高地。

（五）产业发展集群化

产业是物质财富创造之本。基于资源优势、产业基础和社会需求等，以产业链、产业集群的思维，规划区域的主导产业体系、主要产业集群，明确和突出产业发展主要方向，促进产业园化（产业基地化）发展，形成成渝经济圈内的特色产业链乃至产业集群体系，成为成渝经济圈的产业集群体系的重要组成部分和特色化产业高地。如现代特色绿色农业产业集群、生态环保和绿色产业集群、清洁能源和能源材料产业集群、电子信息产业集群、汽车制造和零部件产业集群、现代物流产业集群、宜居生活健康产业集群等。

（六）协同创新一体化

深化与两江新区、天府新区等国家级发展平台协同联动，探索总部、研发在重庆、成都,生产基地、转化、中间配套在遂宁、潼南的协同发展模式;开展"产学研用"区域协同创新,共同开展高层次、紧缺型创新创业人才培养和交流,建立统一互认的人才评价和行业管理政策,共建科技特派员团队,联合举办遂潼创新创业大赛,推进大型科学仪器共享共用,促进技术、人才、产业集聚。

（七）管理服务一体化

管理服务既是生产力也是生产关系。以大力提高居民的获得感为导向,突破行政区际界限束缚,大力改善社会公共管理服务水平(医疗卫生保健、社会保障等各项民生服务),推进各项社会民生事业发展一体规划、同质发展,持续推进两地社保关系异地转移接续、医保互通互认和公积金互认互贷等,让区域居民在社会服务上不会有任何的不便和隔阂。遂潼一体化发展区域的管理服务水平达到成渝大城市的水平后,这个地方就是吸引成渝等大城市人口休闲养生的幸福后花园和高品质生活宜居地,真正成为成渝一体化发展的先行示范区。

第五节 万达开川渝统筹发展示范区建设

一、万达开川渝统筹发展示范区建设的重要性

万州、达州、开州位于川渝陕鄂四省(市)交界处,山水相连、人文相亲、经济相融,三地交往源远流长,经济社会发展历来合作紧密。2020年1月,中央财经委员会第六次会议专题研究部署推动成渝地区双城经济圈建设有关事宜,提出创建万达开川渝统筹发展示范区,这是以习近平同志为核心的党中央总揽全国区域协调发展的又一重大战略部署,是推动长江经济带发展、新时代西部大开发走深走实的重大举措。

（一）万达开川渝统筹发展示范区建设有利于推动川东北、渝东北一体化发展

万达开区域地处川渝陕鄂接合部，是成渝地区双城经济圈、长江经济带、三峡库区的重要组成部分，地理区位十分重要。相比川南城镇密集区、南遂广城镇密集区，达万城镇密集区离"双城"有相当的空间距离，处于政策红利、产业辐射的衰减区，不能过于依赖双核的溢出效应，需要抱团形成辐射渝东北、川东北甚至陕南、鄂西的次级经济增长极。"万达开"是渝东北川东北地区经济体量较大、人口多、发展态势较好、紧密程度较高的区域，从经济总量来看，2019年，万州、达州、开州三地GDP约为3466亿元，是成渝地区除成渝"双核"之外的重要组成部分，具备成为次级经济增长极的基础条件。因此，创建万达开川渝统筹发展示范区不仅有利于发挥其在川渝地区的带动作用，推动渝东北和川东北一体化发展，实现成渝地区双城经济圈优化发展，还有利于推动陕西部分地区的经济发展。

（二）万达开川渝统筹发展示范区建设有利于探索经济区和行政区适度分离改革

探索经济区和行政区适度分离，被普遍认为是打破行政区划障碍、推动市场一体化发展的重要手段。中央财经委员会第六次会议提出，支持成渝地区探索经济区和行政区适度分离。万达开川渝统筹发展示范区建设必然涉及体制机制改革，而探索经济区和行政区适度分离改革不但可以满足国家的战略需求，而且是推进示范区建设的抓手。四川省委十一届七次全会进一步明确，探索经济区和行政区适度分离，在成德眉资同城化区域、万达开川渝统筹发展示范区、川南渝西融合发展试验区、川渝合作示范区等开展试点。探索经济区和行政区适度分离，主要是实行重大项目成本分担机制、利益分享机制、审批监管等经济管理权限与行政区范围适度分离。

（三）万达开川渝统筹发展示范区建设有利于巩固长江上游生态屏障

万达开川渝统筹发展示范区位于长江上游和三峡库区腹心地带，是长江上

游重要的水源涵养区和秦巴山区生物多样性保护生态功能区。区内水系发达，天然森林和湿地资源分布广泛，森林覆盖率达 57.2%。同时，区域也属于秦巴山地质灾害易发多发区、龙门山地震带，生态脆弱，水土流失严重，滑坡、泥石流、洪涝、干旱等自然灾害频发，生态建设任务繁重，环境污染治理压力大①。保护好长江母亲河和三峡库区，筑牢长江上游重要生态屏障，维护长江生态环境安全，是习近平总书记从全局和战略高度提出的重大政治任务。因此，万达开川渝统筹发展示范区建设有助于形成跨省市生态环境的联防联控机制，推进生态共保环境共治，共守长江上游生态安全，筑牢长江上游生态屏障。

二、万达开川渝统筹发展示范区建设的基础与优势

（一）区位优势明显，立体交通网络基本形成

万达开川渝统筹发展示范区位于川渝两省市东北接合部、秦巴山区和三峡库区腹心地带，是成渝地区双城经济圈东联长江中游城市群、北携关中平原城市群协同发展的重要战略支点，是西部地区向东加快融入长江经济带的重要门户，是"一带一路"与长江经济带互联互通的重要节点区域。区域内拥有 2 座民用机场，1 条高铁（渝万客专），6 条高速，"两大一支"港口，规划在建的郑万、渝西、成达万等高铁在此交会，水、陆、空、铁立体交通网络基本形成（表 4.2）。

表 4.2 2019 年万达开川渝统筹发展示范区交通网络情况②

交通设施	已建	在建或规划
机场	2 座：万州五桥机场、达州河市机场	在建：达州百节机场（将取代河市机场）

---

① 唐学军，陈晓霞.万达开川渝统筹发展示范区文旅生态走廊的构建与思考[J].四川旅游学院学报，2021（2）：53-56.

② 谭净，汪婧，郑秋霞，等.万达开川渝统筹发展示范区创建：问题及对策[J].重庆经济，2020（5）：8-15.

续表

交通设施	已建	在建或规划
高速铁路	渝万客专	在建：郑万高铁 规划：渝西（安）高铁、成南达万高铁
普通铁路	襄渝铁路、达成铁路、达万铁路、巴达铁路	
高速公路	渝万、万宜、万利、万开、万忠、万达	万达直线、万巫南线、万忠北线
港口	大型港口：万州港、新田港（规划建设规模为 5 000 吨级的泊位 18 个）	

（二）经济实力较强，城镇化水平较高

万达开川渝统筹发展示范区是渝东北、川东北地区区位条件最优、人口最密集、经济社会综合实力最强的区域，总面积 2.4 万平方千米，2019 年区域常住总人口为 857.26 万人，地区生产总值为 3 468 亿元，约占渝东北川东北地区经济总量的 1/3，已成为区域性经济高地。区域整体城镇化率为 51.4%，处于向城镇化中后期加速发展阶段，万州城镇化率为 67.5%，居渝东北川东北城市首位（表 4.3）。

表 4.3 2019 年万达开川渝统筹发展示范区经济社会发展主要指标情况①

指标名称	单位	达州	万州	开州
常住人口	万人	574.1	165.0	118.2
地区生产总值	亿元	2 041.5	920.9	505.6
第一产业	亿元	344.8	83.3	72.2
第二产业	亿元	706.3	263.9	210.6

① 石卫东，王树江，侯波.协同创建"双城"经济示范区 合力推动万达开一体化发展：万达开三地经济发展简析[J].重庆统计，2020(9)：33-35.

续表

指标名称	单位	达州	万州	开州
规模以上工业	%	9.6	7.1	9.4
第三产业（服务业）	亿元	990.4	573.7	222.9
三次产业结构		16.9∶34.6∶48.5	9.0∶28.7∶62.3	14.3∶41.6∶44.1
地方公共财政收入	亿元	107.6	53.4	25.3
社会消费品零售总额	亿元	987.9	330.9	287.0
全社会固定资产投资	%	12.0	0.5	12.1
农村居民人均可支配收入	元	15 504	15 864	14 881
城镇居民人均可支配收入	元	33 823	40 171	33 761
3A 级及以上旅游景区	个	31	6	9

（三）资源禀赋相对优势较为突出[①]

区域森林覆盖率在 50% 以上，拥有国家级自然保护区（风景名胜区）3 个、国家森林公园 6 个，生态优美、动植物资源富集，为发展生态农业、生态旅游奠定了良好基础。长江干流及其多条支流贯穿，区域内河流星罗棋布，尤其是万州、开州属于三峡库区腹心，水能资源丰富。天然气、煤炭、锂、钾等战略资源优势突出，拥有全国唯一的"国家天然气综合开发利用示范区"和亚洲最大硫黄基地，生态工业发展资源支撑良好。人文资源厚重，荟萃了巴蜀文化、三峡文化、革命老区文化、红色文化、移民文化、秦巴文化等诸多文化，文旅产业后发空间较大。

（四）区域协同发展框架加速构建

近年来，达州和万州两地政府先后签订了达州市与万州区战略合作框架协

---

① 谭净,汪婧,郑秋霞,等.万达开川渝统筹发展示范区创建:问题及对策[J].重庆经济,2020(5):8-15.

议、深化达万合作推动全方位协同发展行动计划实施方案、物流业协同发展合作协议、深化达(州)万(州)一体化发展 2019 年重点工作方案等,合作深度、广度、力度不断扩大。随着达万协同发展框架加速构建,两地从基础设施联通、物流港口合作、开放平台建设、文化旅游协作、公共服务对接等方面加强互联互通互动,以年度为节点,按照"清单制+责任制"推进落实,不断开创达万一体化发展新局面。达万合作,开州位居其中,是达万协同发展的连接区。多年来,万州与开州紧密协作,特别是万开高速公路、万开快速通道等交通"大动脉",将两地时空距离极大缩短,使交流更加频繁。推动成渝地区双城经济圈建设,使川渝毗邻地区进入协同发展新时期,万州、达州、开州一体化发展其势已成、其兴可待。

尽管如此,万达开川渝统筹发展示范区整体发展较为落后,是成渝地区双城经济圈建设的短板区域,资源优势转化为经济优势、竞争优势和发展优势的能力不足,三地产业发展的分工协作度、关联度和依存度较低,经济发展整体水平不高,成长动力不强;三地综合交通发展不平衡,达万强,开州弱,交通线路网络化发展较慢,路网密度偏低,运输能力不够强;生态保护与资源开发利用之间矛盾较大。

三、万达开川渝统筹发展示范区建设的主要内容

(一)规划体系一体化

全面落实《成渝地区双城经济圈建设规划纲要》关于支持万达开共建川渝统筹发展示范区的战略部署,两省市联合高起点编制创建规划。要明确示范区建设发展定位、目标任务、空间布局、发展路径及重点,提出重大支持政策、重大创新平台、重大项目安排、重大产业布局和重大改革创新举措。同时,联合出台创建示范区专项规划,建立两省市协调工作机制,对接国家相关部委印发出台的《万达开川渝统筹发展示范区建设方案》,切实让国家赋予的重大使命尽快由

蓝图变为现实。

（二）交通物流一体化

打通"主动脉"，加快建设成南达万、渝西高铁，扩能改造达万铁路，规划建设兰广达高铁，打造衔接长江中下游、联通西南西北、沟通中亚南亚的高速铁路枢纽；加快建设城宣大、通宣开、大竹至垫江、开江至梁平等高速公路和达万、达开、达梁等直达快速通道，建设国家综合性交通枢纽；疏通"淤积点"，提高路网联通能力，形成万达开"半小时经济圈"；强化"主胫骨"，依托铁公水空多式联运、西部陆海新通道、中欧国际班列等，建设"蓉欧+达""渝新欧+达"物流基地，东联西扩、南突北进，实现铁江海无缝衔接，打造四川东向陆江海、川渝南向陆海、西向陆路国际物流大通道①。

（三）产业发展集群化

根据万达开三地资源禀赋、产业发展基础、发展的优势短板、产业链条构建、未来发展的趋势，以"适应新发展阶段、贯彻新发展理念、构建新发展格局"为指引，按照集群化、融合化、链条化的思路，加强天然气综合、锂钾综合、电子信息、智能制造、生物医药、新材料等产业合作，推进政策互通、资源共享、招商协同，共同承接优势产业转移，以高端化、融合化和规模化为导向，加强产业分工合作，协同完善产业链条，不断建链延链补链，着力打造"龙头企业"+"链"+"基地"三位一体的现代产业，共同打造智能装备、新能源材料、生物医药、农产品加工、电子信息、汽车制造、新型建材等一批千亿级特色优势产业集群，共同建设国家天然气综合开发示范区。

（四）开放创新一体化

以经济区与行政区适度分离为主线，在产业、基础设施建设、公共服务等方面探索建立统一规划、统一管理、合作共建、利益共享的统筹发展新机制，形成

---

① 余开洋.「双城开篇：唱好双城记下好先手棋」省政协委员常荣：创建万达开川渝统筹发展示范区 助推川渝共赢双城同辉[EB/OL].(2020-05-08)[2020-10-01].四川新闻网.

一批可复制可推广的制度创新成果,为全国经济区与行政区适度分离提供改革创新经验。融入"一带一路"倡议、长江经济带建设、南向开放等对外开放合作战略,打造川渝北向、东向开放合作示范区,共同推动设立万达开自贸区,全面提升对内对外开放合作水平。

(五)公共服务一体化

加强教育资源整合,构建一体化发展机制,组建多领域教育联盟,共建产学研用、实习实训基地,打造产教研融合发展试点示范区;推进医疗资源共建共享,组建医联体、专科联盟,实现区域内医保异地结算,建立完善突发公共卫生事件联防联控机制;推进安全生产、灾害预防、公共安全和综合应急等快速响应联动;探索成立区域就业创业服务联盟,建设就业服务信息平台,合理营造良好就业创业营商环境。

(六)生态环保一体化

立足当前,着眼长远,加强战略谋划和前瞻布局,保持"赶考"的精神状态,坚持走可持续发展之路,统筹国土空间规划,严守三条控制线;协同推进秦巴山区、三峡库区等重点生态功能区的保护,扎实开展国家山水林田湖草生态保护修复工程试点;探索长江流域常态化横向生态补偿机制,把生态效益转化为经济效益、社会效益。

5

成渝经济中心：
国家发展新增长极

成渝地区双城经济圈的提出,正逢全球百年未有之大变局。在国内国际环境发生深刻复杂变化的背景下,我国将成渝地区打造成为继长三角、粤港澳、京津冀之后的"第四增长极",进而形成带动全国高质量发展的重要增长极和新的动力源,将有效解决发展不平衡、不充分问题,助推我国形成以国内大循环为主体、国内国际双循环相互促进的新发展格局。建设成渝经济中心要做大做强优势制造业集群,推进产业集群化、融合化、智能化发展,加快构建高效分工、错位发展、有序竞争、相互融合的现代产业体系,并积极打造成渝地区双城经济圈第三极,建设经济副中心。

第一节　构建现代化产业体系

一、全球产业演变特点

（一）技术创新和产业变革的步伐明显加快，人类进入产业结构日益快速变化的通道

在国际产业经济竞争格局中,能够掌握彼时彼代、当时当代的产业变革发展先机,就能够占据全球发展的战略高地,占据全球产业链分工的核心环节,获取高利润回报,站在未来发展的最前沿。

第一次工业革命,始于18世纪60年代的英国,以将蒸汽机作为动力机广泛使用为标志,是人类技术发展史上的一次巨大革命,它开创了以机器代替手工劳动的时代,极大地促进了工业产业的发展。英国正是抓住这次工业革命机遇,超越葡萄牙、西班牙,成为世界强国,随后随着第一次工业革命的影响不断扩散,它带动了棉纺织工业、船舶工业、钢铁工业、机械生产工业等快速发展,德国后来居上,快速成为世界强国,美国也在快速跟进。

第二次工业革命,热力学、电磁理论等直接推动了内燃机及电动机等产业

革命,科技与产业关联的效应更加明显,第二次工业革命使石油、电气、化工、汽车、航空等新兴工业部门出现,从而让整个工业的面貌焕然一新。与第一次工业革命主要以英国为中心不同的是,第二次工业革命几乎是在多个先进的资本主义国家同时进行的。英国、美国、德国、法国等国都在不同的领域有发明和创造。英国的炼钢技术曾经引领欧洲多时;德国在内燃机、发电机、电动机、汽车的制造和改进当中功劳最大;美国发明了电灯、电话、T型汽车、电影、收音机等;法国发明了人造纤维、橡胶轮胎等。英国的领先优势在缩小并被超越,美国、德国等国抓住了这次工业革命的机遇,不断赶超英国。

第三次工业革命,以原子能、电子计算机、空间技术和生物工程的发明和应用为主要标志,涉及信息技术、新能源技术、新材料技术、生物技术、空间技术和海洋技术等诸多领域,是一场信息控制技术革命。电子计算机的广泛应用,促进了生产自动化、管理现代化、科技手段现代化和国防技术现代化,也推动了情报信息的自动化,以全球互联网为标志的信息高速公路正在缩短人类交往的距离。美国是第三次工业革命的领导者,大量的技术创新来源于美国,从而使美国成为世界高新技术的创新高地、经济强国和综合实力最强的国家,在全球产业分工中占据了利润最高的环节。第二次世界大战后的日本向欧美强国学习,高度重视技术研发和产业创新,积极参与到第三次工业革命中去。日本经济一改战后颓势,一跃成为世界经济强国。

(二)产业革命迭代升级趋势频率加快

国际竞争中能够快速意识到产业颠覆的大潮,成为弄潮儿的国家将会取得领先优势,没有赶上潮流的国家就会被淘汰。全球产业迭代升级是人类社会的重大现象。康德拉季耶夫周期理论和熊彼特创新理论认为科学技术的创新是经济生产发展的核心动力,经济发展中存在 45~60 年长周期波动规律,这种长经济周期是由科学技术发展带动产业迭代升级导致的。

康德拉季耶夫周期理论认为:在技术进步和变革的影响下,经济发展会有一个回升复苏阶段,这个阶段约为 20 年;接着物价水平及经济繁荣达到顶峰,繁荣阶段为 5~7 年;随后经济增长放缓,技术创新促进经济增长的动力不断衰竭,经济先处于高通胀阶段,随后进入滞胀阶段,这个衰退周期为 10~15 年;最后经济矛盾不断加剧,经济下滑,逐渐萧条,通缩和滞胀不断反复,这个阶段为 10~15 年。

康德拉季耶夫周期和熊彼特创新周期具有高度重合性。工业革命以来,人类社会经历了蒸汽机时代,钢铁铁路时代,电气、汽车时代,自动化时代,信息时代。每个时代都是由技术创新引领产业变革,为经济增长注入新的动力。随着全球化的加剧,产业革命影响范围扩大,新技术传播速度加快,产业革命迭代升级频率加快,各国加大对科技创新的支持力度,竞相投入到新一代科技产业革命的大潮中。

(三)抓住技术创新的机遇,创造出新型产业的国家,迅速成为世界强国

英国是第一次工业革命的起源地,创造了铁路、蒸汽机,改良织布机,大大提高了生产率,成为世界头号强国,为了满足工业生产的需要,英国在世界范围内抢占商品市场和原料产地,倾销工业品,将亚、非、拉广大地区纳入英国产业经济生产体系,英国成为日不落帝国。第二次工业革命,美国和德国迅速崛起,并逐渐反超英国。德美是后起资本主义国家,愿意采用新技术,随着电力技术的不断突破,电力开始用来带动机器,成为补充和取代蒸汽动力的新能源,电力工业和电器制造业迅速发展起来,德国的西门子等企业,美国的爱迪生、贝尔等为人类跨入电气化时代做出了重要贡献。同时内燃机的发明和使用始于德国,并促进了德国的汽车工业的诞生,极大地带动了德国经济发展。第三次工业革命的引导者是美国,美国在原子能、电子计算机、空间技术和生物工程等领域都具有领先优势,美国成为世界头号强国,并一直保持世界领先地位。第二次世界大战后的日本也紧紧抓住第三次工业革命,虚心向欧美强国学习,加强了科技创新研究,虽然是战败国,但是日本的科技实力和经济发展在第二次世界大战后取得了优异成绩。

（四）新兴产业的利润最大，正外部性最大，能够成为引领先进产业、时代产业的国家就能快速致富，人民就能够享受到产业发展带来的福利

技术突破带来全新的市场空间或者替代空间，从而大大提高生产效率，带来巨大的消费市场，新兴产业就此形成。历史上铁路、汽车、飞机的出现，改变了传统的出行方式，极大地提高了出行效率。石油、电气、核能、新能源等技术的突破和发展，改变了人类的能源消费结构，产生了新的能源消费市场。电子信息技术、互联网技术的出现，改变了人们信息传递、交流的方式，提高了生产效率，带来了广阔的市场需求。新兴产业在初期，由于其技术门槛较高、市场竞争者少、市场空间大，产业生产者能获得高额的利润。国家如果加大对新兴产业的投入，就能增强技术储备，掌握核心科技，制定产业生产标准，占据先发优势，从而占据产业链生产的核心环节，使得生产利润最大化，那么国家就能快速致富，人民从产业生产中也能享受发展的高额福利。

（五）高端新生产业利润价值高，传统行业的生产利润价值基本固定

高端新生产业在起初阶段由于技术壁垒高、市场竞争者少、市场空间大，能获得高额的生产利润。传统行业由于技术已经相当成熟且公开化，市场竞争者众多，市场空间饱和、稳定，其产生的价值基本固定在合理的收益范围。高端新生产业和传统产业之间是相对的，随着经济生产周期波动前进，高端新生产业逐步转变成传统产业，新的技术突破又会促进新的高端产业产生。

概言之，工业革命和产业变革要创造出新的产业，那就需要对原始知识有创新发现，突破已有的基础知识边界，开拓新的基础知识领域，然后需要将对基础知识的发现用于技术创新上，创造出应用型新技术。新技术可以对原有技术进行替代或者开拓完全崭新的技术领域，应用型新技术能提高生产性能和效率，缩减生产时间和成本，最后还需要将新的技术创新用于实际的产业生产，最终形成产品或者服务以满足人们的需求。能抓住工业革命机会的国家，都抓住了原创知识发现和核心的技术创新，从而能迅速发展成为世界强国。第一次工业革命中，英国抓住了蒸汽机革命；第二次工业革命中，德国、美国抓住了热力

学、电磁理论和内燃机及电动机技术；第三次工业革命中，美国、日本抓住了原子能、电子计算机、生物医药等基础知识发现和信息技术、新能源技术、新材料技术、生物技术、空间技术和海洋技术等新技术突破。

二、现代化产业体系的内涵

党的十九大报告指出，我国经济已由高速增长阶段转向高质量发展阶段。推动产业高质量发展是当前和今后一个时期经济工作的重中之重。习近平总书记多次强调指出，要加快建设实体经济、科技创新、现代金融、人力资源协同发展的产业体系。在我国经济转向高质量发展阶段的大背景下，发展壮大现代化产业体系不仅是解放和发展生产力、推动经济持续健康发展的内在要求，而且是增强综合国力、增进人民福祉的基础支撑和根本保证。

现代化产业体系是现代化经济体系中的宏观产业结构。高附加值，是现代化产业体系的灵魂；创新性、再生性、生态性、系统性、规模性、精准性，是现代化产业体系的本质特征。现代化产业体系既是发达国家可持续发展的产业形态，也是智慧经济时代发展中国家实现赶超战略的产业形态。学界通常认为，一般意义上的现代化产业体系，其含义因不同经济发展程度的国家而不同，也因国家处于不同经济发展水平而不同。区别于通常意义上的现代化产业体系，我国的现代化产业体系是与党的十九大报告提出的"现代化经济体系"相呼应和相适应的产业体系类型，并且与党的十八大报告提出的"现代产业发展新体系"相衔接，是专指与当前我国贯彻新发展理念、建设现代化经济体系相适应的产业体系，它具有先进性、动态性、开放性、可持续性和以人民为中心等重要特征[①]。

现代化产业体系是现代化经济体系的重要组成部分。建设现代化产业体系，关键要着眼于"创新引领、要素协同、链条完整、竞争力强"这几个关键词，实

---

① 郝全洪.加快建设现代化产业体系[N].学习时报，2017-12-04(1).

现实体经济、科技创新、现代金融、人力资源协同发展,使科技创新在实体经济发展中的贡献份额不断提高,现代金融服务实体经济的能力不断增强,人力资源支撑实体经济发展的作用不断优化①。

在实践中,我国构建现代产业发展新体系应以"现代性"为指导,积极面向产业的高技术化、服务化和融合化趋势,在竞争发展中形成新型的、高效的产业组织形态,在产业结构演变过程中促进产业分工的深化、细化和再融合,支持和促进新兴产业发展,在先进制造业、现代服务业、战略性新兴产业等领域获得突破,最终使产业体系更加紧密和系统。以需求为导向的新产业和新技术革新是现代产业体系发展的重要内容。新兴产业是创新密集型产业,对现代产业体系发展具有强大的导向作用,许多具有需求潜力的新兴产业,是当前各国寻求产业突破发展、培育新经济增长点的主要方向②。

三、成渝地区双城经济圈现代化产业发展

围绕四川提出的构建现代工业"5+1"、现代服务业"4+6"、现代农业"10+3"产业体系和重庆先进制造、现代服务和现代山地农业,成渝地区双城经济圈将以电子信息、生物医药、装备制造、先进材料、现代服务业和现代农业等优势产业为基础构建现代产业体系。

(一)电子信息产业

1.产业基础与优势

四川电子信息产业形成了包括集成电路、新型显示与数字视听、终端制造环节、软件研发、移动互联网应用在内的完整电子信息产业体系。射频芯片、卫星导航、柔性显示、游戏动漫国际竞争力不断增强,集成电路、新型显示、信息安全和软件服务业规模不断扩大。全球一半的 iPad 平板电脑产自成都,全球

---

① 盛朝迅.构建现代产业体系的重要路径[N].经济日报,2019-03-20(12).
② 朱孟晓,杨蕙馨.构建现代产业发展新体系的内涵与实现[J].东岳论丛,2016,37(9):166-171.

50%以上的笔记本电脑 CPU 为成都造。2019 年,四川电子信息产业实现主营业务收入 10 259.9 亿元,同比增长 13.8%。成都是全国首批 5G 试点城市,并且作为国务院确定的西南地区的通信枢纽,是继北京、上海、深圳之后的第四大通信技术及设备研发中心;已建成以中电熊猫 8.6 代线为代表的液晶显示面板生产线,以及成都京东方 6 代柔性 AMOLED 生产线;集聚华为、京东方、英特尔、IBM、德州仪器、住友化学、中光电、富士康、戴尔、腾讯等 60 多家国际知名公司和成都极米科技、天象互动科技等一大批新兴本土高成长企业。

重庆依托强大的"笔(记本)电(脑)"产业,形成以整机生产厂家系列为中心,以摄像头、显示模组、触摸屏、玻璃盖板、主板等关键零部件生产为配套的产业链,电子信息产业也由笔电整机组装延伸到液晶显示、集成电路等核心零部件的生产,电子产品向智能显示、智能手机、可穿戴设备等多终端体系拓展,2019 年重庆电子信息制造业实现产值增长 11.1%,对全市工业增长贡献率达 42.7%。电子制造和代工规模方面,重庆集聚了 vivo、OPPO、华为、百立丰、中光电、帝晶、美景、联创、智能中显(重庆中显)、京东方、康宁、ARM 等 500 多家手机制造企业,形成了庞大的手机产业集群,已成为全球第二大手机生产基地。但重庆本地生产大量技术含量低的电子配件并进行后续的组装测试,急需具有自主技术创新能力的电子信息企业在重庆扎根,带动整个重庆的电子信息产业的升级改造。

2.存在的短板与问题

缺少资金雄厚、技术研发综合实力强的本土龙头企业。龙头企业大多是外地引进或国外引进企业,创新主体仍以高校科研院所为主。成都通过招大引强,大力引进英特尔、华为等国内外知名企业落户,虽然在龙头企业的带动下,逐渐形成了集成电路从设计、制造、封装测试到应用的完整产业链条,但缺少具有国际影响力的本土龙头领军企业。重庆手机、笔记本电脑代工商皆为惠普和其他外地企业,配套零部件企业中大部分也是代工商的长期合作伙伴。本地企业实力较弱,发展空间受限。

高技术创新人才不足。成都电子信息产业创新人才队伍建设方面与电子信息产业发达的北上广深相比存在一定差距，整体实力有待提高。成都虽然汇集了阿里、华为、腾讯等电子信息产业的知名企业，但只是部分研发团队，而相关企业的核心业务以及开发团队主要还是集中于总部。同时，在整体电子信息行业环境中，成都与北上广深等地还存在较大的差距，未形成一个薪酬待遇与行业人才流动良性互动的就业环境，行业整体薪酬待遇水平较北上广深低，就业选择相对较少，一定程度上造成了人才流失。

核心技术创新能力明显不足。重庆虽然是全球第二大手机生产基地，但主要是制造代工，本地企业对核心技术的参与度很低，产业的发展具有很强的依赖性。根据四川省知识产权服务促进中心2019年6月发布的《四川省电子信息产业专利导航研究报告》，四川在电子信息领域专利布局数量方面，整体上较北上广深等区域重点城市还具有一定差距；在电子信息领域专利质量方面，四川整体水平不够高，仅成都在高端软件和信息技术服务的发明专利占比方面具有优势；四川省电子信息产业专利运营活跃度略低于全国总体水平。

成渝两地电子信息产业协同不够。综观目前成都和重庆两地电子信息产业发展现状，成都在电子信息产业具有研发基础深厚、科教实力雄厚的优势，并且在"芯、屏、网"领域有一定基础，而重庆在电子制造和代工规模方面具有优势，但是都没有达成电子信息的全产业链覆盖，两地还未形成产业优势互补的局面，良性的产业协作体系还有待进一步建设。

3.对策建议

（1）明确电子信息产业发展重点方向

芯：即集成电路，打造中国"芯"高地，形成设计业引领、制造业提升、封装测试业支撑、材料业和装备业配套产业格局。合力突破高性能通用及专用芯片、高端传感器等核心领域。在成都发展集成电路设计业，推动芯片设计水平与国际水平接轨，培育高端功率半导体芯片和存储芯片等项目，对接成渝地区产业下游用户需求，重点发展电源管理芯片、存储芯片、汽车电子芯片、驱动芯片、人工智能及物联网芯片等,力争跻身国内集成电路设计第一方阵;做大集成电路制造业,发展晶圆、光刻胶等原料生产产业,支持高端光刻机、刻蚀机、离子注入等关键生产设备的研发,引进和吸收先进生产制造工艺,推动先进生产线建设,加快先进工艺芯片技术的研发。在重庆做强集成电路封装测试产业,提升封装测试的自主发展能力,打造国际重要的芯片封装测试基地。

屏:即新型显示,打造全产业链的"屏"基地。构建贯通原材料、零部件、面板制造、整机集成的新型显示产业生态圈,重点发展显示面板、无屏显示和掩膜版。推动成都无屏显示产业领跑发展,形成全球代数最高和全国产能最大、产线最多的掩膜版制造基地,加强培育柔性显示、激光显示等新技术、新产品的研发和产业化发展。在重庆推进超高清面板产业转型升级,加快超高清视频产业在数字医疗、消费电子、安防等领域的应用,积极培育 4K、8K 超高清显示产业,并引进和发展机发光材料、偏光片、靶材等上游材料产业。

端:即智能终端,打造智能终端产业聚集区。建立涵盖"芯片—器件—整机—系统应用"的完整产业生态。在成都打造国内领先的新型计算终端生产基地,打造特色智能可穿戴设备创新研发高地。在重庆发展智能手机、汽车电子等终端产品,加速重庆国际重要手机生产基地建设,形成全国重要的汽车电子产业聚集区。

软:即高端软件,打造世界软件名城。在成都重点突破智能设计、工业大数据处理等高端工业软件核心技术,支持高可靠操作系统、工业设计工具软件等基础软件和系统软件的开发;支持数字内容工具、测试、模拟仿真等平台的研发和产业化,打造国内第一方阵网络视听基地。推进自主工业软件体系化发展和产业化应用。在重庆加强对数字内容领域企业的引进培育,重点发展游戏、动漫等数字内容产品,聚焦 VR/AR/MR 游戏动漫领域的发展。

智:即人工智能,打造国际人工智能新地标。推动人工智能在经济社会重点领域的应用,促进人工智能领域基础软硬件的开发,加快在感知智能、计算智能、认知智能方面关键核心技术的突破。在成都统筹布局构建数据资源中心,加快超算中心建设并积极争取纳入国家超算中心体系,打造国际知名的人工智能行业融合创新高地。在重庆大力发展物联网产业,推进智慧交通、车联网、智能家居、智慧健康、智能机器人、智能无人机等新兴技术和产品的发展。

网:即新一代信息网络,打造安全高效新一代信息网络产业集群。合力加快新型计算、高速互联、先进存储、信息安全等核心技术的突破,打造安全高效新一代信息网络产业集群。在成都加强推动5G网络商用示范,构建融合创新的5G产业生态,打造全国一流的5G产业创新名城,推动成都市创建国家网络安全产业园,实施北斗综合应用示范工程。在重庆积极布局基于新一代信息网络的量子通信、高速宽带无线接入、数字集群通信等技术产品,培育发展新兴网络信息服务业。

(2)强化产业集群发展金融支持

电子信息产业新技术、新产品的研发,投入大、周期长、风险大,产业的创新发展离不开资金的支持。健全政府引导、企业为主、社会参与的多元化资金投入体系,拓展电子信息产业资金的来源渠道。加大财政投入,加快构建多层次资本市场和投融资体系,建立直接融资、间接融资补贴、财政拨款等多元化扶持方式,实施重点项目资助计划,创建产业投资基金、政策性融资产品,鼓励银行对创新性项目给予优先支持,引导天使和风险投资机构积极开展股权众筹融资试点、拓展股权融资渠道。建立健全企业与社会资本的沟通对接渠道,及时发布电子信息企业或者项目的进展信息和金融需求情况,并对个别特别优秀的项目或者企业进行重点推荐。建立公平的利益共享机制和市场监督机制,协助相关电子信息企业提升自身的融资水平。

(3)建设协同创新机制

联合举办电子信息产业发展高端论坛,促进产业内前沿技术、需求以及资金等资源的对接。以企业或者科研机构为平台建设电子信息领域国家重点实验室,支持生产企业、研发机构和应用企业联合承担研发项目和科技成果转化项目。建立高效的共性关键技术共享与许可使用机制,加速通用型技术在行业内的推广应用,形成电子信息产业研发创新链条。探索众创、众包、众扶、众筹等新形式,全面提升创业创新资源配置水平。以重点项目、大学科技园等为抓手,推进技术含量高、市场前景好的重点项目建设,引进一批带动性强的重大项目,延伸产业链条,实现电子信息产业上下游全产业链"补链强链",丰富产业体系推动集群跨越发展。

(4)建设高端公共技术服务平台

建设国内领先、具有国际水准的创业创新示范中心,面向电子信息产业技术研发、标准规范、认证检测、成果转化、孵化等提供支撑服务,实现产业内信息、设备等资源的开放共建共享。

(5)实施高端技术人才战略

制订电子信息产业高端领军人才资助计划。以全球视野、高端目标,引进掌握电子信息产业前沿技术、关键核心技术的既懂软件又懂硬件的高端复合型人才或者国内外知名专家、龙头企业领军人才等,形成高端人才的集聚和辐射效应,实现引进一个人才、带动一个核心产业、辐射整个产业链的辐射效应。完善高端人才的保障机制,设立电子信息产业高端人才发展专项基金,探索建立以创新创业为导向的人才培养机制,完善创新人才激励机制,保障人才引得进、留得住。

(6)着力关键技术创新,嵌入全球电子信息产业链

通过发展出口企业、创建保税区、拓展远洋贸易和模仿创新等方式,让通信设备、计算机制造、集成电路、显示器件等产业链迈向高端。聚焦国家战略目标,在高端通用芯片、超高清显示等方面继续发力,攻关突破一批核心技术,形成具有自主知识产权和国际竞争力的创新型成果,实现在全球电子产业分工体系中有立足之地的目标。

(7)构建电子信息产业技术创新联盟

构建电子信息产业技术创新联盟,让区域内相关企业、高校、科研院所通过契约的形式结成战略技术联盟,开展联盟内成员间信息、设备和技术等资源的

共享，并协同研究、开发和孵化。在一定条件下，开展联盟内成员间信息、仪器和技术等资源的共享，建立应用共性关键技术共享与许可使用机制，加速通用型技术在行业内的推广应用，通过产业联盟、产业协会等形式加强与国外研发机构的合作。

（二）装备制造产业①

1.产业基础与优势

成都已初步形成以装备制造为主要支撑，在汽车制造、航天制造、轨道交通等领域具备一定产业基础的产业体系。2019 年成都规模以上高技术制造业增加值增长 11.9%。其中，医疗仪器设备及仪器仪表制造业、航空航天器及设备制造业、计算机及办公设备制造业分别增长 19.2%，17.5%，14.2%。重庆已初步形成以汽车制造业和装备制造业为主要支撑的产业体系。2019 年重庆高端装备制造业增长 7.8%。

区位优势明显。成都、重庆作为全国公路、铁路、高铁网络的枢纽型城市，处于全国"两横三纵"城市化战略区域，沿长江通道横轴和包昆通道纵轴的交会地带，又都是装备制造业的重点发展区域，便于发挥成渝综合通道优势，去程运出产品和回程带回所需零部件，有利于打造高端装备制造生产网络体系。

产业基础较好。成都形成了在装备制造、汽车制造、航天制造、轨道交通等领域具备一定产业基础的产业体系。在新兴装备制造产业上，精密机械及智能制造装备产业已形成较大规模和明显的特色优势，已建立起较完整的航天制造产业体系。重庆在装备制造传统行业上已发展为由金属制造、通用设备、交通运输设备、专用设备、电气及器材、仪器仪表等 6 大类 47 个行业组成的门类较为齐全的行业体系。重庆还是全国重要的汽车制造基地、摩托车生产制造基地，具备乘用车、商用车、专用车、摩托车等较为齐全的产品谱系。

配套优势突出。装备制造业在成都及周边的德阳、绵阳、自贡、资阳等市已

---

① 蔡静，张志强，熊永兰.成渝地区双城经济圈培育世界级高端装备制造产业集群研究.中国西部，2020 （6）：14-20.

形成规模,集群发展态势正在加速形成,为成都装备制造业的大发展提供了良好的产业配套基础。在重庆涪陵、长寿、江津、合川、永川、璧山、铜梁打造的重庆现代制造业基地,是重要的产业转移承接示范区。

创新能力较强。四川是全国重大技术装备制造基地之一、四大军民用飞机研制基地之一、三大动力设备制造基地之一。当前,已拥有 2 000 多家涉及装备制造产业的科研院所、生产制造规模以上企业,已形成成都(航空航天、轨道交通装备、汽车)、德阳(发电设备、石油钻采设备)、自贡(节能环保装备)三大装备制造业基地,拥有智能装备制造业创新中心、核技术制造业创新中心等一批创新平台。重庆是国家重要的现代制造业基地,创新能力综合指标和综合科技进步指数连续两年位居全国第 8 位,重庆市拥有中科院大学重庆学院、中国工程科技发展战略重庆研究院、中科院重庆绿色智能技术研究院、重庆仪表材料研究所等科研院所和机械工业第三设计研究院、重庆航天机电设计院等一系列与装备制造相关的科研院所。

2.存在的短板与问题

产业链不优。成都航空航天装备、先进轨道交通装备、新能源汽车等高端装备业产品整体上处于产业链的中低端。特别是高端数控机床、高端工业机器人、增材制造装备、智能传感及检测设备以及电子生产成套设备、激光生产成套设备等先进装备,基本处于缺失状态。重庆装备制造多为传统行业,汽车、摩托车产业多以加工制造为主,成品组装企业相对较少,装备制造业尤其是高端装备制造产业配套不足。

技术水平不高。规模以上高端装备制造企业较少,大多数企业缺少核心技术,缺乏自主创新能力,产品科技含量、附加值不高,市场竞争力不强,与实现产业集群、打造和形成高端装备制造业基地存在较大差距。多数企业生产制造呈现"二多三少":初加工居多、配件生产多,高精产品少、品牌产品少、整体产品少。

整体发展后劲不足。高端装备关键共性技术、先进工艺、核心装备、基础原材料及零部件受制于人,导致成渝高端装备制造产业整体发展后劲不足。据四川进口设备免税统计,近 4 年来,高档数控机床进口额占比高达 53%。

3.对策建议

（1）规划明确未来产业发展的战略重点与空间布局

成渝应充分挖掘自身资源条件,形成与细分产业领域发展需求的对接。抓好地区产业定位,全面考虑产业和项目的协作关联度,鼓励依托产业链环节开展专业分工。将发展高端装备制造产业和当地传统的装备制造产业的改造提升相结合,在不脱离现有装备工业基础的前提下,加快高端装备制造业与传统装备制造产业的融合,培育轨道交通、航空航天集成、汽车整车、智能制造等 4 条产业链。

航空装备产业。打造全球知名的航空高技术产业基地、国内领先的通航产业示范区和培训试飞基地。成都将重点支持通用飞机、航空大部件和航空发动机等的研制,促进航空维修集群发展,全力推进通航机场和起降点建设,积极拓展低空旅游航线,探索应急救援、短途运输、警务飞行等公共服务,鼓励开展飞机融资租赁,探索建立科学高效的无人机监管机制。重庆重点研发小型、轻型飞机和用于培训、娱乐、空中测绘作业等的多用途飞机,逐步形成涵盖中、小、轻型固定翼飞机和中、小、轻型直升机的产品谱系,提升自主研发能力。对于飞机研发中涉及的数控机床、锻件制造、冶金、复合材料、通用部件、仪器仪表等领域,重庆具有较好基础,可以为成都提供支持和保障。

轨道交通产业。打造国内全制式轨道交通装备创新应用策源地和中国轨道交通产业综合发展新高地。成都加快推进中低速磁悬浮、空轨、有轨电车等多种制式试验线建设,将重点支持地质灾害监测预警及防护设备、铁路建设及维护装备及关键材料等轨道交通装备研发,积极开展新品测试并形成规模化生产能力,做大做强轨道交通装备制造服务业,加快推动全制式轨道交通装备制造及示范应用,提升轨道交通装备综合维保能力。重庆重点研发高铁齿轮箱、传动制动系统、转向架、通信信息、车辆门系等零部件及配套体系,为成都的成渝轨道交通产业提供基础和保障。

汽车制造产业。推动整车产品向绿色化、智能化、网联化、轻量化以及应用共享化转型升级，打造国内一流的新能源汽车研制基地和有全国影响力的汽车城。成都努力发展新能源汽车，大力推动存量产能向新能源汽车转型，重点发展中高端新能源乘用车和氢能源汽车。重庆加快中高端乘用车、商用车、特种车和摩托车新品研发投放，重点发展纯电动汽车、增程式纯电动汽车，鼓励发展混合动力汽车。提升和完善产业链，形成比较完备的整车、发动机和零部件研发生产体系。

智能制造产业。培育国内重要的智能制造装备产业集聚区。成都将把握新一代信息技术与先进制造技术融合发展新趋势，坚持产业培育和应用推广两手抓，着力发展智能制造装备及产品，聚焦发展机器人、高档数控机床等核心装备，大力发展减速器、伺服电机、机器人本体等核心部件。推进工业机器人集成应用和二次开发。重庆着力提升精密高效磨齿机、精密数控车床等中高档数控机床产品比例，积极引进培育智能化挤压成型、折弯和钣金加工等金属成形机床研发生产企业，争取在汽车、电子、食品、纺织等领域专用成套生产设备有所突破。推动六轴机器人、搬运机器人、双腕机器人和双旋机器人等现有工业机器人产品加速产能释放，积极布局具备人机协调、自然交互、自主学习功能的新一代工业机器人领域。

(2)加强双城经济圈统筹协同，推进产业创新资源集中

开展成渝统筹规划，加强对成渝高端装备制造产业发展的宏观指导，由成渝主管部门牵头，科学地编制高端装备制造产业规划，设立高端装备制造基地准入标准，协调产业布局与区域分工，避免低水平重复建设、恶性竞争。推进优势资源集聚，加强人才、技术、资本等资源向高端装备园区集中，推进科研院所、高校、企业研发中心等优势资源向重点区域集聚。加强技术、研发、中试、转化等一系列公共平台的建设，建立完善的产学研合作体系、产业联盟，从专业服务和集群发展角度提高园区的竞争力。依托重庆、成都的科研资源优势和高新技

术产业基础,充分发挥两江新区、天府新区高端要素集聚平台作用,瞄准全球和国家科技创新趋势,联合打造一批创新型园区和战略性新兴产业基地。

(3)提升产业配套服务,推动产业集聚集群化发展

围绕龙头企业和技术输出重点机构,组织企业提供配套和转化服务。重视科技金融与风险投资体系的构建,针对高端装备制造产业创新性强、资本需求量大、产业带动力突出的特点,建设以完善的融资担保、研发保险、融资租赁等为核心的装备工业金融服务体系,降低风险投资和各类创业资本的行业准入门槛,优化区域创新机制,鼓励以资本、技术要素集聚推动产业集聚的发展。以成都和重庆为中心,沿长江、成绵乐、成南渝、成内渝线集聚发展的空间格局,充分发挥长江黄金水道的大重件运输通道优势,有利推动高端装备制造产业链向沿江地区集中和发展。围绕成渝各自的特点和优势,充分发挥重庆、成都在产业上的互补优势,加强分工合作,培育高端引领、协同发展的开放型、创新型产业体系,形成区域产业链式发展。重点突破创新链的关键技术、产业链的关键环节,加快形成机器人及智能装备、高端交通装备、新能源汽车及智能汽车等战略性新兴产业集聚集群。

(4)增加技术创新投入,提高核心关键技术水平

扩大科研机构政府研发经费投入总量,保障成渝科研机构研发投入中来源于政府的资金占比与全国水平相当,缩短与北京、上海、广东、江苏等地的差距。重点支持涉及高端装备制造领域的科研机构开展基础研究、应用研究,启动一批发展前景较好的探索、预研项目,为产业的远期发展储备能量。抓住现有科研院所的建设,提升承接国家科研项目的能力和水平,争取更多中央财政资金。针对成渝发展高端装备的重点领域引进、合办、培育科研院所和新型研发机构,提升增量。发挥成渝骨干企业的主导作用和高等院校、科研院所的支撑作用,促进科研院所、高等院校、园区、企业根据各自需求和擅长领域开展合作,联合攻克关键共性技术,提升优势和特色领域研发水平和核心竞争力。围绕产业转型升级和战略性新兴产业发展的需求,积极建立创新中心、重点实验室等重要

平台,促进轨道交通、航空航天、智能制造、汽车制造等产业领域的整机、关键零部件和关键技术的研发创新,提升技术水平。

(5)关注和解决汽车产业发展的核心关键问题

补齐产业短板,对标电动化、智能化、信息化、网联化的发展方向,加大对整车的设计研制。优化产品结构,针对汽车消费升级、客户需求多元化、高档产品消费群体的个性化趋势,支持自主研发和投放价值量高、盈利能力强的中高端车型,鼓励加快导入高端品牌和高档车型。布局新能源汽车,瞄准"三电",大力推动存量产能向新能源汽车转型,积极引进新能源乘用车高端项目。提升智能制造水平,大力支持一汽大众、一汽丰田、吉利、标致雪铁龙等整车企业发展智能装备制造,打造智慧工厂,支持现有传统整车产线柔性化升级,提升智能制造水平。鼓励骨干汽车企业采用新技术,利用新材料,发展新产品,加快产品升级换代。拓展轻量化材料、先进电子部件、智能化部件在整车领域的应用。

(三)生物医药产业①

1.产业基础与优势

医药产业是四川省的优势产业,目前四川形成以成都为核心的"一核两带"医药产业发展格局。2019年,四川省医药工业主营收入1 341亿元,在全国医药工业主营业务收入排名中居第7位,其中成都贡献了超过一半的产值。重庆市将生物医药产业作为战略性新兴产业进行重点培育,生物医药产业已形成"五园两带七基地"的产业格局。2019年全市健康产业营业收入约6 000亿元,占GDP比重约6.7%。

产业基础雄厚。成渝地区拥有国家生物产业基地(成都、重庆各1个)、国家生物医学材料及医疗器械高新技术产业化基地、国家(成都)生物医药产业创新孵化基地、中西部最大的生物医药集散贸易中心等产业发展基地。四川省规模以上医药制造企业已达482家,重庆规模以上医药制造企业已达133家,一

① 李婧,宫庆彬,张志强,等.成渝地区双城经济圈培育世界级生物医药产业集群研究[J].中国西部,2021(1):12-20.

批在国际和国内具有广泛影响的优势企业继续壮大,目前共拥有全国医药百强企业 7 家,10 余家世界 500 强医药企业落户成渝地区。

企业实力较强。成渝地区 4 家生物医药产业重点园区(成都高新技术产业开发区、成都国际医学城、重庆两江新区、重庆国际生物城)的企业总数、高新技术企业数量、医药工业百强企业数量、独角兽企业数量和上市企业数量分别占全国 74 家重点园区的 6.9%、6.7%、5.4%、4.9% 和 3.9%。其中,独角兽企业数量占比较大,在全国五大区域(京津冀、长三角、珠三角九城、成渝地区、中部地区)中位列第二。企业总数排名高于珠三角九城,医药工业百强数与珠三角九城持平。

医药创新资源丰富。成渝地区拥有 80 多所医药专业高等院校及科研机构,拥有生物治疗国家重点实验室、四川生物医药技术创新公共服务平台等重点科研平台,集聚了四川大学华西医院等近千家医疗机构,临床资源丰富。此外,还拥有成都生物医药外包服务产业联盟、重庆两江新区生物医药创新服务联盟等产业联盟。

中药资源禀赋显著。四川是全国著名的中药材产地,中药材蕴藏量(中药资源 7 290 种)、品种数量(常用中药材 312 种)、道地药材数量(86 种)均属全国第一,并且已有 16 个品种、24 个中药材基地通过国家中药材生产质量管理规范(GAP)认证,亦居全国第一。重庆市现有中药种质资源 5 000 多种,占全国药用动、植物总数的将近一半;全国 363 种重点中药品种,重庆有 306 种,占 84%;中药材资源蕴藏量 100 多万吨,在全国名列前茅。

2.存在的短板与问题

成渝地区生物医药产业存在创新成果产业化滞后、企业增长动力不足、产业园区竞争力不强、龙头企业和知名品牌偏少、中药资源优势未转化为产业优势、中药现代化生产落后等明显短板。

创新成果产业化滞后,企业增长动力不足。生物医药产业免疫制剂、靶向制剂、新的分子、新的处方等方面都比较缺乏;产学融合缺乏,企业研发成果转化慢,关键技术长期未实现突破,2018 年四川省医药科技成果转化率仅为 11%,比全国平均值低 9 个百分点。龙头企业在生物技术等高增长领域布局迟缓,增长动力不足,如科伦大输液产品随着市场整体下行,赢利能力减弱。

产业园区竞争力不强。科技部生物技术发展中心发布2019年中国生物医药产业园区综合竞争力前50强榜单,成渝地区仅有成都高新区(第6位)、成都经开区(第29位)两园区入围,而仅江苏省就有7家入围。从创新能力上看,成渝地区4家生物医药产业重点园的上市二类和三类医疗器械数量、发明专利申请数量、上市药品数量、国家药品审评中心(CDE)受理药品数量、药物临床试验数量及高层次人才数量分别占全国74家重点园区总数的6.6%、6.6%、5.6%、5.7%、5.2%和4.4%,依据火石创造数据,与全国其他四大区域相比成渝地区创新实力排名中等偏下。

中药资源优势未转化为产业优势。当前成渝地区中药材产业资源优势未能有效转化为市场优势和区域经济优势。成渝地区中医药资源与产业关联度低,川产道地药材大多为国内外药企提供中药原料。中药材种植集约化程度低,中药材产业的种植、产地初加工、生产、流通、产品开发等环节尚未形成有效的协作整合,中药材产业上下游脱节,产业处于小打小闹的局面,没有形成大品种、大品牌、大产业链。成渝地区中成药制药企业依旧存在产业基础弱、现代化程度低等现象。目前的技术和设备等基础条件都相对薄弱,技术和设备的落后会直接导致中药生产的高成本、高能耗、高污染及低生产效率、低药品质量,产业相关专业人才的匮乏(多年来中医药人才培养重视不够)也严重制约了中药现代化生产。

龙头企业和知名品牌偏少。成渝地区生物医药企业数量大,但缺乏像太极、科伦等百亿级龙头企业;医药单品超过10亿元的重磅产品稀缺,缺少能带动全产业链发展、在国内具有巨大影响力的大品种和大品牌。

3.对策建议

(1)加强产业顶层设计,完善协作创新机制,培育产业集群

把握成渝双城经济圈建设的核心内涵,加强产业发展的战略规划、政策创新、区域布局,整合区域内医药产业研发链、生产链、流通链等。提高布局的合理性,政策上引导企业跨区域兼并重组,医药产业集群跨区域转移。建立成渝

医药产业集群协作联盟,构建沟通联动合作机制,整合和引导成渝高端科技创新资源的流动,促进产业集群、企业、研发机构、科技服务机构的协同创新和项目合作。

(2)明确未来生物医药产业集群发展重点方向

立足川渝现状,把握生物医药产业技术进步大方向,形成以优势产业引领的产业板块,推动川渝生物医药创新型现代产业体系的有序建设。

现代中药:抓好成渝中药材科研和产业发展在大时空尺度上的战略布局,打造"川渝中药产业经济圈",以成都和重庆主城区为主要研发基地,以四川和重庆的主要中药材种植区域为重点,形成研发创新、高端制造、现代流通、市场销售的产业核心。

化学药物:抢抓仿制药发展黄金期,在"一致性评价+带量采购"形势下发展新型特色原料药,按照制剂优先,原料药协同发展的思路,利用原料药供应的"自给自足"以及它所带来的一体化的向前整合竞争优势,培育成药制剂的生产及创新药物研发。

生物药:做大做强疫苗产业,提升拓展疫苗应用领域;积极开发以单抗为主的生物类似药,重点扶持药明康德、昭衍生物等生物药外包服务公司,以及引进一批高端创新药企,建设生物医药研发生态圈。

医疗器械:在成都高新区、天府新区、重庆高新区、两江新区重点布局,以及在未来应当建设的成渝产业创新走廊布局,围绕中医药、康复、基因诊断、远程医疗服务四大领域发展相关新型医疗耗材及设备。依据现有资源建设临床医学数据示范中心,推进健康医疗大数据的采集、整理与共享应用,推动智慧医疗发展。

(3)建设生物医药产业集群化发展创新园区与创新走廊

创新是医药产业集群蓬勃发展的原动力,而国家级高新区本就担负着高质量发展和改革创新的"天然使命"。应在高新区重点布局发展生物医药产业创新园区。加强金融财税政策引导和激励,营造创新环境,支持大中小企业和各类主体融通创新,促进科技成果转化。加强省际生物医药产业合作,推动共建川渝现代中药创新中心和川渝生物医药科技创新合作平台,建设一批重点实验室、交叉学科研究中心和生物医药产业科学中心,联合开展中药现代化、生物药关键核心技术攻关,共同完善技术创新链,形成区域联动、分工协作、协同推进的技术创新体系。除了在高新区布局生物医药产业创新园区外,在"成都向东、重庆向西"的大背景下,成渝城市群未来必将相向发展和重塑产业经济地理,建设成渝产业创新走廊,据此可以重点布局生物医药增量创新集群。

(4)实施高端人才战略

将人才作为生物医药产业发展的核心战略资源,聚焦重大品种、关键技术、重点团队引、留、育。加大海外高层次人才引进,通过创投资金、科研课题等吸引高端人才及其项目设立实验室或区域联合研发中心等。依托一流人才科研资源,通过政产学研金架桥和科研院所灵活转化机制实现成果高效转化。支持四川大学、重庆大学、重庆医科大学、成都中医药大学等院校将药学、生物学、生物医药工程学、临床医学等打造成"双一流"学科,建设生命科学、医学、药学、健康信息等领域的人才培养基地。

(5)培育创新龙头企业,完成龙头企业引领产业链布局

梳理生物技术药、化学药、中药、医疗器械领域产业链清单,重点引入药物发现和产业化创新能力强的机构,并利用创新龙头企业吸附效应,拉动上下游产业聚集。对内通过产业平台着力培育、引导科伦、好医生、倍特、太极集团、威斯腾生物、华森制药等引擎企业成为技术创新变革的领跑者,对外积极招徕拥有前沿技术的企业,持续夯实化学药、仿制药的产业化能力,发力传统中成药品类的内生创新。

(四)先进材料产业[①]

1.产业基础与优势

原材料资源丰富。成渝双城经济圈在发展先进材料方面有着天然优势。

---

① 杨思飞,张志强,欧阳铮铮,等.成渝地区双城经济圈世界级先进材料产业集群培育研究[J].中国西部,2021(3):9-18.

四川的天然气、钒、钛、锂等 15 种矿产储量居全国第一位，铁、石棉、页岩气等 10 种矿产储量居全国第二位，石墨资源储量居全国第三位。攀西地区作为全国唯一的资源开发综合利用试验区，钛储量占世界总储量的八成，钒储量占世界总储量的三分之一。重庆拥有亚洲第一大的锶矿床、全球除北美外最大的页岩气田，此外还盛产毒重石、锰矿、煤矿等。

产业发展态势良好。截至 2017 年年底，四川全省拥有规模以上先进材料企业 1 806 家，2018 年全省营业收入超过 50 亿元的新材料企业达 10 户。2018 年，四川全年先进材料产业主营业务收入 5 780 亿元，同比增长 16.3%。重庆方面，2018 年，全市规模以上工业增加值按可比价格计算同比增长 0.5%，而材料行业增长率为 11.0%。

产业发展基础具备。截至 2019 年，四川省新材料开发区为 34 个，数量排名全国第三，仅次于江苏和山东。从成渝双城及其辐射区域来看，成渝双城经济圈覆盖先进材料国家级产业园区 17 个。其中四川 12 个，分布在绵阳、德阳、宜宾、光源、内江、自贡、南充、泸州、广安。重庆 5 个，分布在两江新区、高新区、万盛、万州、长寿。

产业创新资源优良。成渝双城城市圈已具备一定的先进材料产业创新实力。截至 2019 年 12 月，在先进材料领域，成渝两地共申请 241 件专利，占全国总申请量的 5.1%。其中发明专利达 188 件，占所有类型专利的78.0%，超出全国平均水平 74.6%。中国科学院成都有机化学研究所、四川大学、电子科技大学、中国工程物理研究院、西南交通大学、成都金属材料产业技术研究院、重庆大学、西南大学等在材料研究上具有较强科研实力，四川大学材料科学与工程为国家双一流学科，重庆大学、西南大学的材料科学均是进入全球排名前 1% 的学科。

产业发展方向明确。成都市提出打造"四大特色材料+四大优势材料"的先进材料产业体系，重点打造高性能纤维复合材料、稀土功能材料产业集群；构建电子信息材料、先进金属装备材料、新能源材料、生物健康材料四大产业集聚区,建设先进高分子材料优势产品研制基地、石墨烯和先进碳材料研发基地以及前沿新材料研发应用示范区。重庆市定位建设成为国家重要现代制造业基地,将重点打造高端轻合金材料制造基地、玻纤及复合材料制造基地、化工新材料制造基地,打造完整的石墨烯产业链。

2.存在的短板与问题

尽管我国典型先进新材料集群已呈现出企业分布密集、科研院所众多、资金、市场等配套要素集聚的态势,但与世界级先进材料产业集群相比仍存在巨大差距,具体表现为缺乏对世界级先进材料产业集群的整体规划和引导、国内本土领军企业的国际市场竞争力不强、区域产业协作发展不充分、产业集群效应不显著等。这些问题在中西部地区更为突出。成渝双城经济圈在培育世界级先进材料产业集群方面,存在以下明显不足。

缺乏对成渝双城经济圈先进材料产业现状的摸底研究以及对集群发展的整体规划引导。以材料强省江苏为例,从2015年起,由江苏省新材料产业协会持续发布《江苏省新材料产业发展年度报告》,通过国内外最新趋势、省内特色材料产业链、各市产业发展现状、重点园区发展情况、重点企业发展情况、国内政策介绍等几个板块,对省内先进材料产业发展进行详细摸底,从而为集群发展规划提供准确指导。打造万亿级先进材料产业的浙江省,也于2019年出台《浙江省加快新材料产业发展行动计划(2019—2022年)》,明确提出培育化工新材料、高性能纤维材料等千亿级产业集群。而当前,成渝双城对先进材料产业现状尚未进行摸底调研与系统性分析,相关规划指南也未能迅速跟进。成渝双城经济圈及其辐射的部分地区仍存在盲目搞园区建设、铺摊子、上项目的现象,造成因地区分割、资源浪费严重、恶性竞争而无法形成产业发展合力、无法形成高效的产业集群。

科技创新能力不强,研发投入明显不足。一方面,成渝地区先进材料产业更多是依靠丰富的资源优势,培育有色金属、稀土功能材料等,承接东部地区产业转移的服务,技术发展主要以跟踪模仿为主,原创性创新能力很弱。另一方面,成渝地区先进材料产业目前缺少创新性的领军人才,在人才吸引力上较浙江、上海、江苏、北京等更弱,高层次的工程技术人才队伍不大;在研发经费投入上,2018年成都研发投入经费强度为2.56%,重庆为2.01%,弱于北京(6.17%)、上海(4.16%)、江苏(2.70%)等国内科研强省、市;在设备投入方面,成渝地区对在耐高温材料(陶瓷、玻璃)、生物医用材料等研究上所需的高温测试仪、扫描电子显微镜等专用设备的投入不足。此外,成渝地区先进材料产业平台尚未完全建成,区域产学研用体系并不完善,企业、高校、科研机构间脱节问题仍未发生实质性改变,成果转化能力尤为不足。

产品同质化严重,产业链尚不完整,集群效应尚未发挥。先进材料在整个材料行业占比10%,成渝地区先进材料企业小而散,同质化产品较多,存在盲目跟风现象,如稀土、石墨烯等,缺乏行之有效的区域发展协同创新机制。自2016年四川省提出建设全国重要的石墨烯产业基地后,2017年四川省石墨烯产值同比增长200%,成都、德阳、遂宁等地企业涌入,纷纷扎堆该产业,同质化竞争加剧。重庆在2018年通过重庆人大发文强调聚氨酯化工新材料同质化竞争问题,减少涪陵白涛工业园区、长寿经济技术开发区两区潜在同质化弊端。产业链条上,各个产业发展尚未形成合力,合理分工、优势互补的产业格局尚未形成,集群效益不明显。上下游产业链缺乏具有国际性影响力和竞争力的领军企业,钢铁、有色金属、稀土材料等仍处在产业链中低端,尚未形成具有影响力的下游、终端产品,如国家发展改革委、工信部、自然资源部提到稀土资源丰富的四川等地在稀土新材料产品中以中低端为主,高端产品尚少,暂未充分转化稀土资源优势。其中部分产品的产能过剩甚至加大了整个区域产业的发展风险,如重庆在2018年铝材产量为192.55万吨,位居全国第五,但存在中低端产品过剩而高端产品不足现象,如飞机蒙皮板、汽车车身铝板等尚不能稳定生产、仍需进口。

产业发展环保任务重,集约发展需要跨越环保制约。2018年,四川省环境保护厅调查发现成都市金堂县成阿工业园区、盛立达采砂厂和港龙建材采砂厂等存在环境保护问题,包括废气废水直排、废弃设备堆放、原材采集扬尘等问题。在重庆綦江区针对铝制品、矿业、建材等企业开出的罚单中,大部分存在排污问题。因此,成渝先进材料产业集群应高度重视绿色环保,尤其应重视具有资源优势的新能源材料、矿产材料的开发。成都新材料目前尚未完全改变粗放的发展模式,资源利用率低,环境污染问题尚未良好解决。土地资源使用不合理、土地投资使用强度低是当前成渝地区整体规划的重点问题。

3.对策建议

(1)明确先进材料产业集群发展重点方向

成渝双城经济圈先进材料的发展重点拥有较大共性,细分领域各有侧重,形成互补。两地通过产业技术联盟和产学研联盟加快形成"研发—中试—成果转化—产业化"全产业链协作的创新链,坚持"梯度培育发展,分工协同集群"的思路,形成"做强先进基础材料,聚焦关键战略材料,培育前沿新材料"的先进材料产业发展格局。

一是继续巩固先进基础材料。成渝双城经济圈应围绕合金、有色、化工新材料打造国家先进基础材料产业集群。充分发挥成都、重庆市在先进钢铁材料、高性能有色金属材料、先进化工材料、新型建筑材料方面的优势。

钢铁先进材料。围绕重庆长寿经济技术开发区、两江新区、梁平工业园区、垫江工业园区、涪陵工业园区、同兴工业园区、城口工业园区,以及四川成都高新技术产业开发区、攀枝花钒钛高新技术产业开发区、攀枝花东区高新技术产业园区、凉山州钒钛钢铁产业园区、西昌钒钛产业园区、德昌特色产业园区、四川荥经经济开发区、石棉工业园区、江油工业园区、严陵工业园、自贡高新技术产业开发区、达州通川经济开发区、广安经济技术开发区,重点发展汽车棒线材、优钢特钢深加工、高强建筑钢材、高温合金、高强特种钢、高纯金属靶材等,依靠钒钛钢铁的发展优势,依托国家精密工具工程技术研究中心等研究院所进一步巩固钢铁、合金先进材料优势,研发高品质特殊钢、汽车火车车体合金、航空铝材、核电用钢等应用材料碳氮化钛、钨钼等新型硬质合金技术,提高不锈钢、油田钻井钻头用钢等金属产品影响力,打造装备制造用钢铁先进材料产业集群。

有色金属先进材料。围绕重庆西彭工业园区、綦江工业园区、涪陵工业园区、白涛工业园区、正阳工业园区、江津工业园区、万州经济技术开发区、万盛经济技术开发区,以及四川眉山铝硅产业园区、会理有色产业经济开发区、攀枝花钒钛产业园区、汉源工业园区、甘孜—眉山工业园区、眉山市铝硅产业园区,统筹成渝地区有色金属矿产资源,围绕四川有色冶金研究院等科研院所研发铝镁钛轻量化金属、钒钛特种金属、高纯稀贵金属、高性能铝合金板锭、高性能变形轻合金和铸造轻合金材料、汽车车身铝板、大规格轨道车厢铝材、电子信息用铝材、电子信息用铜材、精密铜管和超薄铜板带、金属粉体材料等,将其应用于汽车制造、轨道交通车体、电子信息材料等领域,继续发展土壤、空气及水体治理材料等环境友好型金属材料,加快技术合作平台建设,提高产品技术含量,打造成渝有色金属材料产业集群。

建材先进材料。围绕重庆万盛经济技术开发区、永川工业园区、綦江工业园区、空港工业园区、铜梁工业园区、江津工业园区、建桥工业园区、长寿经济技术开发区、南川工业园区、涪陵工业园区、白涛工业园区、荣昌工业园区,以及四川雅安天全经济开发区、荥经经济开发区、汉源工业园区、广元经济技术开发区、广元朝天经济开发区、广安邻水经济开发区、青川经济开发区新材料产业园、剑门工业园,重点发展超薄玻璃、超白玻璃、泡沫玻璃、建筑部品部件、新型绿色建材、热塑性玻璃纤维复合材料,生产中空玻璃、绝热隔音玻璃、汽车玻璃、智能手机玻璃盖板、增强型玻璃纤维、玻纤微棉高效绝热及过滤材料、高性能玻纤及复合材料及结构件,建筑部品部件、钢结构、自保温烧结墙体材料、新型装饰材料、节水陶瓷、蜂窝陶瓷等产品,打造成渝新型建材先进材料产业集群。

化工先进材料。以能源化工资源为基础,围绕重庆长寿经济技术开发区、涪陵工业园区、白涛工业园区、万盛经济技术开发区、云阳工业园区、万州经济技术开发区、巴南工业园区、南川工业园区,以及成都现代工业港、简阳橡胶轮胎产业园、内江经济开发区、自贡高新技术开发区、达州普光功能区、达州天然气化工产业区、广安新桥工业园、广安临港工业园区,重点研制工程塑料、聚氨酯树脂、氟材料、高端聚烯烃树脂、水性涂料、粉末涂料、高性能防腐涂料、汽车涂料、电子化学品、特殊功能化学品,深化产业结构调整,鼓励发展高性能树脂、高性能涂料、膜材料等,延伸产业链下游,打造成渝化工先进基础材料产业集群。

二是重点发展关键战略材料。成渝双城经济圈在钢铁、有色、新型建材三个方向的先进基础材料布局下,应继续发展以上三个主要产业方向以及新能源、先进高分子等领域的关键战略材料。成渝依托自贡国家新材料产业化基地、乐山国家级硅材料开发与副产物利用产业化基地,以及重庆长寿经济技术开发区、忠县工业园区、建桥工业园区等,重点发展耐高温、耐腐蚀特种金属、永磁发光高端催化稀土材料、玻璃纤维、芳纶纤维、玄武岩纤维、阻燃高分子材料、绝缘材料、硅材料、锂电池材料、显示膜材料等产业链。

关键性钢铁材料。围绕重庆材料院、重钢研究所,重点发展耐高温、耐蚀特种钢铁材料,海洋工程高强度特厚钢材。在有色金属方面发展高温及耐蚀合金、钛合金、含锂的铝基及镁基高性能轻合金;高性能永磁、高效发光、高端催化等稀土功能材料;反渗透膜、全氟离子交换膜等高性能分离膜材料;大尺寸硅材料、大尺寸碳化硅单晶、高纯金属溅射靶材等。打造金属及复合材料基地和焊接材料基地。

新型建筑材料。发展玻璃纤维、芳纶纤维、碳纤维及其复合材料等高性能纤维复合材料。依托成都新津国家高性能纤维高新技术产业化基地,发展碳纤维复合材料,提升高强度、高模量、耐高温、热塑性复合材料产能,打造高性能纤维复合材料产业集群。依托四川航天玄武岩纤维产业技术研究院,利用广安市的玄武岩矿产资源和华蓥山经济开发区,突破玄武岩纤维规模化制备技术。

先进高分子材料。成渝合力打造先进高分子材料研发研制产业聚集区,依托国家有机硅工程技术研究中心、高分子材料工程国家重点实验室等国家级创新平台等，重点发展高性能氟硅材料、高端聚烯烃、环保型高分子材料、有机硅密封材料、有机氟材料、汽车轻量化高性能复合材料、聚酰亚胺、聚苯硫醚、聚醚醚酮、特殊功能涂料、高端胶黏剂、先进合成材料助剂及催化剂等。

稀土材料。成渝双城经济圈应抓住稀土资源，围绕重庆中色新材料有限公司、四川冕宁稀土高新产业园区重点发展钕铁硼永磁材料、汽车尾气净化催化剂、激光晶体材料、高性能永磁、高效发光、高端催化、耐磨等稀土功能材料；成都应加快发展稀土脱硫脱硝催化剂、储氢材料，将其逐步应用于手机、新能源汽车和机器人等热门行业，建设以稀土资源为主的关键战略材料产业聚集区。

新能源材料。积极发展新型电池材料，构建新型能源材料产业聚集区。把握新能源汽车行业的发展趋势，围绕重庆特瑞新能源材料有限公司、重庆晶炭新能源科技有限公司等企业，依托四川大学后续能源材料及器件教育部工程研究中心等科研机构，加快发展锰酸锂材料、三元材料及磷酸铁锂材料等锂电池正极材料、高镍三元正极材料、富锂氧化物正极材料、低成本磷酸铁锂正极材料、高能量高循环寿命硅碳负极材料、多功能电池隔膜材料。紧抓成渝天然气等资源优势，培育氢燃料新能源企业，积极研发高活性催化剂、高性能膜电极、双极板、碳纤维纸、质子交换膜等关键材料研发，推动氢能源电池快速发展并运用于重庆新能源汽车行业。

三是注重培育前沿新材料。成渝双城经济圈在前沿新材料方面的发展方向主要为石墨烯和先进碳材料、3D打印材料、电子信息材料、纳米材料和医药健康材料。围绕四川德阳旌阳高新技术产业园区、自贡高新技术产业开发区，以及重庆高新技术产业开发区、同兴工业园区、空港工业园区长寿经济技术开发区、两江新区，建设石墨烯、3D打印材料、纳米材料等新型材料国家级产业技术研发和应用示范基地。

石墨烯和先进碳材料。加快突破石墨烯产业化进程和透明电极手机触摸屏研发产业化，提高产品质量和性能，规模化生产石墨烯薄膜和微片。依托重庆墨希科技有限公司、华碳（重庆）新材料有限公司，在碳纳米管、石墨烯润滑油、石墨烯吸波材料的产业基础上,应重点发展石墨烯薄膜规模化、低温超导材料,推动石墨烯在航空航天、集成电路、新型显示、触控模组、特种涂料、高性能电池材料、智能穿戴设备、仿生材料等领域的应用。构建以四川的德阳、宜宾、自贡等地为主的石墨烯原材料制备产业链上游、以重庆石墨烯公司为主的原材料加工、以重庆润动新材料科技有限公司、重庆格来非科技有限公司、华碳(重庆)新材料和成都成飞集团、京东方等为主的产业链下游的全产业链石墨烯材料集群。

3D打印(增材制造)材料。重点发展高品质钛合金、高温合金、铝合金等金属粉末,强调材质空心粉率低、颗粒形状规则、粒度均匀、杂质元素含量低等特点,发展光敏树脂、工程塑料粉末与丝材、氧化铝、氧化锆、碳化硅、氮化铝、氮化硅等陶瓷粉末、片材等。积极推动3D打印增材制造材料给医疗健康、装备制造等领域带来的产业影响,建设3D打印增材制造材料基地。

(2)顶层设计加强产业规划布局,推动产业集群化和国际标准化发展

建设先进材料产业集群发展协调机制,协同研究重大政策、重大工程和重点工作,共同指导、督促、推动产业集群发展,避免两地产业同质化布局与恶性竞争。组建成渝双城经济圈先进材料产业发展专家咨询委员会,组织对成渝双城经济圈及其辐射区域先进材料产业现状进行摸底研究,并提供产业发展咨询建议。引导先进材料企业根据市场需求及时制定企业标准,指导帮助企业积极参与国际、国家、地方和联盟的行业标准制定。加快建立先进材料检测应用平台,促进先进材料行业质量提升和良性发展。推动先进材料产业标准化试点示范,建设一批先进材料产业标准化示范企业和园区,加速产业标准化进程。

(3)推进产学研合作,培育优势企业和关键人才队伍

整合完善创新资源,依托重点企业、研发机构、产业联盟,组建先进材料制造业创新平台、先进材料测试评价及检测认证中心、高新技术企业协会,鼓励建立具备独立法人资格的联合创新中心及研发中心。推动先进材料研究成果产

业化,定期举行研发机构、生产企业与应用企业对接会,共同拓展先进材料应用市场。优化人才发展环境,依托重点企业、高校、公共实训基地和公共服务平台,培养一批研发人才、产业工人、技术骨干与创新团队。适时引进大院大所,依托海内外人才组建企业研究院、创新中心、博士后工作站,吸引优秀海内外高层次人才。加快高端创新团队引进,加强企业与高校的"代培式"人才培养合作,深化高层次人才在企业、高校院所之间的双向流动机制。

(4)加快成渝双城经济圈互联互通产业资源共享

加强基础设施建设,缩短成渝双城经济圈物理距离。进入高铁时代以后,成渝双城的通勤时间已经缩短到了约1个半小时,但相比京津冀核心城市间半小时抵达,通勤效率仍需要提高。加强先进材料产业融合发展,稳步推进都市圈一体化建设,两地公用工程、物料互供互通。建立先进材料物流仓储中心、网上交易等公共服务平台,降低基础设施建设和运行成本,提高运行效率。加强政、银、企信息通联,有效发挥财政资金的激励和引导作用,积极吸引社会资本支持发展。

(5)高度重视产业绿色循环发展

构建危化品运输、三废排放、重点生产装置自动监控系统,提升安全环保管理水平。构建先进材料产业循环经济产业链,充分研究先进材料产品报废后的回收再利用技术。推进安全、环保管理提升和绿色工厂创建,加快补齐化工材料企业绿色生产短板。加强新建项目土地利用率、工艺先进性、安全风险、资源利用和经济效益等综合评估和监管,淘汰产能落后、产能过剩和不符合政策的项目。配合国家长江经济带整治工作,依法处置闲置土地,扎实推进产业改造提升和协同发展。

(6)实施开放战略链接国际智慧,加强产业发展国际合作

加强与世界500强企业对接,密切跟踪国际、国内龙头企业发展动向,提高项目引进成功率。积极与美国硅谷、日本筑波科学城、长三角等先进材料产业

集群实现合作,引进创新资源。积极打造产业聚集区、产业园区、产业集群的品牌与声誉。比如"昆山"即代表中国台湾厂商的最佳聚集地,40%的台商集中在此地,天津经济技术开发区着力营造"TEDA"这一品牌,并凭借其品牌影响力,成为全国经济开发区中的佼佼者。营造成渝双城都市圈先进材料产业集群品牌,将极大推动其招商、合作、推广等活动的顺利开展。

(五)现代服务业

1.产业基础与优势

现代服务业对经济增长的贡献率较高。2019年四川省服务业对经济增长的贡献率达52.6%,服务业税收收入达3 564.6亿元,占全省的62.3%;服务业城镇新增就业达76.9万人,意味着全省新增就业中超过7成属于服务业。"十三五"以来,四川省服务业增加值年均增长9.2%,高于全国平均水平1.6个百分点,持续领跑四川省地区生产总值和一、二产业。结构上,继2016年服务业占比首次超过工业后,2019年服务业增加值占比达52.4%,较2015年提高12.1个百分点。2019年,重庆市服务业增加值达到12 557亿元,同比增长6.4%,对经济增长的贡献率达到51.3%。由此可见成渝地区的现代服务业发展具有良好基础。

构建了完善的服务业体系。2019年四川省委、省政府印发了《关于加快构建"4+6"现代服务业体系推动服务业高质量发展的意见》,提出构建"4+6"现代服务业体系。体系清晰且符合四川省省情。四大支柱型服务业实力强,2019年,仅商业贸易、现代物流、金融服务、文体旅游四大支柱型服务业实现增加值11 203亿元,占据了四川省当年服务业增加值的46%。六大成长型服务业导向明确,从这六大服务业具体门类看,无一不具备高人力资本、高技术、高附加值等特点,无一不是未来推动经济转型升级的重要引擎。以商务会展服务为例,2019年全年成都会展业总收入达1 332.6亿元,相当于每天会展业赚取3.65亿元,经济拉动能力可见一斑。2019年重庆市人民政府印发《重庆市现代服务业发展计划(2019—2022 年)》,提出要创新发展支柱服务业(金融服务、现代物流、软件与信息服务、文化旅游、大健康服务),着力发展高端服务业(研发设计、服务外包、专业服务、检验检测、节能环保、电子商务、教育培训),提升发展传统服务业(商贸服务、会展服务、居民住房服务),思路清晰,目标明确。

2.存在的短板与问题

区域发展不平衡。因现代服务业具有产业链高度关联、资源要素高度集聚的特点,优化空间布局才能形成规模效应、集群优势。2019 年成都服务业增加值占四川省的 45.6%,四川省服务业发展依然是"单兵突进"而非"竞相迸发"的状态,存在服务业区域发展不平衡的短板。

产业综合竞争能力不强。重庆市入选中国服务业 500 强的企业多分布在传统产业,真正拥有核心技术和较强市场竞争力的知名龙头企业较少。成渝地区对旅游、餐饮、会展商务等服务业的文化挖掘不够,传统服务业的数字化、智能化水平亟待提升。服务业人才特别是拥有国际视野、复合背景的现代服务业高层次人才缺乏。部分服务行业缺乏标准和规范,服务质量有待进一步提升,在全国有影响力的服务业品牌稀缺。

发展体制机制有待完善。服务业点多面广,在行业管理方面涉及发展改革、教育、科技、经济信息、人力社保、生态环境、交通、商务、文化旅游、金融、口岸物流、海关等多个部门,目前尚未形成高效、有序的分工协作体制机制。新业态及新模式不断涌现,现有监管机制难以快速应对。部分行业和领域准入限制依然较多,国际化、法治化、便利化营商环境尚不完善。

新型业态的现代服务业发展滞后。要大力促进新型业态的现代服务业发展,特别是要促进现代金融服务业等关键性服务业发展。以现代金融服务业为例,现代金融服务业是经济中心、科技创新中心发展的血脉,成渝双城经济圈建设离不开现代金融服务业大发展的有力支撑和支持(专栏5.1)。

专栏 5.1：成渝共建西部金融中心　崛起中国金融"第四极"

产业的发展离不开金融支持，《四川日报》2021 年 3 月 10 日专报 13 版的《成渝共建西部金融中心　崛起中国金融"第四极"》一文从四个方面讲述了成渝西部金融中心的建设。以下是主要内容：

一是新起点。补齐西部地区金融发展短板，有助于实现我国金融资源的合理分布，促进区域经济整体协调发展。重庆、成都均在不同时期提出过打造金融中心的设想，而"推动共建西部金融中心"和"加快共建西部金融中心"已经分别写进了 2021 年重庆市和四川省的政府工作报告。中共重庆市委党校(重庆行政学院)经济管理教研部助理研究员耿小烬认为，建设西部金融中心，补齐金融发展短板，将西部地区金融体系的服务水平与服务效率提升到全国平均水平，有助于实现我国金融资源的合理分布，促进区域经济整体协调发展。在西南大学智能金融与数字经济研究院院长王定祥看来，成渝地区要在西部大开发中发挥龙头作用，必须建设金融中心，发挥其集聚、配置金融资源的作用。

二是新机遇。王定祥表示，成渝是"一带一路"的重要联结点，处于极其重要的地理区位上，推动国际贸易和结算发挥得天独厚的优势。中国首席经济学家论坛理事长连平曾在接受记者专访时提到，西部地区投资贸易活动会催生出商业金融需求，成都外贸发展增速很快，应当把握住"一带一路"发展过程中产生出来的外贸金融需求。产业基础，为两地共建西部金融中心提供了强有力的支撑，人民银行成都分行行长严宝玉近日发文表示，双城经济圈产业体系完备，其发展在西部领先，在电子信息方面形成"芯、屏、器、核、网"世界级产业集群，产能约占全球的 1/3。成都作为航空第四城，在整机和发动机及大部件的研制、飞机发动及整机维修等方面优势明显；重庆在汽车、军工和装备工业等方面优势突出，在西南财经大学西财智库首席执行官汤继强看来，这些产业对金融需求巨大，产业越聚集，越有利于推动西部金融中心建设。

三是新动能。在金融科技的助力下,成渝有望合力构建投融资平台,共同争取国家金融创新和开放试点政策先行先试。在王定祥看来,成都是副省级城市,重庆是直辖市,肯定存在体制机制障碍,打造西部金融中心要统一布局统一规划,哪些交给成都、哪些交给重庆、哪些需要打破行政区划界限,都要予以明确。在既有金融格局下,金融科技或为共建西部金融中心提供一个历史性机遇。西南财经大学金融学院金融系主任翁舟杰认为,必须站在现代金融发展前沿,在新金融领域特别是金融科技、资产管理、财富管理等领域作前瞻性布局,通过后发优势集聚金融资源,更好地助力成渝地区双城经济圈发展。

3.对策建议

(1)加强区域联动,补齐区域发展不平衡短板

四川省各个支点城市应基于各自的比较优势走出一条特色的服务业发展新路,以一域之光为四川服务业全局添彩。同时,根据各地发展阶段、资源禀赋、产业优势,分类培育发展一批引领带动型、融合创新型、绿色生态型服务业强县和特色小镇。应以区域中心城市和基层特色支点为支撑网格,与"主干"共同撑起服务业高质量发展的大厦。

(2)加强服务业创新工作

深入推进以大数据智能化为引领的创新驱动行动,高水平建设创新生态圈,加快打造区块链产业园、工业互联网创新基地、产学研用贯通的孵化平台、双创基地、众创空间等,加大力度打造高品质环境,建设高水平载体,招引高科技项目,集聚高层次人才,培育高成长企业,全力抢占产业发展"智"高点,使成渝服务业水平向高端化、智能化发展。

(3)加快完善服务业体制机制

推动服务业各部门各行业形成高效、有序分工的体制机制,推动质量变革、

效率变革、动力变革,让更高质量、更有效率、更加公平和更可持续的发展落到实处。营造法治化、国际化、便利化的营商环境,让简政放权、放管结合、优化服务以及建设统一开放、竞争有序的现代市场体系落到实处。

(六)现代农业

1.产业基础与优势

农业发展进步显著。2019 年四川省第一产业增加值达到 4 807 亿元,比上年增长 2.8%,连续三年稳居全国第二位。2019 年重庆第一产业实现增加值 1 551.42 亿元,增长 3.6%。2020 年,重庆农产品加工产值、农产品网络零售额分别增长 3%、21%。

政策体系设计不断完善。2019 年四川省印发《关于加快建设现代农业"10+3"产业体系 推进农业大省向农业强省跨越的意见》,并在 2020 年印发了《川猪产业振兴工作推进方案》《四川白酒产业振兴工作推进方案》《四川省现代农业种业发展工作推进方案》等方案,四川现代农业"10+3"产业体系所涉及的 13 个工作推进方案现已全部出炉。2018 年,重庆市制订了《重庆市实施乡村振兴战略行动计划》《关于聚焦乡村发展难题精准落实"五个振兴"的意见》《重庆市实施乡村振兴战略规划(2018—2022 年)》及一系列配套措施和工作方案,完成了巴渝推进乡村振兴的政策体系设计,引导资源要素更多流向农业、农村。

2.存在的短板与问题

基础设施薄弱。现代种业南繁基地数量不足;现代农业装备制造业基础差,起步晚,信息化、智能化程度低,高端农机制造生产线缺位;冷链物流仍然处在初级阶段,信息化、智能化、标准化水平低,农产品生产基地气调库和农产品冷链运输车不足,冷链物流存在"断链"问题,消费集中区存在低质重复建设现象。

人才资源紧缺。成渝地区依托涉农院校和科研单位,农业研究队伍数量大,但是高层次领军人才匮乏,高技能人才非常稀缺,同时应用类农业科技人才流失严重。如四川农业大学年均培养涉农专业毕业生 9 500 人,仅不足 20% 的人最终在农业基层就业,甚至部分在基层工作多年的农业科技人员离职到了经济发达地区。

特色挖掘不深。与农业发达地区相比,成渝特色农产品数量多,但是特色价值和功能价值深度挖掘不足,标准化程度较低,没有建立起品牌优势,与农业旅游、文化以及互联网的融合度不高。

3.对策建议

(1)加强现代农业科技创新攻关

争取建立农业国家实验室、国家重点实验室,鼓励支持农业科技知名企业融入大平台,多学科交叉融合、多技术路线并行,突破一批农业发展中的"卡脖子"关键共性技术,保障关键核心技术源头供给,支撑引领新业态和新模式,催生农业发展新动能。通过政策引导持续释放融合新活力,提高农业现代化水平,推动农业高质量发展。

(2)加强现代农业科技人才支撑

下大力气引进、培养高精尖的农业科技高层次人才,组建现代农业重大科技创新团队,加快制定具有优势及吸引力的农业科技人才倾斜政策,优化支撑评审、岗位聘任和绩效分配体系,激励农业科技人才在解决现代农业"卡脖子"问题的过程中脱颖而出。

(3)加强成渝特色农业发展

加快制订特色农产品标准,健全质量检测体系,将区域内农业特色产品转化为知名优秀产品,并挖掘成渝丘区、山区农产品的生态价值和文化价值,加快推动特色农业与景观农业、文化农业、互联网农业的深度融合。

第二节　建设世界级先进制造业集群

1990年,迈克·波特在《国家竞争优势》一书中首先提出用产业集群(Industrial Cluster)一词并对集群现象进行了分析。区域的竞争力对企业的竞争力有很大的影响,波特通过对 10 个工业化国家的考察发现,产业集群是工业化过程中的普遍现象,在所有发达的经济体中,都可以明显看到各种产业集群。产业集群是指在特定区域中,具有竞争与合作关系,且在地理上集中,有交互关联性的企业、专业化供应商、服务供应商、金融机构、相关产业的厂商及其他相关机构等组成的群体。产业集群超越了一般产业范围,形成特定地理范围内多个产业相互融合、众多类型机构相互联结的共生体,从而构成这一区域特色的竞争优势。产业集群发展状况已经成为考察一个经济体或其中某个区域和地区发展水平的重要指标。

纵览当今世界众多经济发达地区,绝大多数都通过发展产业集群而实现了经济上的突飞猛进。我国也正在打造新的制造业创新体系,然而截至目前,在我国的国家制造业创新中心城市中,成都和重庆都未能入选。由于地域、区位、观念和发展条件等原因,成渝地区双城经济圈与京津冀、长三角、珠三角等地区相比还有较大差距。先进制造业产业集群是将成渝地区双城经济圈构建成为我国高质量发展的新动力源和中国经济增长"第四极"的重要基础,需要下大力气进行培育。

一、世界级先进制造业产业集群发展特点

(一)注重规划政策引领,支撑先进制造业集群发展

政策引领是先进制造业集群发展的重要推手。政府发挥其顶层设计作用,通过强化规划政策引领、夯实制度保障体系,从政策层面推进产业集群发展。2012 年德国创立"走向集群"(Go-Cluster)计划,以先进制造业集群提升自身国际竞争力和影响力,2013 年公布研究成果报告——《保障德国制造业的未来:关于实施"工业 4.0"战略的建议》(简称"工业 4.0")的目的是借助发挥德国制造业的传统优势,掀起新一轮制造技术的革命性创新与突破。日本在促进先进制造业集群发展上也制定了一系列的政策,出台了《特定产业集群激活法》《创新

促进法》《振兴区域经济的产业集群规划》《知识集群创新事业》等，将产业集群规划与知识集群创新政策相结合，打造特色产业集群。2008 年次贷危机爆发后，美国政府开始意识到制造业的重要地位，提出"再工业化"和"制造业重返美国"的口号。美国国会立法并提供资金支持的美国制造业创新网络（2016 年 9 月改为 Manufacturing USA），其核心是通过建设新兴制造业技术创新中心，供给、辐射先进制造技术，提高创新技术的商业转化力，Manufacturing USA 已在不同的工业技术领域陆续成立了先进复合材料制造创新研究院（IACMI）、先进功能织物制造创新研究院（AFFOA）等 14 个创新研究院；2018 年白宫再次发布《美国先进制造业领导战略》，提出将"技术、劳动力、供应链"三方面作为保障先进制造业领导地位的核心要素。

（二）注重先进技术研发，推动先进制造业集群建设

制造业要迈向中高端，主要靠核心技术的创新突破。拥有核心技术才能掌控产业链关键环节，占据价值链高端，引领产业发展，因此，要推动世界级先进制造业集群建设必须拥有在全球领先的关键核心技术。专利数量可以在一定程度上衡量核心技术掌控水平，美国知识产权所有者协会（IPO）表示，丰田的专利数量连续多年居于汽车制造商的首位，全球汽车行业四分之一的专利项目来自丰田，较好支撑了日本汽车制造业集群建设①。中国集成电路知识产权联盟秘书处纲正知识产权中心《集成电路专利态势报告 2018》显示，全球前十的集成电路专利申请企业中，2 家美国企业，7 家日本企业，保障了两国电子信息产业集群的引领优势②。知识产权产业媒体 IPRdaily 与 incoPat 创新指数研究中心联合发布的《2019 上半年全球生物医药产业发明专利排行榜（TOP100）》中，专利排名前五的企业，2 个在瑞士，3 个在美国，巩固了瑞士与美国生物医药产

---

① 佚名.车企专利谁最强？全球汽车行业四分之一的专利竟然来自于这里！［EB／OL］.（2018-11-13）［2020-10-01］.搜狐网.

② 正能量大数据.全球第三！我国集成电路专利申请数紧追美、日［EB／OL］.（2018-05-15）［2020-10-01］.搜狐网.

业集群的全球领先地位①。

(三)注重创新生态营造,驱动先进制造业集群形成

高校、研究机构、企业、人才、金融等创新资源要素与良好创新氛围融合,构筑良好的创新生态,促使产业集群与创新集群融合发展。第一,集聚世界一流研究机构。波士顿生物医药集群的发展有哈佛大学、麻省理工学院、波士顿大学等诸多高校支持,硅谷有斯坦福大学、加州大学伯克利分校和加州理工学院等高校支持。第二,集聚各类投资资金。通过各类资金投入,推动科技成果转化。如硅谷电子信息、生物医药产业集群的发展始终伴随着风险投资的发展。2017年,共计140亿美元风险投资投向了硅谷地区的公司,占加州一半份额,为全美获得风险投资金额最多的区域②。第三,领军企业吸引资源要素。硅谷电子信息有甲骨文、苹果、谷歌、英特尔、微软等,美国航空制造有波音公司、洛克希德马丁公司、美国联合航空技术公司等,日本汽车制造有丰田、本田、日产、三菱等,其中东京湾区制造业企业数量和从业人数占日本的1/4。

(四)注重区域分工协作,加快先进制造业集群打造

在城市群或都市圈内,核心城市充分发挥辐射带动作用,通过政府顶层设计或市场主导,提高集群内的产业集中、专业化分工与协调合作程度,从而形成具有全球影响力的产业集群。伦敦都市圈强化政府规划政策引领,通过卫星城规划建设和市郊铁路建设,促进核心城市和周边城市协同发展,实施"创意伦敦"的概念运作,促进伦敦都市圈创意产业发展,形成伦敦都市圈协同治理综合工作机制,其中伯明翰以钢铁产业、汽车制造业和现代制造业为主,利物浦以船舶制造业为主,曼彻斯特以电子、化工和印刷等为主。东京湾区在政府引导下,东京主营内贸,千叶负责原料输入,川崎是原材料和制成品所在地,横滨专攻对

---

① IPRdaily, incoPat 创新指数研究中心.2019 上半年全球生物医药产业发明专利排行榜(TOP100)[EB/OL].(2019-08-14)[2020-10-01].IPRDAILY 中文网.

② 华泰宏观李超团队.华泰宏观:新时代城镇化起航应逐渐扩大至 8 到 9 个核心城市圈[EB/OL].(2019-12-17)[2020-10-01].金融界网.

外贸易,实现港口群的规模经济,推动机械、电子、汽车等产业发展,形成全球最大的制造业集群。纽约都市圈则以市场调配资源为主,各城市借助纽约资本优势,形成各自的产业亮点——费城的重工业、波士顿的高科技产业、巴尔的摩的冶炼工业等。

(五)注重创新要素交流合作,促进先进制造业集群形成

创新要素的交流合作(项目、人才、技术等的国内外交流与合作),能够实现资源共享共用,降低生产成本,实现集聚效益。同时,还能够吸收国内外先进技术,促进先进制造业集群发展。如印度班加罗尔与"IT三角"中的其他两个科技园进行合作,实现了ICT产业集群发展的规模效益。同时与美国、中国、日本、以色列等国家签署大量的合作开发计划,实现全球创新要素为其所用,提高其ICT产业集群的世界影响力。此外,通过开展职业教育,印度大量蓝领性质的软件编程人员和欧美高层次的软件人才在软件开发生产中分工合作,充分发挥各自的比较优势,促成了印度和国外软件企业间的合作,推动印度发展成为世界软件产业的出口大国。

(六)注重生产性服务业与制造业融合发展,助推先进制造业集群发展

先进制造业集群建设离不开服务业支撑,通过开展服务型制造、发展生产性服务业,可以推动集群向价值链高端攀升,形成服务与制造相互支撑、相互促进的良性发展格局。德勤公司和中国机械工业联合会发布《2014中国装备制造业服务创新调查》报告指出,全球范围内装备制造业服务化趋势明显,航空和国防、汽车制造、电子信息产业、生物和医药设备领域通过提供服务所获得的收入占全部收入的比重分别为47%、37%、19%和21%,其中服务业务所占份额最高的10%的企业,这一比重均超过50%①。东京湾区在推动制造业发展的同时,带动了为制造业服务的生产性服务业发展,其服务业GDP占比达80%以上,主要

---

① 德勤.中国机械工业联合会.2014中国装备制造业服务创新调查[EB/OL].(2016-01-24)[2020-10-01].百度文库.

为高端制造业提供服务的金融、贸易、工程服务、研发等生产性服务业。纽约都市圈中纽约州的 13 个产业集群主要涉及先进制造业和生产性服务业，包括计算机硬件与电子、工业机器与系统、交通设备、生物医药、材料加工、光学与成像、软件、食品加工、金融服务、通信与传媒、金融与保险服务业等。

二、成渝地区双城经济圈培育先进制造业集群的必要性

培育世界级先进制造业集群是我国新时代现代化经济体系建设的重要目标和任务之一。先进制造业集群是一个国家经济高质量发展的标志，是提升全球竞争力和创新能力的区域根基。习近平总书记在党的十九大报告中强调，要加快建设制造强国，加快发展先进制造业。2010 年国务院颁布的《关于加快培育和发展战略性新兴产业的决定》中将先进制造业列为重点发展目标，随后2015 年发布的《中国制造 2025》战略规划成为新时期指引我国先进制造业发展的行动纲领。2019 年 5 月，国务院印发了《关于推进国家级经济技术开发区创新提升打造改革开放新高地的意见》，明确提出实施先进制造业集群培育行动。加快培育世界级先进制造业集群的战略部署，对促进中国制造质量新提升、引领中国生产方式新变革、挖掘中国经济增长新动能意义重大。

培育世界级先进制造业集群是成渝地区双城经济圈建设成为西部高质量发展的重要增长极的重要支撑。中央财经委员会第五次会议在提到区域发展时指出，"中心城市和城市群正在成为承载发展要素的主要空间形式"，并在第六次会议上提出推动成渝地区双城经济圈建设。推动成渝地区双城经济圈西部高质量发展，制造业必须当主力、打头阵、挑重担，很重要的一个方面就是要加快培育竞争力强的先进制造业集群。集群化发展是工业化演进的基本规律，是制造业向中高端迈进的必由之路，也是提升区域经济竞争力的内在要求。要以培育先进制造业集群为总抓手，聚焦重点领域，推动产业链、创新链、人才链、政策链相互贯通，发挥集群在推动产业、企业、技术、人才和品牌集聚协同融合

发展中的综合优势,突破成渝地区双城经济圈制造业发展瓶颈①。

　　培育先进制造业集群是成渝地区延续制造业发展优势、开拓产业发展新空间、推动产业迈向全球中高端价值链的必然选择。先进制造业集群是保持产业竞争优势和实现产业转型升级的主要途径。培育若干世界级先进制造业集群,是今后制造业发展的重要目标。先进产业集群发展已经进入多维度、深层次、高水平的全方位竞争阶段,深度参与全球价值链分工和结构调整,围绕成渝地区双城经济圈特色、制造业发展现状以及国家发展战略进行重点突破,大力培育具有成渝地区特色与竞争优势的先进制造业集群,才能有效带动产业结构全面转型升级,开拓产业发展新空间,实现产业转型升级。

三、成渝地区双城经济圈发展先进制造业的基础

(一)产业体系较完备

　　成渝地区双城经济圈具备较好的制造业发展基础和较完备的产业体系。目前成渝地区在装备制造业、生物医药制造业、电子信息制造业和先进材料制造业等领域均有布局。在汽摩产业方面,成渝地区是全国重要的汽车生产基地,并且形成了汽车高端研发(哈曼、孔辉科技、阿尔特研发中心等)—整车生产(一汽大众、一汽丰田等)—零部件配套(博世、江森等)—汽车现代服务(大旗聚业、九峰汽贸等)的完整产业链。在电子信息产业方面,形成了芯(集成电路)—屏(新型显示)—端(智能终端)—软(软件研发)—智(人工智能)—网(信息网络)的完整产业体系。

(二)产业成长性较好

　　2019 年年末,成都市共有高新技术企业 4 149 家,比上年新增 1 036 家,增长 33.3%;实现高新技术产业营业收入 9 471.8 亿元,增长 10.8%。规模以上互

---

① 钱贺进,杨波.江苏打造 13 个先进制造业集群 推动制造业迈向中高端[EB/OL].(2018-07-23)[2020-10-01].新华网.

联网和相关服务、研究与实验发展、科技推广和应用服务业营业收入分别增长32.7%、24.8%、22.0%。新兴工业产品增产增量,太阳能电池、城市轨道车辆产量分别增长103.0%、70.4%[①]。2019年四川省电子信息产业主营业务收入首次突破万亿元大关,达10 259.9亿元,同比增长13.8%。重庆市电子信息制造业实现产值增长11.1%,占全市工业产值的27.2%,拉动全市工业增长2.9个百分点,对全市工业增长贡献率达42.7%。成渝地区产业增速较快,发展势头较强,是培育世界级先进集群的重要基础。

(三)企业实力较强

目前在成都落户的世界500强企业已超过300家。2019年9月,在中国企业联合会、中国企业家协会发布的2019年中国企业500强榜单中,共有14家渝企上榜,上榜数量创历史新高[②]。以上数据表明,成渝地区具备较好的营商环境和吸引企业的能力,能够集聚高质量要素、高层级项目和高能级企业。

(四)集群化特征初显

重庆和成都各自产业集群已粗具规模。重庆高新区西区形成了电子信息产业、生物医药、高端装备制造、石墨烯新材料等的专业园区。成都高新区以新经济、电子信息、生物医药和航空航天为主导产业,形成了"一区四园"的格局,同时大力实施产城融合,打造"十分钟公共服务圈""十分钟公园圈"和"十分钟公交圈"。2019年7月重庆市经济和信息化委员会和四川省经济和信息化厅共同制订《推进成渝城市群产业协作共兴2019年重点工作方案》,提出双方将共同加强重点产业(如汽摩、智能制造、技术创新等方面)的合作,合力打造全国具有重要影响力的产业链和产业集群。在引导产业协作共兴方面,成渝两地提出支持汽车整车及零部件研发生产企业、科研机构创新合作模式,推进川渝城市轨道交通、生物医药等产业深入合作、协同发展,目前资阳川渝轨道交通关键零

---

① 成都市统计局,国家统计局成都调查队.2019年成都市国民经济和社会发展统计公报[EB/OL].(2020-03-31)[2020-10-01].成都市人民政府.

② 孙琼英.2019中国企业500强揭晓 14家渝企上榜[N].重庆商报,2019-09-02(3).

部件数字化铸造工厂示范工程建成投产。在推进园区合作共建方面，渝广（广安）合作装备制造、电子信息、农产品加工产业园粗具规模，已入驻企业 465 家[①]。"重庆空港工业园区配套产业园"在邻水高滩川渝合作示范园挂牌，共引进企业 84 家，目前已建成投产 35 家。

（五）创新资源较丰富

教育资源方面，从国家重点实验室数量、985 与 211 高校数量对比优质高等教育资源的分布可发现，成渝地区双城经济圈在这两项指标中列全国第 6 位，处于全国城市群的中上水平，是当之无愧的"西部之光"[②]（图 5.1）。丰富的教育资源可以为成渝双城经济圈先进制造业的发展建设提供优质的人才储备。创新平台方面，四川是全国重大技术装备制造基地之一、四大军民用飞机研制基地之一、三大动力设备制造基地之一，拥有 2 000 多家涉及装备制造产业的科研院所、生产制造规上企业。重庆也是国家重要的现代制造业基地，是全国重要的汽车制造基地和摩托车生产制造基地。目前成渝地区拥有 80 多所医药专业高等院校及科研机构、17 个国家级先进材料产业园区、71 个省市级产业园区、4 个国家级新材料产业基地和 4 个国家级研发中心。雄厚的创新资源实力是成渝双城经济圈发展先进制造业的重要保障。

（六）成渝发展潜力巨大

成都、重庆作为全国公路、铁路、高铁网络的枢纽型城市，处于全国"两横三纵"城市化战略位置，在长江通道横轴和包昆通道纵轴的交会地带，战略地位突出，在制造业方面有人文、地理、人才等多方面的优势。在 2019 年第一太平戴维斯发布的《2019 年科技城市发展》报告中，成都进入全球科技创新最活跃的 30 个城市之列[③]；在赛迪顾问发布的《2019 中国先进制造业城市发展指数》报告

---

① 张瀚祥.成渝如何共同唱好"双城记"？［N］.重庆晨报,2020-01-05（1）.

② 谢力唯.唱好成渝双城记——科技创新千万条,原始创新第一条［EB/OL］.（2020-01-07）［2020-10-01］.清华新型城镇化研究院.

③ 成都科技.中国西部唯一入选,成都上榜全球 30 座科技城市［EB/OL］.（2019-03-30）［2020-10-01］.搜狐网.

中,成都位列第 8 位,重庆位列第 13 位[①];中国社会科学院和经济日报社共同发布的《中国城市竞争力第 18 次报告》显示,2020 年中国城市综合经济竞争力排行榜中成都位列第 12 位,重庆位列第 30 位;在恒大研究院评选出的 2019 年中国城市群发展潜力排名中,成渝城市群位排名 4 位,位列长三角城市群、珠三角城市群和京津冀城市群之后[②];首都科技发展战略研究院发布的《中国城市科技

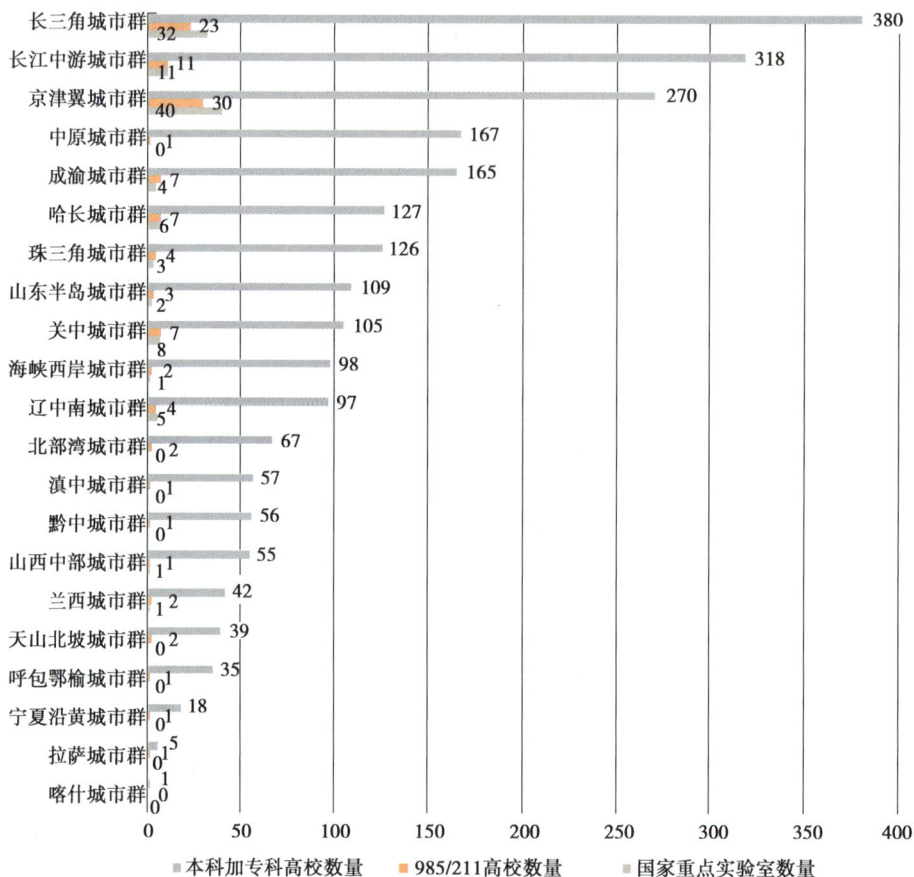

图 5.1 "19+2"城市群高校及国家重点实验室数量

① 张凌燕.2019 中国先进制造业城市发展指数[EB/OL].(2019-08-15)[2020-10-01].赛迪顾问.
② 溯源经济.任泽平:2019 年中国城市群发展潜力排名,最强城市群揭晓[EB/OL].(2019-12-19)[2020-10-01].搜狐网.

创新发展报告 2019》指出，成渝城市群创新环境潜力巨大，被视作将带动中国创新能力进一步发展的新增长极[①]；戴德梁行 2020 年 1 月 15 日发布的《中国都市圈发展报告——成渝地区双城经济圈发展研究》则指出成渝都市圈属于赶超型都市圈，具备国际都市圈所拥有的发展共性，将迎来新的发展机遇[②]。成渝双城经济圈上升为国家战略，更为成渝地区未来培育高端制造业产业集群奠定了重大政策利好基础。

四、成渝地区双城经济圈发展先进制造业的现存问题

（一）科技研发投入低

2019 年四川省研究与试验发展（R&D）经费投入强度（与国内生产总值之比）为 1.9%，重庆市为 2.0%，远低于北京市（6.3%）、上海市（4.0%）等发达地区，甚至低于陕西省（2.3%）、湖北省（2.1%）等中部地区。科技研发投入是先进制造业发展的动力保障，目前成渝双城经济圈的科技投入力度与其他三大城市群相比还有较大差距，成渝双城经济圈科技研发投入不足，这就如同跑道上的赛车缺乏汽油，必将影响其行驶速度。2019 年 R&D 投入强度排名前 15 的省市见表 5.1。

表 5.1　2019 年 R&D 投入强度排名前 15 的省市

序号	地区	R&D 投入强度/%
1	北京	6.3
2	上海	4.0
3	天津	3.3
4	广东	2.9

---

① 张若婷.最新城市科技创新发展报告：长三角大幅领先，成渝地区潜力大［EB/OL］.（2020-01-05）［2020-10-01］.澎湃新闻.
② 中国日报重庆记者站.戴德梁行在渝发布《中国都市圈发展报告——成渝地区双城经济圈发展研究》［EB/OL］.（2020-01-08）［2020-10-01］.中国日报网.

续表

序号	地区	R&D 投入强度/%
5	江苏	2.8
6	浙江	2.7
7	陕西	2.3
8	山东	2.1
9	湖北	2.1
10	辽宁	2.0
11	安徽	2.0
12	重庆	2.0
13	湖南	2.0
14	四川	1.9
15	福建	1.8

(二)产业协同意识和程度低

目前成渝协同发展机制尚未形成。受地方行政体制、行政区经济考核等因素影响,抱团发展内生动力不足。成渝两地要素禀赋相似,经济发展阶段相同,由于缺乏统一规划和深入合作,产业分工协作不够。成渝两地在要素流通领域合作不深,在公共服务、环境保护、产业准入等方面的产业政策存在一定差异。两地搭建的产业发展平台更多仅限于辐射本行政区域,中欧班列(渝新欧)、西部陆海新通道建设共建共享不够,两地自贸试验区改革探索互动性不足,中新(重庆)战略性互联互通示范项目对成都乃至更大范围的带动作用发挥不充分。

成渝城市群正在形成以成都为核心的医药、化工、能源以及服务业的集聚地和以重庆为核心的汽摩制造、物流运输基地,但区域内其他城市产业协同尚未实现,大都以机械、冶金、电子等产业为支柱各自为政。成都和重庆均以电子信息和汽车制造为经济支柱产业,能够形成上下游较为完备的产业链,但在产业协同上还缺乏有效布局。

（三）顶层设计与融合机制不健全

尽管成渝两地在宏观层面签署了若干合作协议，但在顶层设计上缺乏对制造业的一体化布局，更没有可落地的政策支持，区域协同创新机制、产业融合机制、交通一体化发展机制等均不健全。长三角城市群在促进一体化、融合发展方面具有全国领先性。仅2019年，就签署了长三角地区市场体系一体化建设合作备忘录，编制了科创产业协同发展专项，签署了《深化G60科创走廊九城人才交流合作协议》规划，注重顶层科技创新和产业发展。成渝地区有一体化融合的历史基础，但内部协作紧密度还远远不够。

（四）产业竞争力不强

产业竞争力方面，成渝地区双城经济圈一缺乏核心技术，二缺乏龙头企业。以装备制造业为例，成渝双城经济圈规模以上高端装备制造企业较少，大多数企业缺少核心技术，缺乏自主创新能力，产品科技含量不高、附加值不高，多数企业生产制造呈现"二多三少"：初加工居多、配件生产多，高精产品少、品牌产品少、整体产品少。高端装备关键共性技术、先进工艺、核心装备、基础原材料及零部件受制于人，也导致成渝高端装备制造产业整体发展后劲不足。成渝地区龙头企业大多是从外地或国外引进，缺少资金雄厚、技术研发综合实力强的本土龙头企业。以生物医药产业为例，成渝地区生物医药企业数量大，是西部地区重要的生物医药成果转化基地，但缺乏像太极、科伦等百亿级龙头企业；医药单品超过10亿元的重磅产品稀缺，缺少能带动全产业链发展、在国内具有巨大影响力的大品种和大品牌。"珠峰"企业的缺乏也是成渝双城经济圈先进制造业发展缓慢的重要原因之一。

五、成渝地区双城经济圈培育世界级先进制造业集群的对策建议

（一）加强科技创新研发投入，增强原始创新能力

较高的科技研发投入是世界强国先进制造业集群发展的共性特征，而成渝

本身的科技研发投入力度并不够,尤其与我国其他发展较快的城市群(京津冀、长三角、粤港澳)相比更是相差较大。先进制造业集群发展的支撑核心是先进科学技术,而科学技术的研发与创造需要科技研发的不断投入,因此成渝双城经济圈在打造世界级先进制造业集群的过程中首先要增加科技研发投入,提高自身科技创新能力。在科技投入方向选择上,以产业链布局创新链、创新链支撑产业链为导向,围绕重点战略性产业领域布局科技创新,在重点产业科技领域上解决"卡脖子"问题,创造产业科技增值新优势。

(二)加强产业规划引导,因地制宜打造根植于地方的先进制造业集群

综合考虑成渝地区产业发展的基础与潜力、产业的影响力与竞争力、产业的集群化特征,建议将集成电路、新型显示、通信设备、航空航天专用装备、核装备、智能制造装备(如 3D 打印、智能仪器仪表)、轨道交通装备、新能源汽车、生物医药和新型医疗器械、现代中药作为重点培育的十大产业集群,通过实施"补链成群、迈向高端"的产业战略,加强成渝地区技术研发、产品制造、应用部署等环节的统筹衔接,形成产业链联动机制,构建先进制造业产业体系。同时,围绕这些主导方向,支持建立若干先进制造技术卓越创新中心(或者产业技术创新研究院),专门开展先进制造技术的研发和供给。

(三)建设成渝高端制造产业创新走廊,成为先进制造业承载平台

按照成渝双城经济圈的发展理念,成渝需要相向发展,在成渝双城之间建立产业轴带,促进创新资源集聚,构建协同创新网络。围绕优势产业集群,依托中心城市的创新资源,打造"成渝产业创新带(创新走廊)",形成适合先进制造业发展的集聚载体,"以线带面"带动成渝地区先进制造业的发展。四川省要重点发展"绵—德—成—资—乐"产业创新带(或者产业创新走廊),其中产业创新带上的各节点城市要突出各自优势,加强协同与产业协作配套,成为成渝双城经济圈的核心产业创新走廊之一。通过重点建设成都(天府)科学城、绵阳科学城和重庆(两江新区)科学城,以双一流大学、一流学科为依托,以国家战略需

求为导向,以解决成渝地区先进制造业领域关键领域"卡脖子"问题为目标,构建以领军企业为核心的关键共性技术、现代工程技术协同创新网络。在创新走廊内,要布局建设跨区域的产业共性技术研发平台、产业技术公共服务平台、产业技术创新战略联盟、科技成果中试熟化与产业化基地,要加强创新网络内信任机制、利益分享机制、激励机制等机制建设,促进协同创新各利益主体实现跨领域、部门和地域的连接、交互与整合。

(四)提升企业技术创新能力,培育科技产业龙头

强化企业技术创新主体地位。政府财政投入关键创新领域,引导企业和社会创新投入,给企业与国立科研机构承担财政研发计划和项目同等的创新地位。积极引进和培育科技创新型企业。以政策激励企业加大研发投入,建立和壮大企业研发机构,支持企业组建创新联合体,同时健全激励企业投入创新机制,支持研发人员向企业研发机构流动。

针对优势产业集群,筛选出一批发展效益好、发展前景优的企业进行重点扶持。首先,提升企业科技创新能力。通过科技专项资金支持企业攻克产业关键核心技术和行业共性技术,加速科技成果产业化。其次,增强企业品牌竞争力。鼓励并支持企业申报省级、国家级的名牌产品、著名商标、驰名商标等,扶持重点培育企业提高商标创造、管理和保护的能力。最后,引导、扶持重点培育企业积极参与国际、国家、行业、地方标准的制订和修订工作,扩大产业标准话语权,巩固产业优势地位。

(五)加快建立开放型经济新体制,提升集群对外开放合作力度

抓住机遇,通过引导资金尤其是外资更多投向先进制造业、鼓励跨国公司和国内顶尖企业设立区域总部、研发中心等功能性机构等措施,提升产业对外开放合作力度。第一,制订承接东部产业转移规划,探索产业转移合作模式,比如鼓励成渝地区的省级以上产业园区采取"园中园模式""援建模式""股份合作模式"等与东部省份共建产业合作园区。第二,以长江经济带建设为契机,加

强沿线省份的合作,共同打造电子信息、高端装备、汽车产业集群。第三,以全面对接和融入"一带一路"倡议为前提,积极与其他省市优势企业抱团合作,共同开拓国际市场。

(六)促进"制造+服务"融合发展,以高端服务推动先进制造业发展

首先,引导企业由制造环节向研发设计和营销服务两端延伸形成全产业链条。由制造环节向前延伸,加强创意开发、工业设计、技术研发、成果转化等环节,提高产品的科技含量;由制造环节向后延伸,加强检测、评估、营销、服务,以及废旧产品回收利用等环节,提高产品附加值。其次,搭建平台载体促进先进制造业与现代服务业的融合。围绕十大制造业集群,搭建研发设计、知识产权、信息服务、金融、商贸、物流、会展等服务平台,构建区域服务体系。最后,重点支持先进制造业和现代服务业融合发展的典型模式和创新模式,比如重点支持创新设计、定制化服务、供应链管理、网络化协同制造、服务外包、智能服务、金融支持服务、信息增值服务、系统解决方案、全生命周期管理等 10 种服务型制造典型模式。

(七)集聚高层次创新人才,激发人才创新活力,强化制造业发展关键核心技术人才支撑

以重要创新研发机构、重大创新平台建设为抓手,以制度创新和服务创新为突破,开创新时代堪比历史上"天下诗人皆入蜀"的人才汇聚盛景和"市廛所会、万商之渊"的经济中心盛景的优异创新生态和营商环境,吸引、培养和造就世界一流的科技创新人才及团队,特别是形成科技创新的特色领域与人才队伍的世界高地。

统筹实施高、中、低各层面人才计划,支持成渝地区先进制造企业引进培养高层次专业技术人才和急需紧缺技能人才,并结合企业需求,分产业、领域与层次开展专业技术人才培训,形成高、中、低专业化梯队的人才队伍。合理运用政策杠杆创建人才互动合作平台,消除区域分散行政壁垒的不利影响,推动成渝经济圈"人才极"的形成,营造人才合作—产业提升—区域发展的良好局面。

第三节　积极打造成渝双城经济圈第三极

一、成渝地区双城经济圈需要建设经济第三极

成渝地区双城经济圈建设是新一轮国家区域发展重大战略。2020 年 1 月 3 日,中央财经委员会第六次会议决定推动成渝地区双城经济圈建设,强化成都和重庆的中心城市带动作用,使成渝地区成为具有全国影响力的重要经济中心、科技创新中心、改革开放新高地、高品质生活宜居地,在西部地区形成高质量发展的重要增长极。成渝地区双城经济圈建设既要解决成都、重庆两大国家中心城市自身发展仍然不充分、带动力不够强劲的问题,还要相互协同、合力发挥作用,带动川渝两地并辐射和示范我国西南乃至整个西部地区更快更高质量发展,以解决我国东西部地区发展严重不平衡的问题,更要形成我国区域发展的战略纵深和广阔回旋空间,这也是国家提出建设成渝地区双城经济圈的长远战略意义①。

成渝地区双城经济圈建设要以一体化发展为战略方向,推动自身成为我国西部地区发展最大的策源地和战略引擎,形成促进我国区域协调发展的重大动力源。成渝地区双城经济圈建设必然需要造就和形成若干个支撑性的区域经济增长极,从而减轻成都和重庆两大中心城市极核的辐射带动压力,支撑自身建设与发展。成渝地区双城经济圈内不少区域性中心城市都希望能够抓住当前的重大战略机遇以取得更大发展。2018 年,四川省明确提出要着力建设绵阳、德阳、乐山、宜宾、泸州、南充、达州等 7 个区域性中心城市,但这些城市的经济体量都比较"尴尬",2019 年地区生产总值最多的绵阳为 2 856.2 亿元,最少

① 张志强.论成渝地区双城经济圈建设的第三极[J].中国西部,2020(4):28-34.

的乐山为1 863.31亿元。就重庆市而言,2019 年,全市 38 个县(区)中有 6 个经济总量超过了 1 000 亿元,其中渝北区最高(1 848.24 亿元),排名第 2 位和第 3 位的分别是九龙坡区(1 462.88 亿元)和渝中区(1 301.35 亿元),但这 3 个区都位于重庆市主城区范围内。因而重庆应该重视作为战略支点的外围城区,如渝东北中心城区万州(经济总量 920.91 亿元)、渝西南中心城区永川(经济总量为952.69亿元)等,尽管它们经济实力都相对较弱。哪个城市应该成为成渝地区双城经济圈建设的第三极且能够担当起这一重任,与成都、重庆两大极核形成"三足鼎立"的格局,从而支撑起成渝地区双城经济圈的发展?这是非常值得关注的现实问题。

从整个成渝地区双城经济圈的空间结构布局看,成都、重庆两大极核城市形成的"成渝轴带"要想发挥良好的辐射带动作用,必须沿区域性中心城市轴线、主要交通干线、沿江流域等构建区域发展经济带,从而形成经济圈内的经济网络,补齐两大极核城市与其外围区域的发展落差。其中最关键的就是强化"成渝轴带"两翼的战略性节点城市支撑,即川南经济区与川东北经济区和渝东北经济区的两翼支撑。

川南经济区和川东北经济区是四川省五大经济区中经济实力分别排第 2 位和第 3 位的区域,其经济带头城市分别是宜宾和南充,宜宾和南充都具有独特的地理区位,也是各自经济区内关键节点支撑城市,宜宾和南充如果能够成为成渝地区双城经济圈的主要经济副中心,将极大提升成渝地区双城经济圈的辐射带动能力。渝东北经济区的中心城市是万州,渝西南中心城区是永川,但它们经济体量都较小,而且永川距离重庆主城区太近。另外,虽然绵阳 2019 年仍是仅次于成都市之后四川省地区生产总值排名第 2 位的城市,但其地处经济圈北部边缘的区位以及距成都极核太近的特点,"限制"了其作为经济副中心的影响力和带动性。

在当前国家新的区域发展格局中,西部地区鲜有能比宜宾与国家四大区域发展机遇关系更为密切的城市。宜宾是长江经济带、"一带一路"倡议、成渝地区双城经济圈建设、西部陆海新通道建设等国家四大区域发展重大机遇的核心交会点，它是三江交汇处、长江第一城，是长江经济带的真正起点城市；同时，宜宾还是南丝绸之路起点之一，是四川省南向开放辐射的重要门户；是成渝地区双城经济圈的重要区位支点；是西部陆海新通道建设的主通道关键节点。此外，宜宾2019年地区生产总值达2 601亿元，与绵阳（2 856亿元）已非常接近，大有赶超绵阳之势。因而，具有综合地理区位、经济结构、发展势头等优势，宜宾、南充在发展为成渝地区双城经济圈内主要经济副中心城市的过程中，无疑将各自努力扮演更重要的角色。而从成渝地区双城经济圈要担负的进一步扩大南向开放和辐射"一带一路"沿线国家的角色看，宜宾的区位优势更加具有战略性。可以预测，长江首城宜宾有机会成为成渝地区双城经济圈建设的理想第三极。

二、长江首城宜宾——成渝地区双城经济圈建设的理想第三极

（一）宜宾具有适当的区位优势

宜宾市辖区面积1.33万平方千米，人口552万，地处川滇黔渝4省（市）毗邻区域核心部位，北距成都、重庆均260千米左右，南距贵阳、昆明400～600千米，处于3个省会城市和1个直辖市的地理中心位置，可以直接辐射4省（市）约3 700万人口，是成渝地区辐射整个西南地区的最佳战略支点城市。

（二）宜宾具有便捷的交通优势

宜宾地处金沙江、岷江、长江三江交汇处，扼守长江黄金水道首端位置，是当之无愧的"长江首城"，享有长江黄金水道通航之利。宜宾也是国家高速公路网、高速铁路网、西部陆海新通道建设的交会点之一，铁路、公路、水路、空路立体交通体系基本形成并不断完善，是西南地区的重要交通枢纽。

（三）宜宾具有多维的文化优势

宜宾拥有2 200多年的建城史，是生态宜居的国家历史文化名城，南丝绸之路的起点之一。巴蜀文化、建筑文化、饮食文化等在宜宾交相辉映。更值得大

书特书的是宜宾的抗战文化,"万里长江第一古镇"的李庄镇,在 1939 年至 1947 年的艰难岁月里,接纳战乱中由北京、南京、上海等地辗转内迁而来的中央营造学社、同济大学、中央研究院、中央博物院、中国大地测量所等 10 多个知名高等学府、研究机构的近万人,开展科技研究和文化教育,成为与重庆、成都、昆明并举的中国抗战大后方四大文化中心之一。尊重知识、敬重文化、坚持文化抗战的李庄,为保存国家的文化、科技火种做出了历史性贡献,并孕育出了一批辉煌的文化和科技成果,被誉为"中国文化的折射点、民族精神的涵养地"。

(四)宜宾正在创造着科教优势

宜宾李庄的不朽文脉和科教精神今天依然在顽强地延续着。宜宾正以极大魄力、高效率建起了内陆地级城市难以望其项背的"大学城",截至目前,已经签约高校 18 所,落地高校 11 所,在成渝地区双城经济圈内拥有高校数量仅次于成都、重庆两大城市。在校大学生人数由 2016 年的 2.5 万人增加到 2019 年的 5.7 万人,留学生人数实现由零到 50 多个国家 700 余人的突破,居四川省第 2 位。倾心倾力建设"科创城",现拥有国家企业技术中心、国家地方联合实验室、省级工程实验室等创新平台近 20 家,建设产研院等新型研发机构 19 家,建立院士(专家)工作站 15 个,入列国家科技进步先进市、知识产权试点市和省级创新型城市等,2019 年建设成为全国首批、西南唯一的国家产教融合型城市,同时还在积极争取创建国家创新型城市。

(五)宜宾正在塑造着发展优势

宜宾市 2019 年地区生产总值跃居四川全省第 3 位,经济发展潜力正在加速释放。产业发展势头强劲,智能制造、轨道交通、汽车、新材料、新能源等高端成长型产业发展迅速,初步形成气候;轨道交通产业基地建成投产,全球首条智能轨道快运系统示范线开通运营,建成四川省智能终端特色产业基地,发展成为内陆城市直追重庆的智能手机生产基地。目前,全市既有年营业收入 1 000

亿元以上的五粮液集团等示范带领企业，还引进中兴等 180 多家智能终端企业。整体上讲，宜宾具有天时、地利、人和的底色和强劲发展优势，结合成渝地区双城经济圈的发展空间结构和区域布局，它的确是理想的第三极。宜宾只要在"天帮忙"的基础上，持续坚持好近年来"人努力"的干劲，是可以成为第三极的。因此，在成渝地区双城经济圈建设中，将宜宾定位为成渝地区双城经济圈的第三极，并与泸州协同发展构建"宜宾—泸州二级双城经济圈"，成为真正的经济副中心，乃至推动宜宾—泸州—自贡—内江等一体化、同城化发展，形成更加强大的经济圈副中心，从而与成都、重庆共同架构起成渝地区双城经济圈核心圈内的"三足鼎立"之势。

三、宜宾建设成渝地区双城经济圈第三极的战略选择

适逢国家多重区域发展战略、面临重大发展新机遇的长江首城宜宾，要取得发展新跨越，当务之急是确立战略定位和发展方向，特别是要"提高"自身的战略定位，承担更大的国家和区域发展战略使命，使城市特色优势与国家区域发展战略导向高度契合。

（一）实施"文化宜宾"战略：树立文化自信，努力擦亮文化名片

宜宾有着独特、厚重的文化资源，特别是李庄在抗战时留下的文化教育遗产十分丰厚，其孕育的学术成就至今在一些专业领域仍然占有相当分量。历经千百年沉淀的巴蜀文化、抗战文化是宜宾的文化之魂，是不可多得的丰厚文化遗产资源。传承保护好这份文化遗产和独特的文化基因，是宜宾的历史责任，特别是擦亮宜宾特有的"以文抗战"文化符号，弘扬文化先贤"以文抗战"的爱国主义精神，建设促进海峡两岸人文交流的文化交流基地，可以强化民族文化自信和创新自信。当前正是发展文化、旅游、健康等现代高端服务业的重要战略机遇期，宜宾应作为发起城市之一，联合成渝地区双城经济圈内的城市，举办高规格的"巴蜀文化发展交流论坛"，大力传播巴蜀优秀历史文化，弘扬救亡图

存的抗战文化,发展强国强圈强市的科教文化,创造新媒体创意产业新文化。

（二）实施"首城宜宾"战略：擦亮长江首城名片，讲好长江首城故事

作为万里长江第一城,宜宾不能缺席长江经济带建设战略,长江经济带建设发展相关规划与政策也不能忽视首城宜宾。在长江经济带发展战略实施中,宜宾应当努力争取更多的发展机遇和政策支持,要主动与具有地理渊源的城市（长江沿江城市）和有历史渊源的城市（特别是在抗战期间宜宾以博大胸怀倾力保护的南京、上海等）联系和联姻,要主动讲好"渊源"故事,共同建立科教与创新发展方面的战略合作关系,开展科教强市、新兴产业创新发展方面实质性科教合作等。另外,作为长江首城,长江万里黄金水道从宜宾正式开启,长江航道的价值还远远没有发挥出来,宜宾可以与成渝地区双城经济圈内的城市优势互补（如作为大型装备生产基地）,提供优质廉价便捷的航运服务等。

（三）实施"生态宜宾"战略：擦亮生态名片，建设长江流域"生态首善之城"

宜宾扼守长江首城的战略区位,对筑牢长江生态安全屏障具有极为重要的战略地位,长江首段生态保护也在整个长江流域保护中最具示范价值,宜宾很有资格唱响"生态城市"主旋律。要有"长江生态保护看宜宾"的气概,建设"山碧绿、水清澈、景宜人"的长江流域生态最优城。要积极争取国家和川渝两省市支持,联合泸州、重庆共同争取建设"长江最上游宜宾—泸州—重庆生态保护示范带",作为长江经济带大保护、成渝地区双城经济圈"高品质生活宜居地"重要建设任务的突破口和示范工程的重要抓手。同时,要建设和争创国家生态文明示范区、全国绿化模范城市、国家园林城市、国家环保模范城市等,真正成为全域生态示范城市、生态示范乡村。同时,依托良好的生态首善之城,发展现代绿色生态农业,擦亮绿色生态高品质农业名片,建设一批高质量标准化绿色生态农业产业区,培育壮大国内外知名的特色农业产品品牌（特别是致力于再培育出 1~2 个"五粮液"级别的现代农业食品品牌）,建设成渝地区双城经济圈乃至全国现代绿色生态农业强市。

（四）实施"科教宜宾"战略：建设成渝地区双城经济圈"宜宾科教城"

创建国家重要科技创新中心是成渝地区双城经济圈建设的主要任务之一。成渝国家重要科技创新中心建设，也需要规划布局若干重要科创城市(科学城、科技城、科教城)。规划建设"宜宾科教城"就是一个良好的战略选择。宜宾作为一个区域性中心城市，有为数众多的高校，宜宾以"拎包入驻"的方式引进高校和科研院所的心胸和气魄，这一点，很多省会城市都做不到，从而使其更好地传承了艰难抗战时期以"同济迁川，李庄欢迎，一切需要，地方供给"保护国家文化科技火种的精神，使得在短短几年时间里大学城、科创城粗具规模。宜宾需要继续借助历史情缘和现实战略机遇，加强与知名高校、科研机构的深度合作，争取更多、更有影响力的国家级科技创新平台入驻宜宾，争取更多指导、支持和实质性合作，从而实现"教育兴市""科创强市"战略。

（五）实施"经济宜宾"战略：建设成渝地区双城经济圈的"经济第三极"城市

建设国家重要经济中心也是成渝地区双城经济圈建设的主要任务之一。宜宾建设成渝地区双城经济圈的"经济第三极"城市：一方面有利于强化成渝地区双城经济圈内"成—德—绵—乐城市发展带""成(绵)—遂—南—广—渝城市发展带""宜—泸—渝沿江城市发展带"等三大城市发展轴带构成的重要"三角形"支撑作用；另一方面也有利于与泸州等毗邻城市协同发展，形成"宜宾—泸州"二级双城经济圈，乃至协同自贡等构成三城、多城的二级经济圈，成为成渝地区双城经济圈主要支点型"二级经济圈"，发挥成渝地区双城经济圈最有力的南向辐射作用。此外，以大力发展科教事业的政策力度和效果为支撑，宜宾很可能会迅速成长为事实上的成渝地区双城经济圈"经济第三极"城市。

（六）实施"改革宜宾"战略：建设长江经济带、成渝地区双城经济圈创新改革

宜宾应大胆探索、改革创新发展，建设长江经济带、成渝地区双城经济圈的创新改革发展高地。2020年2月，宜宾成功获批四川省第一个省级新区"三江新区"，改革发展潜力巨大，省级新区建设必然也需要大胆改革探索。宜宾三江新区的"新"不仅要体现在长江龙头区域的生态安全屏障保护与绿色发展上、培育新兴产业的发展竞争力上、形成成渝地区双城经济圈内经济第三极辐射带动的战略发展上、"宜宾—泸州—重庆沿江经济带"龙头带动上、创造内陆区域最好的营商环境和亲商重商效果上,更要体现在区域经济高质量发展的体制机制创新上。因此,三江新区虽然是省级新区,但其发展的战略目标不能低,要对标国家级新区去建设,以便"水到渠成",争创国家级新区。除了三江新区的改革发展外,还要充分发挥自身难得的优势,如宜宾港作为交通运输部确定的长江干支中转重要港口,主动与成渝地区双城经济圈内的关键城市加强协同发展合作,建设一体化合作发展示范区。而这一切,同样都离不开改革,需要在改革上大做文章。

宜宾市历史悠久,文化资源特别是抗战文化资源厚重,水陆空交通便捷,科教资源汇聚,发展势头良好,产业优势明显,经济增长强劲,长江首城生态地位极为重要,又处在国家四大区域发展重大机遇叠加(长江经济带、成渝地区双城经济圈、"一带一路"倡议、西部陆海新通道建设)的交会点上,是成渝地区双城经济圈建设中具有重要区位优势的战略支点城市。将宜宾建设成为成渝地区双城经济圈的第三极,对成渝地区双城经济圈建设战略有极为重要的意义。宜宾市要建设成为成渝地区双城经济圈的第三极城市,仍然面临着一些现实的困难和问题。最关键的是两个方面:一是经济体量仍然太小,经济关联度不高,对周边区域或城市的辐射带动力不大。必须快速做大做强经济体量,凸显成渝地区双城经济圈内重要的二级经济中心战略地位。解决之道就是要牵头联络其他城市抱团发展、协同发展、合力发展(如以长江航道的优势,与成都市等内陆城市合作,成为其重大装备的制造大基地等),形成区域的二级"双城"或者"多城"经济圈,提升经济影响力。二是大学城、科教城建设仍处于初期阶段,科技与教育发展的影响力有限。必须谋求在政策上有所突破,特别是应借助国家2020年5月发布的《关于新时代推进西部大开发形成新格局的指导意见》中关于支持西部地区发展高等教育等政策,全力争取将"宜宾科教城"建设纳入成渝地区双城经济圈国家重要科技创新中心的重要承载地之一，促进宜宾市从"自我奋斗"状态转变为国家战略规划、四川省级规划"名正言顺"的战略加持状态。如果经济和科技综合实力得以提升，宜宾就可以顺利实现建设成为成渝地区双城经济圈第三极的发展战略目标。总之，宜宾要建设成为成渝地区双城经济圈的第三极，必须把握好和实施好"文化宜宾""首城宜宾""生态宜宾""科教宜宾""经济宜宾""改革宜宾"等六大战略，使"6个宜宾"战略聚合性地发挥最好效应，实现最好结果。如果"6个宜宾"战略能够高度聚合、协同发力、同频共振，把宜宾建设成为成渝地区双城经济圈第三极的战略目标在一到两个五年内完全可能达成。

专栏5.2：宜宾三江新区建设目标和路径

（一）目标

经济总量：对标全市GDP"到2021年突破3 000亿元，2025年力争达到5 000亿元"目标，新区2025年GDP力争达到1 000亿元、全市占比提升至20%。

工业发展：对标全市"加快建成现代工业强市和5+1千亿级产业集群"目标，新区加快四大主导产业链群发展，到2025年力争工业总产值突破2 500亿元。

服务业发展：对标全市"加快建成现代服务业强市"目标，新区聚焦现代服务业和先进制造业深度融合，到2025年力争服务业增加值突破300亿元。

农业发展：对标全市"加快建成现代特色农业强市"目标，新区因地制宜发展现代农业，到2025年力争每年新建6个特色鲜明的乡村振兴示范基地。

科教发展：对标全市"加快建成国家产教融合示范市"目标，新区作为主战场，建好"双城、三园、四基地"，实现2个"双10"目标。

城市建设：对标全市"力争2025年建成区面积达240平方千米、常住人口达240万人"目标，新区到2025年力争城市建成区面积突破60平方千米，常住人口突破50万人，分别占全市的25%、21%。

（二）路径

依据"1+2"规划体系，紧紧围绕省委"四区"定位和市委"六个样板区"要求，重点从绿色发展、创新发展、产业发展、协同发展、城市发展五个维度发力，全力打造成渝地区经济副中心核心引擎。

塑造绿色发展新典范、激发创新发展新动能、培育产业发展新体系、形成协同发展新态势、构筑城市发展新格局。

（三）《宜宾三江新区发展总体规划》主要内容

建设四个"示范区"（长江上游绿色发展示范区、创新型现代产业集聚区、国家产教融合建设示范区和四川南向开放合作先行区），打造成渝地区双城经济圈副中心城市核心引擎。

优化提升"两核、七区、多点"的城乡空间布局、"一江、三带、四山、多园"的生态空间格局和"三区、五园"的产业空间布局，注重传承城市历史文脉，突出新区显山露水、城田园互映的风貌特色。

实施"实体立区""创新强区"战略，围绕四大先进制造业、四大产业赋能方式，结合现代农业共同构建新区"4+4+1"的产业发展体系。聚焦电子信息、装备制造、新材料及生命健康四大先进制造业，充分发挥数字经济、枢纽经济、平台经济、休闲经济四类经济形态的赋能机制，实现创新驱动的产业高质量发展。以"4+4"产业体系赋能农业发展，实现宜宾三江新区农业发展的智慧化、精品化、休闲化，带动全市农业创新发展。

6

成渝科技创新中心：
创新驱动动力策源地

成渝地区双城经济圈建设的战略定位已非常明确:带动全国高质量发展的重要增长极和新的动力源,具有全国影响力的重要经济中心、科技创新中心、改革开放新高地、高品质生活宜居地,即"一极源两中心两地"。在成渝地区双城经济圈建设的国家战略定位中,可以说,科技创新中心是战略定位之核心和关键,科技创新中心建设的巨大成效,将直接引领、支撑、带动其他战略使命任务的顺利实现。成渝地区双城经济圈建设是四川、重庆发展的重大的世纪性历史机遇。"十四五"时期乃至中长期,建设"国家科技创新中心"是川渝科技发展的总战略和总方向。要紧紧扭住建设科技创新中心这个"战略牛鼻子"。成渝地区双城经济圈要建设具有全国影响力的国家科技创新中心,需要加强高端战略定位、顶层设计规划、战略蓝图指引、强力政策推动。

第一节 世界著名科技创新中心建设的主要规律与特点

系统观察世界著名科技创新中心,可以得出以下清晰结论。

一、科技创新中心由经济和金融中心支撑

国际著名的四大科创中心——旧金山(硅谷)、纽约、伦敦和东京都市圈,首先是经济发达地区,并在一定条件下形成了辐射更大区域的创新中心。世界金融中心纽约,先后提出要打造成世界"创新之都"、美国"东部硅谷"和新一代的科技创新中心。伦敦作为重要的金融中心,为科技城提供了完备的融资服务,吸引了大批全球优秀科技企业、风险投资公司入驻。东京作为亚洲最重要的经济和金融中心,逐步发展为世界重要的科技中心。

二、拥有高质量的重大创新平台(大科学装置)

一方面,国际创新中心将突破科学前沿、解决经济社会发展和国家安全重

大科技问题的重大科技基础设施纳入国家创新体系，并予以重点布局（表6.1）。另一方面，充分发挥重大科研平台汇聚顶尖科学家、开展重大科技创新活动的载体作用。如旧金山湾区拥有大量由联邦政府资金支持的研究中心和实验室、独立实验室和研究机构；全球研发1 000强企业中，大概有100家在纽约湾区设立了研发中心，包括谷歌、苹果、亚马逊、微软、IBM、华为等，数量位居世界前列。

表6.1　国际一流科创中心重要创新主体与平台一览表[①]

国际科创中心	世界知名高校	科技基础设施
旧金山（硅谷）	斯坦福大学、加州大学系统（世界最著名、最大的公立大学联邦体，10所大学）、匹兹堡大学等	5个国家级实验室，劳伦斯伯克利国家实验室、劳伦斯利弗莫尔国家实验室、航空航天局艾姆斯研究中心、美国农业部西部地区研究中心、斯坦福直线加速器中心
纽约（湾区）	哈佛大学、麻省理工学院、耶鲁大学、波士顿大学、纽约大学、普林斯顿大学、哥伦比亚大学等	布鲁克海文国家实验室、西北太平洋国家实验室及波士顿博德研究所、伊顿-皮博实验室、哈佛大学医学院的乔治·丘奇实验室、麻省理工学院林肯实验室等
伦敦	伦敦大学、牛津大学、剑桥大学、帝国理工学院、格林威治大学、城市大学、皇家艺术学院、伦敦政治经济学院、伦敦大学学院	英国国家物理实验室，伦敦大学学院国家医学研究中心（NIMR）、欧洲太空探索实验室（MSSL）、盖茨比计算神经科学中心（GCNU）等诸多领先科研机构
东京（湾区）	东京大学、庆应义塾大学、早稻田大学、千叶大学等	日本的顶尖科学装置，在东京周围集中最多。如同步辐射（SR）大装置，日本目前14项装置中，位于东京湾区的就多达5个；8项自由电子激光（FEL）装置（完工与计划）中，3项位于东京湾区；日本唯一的中子源大科学装置KENS就位于东京湾区

----

① 根据公开数据整理。

三、汇聚国际一流的创新主体

研究型大学和各类科研机构,能够极大地推动一个地区的知识生产、技术商业化以及创新扩散,并集聚创新人才。2020 年"QS 世界大学排名"TOP100中有 24 所高校来自这 4 个国际一流科创中心,其中纽约、伦敦、旧金山、东京分别有 11,7,4,2 所。据统计,斯坦福大学的师生和校友创办的企业产值占硅谷产值的 50%~60%;麻省理工学院在本地的关联企业超过 1 000 家,全球销售额为 530 亿美元,直接创造当地就业岗位 12.5 万个,还间接创造就业岗位 12.5 万个。旧金山湾区内仅加州大学伯克利分校、斯坦福大学就有 50 多位诺贝尔奖获得者;纽约湾区内仅纽约州就集聚了美国 10% 的博士学位获得者、美国国家科学院院士 200 多名、科学家和工程师超过 40 万名。

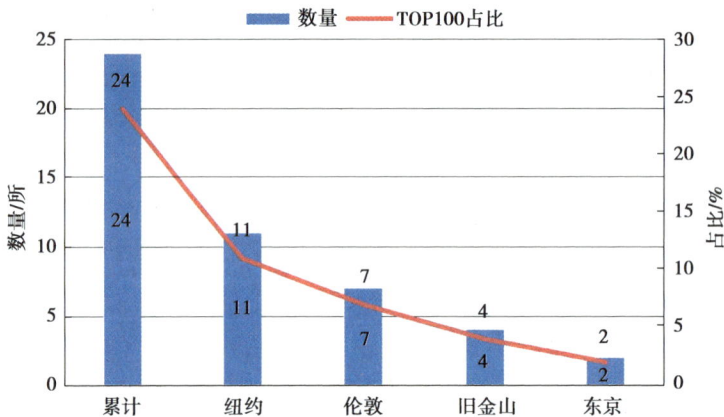

图 6.1　2020 年国际一流科创中心 QS 世界大学 TOP100 分布情况①

四、原创重大科学发现成果频出

2000—2019 年纽约、旧金山、东京、伦敦湾区的诺贝尔奖获奖数量累计分别为 51、20、7、25 项(图 6.2),累计 103 项,占该时期诺奖总数的 43%,且四大科创

_____

① 根据 2020 年"QS 世界大学排名"整理。

中心的物理学奖、化学奖、生理学或医学奖、文学奖、经济学奖分别占全球的 43%，48%，56%，15%，59%（图6.3）。《2019"理想之城"全球科技创新策源城市分析报告》显示，20座科技创新中心城市以占全球不到2.5%的人口，在全球高水平科技创新中直接提供的贡献率占全球比例27.3%，显示了强大的原创策源能力（图6.4）。2012—2018年入选Nature十大科技人物和Science十大科技进展数量，主要分布在世界一流科创中心，尤其是旧金山（硅谷）和波士顿地区（图6.5）。

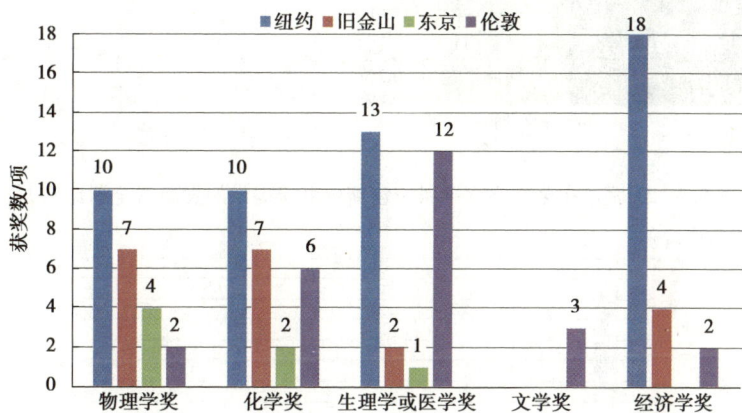

图6.2　2000—2019年国际一流科创中心诺贝尔奖获奖情况①

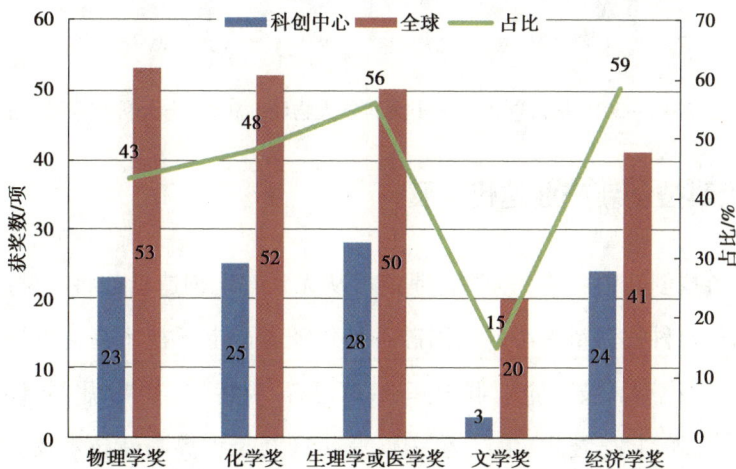

图6.3　2000—2019年国际一流科创中心诺贝尔奖在全球占比

① 根据2000—2019年诺贝尔奖获奖名单整理。

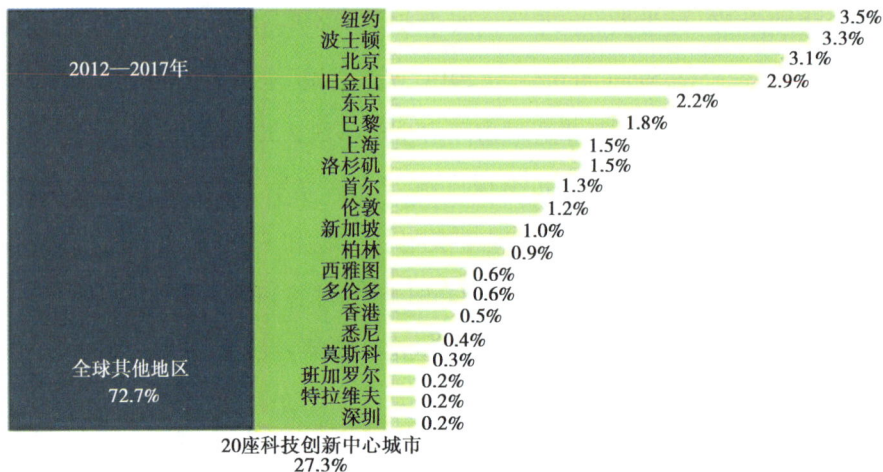

图 6.4 20 城市在全球高水平科技创新中直接提供的贡献占全球比例①

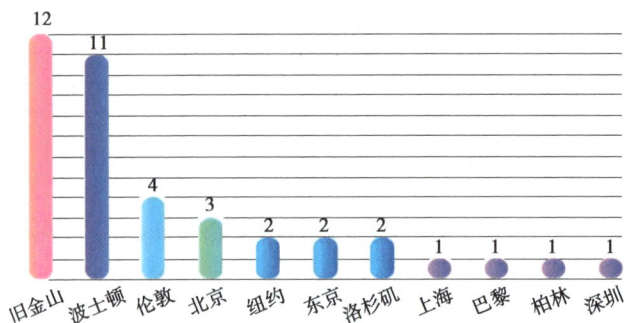

图 6.5 2012—2018 年入选 Nature 十大科技人物和 Science 十大科技进展数量②

五、重大科技创新产业迭代发展

世界科技创新中心的一大特点是能够从无到有地创造新的科技型产业,并形成全球产业科技创新中心。美国硅谷是伴随着微电子技术高速发展而逐步形成的,以中小型高技术企业群为基础,以惠普、英特尔、苹果、思科、朗讯等大公司为标志,融科学、技术、生产为一体,是美国乃至世界高新技术及其产业发

---

① 数据来源于《2019"理想之城"全球科技创新策源城市分析报告》。

② 数据来源于《2019"理想之城"全球科技创新策源城市分析报告》。

展的"摇篮"。伦敦以文化、科技和经济深度融合为产物的创意产业迅速发展，实施"创意伦敦"的概念运作，创意产业成为仅次于金融业的第二大支柱产业，伦敦成为世界认可的"创意之都"。纽约形成具有重要影响力的金融产业集群，而在波士顿地区则拥有重要的生物医药产业集群。

六、科技创新型企业集群化发展

欧盟发布的《2017 全球研发支出 2 500 强企业榜单》显示，90%以上的世界 500 强企业集中分布在全球大都市圈内，伦敦、旧金山—硅谷、纽约、波士顿、东京分别拥有 57，165，145，87，200 家世界级科技企业。美国商业杂志 *Fast Company* 发布的 2020 年全球最具创新力的 50 家公司榜单中，旧金山湾区、纽约湾区、伦敦湾区、东京湾区分别拥有 11，11，3，2 家企业，占比高达 54%（表 6.2）。据风险投资数据公司 CB Insighs 的数据，2019 年全球 327 家独角兽企业在地域上呈现出明显的集聚效应，有 188 家（约占全球的 58%）独角兽企业分布在全球著名湾区内，其中分布在旧金山、纽约、东京、伦敦等湾区的企业分别为 93，31，1，12 家，占比分别为 28.4%，9.5%，0.3%，3.7%。

表 6.2　国际一流科创中心创新企业分布情况①

科创中心	2017 全球研发支出 2 500 强企业			2020 全球最具创新力 50 强企业		
	数量/个	占全球比重/%	代表企业	数量/个	占全球比重/%	代表企业
旧金山湾区	165	6.60	英特尔、苹果、微软、甲骨文、思科、脸书、博通、特斯拉等	11	22.0	微软、特斯拉、Bug奖励平台 HackerOne、在线游戏平台 Roblox、医疗无人机公司 Zipline、Strava 运动社交等

---

① 根据《2017 全球研发支出 2 500 强企业榜单》《2020 年全球最具创新力的 50 家公司榜单》整理。

续表

科创中心	2017 全球研发支出 2 500 强企业			2020 全球最具创新力 50 强企业		
	数量/个	占全球比重/%	代表企业	数量/个	占全球比重/%	代表企业
纽约湾区	145	5.80	辉瑞制药、IBM、百时美施贵宝、百事公司、通用电气、生化基因、福泰制药、雷神等	11	22.0	WHOOP、Sage Therapeutics 生物制药公司、Indi-Go、租赁技术平台Caa-Stle、支付创企 Brex、数据服务提供商Immuta 等
东京湾区	200	8.00	本田、索尼、佳能、东芝、三菱电机、富士通、住友化学、日本电气等	2	4.0	Snap、时装品牌Trove
伦敦湾区	57	2.28	阿斯利康、葛兰素史克、巴克莱银行、联合利华、劳埃德银行、励讯集团等	3	6.0	FOOTPRINT、人工智能芯片制造商Graphcore、CAMEO

七、政府重视营造良好创新生态

一是构建以提供多元化服务为主的政府治理模式。如硅谷活跃的创新活动对政府提供多元化的服务提出了更高要求,建设服务型政府成为科技创新中心地区政府部门的主要方向。二是重视政府的研发投入力度。如加州大学伯克利分校所属的社会利益技术研究中心在初创时曾获得 1.7 亿美元美国联邦基金和加州政府 1 亿美元州立基金的支持;硅谷高技术产品快速推广时获得政府采购的强力引导和支持。三是通过立法和政策扶持高科技中小企业发展。硅谷制定《小企业法》《小企业创新发展法》和《加强小企业研究与发展法》以支持高科技中小企业发展,出台政策以支持创新、人才储备、职业培训等,允许养老基金管理者进行风险投资、向风险投资者和风险企业提供无偿资助等政策。

八、充裕的科技风险投资有效催化

硅谷、纽约、特拉维夫等国际科技创新中心的风险投资机构都非常发达。据《2018 硅谷指数》和《全美风险投资协会 2018 年报》发布的数据,2017 年硅谷、旧金山风险投资额分别达 140 亿美元和 109 亿美元,两者合计占全美总额的 38.9%,整个加州占全美总额的 51.03%。近 10 年波士顿所在的马萨诸塞州占全美的风险投资资金的比重大致维持在 9%～12%,集聚了北桥、北极星等一批优秀的风险投资机构。

九、发达的科技中介服务体系助推

国际科技创新中心都拥有完善的科技服务网络,其中最关键的是法务事务和技术转移等专业的科技中介服务。硅谷、波士顿等科技创新中心都受益于美国顶级律师事务所提供的专业服务甚至部分新公司注册、起草投资条件书等无偿服务。美国大学建立的技术许可办公室(OTL)机制,通过懂市场的专业人员将科技成果推向市场进行转化。麻省理工学院的 OTL 是全美开展大学专利使用转让最活跃的机构之一,据不完全统计,过去 10 多年经麻省理工学院 OTL 专利转让催生了数百家高新技术公司,涵盖生物、信息、纳米等产业领域。

十、拥有"宜居""宜业""宜创新"的优良环境

国际科技创新中心普遍具有基础设施网络完善、生态环境优良、创业氛围浓厚、企业家精神极为活跃等特点,这使得大量高素质人才持续涌入、各类创新投资获得长期递增回报。如硅谷,就拥有宜人的气候条件、一流的大学园区和浓厚的创新创业氛围,推崇创业、宽容失败、鼓励冒险的社会文化观念和自由宽松的人才流动机制。纽约湾区也营造了良好的创新环境,如实施风险投资税收抵扣,对风险投资所得 60% 免税,其余 40% 减半征收所得税,为风险资本的蓬勃发展创造了良好的环境;大力鼓励科技研发,提高 R&D 费用扣除标准和设备折旧率,加速高新技术企业收回投资。

第二节　我国科技创新中心发展现状与进展

对国家已经批复的北京、上海、合肥、粤港澳等4个科创中心/科学中心进行详细对比研究,可以清晰了解我国科技创新中心建设的现状与进展,可以为成渝国家重要科创中心建设提供重要的经验启示和借鉴。

一、建设发展规划

北京、上海、合肥、粤港澳等4个国家科技创新中心(综合性国家科学中心)的战略定位、发展目标、重点任务、科技领域与科技产业各有侧重(表6.3)。北京是坚持和强化全国科技创新中心地位,上海是建设具有全球影响力的科创中心,粤港澳则是建设具有全球影响力的国际科创中心,强调其国际地位,合肥的定位是综合性国家科学中心,更加强调基础科学的研究与建设。北京、上海、粤港澳等3个科技创新中心的定位已经提升,都要建设国际科技创新中心,努力成为世界主要科技创新中心。

表6.3　4个国家科技创新中心(综合性国家科学中心)定位对比

地区	北京	上海	合肥	粤港澳
战略定位	全国科技创新中心	具有全球影响力的科技创新中心	综合性国家科学中心	具有全球影响力的国际科技创新中心
发展目标	成为全球科技创新引领者、高端经济增长极、创新人才首选地、文化创新先行区和生态建设示范城	通过滚动实施全面创新改革试验,2020年前,形成具有全球影响力的科技创新中心的基本框架体系;到2030年,着力形成具有全球影响力的科技创新中心的核心功能并最终全面建成具有全球影响力的科技创新中心	到2020年,综合性国家科学中心框架体系基本建成	建成全球科技创新高地和新兴产业重要策源地

续表

地区	北京	上海	合肥	粤港澳
重点任务	1.强化原始创新，打造世界知名科学中心 2.实施技术创新跨越工程，加快构建"高精尖"经济结构 3.推进京津冀协同创新，培育世界级创新型城市群 4.加强全球合作，构筑开放创新高地	1.建设上海张江综合性国家科学中心 2.建设关键共性技术研发和转化平台 3.实施引领产业发展的重大战略项目和基础工程 4.推进建设张江国家自主创新示范区，加快形成大众创业、万众创新的局面	1.建设国家实验室 2.建设世界一流重大科技基础设施集群 3.建设一批交叉前沿研究平台和产业创新转化平台 4.建设"双一流"大学和学科	1.构建开放型区域协同创新共同体 2.打造高水平科技创新载体和平台 3.优化区域创新环境
科技领域	信息科学、基础材料、生物医学与人类健康、农业生物遗传、环境系统与控制、能源等领域	聚焦生命、材料、环境、能源、物质等基础科学领域	能源、信息、材料、生命、环境、先进制造	新一代信息技术、生物技术、高端装备制造、新材料、新型显示、新一代通信技术、5G和移动互联网、蛋白类等生物医药、高端医学诊疗设备、基因检测、现代中药、智能机器人、3D打印、北斗卫星应用、信息消费、新型健康技术、海洋工程装备、高技术服务业、高性能集成电路、新能源、节能环保

续表

地区	北京	上海	合肥	粤港澳
科技产业	新一代信息技术、生物医药、能源、新能源汽车、节能环保、先导与优势材料、数字化制造、轨道交通等产业领域	信息技术领域、生物医药领域、高端装备领域、新能源及智能型新能源汽车领域、智能制造	电子信息、智能语音及人工智能、先进制造业、新能源汽车及光伏	新一代移动通信、平板显示、高端软件、半导体照明、生物医药、智能制造装备、新材料

二、建设发展现状

(一)科技创新投入持续增加,且在全国处于领先地位

从 R&D 经费投入强度上看(图 6.6),4 个地区的 R&D 经费投入基本呈现逐年上升的趋势,且均高于全国经费投入强度。北京无论是在 R&D 经费投入强度上,还是在承担国家重点研发计划和国家自然科学基金重点项目上,都遥遥领先于其他 3 个地区,这与北京作为我国多个重要科技中心(综合性国家科学中心、国家科技创新中心)的地位相符,体现了北京在我国科技创新与研究发展方面的重要地位。2015—2018 年 4 个地区的 R&D 经费投入逐年增长,其中广东的 R&D 经费投入最高,且 85% 以上来自企业,说明广东企业的科技发展活力与创新性较强;其次是北京,但与广东相反的是,北京的 R&D 经费投入主要来自政府。

(二)科技创新机构数量众多,创新人才集聚明显

从 2018 年科技创新机构数量上看(图 6.7),广东和北京的高校数量和研究与开发机构数量在 4 个地区中居第一、二位,广东拥有普通高等学校 151 所,研究与开发机构 182 个;北京拥有普通高等学校 92 所,研究与开发机构 292 个。

此外,广东的高新技术企业数量庞大,有4万家,这与广东作为"中国第一强省"的地位相符。从创新人才集聚情况看(图6.8),北京以其核心地位吸引了大量的两院院士,2019年达到830人,且拥有最多高被引科学家。而上海则在国家万人计划领军人才数量上的表现较为突出,2019年上海拥有国家万人计划领军人才467人。

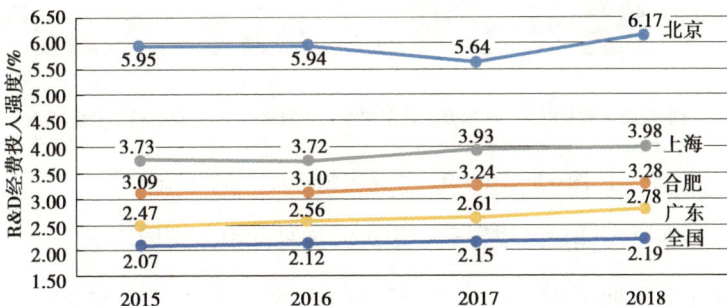

图 6.6 2015—2018 年 4 个地区 R&D 经费投入强度情况对比

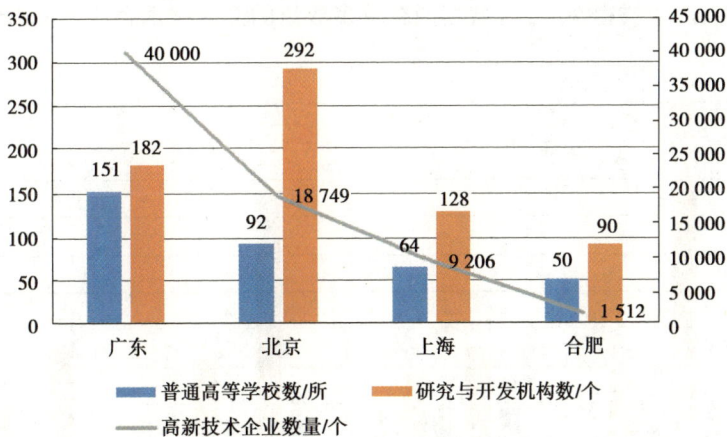

图 6.7 2018 年 4 个地区创新机构情况对比①

---

① 注:合肥高技术企业数量用合肥国家高新技术产业开发区企业数量代替。

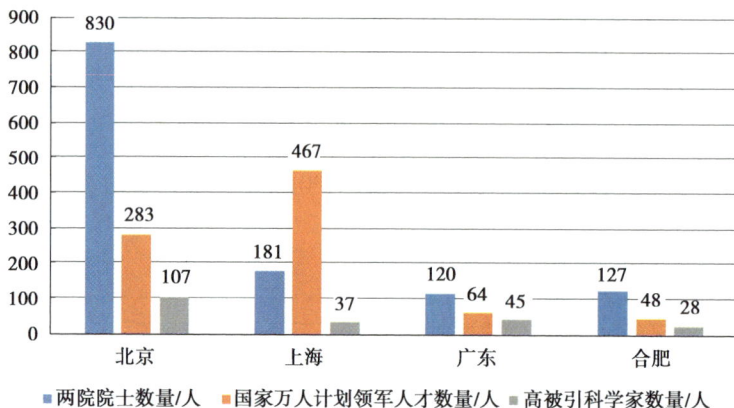

图 6.8　2019 年 4 个地区创新人才情况对比①

（三）创新平台建设效果显著，重大科技基础设施布局广泛

2019 年北京拥有 94 个国家重点实验室，457 个省级重点实验室，63 个国家工程技术研究中心与上海并列第一，综合而言居全国首位；在国家企业技术中心数量上，广东拔得头筹，这与其拥有较多数量的高新技术企业相关（图 6.9）。

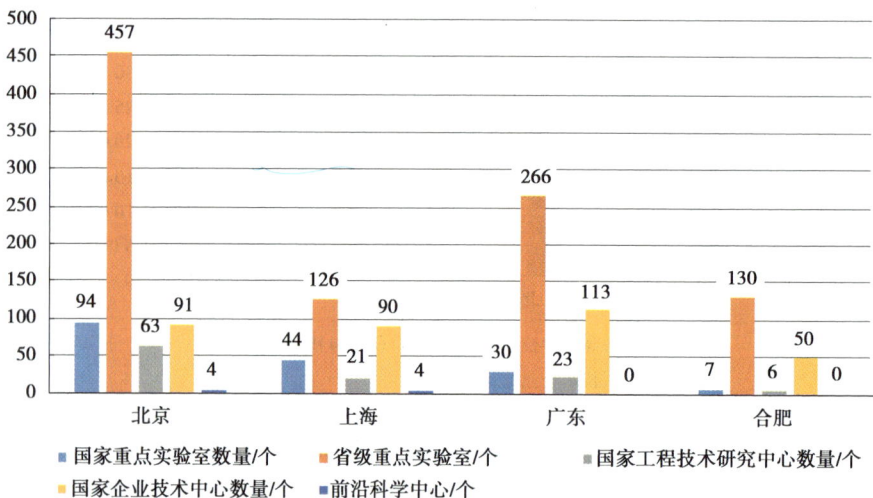

图 6.9　2019 年 4 个地区科技创新平台情况对比

---

① 注：广东两院院士数量用 2018 年数据代替。

国家重大科技基础设施是衡量一个国家科技发展水平的重要标志,是推动国家科学和技术发展的"国之重器",而国家实验室是实现新一轮科技发展战略目标的重要支撑平台,国家研究中心则是适应大科学时代基础研究特点的学科交叉型国家科技创新基地,三者均是国家科技创新体系的重要组成部分。表6.4展示了4个地区的国家重大科技基础设施、国家实验室和国家研究中心对比情况。

表6.4　4个中心国家重大科技基础设施、国家实验室和国家研究中心对比

名称	状态	北京	上海	合肥	粤港澳
国家重大科技基础设施	建成(22)	子午工程一期、北京正负电子对撞机、中国遥感卫星地面站、遥感飞机、陆地观测卫星数据全国接收站网、航空遥感系统、高能同步辐射光源验证装置、综合极端条件实验装置(8)	上海光源一期、国家蛋白质科学研究(上海)设施、上海超级计算中心、国家肝癌科学中心、神光Ⅱ多功能激光综合实验平台(5)	全超导托卡马克核聚变实验装置、同步辐射装置、稳态强磁场实验装置(3)	国家超级计算广州中心、中国(东莞)散裂中子源、江门中微子实验站、未来网络基础设施、深圳国家基因库、国家超级计算深圳中心(6)
	在建(21)	高能同步辐射光源、多模态跨尺度生物医学成像设施、综合极端条件实验装置、地球系统数值模拟装置、子午工程二期(5)	上海超强超短激光实验装置、硬X射线自由电子激光装置、上海光源线站工程(光源二期)、上海软X射线自由电子激光装置、活细胞结构与功能成像等线站工程、转化医学国家重大科技基础设施(上海)、国家海洋科学观测网、高效低碳燃气轮机试验装置(8)	聚变堆主机关键系统综合研究设施、大气环境立体探测实验研究设施、高精度地基授时系统、未来网络试验设施、合肥先进光源(5)	强流重离子加速器与加速器驱动嬗变研究装置、脑模拟与脑解析设施、合成生物研究设施(3)

续表

名称	状态	北京	上海	合肥	粤港澳
国家实验室	建成（3）	正负电子对撞机国家实验室、北京串列加速器核物理国家实验室（2）		国家同步辐射实验室（1）	
国家研究中心	组建（4）	北京凝聚态物理国家研究中心、北京信息科学与技术国家研究中心、北京分子科学国家研究中心（3）		合肥微尺度物质科学国家研究中心（1）	

（四）基础研究产出成效明显，技术成果转化成效显著

从 2018 年国家科学技术奖励个数看，北京因其强大的科技实力获得 69 个奖项，依据中国知网中国科学文献计量评价研究中心整理的自 2006 年至 2019 年 3 月国内本科院校在各学科发表的高被引论文情况，北京拥有 21 所排名前 100 高校，排名第一，同样在 2015—2019 年 4 个地区在顶尖期刊（CNSP）上的发文量对比中，北京依然以 833 篇的发文数量位列第一。在顶尖期刊的发文领域对比中，4 个地区略有差异，反映出 4 个地区在研究领域的侧重各有不同（表 6.5）。

表 6.5　4 个中心国家奖励与基础研究产出对比

地区	2018 年国家科学技术奖/项	2019 年拥有高被引论文 TOP100 高校数量/所	2015—2019 年顶尖期刊发文数量/篇
北京	69	21	833
上海	47	7	467
广东	45	7	167
合肥	9	2	100

从技术成果产出情况看（图 6.10），2015—2019 年广东的专利授权和发明专利授权数量最高，且远高于其他 3 个地区，但在发明专利授权数占专利授权数比重的数据对比中，北京则要高于其他地区。从技术合同交易数量和成交金额上看（图 6.11），广东、上海、合肥与北京间也存在不小差距。

图 6.10 2015—2019 年 4 个地区专利授权情况对比

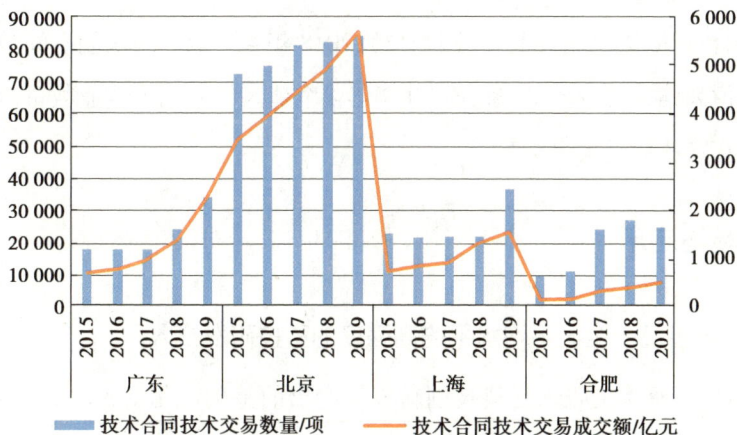

图 6.11 2015—2019 年 4 个地区技术交易情况对比

从高新技术企业工业总产值比较情况看（图 6.12），2015—2018 年广东的高新技术企业工业总产值要远高于其他三个地区，且逐年上升趋势明显，每年的增幅为 20%～30%，广东的高新技术企业活跃度非常高。

高新技术企业工业总产值/亿元

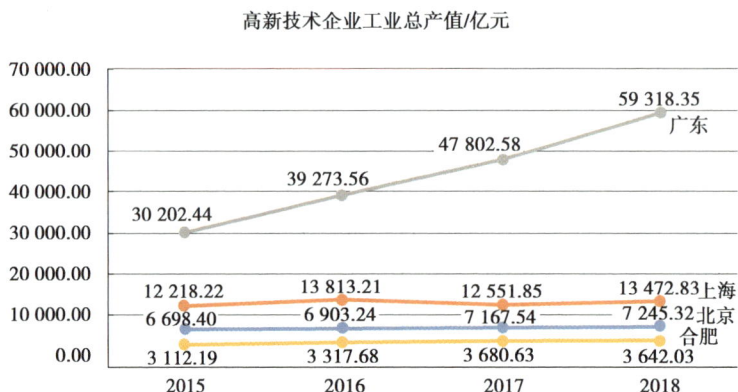

图 6.12　2015—2018 年 4 个地区高新技术企业工业总产值情况对比①

(五)科技创新政策影响较大,创新环境优化成效明显

科技创新政策与环境是科技发展的保障与助力,2019 年上海的研发费用加计扣除金额为 303.75 亿元,高新技术企业贷款额为 237.59 亿元,高新技术企业成果转化项目 822 项。2019 年深圳的研发费用加计扣除金额达到 990.12 亿元,高新技术企业减免税额达到 136 亿元。

从创新环境优化成效上看(图 6.13),2018 年 4 个地区的众创空间数量对比中,广东位列第一,共有 716 家,而 2019 年 4 个地区的科创板企业数量对比中北京则以 40 家的数量拔得头筹。

三、经验与启示

(一)显著高于全国平均水平的高强度的科技研发投入

科技创新资本的投入是科技创新成果产出的基础。北京、上海、广东、合肥的 R&D 经费投入强度均高于全国,尤其是北京近五年的 R&D 经费投入强度高出全国的 2 倍以上。此外,科技创新活动有其特殊性,它不但依赖传统的资本投入,更依赖风险投资。风险资本是知识资本和金融资本的结合,新思想、新创

---

① 注:合肥高新技术企业工业总产值用合肥国家高新技术产业开发区企业总产值。

意的市场化和企业的成长需要风险资本的催化和引导。

图 6.13 4 个地区创新环境优化成效情况对比①

（二）高度重视综合性科学研究，夯实知识策源地的基石

我国 4 个科创中心无一不重视综合性科学的研究。2018 年国家科学技术奖共 278 项，北京、上海、合肥、广东共获得 170 项，占到全国的 61%。成渝建设国家重要科技创新中心，需要面向世界科学前沿，在重大科学问题领域取得更多原创理论，提出更多原创发现，获取原创性突破，在支撑国家掌握新一轮全球科技竞争的战略主动权和国际科技竞争话语权方面做出成渝的独特贡献。

（三）重视技术成果转化，建设创新全价值链

国家科技创新中心的创新成果价值实现主要依赖于科技成果转化实力和产业化过程中的市场效果。2018 年全国技术市场交易额为 17 697.4 亿元，而 4 个科创中心所在地区技术市场交易额就占全国的 45%，深圳在技术成果转化上尤为耀眼。科技创新中心的长远发展需要推动科技成果转移转化和产学研融合发展，通过发展科技成果转化功能型平台和科技成果产业化基地，建设创新链、转化链、产业链相互支撑的完整链条，把科技优势转化为促进产业和经济发

① 注：合肥科创板企业数量用安徽数据代替。

展的优势。

（四）基于独特地域特色优势明确发展战略定位

科技创新中心的建设要发挥地区区域特色,无法生搬照抄其他地区的发展模式。北京是以原始创新为主导的科技创新中心,依托为数众多的全国重点高校和国家级科研机构,实施以知识创新带动技术创新的模式,把区域创新的资源配置集中在创新源头上,成为辐射和带动全国的技术创新网络的一个中心结点。上海是全面综合协调的科技创新中心,其国际化程度高,综合实力强,重视产学研紧密联合,多种创新方式齐头并进。粤港澳大湾区是企业主导的科技创新中心,其市场化程度高,吸引了大批高新技术企业和前沿技术创新创业企业。合肥则承继了国家密集布局的大科学装置集群优势,以及围绕其开展科研活动的大量的科技研发机构,重点开展基础科学研究。

（五）强力汇聚高端科技创新人才,形成人才高度集聚现象

科创中心作为全国科技创新成果的重要生产地,人才的集聚是最大的战略。与其他地区相比,科技创新中心所在地集聚了更丰富的优秀人才资源,人才结构呈现高端化、国际化的特征。无论是两院院士、国家万人计划领军人才还是高被引科学家,4 个科创中心都汇聚了大量的高素质人才。高素质顶尖人才是科技创新中心最具竞争力的核心创新要素。

（六）政府建设良好的政策环境有力保障创新

政府是建设科技创新中心的引导者和保障者,是创新环境的维护者和创新氛围的塑造者。无论是北京、上海、粤港澳 3 个科技创新中心还是合肥综合性国家科学中心,政府在科技创新中心建设中都扮演了重要角色。例如,北京出台了《加快全国科技创新中心建设 促进重大创新成果转化落地项目管理暂行办法》《关于深化科技奖励制度改革的实施方案》;上海出台了《上海市推进科技创新中心建设条例》《关于进一步深化科技体制机制改革 增强科技创新中心策源能力的意见》《上海市人民政府关于进一步支持外资研发中心参与上海具

有全球影响力的科技创新中心建设的若干意见》；广东出台了诸如港澳居民居住证等便利港澳同胞在内地学习、就业、创业、生活的政策措施，促进大湾区内人流、物流等高效便捷流通；安徽出台了《安徽省人民政府关于印发支持科技创新若干政策的通知》。

四、成渝双城经济圈建设科技创新中心的短板

将成渝科技创新资源情况与我国已建科技创新中心（综合性科学中心）对比，可以发现成渝地区双城经济圈在建设我国重要科技创新中心中存在的问题与短板，也为其建设科技创新中心发力找准方向。

（一）科技创新投入严重不足

2019 年，川渝的企业 R&D 投入共 883 亿元，不及北京（987 亿元）和上海（911 亿元），与广东（2 650 亿元）相差甚远。在政府 R&D 投入上，川渝（397 亿元）也远低于上海（549 亿元）和北京（1 069 亿元）。R&D 投入强度略低于全国平均水平。

（二）基础研究能力明显偏弱

从承担国家重大研究项目来看，2018 年川渝承担国家重点研发计划项目和国家自然科学基金重点项目的数量（41 项，26 项）和经费总额（7.74 亿元，0.75 亿元）都不及北京（387 项，203 项；61.54 亿元，5.99 亿元）、上海（80 项，106 项；15.03 亿元，3.08 亿元）和广东（55 项，49 项；9.15 亿元，1.41 亿元）。从教育部批准建设的前沿科学中心与国家应用数学中心数量来看，全国目前一共批准建设 28 个，其中北京 6 个、上海 5 个，成渝只有 3 个（四川大学疾病分子网络、四川国家应用数学中心、重庆国家应用数学中心）。从获得国家科学技术奖励的情况来看，2018 年成渝地区总计获得 38 项，少于北京（69 项）、上海（47 项）和广东（45 项）。这些数据表明，与其他 3 个科创中心相比，在基础研究方面成渝地区还存在巨大差距，基础研究能力亟需提升。

（三）重大科技突破成果较少

改革开放 40 多年来，四川和重庆两地创新能力的进步仍然不够突出，重大科技成果、领军型科技企业仍然不多。铁基超导、多光子纠缠、量子通信等原创性突破多数来自北京、上海和合肥。深圳、合肥在芯片研发、5G 等关键技术研发方面取得突破性进展。四川和重庆两地在大飞机、高铁、北斗等研发上发挥了关键作用，下一步在于如何发挥主导和引领作用，多涌现诸如"华龙一号""人脸识别"等原创成果。

（四）重要创新载体建设质量较低

2019 年全国 169 家国家高新区，川渝 12 家中只有 5 家排进前 100 名，成都高新区第 8 位，重庆高新区第 35 位，绵阳高新区第 54 位，自贡高新区第 91 位，璧山高新区第 99 位。对比江苏省，其 18 家国家高新区中有 16 家进入全国百强。根据工信部赛迪研究院 2019 年 2 月发布的《中国国家级产业园区发展竞争力百强研究白皮书》，成渝地区只有 3 家国家级产业园区进入百强，而江苏有 26 家、浙江有 15 家、广东有 9 家。成渝地区科技创新、产业创新实力不均衡、整体实力弱的问题比较突出。

（五）高端创新人才集聚不足

2019 年，川渝两地两院院士人数合计为 75 人，远低于北京（830 人）、上海（181 人）、合肥（127 人）；长江学者特聘教授入选人数数量川渝两地合计为 9 人，远少于北京（33 人）、上海（100 人）和广东（67 人）；国家万人计划领军人才数量 65 人，同样远低于北京（283 人）和上海（467 人）；高被引科学家数量 34 人，也少于上海（37 人）、广东（45 人）和北京（107 人）。

（六）重要创新平台较少

川渝两地的国家级创新平台少。国家重点实验室，北京有 128 家，上海有 44 家，广东有 30 家，而川渝只有 26 家（四川 16 家，重庆 10 家）。现有的国家重大科技基础设施，北京有 11 个，上海有 5 个，合肥有 6 个，而川渝只有 3 个。川渝国家工程技术研究中心合计 26 个,少于北京(63 个);前沿科学中心和国家应用数学中心共 3 个,少于北京(6 个)和上海(5 个)。

(七)创新要素流动不畅,缺乏协同创新

尽管近两年来成渝两地在科技创新方面签署了一些合作框架协议,但由于缺乏顶层战略设计,还未建立有效的协同创新机制,双方缺乏实质性合作,科技互动不够深入,形式重于实质,大多协议都是追政绩的形象工程而没有产生实际社会价值。比如,《成渝城市群发展规划》提出过西部创新驱动先导区这样的定位,但涉及融合与合作的可操作性举措并不多。两地高端创新发展平台的谋划和建设竞争大于合作,创新资源、创新要素还不能在两地自由流动。谁才是川渝地区的"老大"的暗中竞争和较量,其实一直都是存在的,但只是不在明面上公开而已。这其实也是一个需要正视的现实问题。成渝地区与我国 4 个科技创新中心科技创新资源对比见表 6.6。

表 6.6 成渝地区与我国 4 个科技创新中心科技创新资源对比

对比指标	北京	合肥	上海	广东	四川	重庆	川渝	备注
企业 R&D 投入/亿元	830	—	840	2 369	424	324	748	《中国科技统计年鉴 2019》
政府 R&D 投入/亿元	921	—	471	288	291	70	361	
承担国家重点研发计划项目数量/项	387	13	80	55	25	16	41	根据 2019 年网上公开资料整理
承担国家重点研发计划项目经费/万元	615 463	34 301	150 252	91 540	50 886	26 661	77 547	
两院院士数量/人	830	127	181	120	59	16	75	
长江学者特聘教授入选人数/人	33	2	100	67	6	3	9	
国家万人计划领军人才数量/人	283	48	467	64	39	26	65	
高被引科学家数量/人	107	28	37	45	29	5	34	

续表

对比指标	北京	合肥	上海	广东	四川	重庆	川渝	备注
国家重点实验室数量/个	94	7	44	30	16	10		根据网上公开数据整理
省级重点实验室/个	457	130	126	266	121	172	293	
国家工程技术研究中心数量/个	63	6	21	23	16	10	26	
国家企业技术中心数量/个	91	50	90	113	81	34	115	
前沿科学中心/个	4	0	4	0	1	0	1	
国家科学技术奖/个	69	9	47	45	32	6	38	根据 2018 年网上公开资料整理
拥有高被引论文 TOP100 高校数量/所（2006—2019 年 3 月）	21	2	7	7	6	2	8	根据 2019 年网上公开资料整理
近五年顶尖期刊发文数量/篇	833	100	467	167	49	33	82	基于 WOS 数据库进行整理
众创空间数量/家	147	75	153	716	156	215	371	《火炬统计年鉴 2019》
科创板企业数量/家	40	6	36	34	4	1	5	根据网上公开数据整理

第三节　成渝科技创新中心建设主体框架

一、战略定位与发展目标

　　面向 2050 年科技强国建设和现代化强国建设大背景,面临新冠肺炎疫情后更加凸显的国际政治经济竞争与现存经济贸易秩序解构的挑战,基于已有坚实基础和优势,以建设战略性国家科技创新中心为战略定位,以实现科技创新突破支撑引领经济高质量跨越发展和军民深度融合确保国防科技能力与备份为战略目标,以建设促进科技创新的治理体系与治理能力为战略手段,推动科技创新与经济社会发展深度融合,建设国家主要科技创新中心和具有全球一流水平的科技创新中心。

到 2035 年,建成我国具有重大战略保障能力和技术追赶能力的航空航天、核技术、新一代轨道交通等装备制造、新一代信息技术与网络安全、新药研发与中药创制、特色食品生物智能制造、超高清技术、先进材料等的科技创新中心,科技创新体系更加完善,科技创新能力显著提升,形成辐射和带动西南地区乃至整个中国西部发展的核心创新中心。

到 2050 年,建成具有世界一流(领先)技术的超高速轨道交通、网络安全技术、电子元器件与高端材料、现代生物技术主导的药品食品制造、超高清技术(在视频、检测及远程监控等领域广泛应用)、多路径核聚变、空天飞行器、卫星互联网等的科技创新中心,跻身全球大城市区域创新中心前 20 位,成为全球科技创新网络的重要节点,有效参与全球科技创新资源配置,成为我国建成科技强国的强劲创新动力源和主要科技创新力量。

成渝国家科技创新中心建设中四川省战略目标与重点任务应为:

以建设成渝具有全国影响力的科技创新中心为战略目标,充分发挥四川在整个成渝双城经济圈中的良好区位和经济优势,以成都为主阵地建设成渝国家综合性科学中心,强化成都的科技创新"极核"作用,将成都建设成为成渝经济圈科技创新的主要策源地、全国有重要影响力的科技创新城市。

到 2035 年基础研究能力显著增强,形成一批具有自主知识产权和重要应用前景的重大原创科学成果,培育一批具有国际竞争力的本土领军型高新技术企业,形成若干世界级先进制造业集群,成为中西部科技创新的策源地、全球科技创新网络中的重要节点。

到 2050 年建设成为全国和"一带一路"地区科技创新的策源地,成都作为全国综合性科学中心的实力进一步增强,成为我国建成世界科技强国的重要支撑力量,成为全球创新网络中的主要创新节点城市。

二、成渝科技创新中心建设原则

国家科技创新中心建设必须遵循规模化发展、增量式发展、未来式发展、特色化发展、协同式发展和开放式发展的建设原则,充分发挥川渝的科技优势与特色,增量式集聚科技创新资源,开放合作、协同共建,推动建设区域科技创新高地。

(一)规模化发展

建设国家科技创新中心,成渝地区现有的科技力量是重要的基础性创新力量,但这显然是不够的,必须要大力促进高水平科技创新平台、科技创新主体、一流科技团队和人才的规模化集聚,发挥集聚效应,特别是要引进战略性科技力量。

(二)增量式发展

建设国家科技创新中心,成渝地区必须要争取国家的一些战略性科技资源布局于成渝地区,以弥补成渝地区在这方面的明显短板,要有效激励和引进增量科技创新资源,特别是要积极争取国家的增量式重大科技创新资源(包括重大创新平台、大科学装置等)。

(三)未来式发展

建设国家科技创新中心,成渝必须要有战略思维和危机意识,建设和完善区域科技创新体系,形成国家科技创新体系的完整战略备份。要着眼长远经济社会发展大趋势及其科技需求,战略性布局未来科技领域与方向,这也是发展科学研究的正确姿态。

（四）特色化发展

建设国家科技创新中心，要形成自身的科技发展显著优势和占领科技领域的战略制高点。如北京、上海、合肥、粤港澳等科技创新中心或综合性国家科学中心，都基于独特的战略区位确定其科技创新中心或综合性科学中心建设的战略定位。如北京以原始创新为主导建设科技创新中心，实施以知识创新带动技术创新和引领全国发展的模式；上海则基于其开放性和高国际化程度建设全面综合协调的科技创新中心；合肥主要发挥大科学装置集群优势开展基础研究，重点建设基础科学高地；粤港澳作为改革开放前沿及两种社会制度试验区和市场化发达区域，建设以高新技术企业为主导的科技创新中心。因此，要充分发挥川渝的科技优势和科技特色，以及国家与区域未来经济社会发展大趋势及其科技战略需求，从而突出成渝国家科技创新中心的个性化、差异化和不可替代性特点。

（五）协同式发展

成渝两市各自建设国家综合性科学中心显然实力不够，协同共建成渝国家科技创新中心则可以优势互补，力量倍增。成渝国家科技创新中心建设由两个地方省级行政主体联合主导来建设，这与现有的几个国家科技创新中心（北京、上海、合肥、粤港澳）存在明显差异。为此，一方面，川渝双方都要积极作为、发挥积极性，形成协同合作的建设机制，以摆脱各自科技实力明显薄弱的困局，实现合作力量倍增、"1+1>2"的协同建设效应。另一方面，要加强顶层设计，做好规划和统筹协调，实现优势互补、分工协同，避免暗中较劲乃至恶性竞争，成为跨地域跨行政区科技创新中心建设的示范和样板。

（六）开放式发展

科技创新是一个开放体系。川渝科技创新体系要形成与区内外、国内外科技创新体系的科技开放合作的良好发展机制，促进创新思想、创新要素等高效流动，促进区域创新体系不断优化调整和创新效能最大化。

三、成渝科技创新中心主体架构模式

科技创新中心建设需充分考虑其组成部分和关键要素,构建科学合理的逻辑框架和建设体系。通过构建"一中心+多科学城+众产业基地(创新园区)+数科创大走廊"的主体架构,形成成渝国家科技创新中心的独特创新组织体系与建设战略模式,成为"成渝一体化经济圈"新科技、新产业、新业态等的知识策源地、创新发展动力源。

(一)一中心

一中心即"成渝综合性国家科学中心",由成都国家科学中心和重庆国家科学中心协同组成,是成渝国家科技创新中心的主要知识技术策源地,将其作为成渝国家科技创新中心的主要战略性建设内容。综合性国家科学中心是科技创新中心建设龙头和主要任务,是最关键的战略目标性建设层次,不能缺失。没有综合性科学中心的创新支撑,就不可能建设科技创新中心;没有新科学知识技术的源源不断供给,就不可能有经济创新中心的持续发展。应争取将成渝综合性国家科学中心建设成为我国第 5 个综合性国家科学中心①,形成我国综合性国家科学中心的东部(从北到南 3 个)、中部(1 个)、西部(1 个)的合理战略布局,完善综合性国家科学中心的区域布局体系。在全面推进科技强国建设的新的国家战略背景下,还有一些城市提出综合性国家科学中心,未来可能还会增加个别新的综合性国家科学中心布局。

(二)多科学城

多科学城即成渝综合性国家科学中心的核心承载区。"科学城"的概念不同于"科学中心"的概念,提法上不应该泛化为"西部科学城",笼统地以"西部

---

① 其他 4 个综合性国家科学中心分别为上海综合性国家科学中心、合肥综合性国家科学中心、北京综合性国家科学中心、深圳综合性国家科学中心。

科学城"的概念特指成渝地区要建设的科学城是不适当的,因为以我国之大,西部地区其他主要城市也有其承载科研机构和设施的"科学城",不科学的概念本身也会影响其影响力传播。基于成渝两大极核城市分隔两地的地理现实,需要规划建设川渝两省市的"科学城体系"——"3+2科学城体系",即四川省重点建设成都(天府)科学城、绵阳科技城、川南(宜宾泸州)科教城;重庆市重点建设重庆科学城和两江新区科创城。依托科学城体系,承载科学研究及其科学设施,尤其是基础研究,形成成渝国家科技创新中心的知识策源地与技术创新源,推动前沿科学发展、新兴技术进步,支撑科技产业乃至经济社会的长远发展。

(三)众产业基地(创新园区)

众产业基地(创新园区)即新科技产业的一系列承载区域的产业基地、产业园区、创新发展试验区等。科技创新中心,不仅要产出原创性科学突破成果,还要能创造出新科技产业,这是科技创新中心的鲜明品质。新科技产业的创造和产出,需要一流的产业创新载体。作为科学城的科学研究成果的产品化、产业化转移转化的承载区域,产业基地也是成渝国家科技创新中心的主要科技成果转移转化载体与平台,包括川渝两地已有的高新区、经济技术开发区、产业园区等,更包括未来在成渝国家科技创新中心辐射区域新规划建设和发展起来的科技型产业基地、创新园区和创新发展试验区。这些新的产业基地可重点布局在成渝相向毗邻空间内,解决成渝毗邻区域"经济塌陷"的问题。

(四)数科创大走廊

数科创大走廊即产业基地、创新园区、创新发展试验区等在空间上不断集聚而形成的产业创新发展轴带。要着眼长远布局(以未来30年我国建设科技强国为时间尺度),将增量式发展的新科技型产业基地(产业园区、创新发展试验区)布局在成渝相向发展轴带之间,"以点串线""以线扩廊",逐步形成成渝相向发展、相互连接的产业发展轴带(科创大走廊),增强成渝极核及其轴线的带动作用。未来成渝相向一体化发展是战略趋势,成渝之间的区域性中心城市密集、拥有连接成渝两大极核城市的便利条件。特别是,成渝两个超大城市的主城核心区内承载产业制造基地的成本越来越高,成渝之间区域中心城市承载产业发展的积极性很高。这些因素必然推动成渝相向毗邻轴线上承接和布局重要科技转移转化的产业园区并形成产业科创大走廊,不仅是未来成渝地区双城经济圈建设的必然趋势,更可以解决成渝轴线上"经济断裂"问题,壮大成渝主轴"转动"整个经济圈的力量。

专栏6.1:《四川省国民经济和社会发展第十四个五年规划和二〇三五年远景目标纲要》——突出创新引领,建设具有全国影响力的科技创新中心

(一)优化创新能力布局。高水平建设综合性科学中心、完善西部(成都)科学城"一核四区"功能布局、推动中国(绵阳)科技城突破性发展、构建区域协同创新网络。

(二)打造高能级创新平台。建设重大科技基础设施集群、高标准建设重点实验室体系、推动部省共建国家创新中心。

(三)提高创新链整体效能。加强基础研究、开展关键核心技术攻关、促进科技成果转化。

(四)提升企业技术创新能力。强化企业技术创新主体地位、鼓励企业加大研发投入、支持企业开展协同创新。

(五)优化政策环境。完善科技创新体制机制、建设西部创新人才高地、加强知识产权保护运用、健全支持创新的金融政策、营造支持创新创业创造的良好生态。

专栏6.2：《重庆市国民经济和社会发展第十四个五年规划和二〇三五年
远景目标纲要》——坚持创新驱动发展，加快建设具有全国影响力的科
技创新中心

（一）推进西部（重庆）科学城建设。聚焦科学主题"铸魂"，面向未来
发展"筑城"，联动全域创新"赋能"。

（二）加快培育创新力量。打造高水平科技创新基地，强化企业创新主
体地位，培育产学研融合新型研发机构。

（三）激发人才创新活力。培养造就高水平人才队伍，激励人才更好发
挥作用。

（四）完善科技创新体制机制。深化科技管理体制机制改革，健全科技
投融资体系，优化创新创业创造生态。

第四节　成渝科技创新中心建设主要内容

一、高目标规划建设成渝综合性国家科学中心

没有综合性国家科学中心就不可能成为重要科技创新中心，建设成渝国家
综合性科学中心，是支撑成渝国家重要科创中心的知识策源地。成渝国家综合
性科学中心建设主要依托双中心城市，建成后的科学中心具有科技创新功能卓
越、创新极核优势互补、高端合理布局的特征。在区域上形成与华北（北京）、华
东（上海）、华中（合肥）和华南（深圳和广州）的合理布局，成为中国西部的综合
性国家科学中心。

（一）战略谋划、高端定位布局特色优势战略性科技领域

战略谋划、高端定位布局重要科技发展领域。成渝国家综合性科学中心在

科技布局上,要发挥科教资源优势与已有综合性国家科学中心形成差异,要发挥科教资源优势,加强与国家科技计划衔接,重点布局航空航天、核技术、新一代轨道交通(磁悬浮)、新一代信息与网络安全(包括人工智能、大数据与超算等)、生物医药与中医药,取得一批具有全球影响力的重大基础研究成果,创造和引领战略性新兴产业发展方向。

(二)新建一批世界一流研发机构

综合性国家科学中心作为知识创新的源头,需要依托具有国际影响力的大学和科研机构,顶尖的科研领军人物和一流水平的科研团队,因此要建设和引进一流研究机构、一流大学(校区)、一流学术团队,形成重要科技领域与方向的科学研究中心(创新研究院),超前引领和辐射带动周边区域乃至全国、全球科技创新活动和产业的发展。争取建设一批国家学科研究中心,建设成都轨道交通国家研究中心、川藏铁路技术创新中心、生物安全研究中心(生物安全三级、四级实验室)、西南天然药物与临床转化研究中心、宇宙线物理与探测技术研究中心、陈星弼电子功率器件及高端材料研究院、氟系高纯材料实验室、清华大学新能源技术研究院等。

(三)全力争取国家支持建设一批国家重大科技基础设施

在大科学时代,没有重大科技基础设施就难以成为重要科技创新中心。要围绕主要科技创新领域,规划布局一批交叉前沿创新平台,把交叉性科学研究作为重要发力点,着力实现多学科交叉前沿领域重大原创性突破。强调政策链、创新链、产业链、人才链等多链联动发展,力争通过突破关键共性技术,培育孵化重大产业化项目和科技创新型企业,通过创新扩散实现科技创新对产业创新和区域经济、社会发展的带动作用。如继续支持建设中国环流器,新建电磁驱动聚变装置、准环对称仿星器等多路径核聚变研究装置,超高速动模风洞,时速 200 千米磁浮列车试验线,超高速真空管道试验装置,无人机试飞场等,着力实现多学科交叉前沿领域重大原创性突破。同时,进一步提高国家大型科研基础设施和实验室的管理水平,通过设施开放共享,深入开展科研合作。通过国际、国内合作,凝聚国内外顶尖人才、先进技术项目,营造良好的创新生态。

专栏 6.3：《关于加强科技创新 促进新时代西部大开发形成新格局的实施意见》——支持成渝科技创新中心建设内容

　　支持成渝科技创新中心建设。研究制订成渝科技创新融合发展专项规划,重点支持布局超瞬态物质科学实验装置、长江流域地表过程与生态环境模拟实验系统等重大科技基础设施,培育建设川藏铁路等国家技术创新中心,加快成都国家新一代人工智能创新发展试验区建设,着力打造综合性国家科学中心。支持建设成渝西部科技城,提升重庆科学城、成都科学城建设水平,支持绵阳科技城探索建立区域科技创新特区的科学路径。推动重庆、成都自主创新示范区建设。

二、以成都重庆为主阵地，加快规划建设多个科学城

　　科学城是成渝综合性国家科学中心的科技创新主体(大学、科研院所等)的主要空间承载区域,是科技创新中心、综合性科学中心的知识技术创新心脏。

　　以增量形式、重新规划高标准建设中国西部(成都)科学城(专栏 6.4)。成都科学城的定位是成渝科技创新中心核心承载区、原始创新策源地。争取到2025 年,成都(天府)科学城、东部新区未来科学城、国际生物城、新经济活力区能够规划建成一批体现四川承担国家重大战略布局的重大科技基础设施和重大创新平台并投入使用,引进一大批高水平创新主体和人才团队;到 2035 年产出一批重大科技成果,显著提高成都的原始科学创新能力和科技综合实力。

专栏6.4:《中国西部(成都)科学城战略规划(征求意见稿)》简介

(一)建设目标:到2025年,初步建成具有全国影响力的科学城;到2035年,基本建成具有国际影响力的科学城;到2050年,全面建成全球一流的科学城。

(二)主要内容:科学城总规划面积361.6平方千米,由"一核四区"构成,形成"核心驱动、协同承载、全域联动"的发展格局。"一核"即成都科学城,打造具有全国重要影响力的原始创新高地。"四区"即新经济活力区、天府国际生物城、东部新区未来科技城和新一代信息技术创新基地,协同构建创新功能突出、创新服务完善、主导产业领先的"二次创新"承载地。"一核四区"通过数字链、创新链和价值链与全市66个产业功能区相嫁接,开辟科学城发展的拓展空间。

大力提升建设中国(绵阳)科技城(专栏6.5)。绵阳科技城定位是国防军工科技承载区、科技成果转移转化承载区、军民融合示范区。绵阳科技城要着力在军民融合科技创新领域采取重大改革发展措施,促进"植入式"中央在绵研发机构发挥科技外溢效应,建设国家级军民融合科技产业发展示范区。争取到2035年,在国防军工科技领域产出一批重大研究成果,军民融合局面欣欣向荣并有一批军器民用产业兴起,建成国家国防安全战略性支撑能力强大、科研要素集聚、创新创业活跃的特色科技城。

专栏6.5:中国(绵阳)科技城简介

(一)背景:新中国成立以后,国家大力实施"三线建设",绵阳聚集了中国工程物理研究院、西南自动化研究所、中国空气动力研究与发展中心等一大批国防科研院所和其他宝贵的"三线"企业,为绵阳发展奠定了坚实的基础。2001年国务院下发了《关于建设绵阳科技城有关问题的批复》,正式批复了《绵阳科技城发展纲要》，指出："建设好绵阳科技城，把绵阳市丰富的科技资源转化为巨大的生产力，促进我国西部地区的经济发展，是邓小平同志关于'科学技术是第一生产力'重要论断的具体实践，对实施西部大开发战略和科教兴国战略具有重要意义。"

（二）历史机遇①：绵阳科技城享有国务院批准的 4 项先行先试政策，包括：一是给予技术人员和管理人员的股权奖励可在 5 年内分期缴纳个人所得税；二是有限合伙制创投企业投资于未上市中小高新技术企业 2 年以上的，可享受企业所得税优惠；三是对 5 年以上非独占许可使用权转让，参照技术转让给予所得税减免优惠；四是对中小高新技术企业向个人股东转增股本应缴纳的个人所得税，允许在 5 年内分期缴纳。

（三）新机遇：2021 年科技部印发的《关于加强科技创新 促进新时代西部大开发形成新格局的实施意见》提出支持绵阳科技城探索建立区域科技创新特区的科学路径。

前瞻规划建设川南科教城（宜宾+泸州）。从长江经济带建设、成渝地区双城经济圈建设、陆海新通道建设、西部大开发新格局以及国家"一带一路"建设等多个国家战略看，川南科教城（宜宾）（专栏 6.6）的建设具有长远战略意义，是成渝地区双城经济圈南向辐射的关键战略支撑节点（形成整个西南地区更大的紧密型经济圈，或者可称为"泛成渝经济圈"、成渝经济圈的辐射圈），支撑成渝地区双城经济圈建设实现国家发展战略目标。川南科教城（宜宾）建设可以定位为建设"教—科—产—城"融合的协同创新区域和生态绿色型科技产业承载区域，成为培养新型、科技型、产业技能型人才的基地，在已有科教发展基础上，充分利用国家西部大开发新政大力促进科教产城融合发展。

专栏 6.6：宜宾大学城简介

四川省宜宾临港经济技术开发区临港大学城范围为宜宾市飞云路以北、龙兴路以南、观斗山以东、龙头山以西，用地总面积为 6.13 平方千米，其中城市建设用地 5.3 平方千米。

2017—2020 年，四年时间，宜宾大学城已建成 9 所大学，包括四川轻化工大学宜宾校区、西华大学、四川大学宜宾园区、电子科技大学宜宾研究院、宜宾学院临港校区、四川外国语大学成都学院宜宾校区、成都理工大学宜宾校区、成都工业学院宜宾校区、西南交通大学研究生院宜宾分院。

下一步，宜宾大学城还会大力引进国际国内一流研究生院校、本科院校、职专院校、实训基地、国际学校，鼓励和吸引更多社会资本来宜办学。支持已落户宜宾的高校扩大招生规模、提高办学质量，面向全球招生，建设具有全国影响力的南亚、东南亚和"一带一路"国际留学生基地。

高标准规划建设重庆科学城（专栏 6.7）。重庆科学城位于重庆中心城区西部槽谷，是成渝综合性国家科学中心的主阵地之一。重庆科学城可定位为成渝国家科技创新中心高质量发展的重要增长极和创新驱动重要引擎。通过集聚一批大院大所、大科学装置、大创新平台、大科技产业，优化高新技术产业园、创新创业园、成果转化园、创业孵化园等体系布局，提升科学城创新核心功能，优化创新环境，建设成为鼓励创新、开放包容、追逐梦想的梦想之城，营造良好的创新创业生态。

专栏 6.7：西部（重庆）科学城简介

（一）地理区位

西部（重庆）科学城位于中心城区西部槽谷，涉及 5 个行政区。中梁山、缙云山东西并行，长江、嘉陵江南北合抱，"两山夹两江"形成的中心城西部槽谷,便是西部(重庆)科学城的空间结构。总体来看,西部(重庆)科学城所在的西部槽谷,有"向西联动渝西、辐射川东"的突出区位优势、"两山夹一谷"的优越地理条件。这一区域拥有国家自主创新示范区、自贸试验区、国家级高新区、西永综保区等多块"金字招牌",高新技术产业和科教资源集聚。

(二)生产空间

一核四片多点,紧扣"五个科学""五个科技"。

"一核",即重庆高新区直管园,是集聚基础科学研究和科技创新功能的核心引擎,将集中力量建设综合性国家科学中心;

"四片",即北碚、沙坪坝、西彭—双福、璧山四大创新产业片区,主要承担教育科研、高端制造、国际物流、军民融合等功能;

"多点",即以创新创业园、高新技术产业园等为支撑,构建产学研深度融合的创新空间体系。

西部(重庆)科学城将紧紧围绕"科学之城、创新高地"总体定位,紧扣"五个科学""五个科技",打通产学研创新链、产业链、价值链,让"金篮子"装满"金鸡蛋"。

(三)生活空间

一主四副多组,主中心50平方千米。

"一主",即以重庆高新区直管园的金凤为引领,与西永、大学城共同组成50平方千米的科学城主中心,规划集聚高端生活性服务、国际科学交往功能,布局高品质居住区;

"四副",即北碚、团结村、陶家—双福、青杠四个片区副中心,承担片区综合公共服务和商业商务功能;

"多组",即围绕圣泉、西彭、丁家、青凤、歇马等节点中心,以及街道中心和社区中心,形成多个职住平衡居住组团,完善基础设施,强化功能配套,智能化应用场景覆盖全城,打造"24小时办公、24小时生活"的不夜城。

（四）生态空间

一心一轴两屏，为科技注入生态元素。

在生态空间上，西部（重庆）科学城将规划构建"一心一轴两屏"的空间结构。

"一心"，即以寨山坪为依托的科学公园，是科学城的"城市绿心"。

"一轴"，即沿科学大道，由湿地群、公园群和城中山体组成的绿色长廊，是科学城的绿色"主轴"、科学"主轴"。

"两屏"，即缙云山、中梁山生态屏障，是"城市绿肺、市民花园"。

三、大力推进组建关键"高技术领域产业技术创新战略联合体"

作为攻克重大"卡脖子"科技瓶颈问题的新型举国体制，"高技术领域产业技术创新战略联合体"（或"创新联盟"）要形成新型的创新集群和创新链组织形式。

——组建中航设计、燃气涡轮、成飞、成发、空气动力、东汽、5719 工厂、九州、川大智胜等为主的航空高技术战略联合体。

——组建中国工程物理研究院、核动力院、西南物理研究院、川大、西南交大、东方集团等为主的核技术战略联合体。

——组建华为成都研究所、中移动 5G 研究院、长虹集团等 5G 产业生态发展联合体。

——组建电子科技大学、中电科 29 所、川投集团、海特高新、宏明无线电、乐山无线电为主的电子器件战略联合体。

——加强中电科系统网络安全产业战略联合体（产业园区）建设。

——组建西南交大、铁二院、铁二局、中车成都公司、中车资阳公司、川发展新筑路桥、中铁磁浮技术（成都）公司为主的磁浮轨道交通战略联合体。

——组建四川轻化工大学、晨光化工研究院、西南化工研究院氟系高纯材料战略联合体。

——支持索贝数码、峨影集团、科来软件、四川广电、华为、紫光、索尼、三星、超高清视频（四川）协同中心建设技术创新战略联合体。

——组建四川大学、成都中医药大学、西南医科大学、四川中药研究院、华西医院、四川省转化医学中心、四川输血研究所、中科院成都生物研究所、蜀阳集团等为主的生物医学创新战略联合体。

——组建四川食品发酵研究院、四川省机械研究设计院、五粮液集团、老窖集团等为主的白酒生物智能制造高技术联合体。

四、建设科技新产业创新基地（产业园区）及产业轴带

重点建设国家数字经济创新发展试验区（专栏 6.8）、航空动力产业园、航天装备及卫星应用产业基地、轨道交通产业园、国家新一代人工智能创新发展试验区（专栏 6.9、专栏 6.10）、成都软件名城、大数据与超算中心及分布式算力支持体系、中国（成都）超高清视频产业创新应用基地、国家重大新药创制转移转化试点示范基地、天府生命科技园等。

在长远战略布局中，将这些增量式新科技型产业基地（产业园区）布局在成渝极核相向连接的轴线上，"以点串线""以线带面"，逐步形成成渝相向发展的产业轴带或科创大走廊，大大增强成渝极核的带动作用。

专栏 6.8：《国家数字经济创新发展试验区（四川）建设工作方案》介绍

总体要求主要包括基本思路、主要目标、试验布局。主要思路是以数据要素高效流通和新型基础设施建设为驱动，以推动数字产业集聚发展和产业数字化融合为重点，以集聚高端人才和培育市场主体为引领，加快数字技术创新赋能实体经济，探索建立与数字经济发展相适应的政策法规、公共服务、产业生态和技术创新体系，推动形成更多在全国具有引领性、示

范性的试验成果,着力打造数字经济新增长极。

主要目标是力争到 2022 年,初步构建与数字经济发展相适应的政策体系和制度环境,数字产业化和产业数字化取得显著成效,数字经济对我省地区生产总值(GDP)贡献率大幅提升。全省数字经济规模超过 2 万亿元,占 GDP 比重达到 40%。试验布局是根据全省数字经济发展实际,以成都为核心区域,以区域中心城市和基础较好的城市为重要区域,以国家、省级产业园区和平台等为重要载体开展先行先试,带动全省经济社会数字化转型。

重点任务主要是坚持目标导向、问题导向,提出 6 项具体任务。一是加快推进新型基础设施建设,针对信息基础设施共建共享程度低、城乡发展不均衡、支撑作用发挥不充分等问题,提出全面推动 5G、物联网等通信网络提档升级,大力推动数据中心、超算中心等算力基础设施集约共享,探索开展卫星、6G 等未来网络试验验证等任务。二是全面推动数字政府建设,针对政务数据共享难、部门业务协同难以及城市治理智慧化水平不高等问题,提出支持成都建设具有国际影响力和区域带动力的新型智慧城市、全面推进数字政府建设、积极推进数字乡村治理等任务。三是促进数字产业集聚发展,针对我省数字产业规模不大、集聚发展不够、核心竞争力缺乏等问题,着力补短板、强链条,注重归核化发展,提出推动集成电路新型显示产业整体提升、加快 5G 和超高清视频产业发展、打造人工智能产业创新高地、推动区块链技术创新应用等任务。四是加快传统行业数字化转型,针对我省传统产业数字化转型动力不足、融合程度不深等问题,着力实施数字赋能升级工程,提出加快发展"互联网+先进制造业"、加快发展数字农业、大力发展数字消费新业态新模式、突出发展数字文旅优势产业等任务。五是协同共建数字双城经济圈,以加快推动信息基础设施共建共享、数据资源高效流通、数字产业协同互补为重点,提出推动成渝地区深度合作、积极开展跨区域融合协作等任务。六是培育数字经济发展生态，针对数字经济发展市场监管治理难度大、创新平台能级不高、高端人才缺乏等问题，积极营造有利于数字经济创新发展的良好生态环境，提出着力提升协同创新能力、持续优化创新创业环境、建设数字信用监管体系、开展创新发展试点等任务。

《方案》提出了4个方面的具体措施。在加强统筹协调方面，主要是完善工作机制、明确主体责任、加强评估评价，推动各项试验任务的落地落实。在强化人才引领方面，主要是研究制定数字经济人才招引政策、加大数字经济领域教育和人才培训力度，全面提升全民数字素养。在加大政策支持方面，主要是加大数字经济领域重点项目各类要素支持力度，研究制定数据管理、确权交易等方面的地方性法规规章，推动技术创新和产业化应用。在注重评估运用方面，我们将发布全省数字经济发展指数和数字经济产业地图，研究制订数字经济统计指标体系，探索建立数字经济动态监测和综合评估体系。

专栏 6.9：《成都建设国家新一代人工智能创新发展试验区实施方案》介绍

聚焦"1+1+N"。"一核一区多园"空间载体布局。"一核"指建设国家级人工智能产业融合发展核心区，"一区"指建设国家级人工智能创新设施集聚区，"多园"是指打造10个以上"AI+"融合应用特色专业园区。

突出"2+3"。强化"两大支撑"，开展"三项必试"。"两大支撑"即基础设施支撑和技术供给支撑。"三项必试"包括围绕智慧城市管理等开展社会实验；围绕数据开放共享等方面开展政策试验；围绕智慧金融、智慧医疗等特色重点场景开展应用示范。

打造"3+4"。抓好"三大特色场景"和"四大重点场景"应用示范。三大特色场景包括智能空管、普惠金融、智慧医疗。"四大重点场景"包括智能制造、智慧交通、智慧农业、智慧旅游。

构建"一核一区多园"人工智能发展空间格局。"一核"是指,在成都高新区,依托成都新经济活力区建设国家级人工智能产业融合发展核心区,到2022年人工智能产业规模突破100亿元。"一区"是指,在成都天府新区,依托成都科学城建设国家级人工智能创新设施集聚区,到2022年人工智能核心产业规模超过50亿元。"多园"是指,在"成都东部新区智能制造产业园""成都智能应用产业功能区""天府智能制造产业园""青白江欧洲产业城"等区域打造10个以上"AI+"融合应用特色专业园区,建设一批融合发展基础设施,赋能并支撑产业功能区产业转型升级,形成AI应用与产业发展深度融合的良好局面。

"两大支撑""三项必试",加快关键核心技术突破。《方案》提出,突破基础前沿与关键核心技术,强化人工智能发展的技术供给支撑。依托四川国家应用数学中心、电子科技大学、中科院成都分院等在蓉高校院所布局前沿理论、算法和技术研究,推动企业联合高校、科研机构,以共建实验室、项目合作等方式,加快关键核心技术突破。同时,为探索形成可推广复制的成功经验,积极开展社会实验、政策试验、应用示范"三项必试"。围绕智慧城市管理、公共服务、智慧社区建设等开展社会实验,提升社会治理智能化水平;围绕数据开放共享、产品/场景供给先行先试、区域协同合作等方面开展政策试验,进一步优化人工智能发展政策环境;围绕智慧空管、智慧金融、智慧医疗等特色重点场景开展应用示范,创新拓展人工智能应用领域,快速扩大人工智能产业规模。

突出三大特色应用场景示范,打造四大重点应用场景。《方案》提出,结合成都自身特点和优势,紧紧抓好"三大特色场景"和"四大重点场景"的应用示范。其中,三大特色场景包括以民航科技创新示范、基于5G的智能无人机应用、双机场智能管制为代表的智能空管;以地方金融"监管沙箱"、人工智能金融应用为代表的普惠金融；以未来医学、全生命周期智慧医疗应用为代表的智慧医疗。此外，四大重点场景包括5G智能制造集群、智能驾驶等在内的智能制造；城市级智慧交通车路协同示范应用系统等在内的智慧交通；润地大邑县智慧农业产业园等在内的智慧农业；成都天府新区兴隆湖智慧景区漫游等在内的智慧旅游。

专栏6.10：《重庆市建设国家新一代人工智能创新发展试验区实施方案》介绍

（一）部署"4+1"重点任务涵盖23项具体工作

《实施方案》部署了"4+1"重点任务，即人工智能技术创新行动、人工智能基础支撑行动、人工智能赋能提升行动、人工智能融合应用行动4项行动，以及人工智能政策优化工程，涵盖23项具体工作。

实施人工智能技术创新行动。包括超前布局基础理论和前沿技术研究，重点突破面向自然语言理解和图像图形的认知计算、面向真实世界的视听觉感知及计算等理论和方法；协同推进关键核心技术攻关，以算法为核心，以数据和硬件为基础，突破知识加工、智能搜索、可视交互等技术；布局技术创新平台集群，培育建设大数据智能计算、模拟集成电路、脑信息科学国家重点实验室，升级建设重庆国家应用数学中心等。

实施人工智能基础支撑行动。推进以信息基础设施为主的"新基建"，聚力打造全国领先的5G精品网络标杆，升级中新（重庆）国际互联网数据专用通道；建设"城市大脑"，优化数字重庆云平台与综合服务平台功能；健全公共平台服务能力，建设全球科创产品首发地和新技术新产品展示体验区。

实施人工智能赋能提升行动。壮大"芯屏器核网"产业集群，加快智能网联汽车产业化，打造智能装备产业集群，做大仪器仪表产业，发展国产化人工智能软件产业，提升产业发展能级。

实施人工智能融合应用行动。重点开展智能工厂、智慧医疗、智慧文旅、智慧政务、智慧交通、智慧教育、智慧农业等示范应用，打造广阳岛、礼嘉智慧公园等人工智能特色应用场景，提升城乡智能化水平。

实施人工智能政策优化工程。重点实施科技型企业成长工程，探索"一事一议、一企一策"，培育引进独角兽、隐形冠军、专精特新的人工智能企业集群；开展职务科技成果所有权和长期使用权等政策试验，构建"智能"和"技能"相结合的人工智能人才体系；深化国际、国内和成渝地区双城经济圈开放协作，构建重庆市国家级开发开放平台和区县相结合的区域联动机制。

（二）围绕山城城市特征突出"四融特色"

一是突出产业与应用"融合"，充分发挥人工智能溢出带动性强的"头雁"效应，推动汽车摩托车产业转型升级、电子制造业提振、"芯屏器核网"全产业链构建和智慧城市高质量建设。

二是突出技术与人才"融汇"，超前布局人工智能基础理论研究和核心技术研发，加大数据中心、高性能计算中心等新型基础设施建设力度，实施更加积极、开放的人工智能人才政策，突破人工智能基础理论，掌握人工智能硬核技术。

三是突出开放与协作"融通"，坚持从全局谋划一域，以一域服务全局，构建两江新区"一核"、重庆高新区和重庆经开区"两翼"、国家级开发开放平台和重点区县"多点"的区域协同发展格局，推动更大层面更深层次的技术协同、产业协同、区域协同。

四是突出体制机制障碍"融解"，打破法律法规、文化思想、伦理道德等在人工智能技术广泛推广应用方面的"矛盾僵局"，破解政策障碍壁垒，加快制定有效促进人工智能发展的创新政策，形成平台载体、要素资源的叠加效应。

第五节　成渝科技创新中心建设体制机制与政策体系

一、川渝协同合作的科技创新体制机制建设

川渝在以往签署的合作协议中,大多聚焦于交通基础设施、产业、区域发展、物流通道和公共服务等领域,却鲜有涉及跨区域科技创新的合作。成渝建设国家重要科技创新中心,创新协同合作机制建设是特点也是难点。

(一)建立成渝双城经济圈建设国家级领导组织工作机制

积极推动、争取中央批准成立国家级成渝地区双城经济圈一体化建设领导小组,由国家领导人牵头,并成立相应的专业领域协调小组,研究决策双城经济圈建设重大事项和政策、工作方案,出台重大推进措施,明确完成时限,加大督查考核。同时,成立双城经济圈建设专家委员会,重大发现事项优先安排专家委员会论证咨询。

(二)建立科技创新中心建设领导机制和工作推进机制

成渝国家重要科技创新中心建设涉及两个省市的协同组织,要打破各自为政,互相争夺资源的现状就要突破现有体制机制束缚,建立科技创新中心的领导机制和工作推进机制,相互协同,发挥合力。建议成立由科技部领导人为组长,四川省和重庆市领导为副组长,两地科技厅(局)、发展改革委、经信委等各政府部门一把手组成的"成渝国家重要科技创新中心建设"领导小组,定期召开领导工作会议,汇报工作进展、协调工作分工。

(三)建立科技资源利益共享机制

建议组建成渝地区科技协作利益共享研究专家委员会,研究建立"科学合理""权责相应"的区域利益分配体系。建议科技部在成渝地区先行先试国家科

技体制改革有关举措和政策,建立和完善科技资源开放共享,科研投入风险共担、利益共享、资质互认以及人才评价考核和流动配置,激励保障和合作奖励等制度措施,建立区域创新统计调查制度和监测指标体系,探索形成统一的创新协同政策环境。设立"成渝经济圈投资银行",由川渝政府出资建立政策性银行,引导其他力量参与出资,为推动经济圈建设重大合作项目的发展提供政策性资金支持。设立川渝战略投资基金,双方政府出资,引导其他资金参与,市场化企业化运行。

(四)制定出台《成渝国家科技创新中心建设战略规划》和5年实施计划

由"成渝国家重要科技创新中心建设"领导小组牵头组织,尽快组织制定《成渝国家科技创新中心建设战略规划》,明确成渝国家科技创新中心建设战略目标、指导思想、基本原则、重大任务、体制机制、考核机制、重大政策保障等关键问题,为科技创新中心建设指明战略方向和规划路线图。同时,研究制订科技创新中心建设5年规划,明确近5年科创中心建设的规划内容和考核指标,为科技创新中心建设提供政策保障。

(五)尽快启动科技创新中心建设的系列重大示范项目

在科技创新中心建设总体规划的指导下,建议尽快在国家层面确定科技创新中心建设的重大示范建设项目,形成成渝科创中心建设的龙头示范和带动效应。比如,围绕成渝综合性科学中心建设,重点推进成都(天府)科学城、重庆科学城建设,启动若干重大科学工程项目(国家实验室建设、重大科技基础设施建设等)。

二、成渝科技创新中心重大科技政策体系建设

(一)建立适应科技创新中心发展的现代科技治理体系

成渝国家科技创新中心建设的组织领导体制、战略规划、工作推进机制,是成渝国家科技创新中心建设取得预期成效的关键,也是建立适应科技创新中心

建设的科技治理体系和创新生态的重要内容。为此,需要建立成渝国家科技创新中心建设国家主导(国家级)的领导体制、"双省级"工作推进机制、专家咨询委员会等决策咨询机制、科技资源与利益共享机制、高水平科技开放合作体系,实现科技创新资源要素的双向自由流动。

(二)实施科技创新中心建设的强有力经费支持政策

川渝两省市科技创新的研发投入强度低是目前显著短板。2019 年四川 R&D 经费投入强度为 1.87%,重庆为 1.99%,低于全国平均水平。与之相应,北京已经达到 6.31%,上海达到 4%,广东达到 2.88%,全部高于全国平均水平 (2.23%)。成渝国家科技创新中心建设,必须大力提高研发投入强度,要尽快提高投入力量,以支撑科技创新发展。可探索设立推进科技创新中心建设的特殊经费支持政策,如由川渝共同设立相当规模的"科创中心建设战略基金",明确经费使用政策及支持方式,吸引关键创新主体和重大创新项目落地川渝。同时,制定实施重大创新基础设施引进建设补贴政策,大力引进科技风险投资基金,切实实施好研发投入加计扣除等优惠政策,激发企业创新活力。

(三)争取建设国家重大科技基础设施与创新平台的支持政策

成渝国家科技创新中心建设,川渝两地是"主导",但战略性科技力量是"主建"力量,川渝要有战略胸怀,关键是要引进国家战略性科技力量建设综合性国家科学中心。一是要积极争取国家支持政策,争取建设一流的大科学装置。至 2020 年,已建或在建(及筹建)的国家重大科技基础设施,北京 19 个(11+8 个)、上海 14 个(5+9 个)、合肥 7 个(6+1 个),而川渝合计 7 个(3+4 个),且基本上属于影响力较小、学科面较窄、科研用户少的设施。成渝高端科技创新资源集聚能力比较有限、有待大力提升。因此,成渝地区要紧抓新一轮西部大开发的战略机遇,全力争取国家增量重大创新资源落地川渝。在"十四五"国家重大科技基础设施建设规划中,布局 3~5 个大科学设施到成渝综合性国家科学中心。二是要争取国家政策支持以及出台地方特殊发展政策,着力建设独特的重要科技创新平台。川渝两省市可以协同,联合争取、联合建设国家重大科技创新平台。积极争取建设国家实验室、国家重点实验室、国家科学研究中心等创新平台。要适应经济社会发展趋势和科技创新需求,主动作为着力新建地方的关键科技创新平台,如省级科学院、省级产业技术创新研究院、省级重大实验室、省级前沿学科研究中心等。要加强开放创新合作,支持国内外知名高校或研究机构,在成渝地区建立技术转移转化平台等。

(四)出台一流科技创新主体与高端人才集聚政策

世界一流创新主体和一流科技创新人才的大力集聚,需要独特的有竞争力的人才政策。一是要集聚一流科技创新研发机构,特别是要引进战略性科技力量合作建设成渝综合性国家科学中心。积极引进一流的大学建设校区、创新研究院、科技产业园等,一流研发机构建设分支机构等。设计建设新型卓越创新研发机构,特别是要新建或调整组建一些关键领域方向的新型研究机构,以一流的科研机构,加快引进、培育创新人才,集聚全球创新资源。二是要集聚高端科技创新人才。创新驱动发展,人才驱动创新,没有一流科技人才,创新就是无源之水。科技创新高度竞争的时代也是一流人才竞争的时代。成渝两地协同建设科创中心,要实现人才自由流动和开放共享,让人才产生乘数效应。要以国内最有竞争力的人才政策,特别是对具有重大创新成果的一流人才团队,要实行"一团一策"的政策支持,以引进集聚国内外一流科技人才和创新团队。积极利用《关于新时代推进西部大开发形成新格局的指导意见》的政策红利,以柔性引进、有效使用为导向,引进使用高端创新人才,以这类人才的广泛影响力和学术资源网络,加快创建创新平台,培养创新团队,形成良好的科技创新人才集聚氛围。

(五)建立健全科技成果转移转化激励政策

建立健全科技成果转移转化激励政策,需要进一步突破科技成果转移转化的体制机制障碍。一是促进科研选题与产业发展紧密衔接的激励政策机制。围绕成渝地区重点产业发展的关键核心领域,设立重大战略专项计划,引导和集中其他优质创新资源，探索定向研发、定向转化、定向服务"三定向"的订单式研发和成果转化机制，精准引导符合地区科技创新战略定位的成果加速转化，积极培育高质量发展新动能。二是探索科技成果转化激励和权益保障的政策机制。推动科研人员有动力、有权力转化职务科技成果，增强科研人员的获得感。三是完善知识产权保护与维护的政策机制。加快形成有利于创新驱动发展的知识产权管理体系与服务体系，以及知识产权综合执法机制，促进有效的知识产权政策激发创新主体的科技创新积极性。四是探索和完善科技成果转化促进的政策机制。鼓励科研单位建立强有力的转化机制，设立技术转化中心，服务科研人员进行成果转移转化。五是政府天使资金引导，支持发展风险投资、科技金融等，形成科技成果转化资金支持机制，刺激和鼓励民间资本参与。

（六）优化创新生态和营商环境建设政策

要遵循科技发展内在规律，按照规律办事，顺应规律成事，创造最优异的创新生态和营商环境。一是健全完善政策协同机制。建设成渝地区一体化（"一省化""超级成渝市"）的一流人才政策与服务体系，避免成渝之间的不良竞争，为创新人才交流合作、要素自由流动营造良好的氛围。二是建设完善的一流创新生态。全面建设完善一流的科技信息、科技金融、科技担保、科技法律、成果转化、风险投资等科技中介服务体系。三是建设真正一流的亲商聚商的营商环境。完善支持和引导新兴科技型产业创新发展的税收减免等优惠政策；出台地方科技型产业产品发展壮大的特殊政府采购政策等。

总之，科研机构、研发人员是科技创新的鲜活主体，政府的管理和服务要从科研机构、研发人员的真实需求出发，提供优质人文关怀服务，"服务要适应需求"，而不是"需求适应服务"，要从科技创新鲜活的创新主体的真实需求角度出发，以制度和服务创新为突破，真正建构有利于科研人员集聚的创新氛围、有利于新科技知识发现发明的创新生态、有利于新科技产业创造的一流营商环境，开创出新时代堪比历史上"天下诗人皆入蜀"的人才汇聚盛景和"市廛所会、万商之渊"的经济中心盛景的优异创新生态和营商环境。

7

高品质生活宜居地：
宜居宜业品质生活高地

2020 年 1 月 3 日，中央财经委员会第六次会议部署成渝地区双城经济圈建设重大战略，将"高品质生活宜居地"作为重要建设目标之一。高品质生活宜居地是人民群众对经济、政治、文化、社会和生态各方面高品质需要得到更好保障与满足的地方或区域。高品质生活宜居地建设，就高品质生活而言，需要坚持以人为本、生态优先、绿色发展，增强人民的获得感、幸福感、安全感；就新发展格局而言，需要以高质量发展为主题，坚持创新、协调、绿色、开放、共享的新发展理念。

第一节　高品质生活宜居地建设的重大意义

（一）高品质生活宜居地建设是满足人民对美好生活向往的重要举措

《中共中央关于制定国民经济和社会发展第十四个五年规划和二〇三五年远景目标的建议》提出，"十四五"时期经济社会发展必须遵循坚持以人民为中心的原则，坚持人民主体地位，坚持共同富裕方向，始终做到发展为了人民、发展依靠人民、发展成果由人民共享，维护人民根本利益，激发全体人民积极性、主动性、创造性，促进社会公平，增进民生福祉，不断实现人民对美好生活的向往。高品质生活宜居地涉及经济、社会、民生等多领域，涵盖城市发展与管理、乡村建设与治理、社会治理与社区建设等多方面，包含人文、社会、经济、生态、环境、治理等。可见，高品质生活宜居地建设能够逐渐满足人民"更好的教育、更稳定的工作、更满意的收入、更可靠的社会保障、更高水平的医疗卫生服务、更舒适的居住条件、更优美的环境、更丰富的精神文化生活"的需求，持续增强人民群众在经济社会发展中的获得感、幸福感、安全感。

（二）高品质生活宜居地建设是构建双循环发展格局的有力支撑

打造高品质生活宜居地，作用不是"补短板"而是"强优势"，它事关民生，但又不只是民生，背后蕴含着"主动适应人口和市场主体结构性变化"的前瞻性考量。成渝地区建设高品质生活宜居地具有资源环境、经济发展、公共安全、生活便利等方面的基础,巴蜀文化源远流长,川渝协同发展黏性较强,2019 年成渝地区人口达到 11 499 万人。成渝地区建设高品质生活宜居地,一方面需要强化成渝地区的资源环境、社会文化等方面的优势,另一方面需要依托经济发展基础和消费群体,激发和释放内需市场,打造内循环的重要一极。成渝两个极核城市作为西部头部城市和经济发展的领头羊,随着高品质生活宜居地打造,生活、休闲、宜居城市特征将更加显著,未来还将进一步集聚人口和经济。"双循环"新发展格局中,成渝地区市场规模优势将进一步凸显,战略腹地的消费潜能将进一步释放。

（三）高品质生活宜居地建设是乡村振兴与新型城镇化的最终目标①

乡村振兴和新型城镇化作为国家现代化的重要标志,既是消费提振的"加速器",也是投资扩张的"催化剂",二者的协同推进将持续释放城乡生产生活消费、就业保障、基础设施和公共服务等需求潜力,能够为构建新发展格局提供持久、稳定、协同的动力源。高品质生活宜居地建设必须加强城乡统筹、协调发展,实现土地资本、知识资本、人力资本、物资资本、金融资本等资源要素在城乡之间有序自由流动。推动建设高品质城市要以提升城市的经济品质、人文品质、生态品质、生活品质为目标,增加多层次、高水平公共服务供给,提高城市管理精细化水平,进一步提高城市综合治理水平,充分展现国家中心城市、现代化大都市的城市形象,将城市打造成为令人向往的品质生活高地;实现美丽宜居乡村要以乡村振兴战略为统揽,巩固脱贫攻坚成果,持续推进农村人居环境综合整治,实现产业兴旺、生态宜居、乡风文明、治理有效、生活富裕,推动农村全面发展,最终实现城乡共建高品质生活宜居地的愿景。

（四）高品质生活宜居地建设是实施成渝双城经济圈战略的重要内容

2020 年 1 月 3 日中央财经委员会第六次会议决定,推动成渝地区双城经济

---

① 吕红.深刻领会建设高品质生活宜居地的重大意义[N].重庆日报,2020-07-07(10).

圈建设,强化成都和重庆的中心城市带动作用,使成渝地区成为具有全国影响力的重要经济中心、科技创新中心、改革开放新高地、高品质生活宜居地,在西部形成高质量发展的重要增长极。成渝地区双城经济圈建设的一个主要任务是建设高品质生活宜居地。这既是成渝地区双城经济圈建设的一个主要任务,更是建设的战略目标和结果追求。从国家层面制定《成渝地区双城经济圈高品质生活宜居地建设规划》是推进成渝地区双城经济圈高品质生活宜居地建设的首要工作。川渝两省市需要加强顶层设计、统筹规划、大力协同,整体推进实施好高品质生活宜居地建设的战略任务。成渝地区双城经济圈的高品质生活宜居地建设,需要充分把握建设的坚实基础,准确定位建设的战略选择,推进关键的建设战略任务。通过高品质生活宜居地的打造,为成渝双城经济圈战略夯实基础,完成重要建设内容,同时逐步达到双城经济圈战略的终极目标,将成渝地区打造为中国宜居、宜业、宜游的重要一极。

（五）高品质生活宜居地建设是建设成渝科技创新中心的坚实基础

世界级科技创新中心都拥有"宜居""宜业""宜创新"的优良环境。国际科技创新中心普遍基础设施网络完善、生态环境优良、创业氛围浓厚、企业家精神极为活跃,使得大量高素质人才持续涌入流动、创新投资获得长期递增回报。如硅谷,就拥有宜人的气候条件、一流的大学园区和浓厚的创新创业氛围,推崇创业、宽容失败、鼓励冒险的社会文化观念,自由宽松的人才流动机制,集聚了数名高端人才和大批青年创业者。成渝地区共建西部科学城,打造具有全国影响力的科技创新中心,离不开人才等创新要素,而高品质生活宜居地的建设,能够满足人才对美好生活的向往,进而吸引人才、留住人才、集聚人才,以高端人才集聚创新要素,从而支撑科技创新中心建设,为科技创新中心建设营造良好的创新环境和文化氛围。

第二节　高品质生活宜居地建设的基础与挑战

唯有充分考虑区域资源环境、经济发展、公共安全以及生活便利等要素,方能真正打造高品质生活宜居地,实现区域可持续发展、高质量发展。其中良好的资源环境是打造高品质生活宜居地的保障,加强生态环境保护能够为区域构建安全生态格局、推进生态文明建设夯实基础。高品质宜居地的建设,并不是与经济发展相背而行,而是践行绿色发展理念,推动区域经济绿色发展、高质量发展,不断提高人民生活水平。公共安全环境以及生活便利性皆是高品质生活宜居地建设的重要保障与内容。

一、资源环境

川渝两省市生态资源禀赋优越。截至 2019 年,四川省面积 48.6 万平方千米,森林覆盖率 39.6%,草原面积 20.38 万平方千米,湿地面积占比 3.61%,拥有都江堰、剑门关、瓦屋山等 44 个国家森林公园,九寨沟、四姑娘山、海螺沟等 18 个国家地质公园,自贡、兴文、光雾山—诺水河等 3 个世界地质公园,青城山—都江堰、峨眉山—乐山、大熊猫栖息地等 5 个世界文化遗产,若尔盖湿地、卧龙、亚丁等 32 个国家级自然保护区[①]。重庆市面积 8.24 万平方千米,森林覆盖率 50.1%,草原面积 2.16 万平方千米,湿地面积占比 2.51%,拥有双桂山、小三峡、金佛山等 26 个国家森林公园,武隆岩溶、石柱七曜山、綦江木化石—恐龙足迹等 7 个国家地质公园,大足石刻 1 个世界文化遗产,缙云山、大巴山、金佛山等 7 个国家级自然保护区。可见,川渝两省市生态地质自然资源良好,有着高度丰富的森林公园、地质公园、文化遗产和自然保护区等不可再生的优质自然生态

[①]　本章节研究中涉及数据均来自中国、四川省、重庆市及两省市下辖地级市、区县的国民经济与社会发展统计公报和地方统计年鉴,以及政府公开数据。

地质等资源。

川渝两省市人居环境优良。2019 年,四川省环境空气质量优良天数 316 天,其中阿坝州环境空气质量优良天数高达 365 天,仅成都、自贡、宜宾不足 300 天;2018 年四川人均城市道路面积为 14.63 平方米,人均公园绿地面积为 12.97 平方米,生活垃圾处理率高达 99.95%,其中遂宁、广安的人均道路面积高于 25 平方米,遂宁、广安、资阳的人均公园绿地面积高于 15 平方米,绝大部分城市的生活处理率高达 100%。2019 年,重庆环境空气质量优良天数 316 天,绝大多数区县的环境空气质量优良天数超过 310 天;2018 年重庆人均城市道路面积为 13.52 平方米,人均公园绿地面积为 17.14 平方米,生活垃圾处理率高达 100%。

资源环境承载能力较强。成渝地区是全国重要的优质清洁能源富集地,天然气总资源量位居全国之首,土地资源、水能资源总量丰富,是全国三大林区、五大牧区之一,也是长江、黄河上游重要水源涵养地和水量补给地,资源环境承载能力较强。

川渝两省市节能降耗潜力较大。川渝两地重化工产业占比较大,能源消耗强度有待进一步优化。2018 年四川万元 GDP 能耗相比上年下降 4.06%、万元 GDP 电耗相较上年上升 3.32%;2018 年重庆万元 GDP 能耗相比上年下降 2.52%、万元 GDP 电耗相较上年上升 5.45%,规模以上工业企业产值综合能耗 0.2 吨标准煤/万元,单位生产总值能源消费量为 0.422 吨标煤/万元[①]。

二、经济发展

川渝两地经济实力呈显著的"核心—边缘"特征。2019 年四川省 GDP 为 46 615.82 亿元,其中成都达 17 012.65 亿元,占全省三分之一以上,其余区域中心城市的经济体量都较小,GDP 都在 2 000 亿元级别,最多的绵阳为 2 856.2 亿元,最少的乐山为 1 863.31 亿元。就重庆市而言,2019 年重庆市 GDP 为 23 605.77

---

① 国家统计局,国家发展和改革委员会,国家能源局.2018 年分省(区、市)万元地区生产总值能耗降低率等指标公报[EB/OL].(2019-09-17)[2020-10-01].国家统计局网站.

亿元,其 38 个县区中有 6 个区县 GDP 超过了 1 000 亿元,其中渝北区最高(达到 1 848.24 亿元),排名第 2 和第 3 的分别是九龙坡区(1 462.88 亿元)和渝中区(1 301.35 亿元),但这 3 个区都位于重庆市中心城区范围内,而外围城区经济实力都很弱,如渝东北中心城区万州(920.91 亿元)、渝西南中心城区永川(952.69亿元)等。可见成渝地区双城经济圈中,成都、重庆的极核特征显著,其经济发展的虹吸效应要大于扩散、辐射带动作用。

川渝两地居民生活水平提升空间较大。就人均 GDP 来看,2019 年四川人均 GDP 为 55 774 元,其中仅成都、攀枝花、德阳、绵阳、宜宾、乐山人均 GDP 超过了 50 000 元,而成都、攀枝花分别为 103 386 元、82 500 元,高于全国的 70 982 元。2019 年重庆人均 GDP 为 75 828 元,在已公布数据的区县中,渝中区(196 876 元)、九龙坡区(119 030 元)、渝北区(110 501 元)、涪陵区(100 814 元)、荣昌区(90 889 元)、铜梁区(84 914 元)、大足区(81 876 元)的人均 GDP 高于全国水平。就人均可支配收入来看,2019 年四川、重庆居民人均可支配收入分别为 28 920 元、24 703 元,皆低于全国平均水平(30 733 元)。此外,城乡居民收入差距进一步减少,2019 年川渝乃至下面的地级市、区县的城镇居民人均可支配收入与农村居民人均可支配收入之差均要低于全国平均水平(26 338 元)。

经济发展追赶跨越的任务艰巨。2019 年成渝地区经济总量仅相当于长三角地区的 29.6%、珠三角地区的 80.9% 和京津冀地区的 83%。人均地区生产总值仅相当于这三个地区 41.3%、48.5% 和 75.1%。城市化率仅为 53.8%,比珠三角、长三角、京津冀低 31.5%、14.8% 和 11.6%,比全国平均水平低 5.8%。

川渝两地共同推进绿色经济发展。川渝两省市生态环境优良,拥有绿色经济发展的基础,尤其是川渝东北地区。如遂宁提出加快建设成渝发展主轴绿色经济强市。重庆市梁平区、垫江县,四川省邻水县、达川区、大竹县、开江县共同签署《共建明月山绿色发展示范带的合作协议》,共同建设明月山森林城市群、生物多样性功能区、川渝民宿群、森林康养医养示范带、竹木家居产业园。万达开川渝统筹发展示范区积极推进绿色创新发展,共同筑牢生态环境安全屏障,构建生态环境共建共保体系。

三、公共安全

良好的公共安全环境是建设高品质生活宜居地的保障。2019 年,四川、重庆公共安全支出占一般公共预算支出的比重分别为 5.4%、6.2%,全国平均水平为 5.7%。四川省公安厅、重庆市公安局联合推出服务成渝地区双城经济圈建设 22 条①,包括推动社会治安一体化治理,协同深化社会治安治理规划对接、项目连接、工作衔接,加快构建共建共治共享的治安治理新格局,共同为双城经济圈建设打造和谐稳定的社会环境。重庆市卫生健康委员会与四川省卫生健康委员会在重庆签署了推动成渝地区双城经济圈建设川渝卫生健康一体化发展合作协议,要建立成渝地区重大疫情和突发公共卫生事件联防联控机制,保障区域公共卫生安全。

四、生活便利

高品质生活宜居地建设必须考虑生活便利性,包括交通、医疗、教育、文化等公共服务体系建设。

交通方面,成渝地区交通网络不断加密,连接主要城市的高铁、高速、航道、机场建设持续加快,已建成成渝高铁、遂渝铁路等 6 个铁路通道,成安渝、成渝等 11 个高速公路通道,形成长江、嘉陵江、渠江、涪江 4 个水运通道。城际铁路骨架基本形成,成都、重庆已形成 1.5 小时交通圈,与周边城市已形成 1 小时通勤圈,成都与德阳、眉山、资阳间日均人流均超过 10 万人次。2018 年,四川、重庆的公路路网密度分别为 68.22 千米/百平方千米、191.19 千米/百平方千米,皆高于全国平均水平(50.48 千米/百平方千米),其中四川除雅安、甘阿凉以外的

---

① 四川省公安厅,重庆市公安局.服务成渝地区双城经济圈建设 22 条[EB/OL].(2020-04-28)[2020-10-01].重庆市公安局网站.

其余地级市均在全国平均水平以上,为成渝地区对外交流合作、居民出行夯实了基础。

医疗方面,2019 年四川、重庆的每万人医疗卫生机构数分别为 75 个、55 个,低于全国平均水平(105 个/万人),可见川渝两地医疗资源还是短板,但川渝拥有华西医院、西南医院等西部乃至全国顶尖医院,未来还应充分发挥"头部医院"的引领作用,共建共享。

教育方面,成渝地区是全国重要的科教资源集聚区,拥有高等院校 191 个,占全国 6.5%,其中双一流高校 10 所,占全国 7.3%;拥有科研院所 200 家,排名全国前列。2019 年,四川、重庆每万在校中小学生拥有的专任教师数分别为 664 人、650 人,其中地级市除泸州、凉山、江北、沙坪坝、九龙坡、南岸、合川外,其余市州、区的每万在校中小学生拥有专任教师数都在 600 人以上。

文化方面,川渝地区巴蜀文化底蕴深厚,具有较开放包容的文化氛围,而且公共文化设施不断完善。具体来看,到 2019 年年末,四川文化系统内艺术表演团体 51 个、公共图书馆 206 个、文化馆 207 个、美术馆 46 个、博物馆 256 个,广播综合人口覆盖率 98.2%、电视综合人口覆盖率 98.9%;重庆共有博物馆 104 个、文化馆 41 个、公共图书馆 43 个、公有制艺术表演团体 22 个,广播综合人口覆盖率 99.17%、电视综合人口覆盖率 99.40%。

公共服务供给不充足、不均衡。成渝地区优质公共服务资源主要集中在大城市及周边城市群的现象普遍存在,公共服务供给不足与资源浪费现象同时存在,看病难看病贵、入园难择校热等问题比较突出。如师资配备不合理,城乡差距加大;优质医疗卫生资源配置不均衡,成都市和绵阳市集中了四川省近 4 成三级医院,重庆主城区集中了重庆市 66.7%的三级医院,半数以上卫生专业技术人员集中在省、市级医疗卫生机构。

文化资源还有待全面开发利用。成渝地区是中华文明的重要发源地,拥有的世界文明古迹居全国前列,丰富厚重的人文底蕴为高品质生活宜居地建设奠定了巨大优势,但历史人文魅力和影响的拓展还远远不够。一方面,文化资源开发保护不够。目前尚有众多文化遗存散落在乡野、民间,有待进一步挖掘、征集、考证、保存;一些与现代生活联系不够紧密的,如蜀锦、蜀绣、成都漆艺等非物质文化遗产项目的保护与传承还有待加强。另一方面,文化资源利用效率不高。成渝地区文化旅游资源丰富,但利用和宣传力度不够,尤其是在数字媒体时代。主要表现为文化旅游产品形态单一、体验性产品较少且主题不鲜明,另外,对旅游资源开发利用的承载力没有充分考虑,文化旅游资源的可持续利用水平还有待提升。

五、城乡融合

城乡融合发展基础较好,有利于人口合理布局①。成渝地区是全国城乡统筹发展最早、成效最凸显的地方之一,2007 年成都和重庆分别获批全国统筹城乡综合配套改革试验区,统筹城乡综合配套改革试点同步展开,四川的自贡、德阳、广元 3 个市和 17 个县(市、区)开展分类梯度改革试点,建立了国家、省、市三级推进城乡融合发展的试点体系。在十多年推进城乡统筹基础上,当前成渝地区城乡融合发展已进入深化阶段,2019 年成都西部片区、重庆西部片区分别获批国家城乡融合发展试验区,成渝地区城乡居民恩格尔系数呈现不断下降趋势,且差距有所缩小。成渝地区城乡融合发展统筹推进,蓬溪县全力打造川渝毗邻地区城乡融合发展示范区。同时,传统的单向乡城流动正在发生改变,不仅人口从乡向城流动的规模下降,还出现了从城向乡流动的潜在趋势,随着城乡要素流动进入加速期、城乡功能优化进入提升期,人口空间布局将更趋于合理优化。

城乡建设与治理还有待提升。目前成渝地区城乡建设现状及品质,尚未达到高品质生活宜居地的要求。优化城乡空间布局有待优化,城乡功能还需加快完善,城乡建设品质有待提升。城乡治理水平还难以满足人民群众对美好生活

---

① 四川省经济和社会发展研究院.智库成果:成渝地区打造高品质生活宜居地研究(二)[EB/OL].(2020-10-22)[2021-01-01].四川省经济和社会发展研究院网站.

的期待,城乡的管理、卫生、交通、安全等问题突出,还需在城市精心管理、科学治理,统筹促进城乡健康发展方面下大力气。

第三节　高品质生活宜居地建设的主要内容

以构建成渝双城绿色经济圈为核心理念,构筑将资源环境、经济发展、公共安全、生活便利贯穿其中的"两区三体系一圈"的高品质生活宜居地建设战略体系,即川渝东北绿色经济增长区、甘阿凉全域生态旅游示范区、绿色河湖网体系、公园城市体系、"成渝蓝"保卫体系、高品质宜居生活圈。

一、川渝东北绿色经济增长区建设

川东北和渝东北地处大巴山系一侧,有着良好的自然生态条件、适宜的气候环境条件和川陕革命根据地红色旅游资源等独特优势,特别是地处成都、重庆、西安三个超特大城市之间的良好地理区位优势。依托区位优势和资源禀赋,可以规划建设成渝毗邻的"川东北和渝东北绿色经济增长区",主要包括川东北5市和重庆开州、万州、长寿、潼南等,这包含目前正在推动的"万达开统筹发展示范区""遂潼一体化发展先行区"等,形成更大的绿色经济发展区。通过建立健全区域协同发展领导机制,统筹发展、统一规划、联合营销,着力打造万亿级大健康产业集群、特色农业产业集群、生态文化旅游产业集群等,形成成渝地区绿色经济发展强市,在川陕革命老区崛起新的绿色经济增长极,有利于促进成渝毗邻区域发展,尤其是可以真正打造成为绿色高品质生活宜居地,可以成为成都、重庆、西安三个超特大城市的美丽后花园,打造大巴山黄金旅游带。

二、甘阿凉全域生态旅游示范区建设

甘阿凉所在的川西北地区生态旅游资源本底优良,四川13个5A级景区中川西地区拥有 4 个，分别是九寨沟风景名胜区、黄龙国家级风景名胜区、汶川特别旅游区、泸定海螺沟冰川森林公园；拥有 4A 级景区 46 个，冰川、草原、湿地、湖泊、森林等自然景观与民族文化、宗教文化、红色旅游等人文资源并存，为全域生态旅游示范区建设奠定了基础。为此，甘阿凉地区要以生态文明、绿色发展、生态经济理念为指导，通过大力保护和恢复生态来发展经济。要建立以国家公园为主体的自然保护地体系，加强森林公园、地质公园、湿地公园等各类公园的建设和管理，规划研究、扩增建设新的国家公园和自然保护区体系，加强保护生物多样性和生态自然资源等，提高区域的生态价值，提高基于区域生态价值的可持续长期经济产出。要树立全域旅游思维，以生态为核心，加强旅游发展规划，设计旅游产品体系，强化营销宣传，通过发展生态观光旅游、体育健身旅游、宗教文化旅游、地质探险旅游、生态科普旅游、产学研旅游等丰富多彩的系列文化旅游产业集群，打造国家级全域生态旅游示范区，促进区域经济发展和居民致富，壮大发展文化旅游的战略性支柱产业。

三、绿色江河湖网体系建设

四川、重庆共处长江上游，境内跨界河流有长江干流及嘉陵江、渠江、涪江等重要长江支流，境内干流长度占整个长江干流长度的 39.37%，流域面积占整个长江流域面积的 30.78%，肩负着共筑长江上游生态屏障的历史使命①。川渝两地拥有 81 条流域面积 50 平方千米以上的跨界河流，为打破区域壁垒，实现上下游、左右岸、干支流协调治理，2018 年，川渝两地政府联合制订了《深化川渝合作深入推动长江经济带发展行动计划（2018—2022 年）》，签订了《川渝两省市跨界河流联防联控合作协议》；2020 年川渝组建全国首个联合河长制办公室。川渝两地应该充分依托现有的河湖资源，通过协同开展水污染防治、河湖生态系统修复提升、河湖休闲文化景观提升、河湖管理保护机制等工作，加快推进成

---

① 龙丹梅.全国首个！川渝携手设立联合河长办　将统筹协调两地河湖管理联防联控、共建共享［N］.重庆日报,2020-04-30.

渝地区双城经济圈绿色河湖网体系建设,以河湖网为纽带,将川渝两地的城市、区县有机串联起来,形成成渝地区绿色河湖新格局,打造特色的美丽城镇、美丽乡村,助推高品质生活宜居地建设。

建设沿长江等绿色发展示范带。加强川渝地区主要河流流域(金沙江、岷江、嘉陵江、长江等)的生态保护,促进河流健康和沿江流域绿色产业发展。加强跨界河流的联防联治,探索跨区域流域生态补偿模式。宜宾扼守万里长江首城位置,"宜宾—泸州—重庆长江上游段"的生态保护,对筑牢长江生态安全屏障具有极端重要的战略地位,长江首段的生态保护在整个长江流域保护中最具有示范价值。因此,川渝要协同争取国家支持重点建设"宜宾—泸州—重庆长江上游生态保护与绿色发展示范带",建设"水清澈、山碧绿、景宜人"的长江上游生态最优段,作为长江经济带大保护与成渝地区双城经济圈两大战略的突破口、示范工程和重要抓手,成为成渝绿色发展经济圈和长江流域生态保护的标杆性工程。

四、公园城市体系建设

以成都公园城市建设为核心,发挥其示范与龙头引领作用,推进成渝地区双城经济圈公园城市体系建设。2018 年我国人均公园绿地面积 14.1 平方米。四川省人均公园绿地面积 12.97 平方米,重庆市人均公园绿地面积 16.55 平方米。这与建设高品质生活宜居地还有明显差距。城市是现在与未来人口高度集聚与生产生活之地,必须大力建设和美化城市生态,建成"人—城—产—生"和谐的共生体,这才谈得上是高品质生活宜居地。要以成都建设践行新发展理念的国家公园城市示范区为龙头,促进成都国家公园城市示范区建设形成可复制可推广的国家公园城市建设的"成都理论"和"成都经验",进而向成渝地区双城经济圈其他城市推广,推进建设更多的公园城市,形成成渝地区双城经济圈公园城市体系,使成渝地区双城经济圈真正成为高品质生活宜居地。

五、"成渝蓝"保卫体系建设

川渝两地山水相连,大气环境相互影响。2019年四川、重庆全年优良天数率分别为89.1%,86.6%,四川$PM_{2.5}$达标城市达11个,重庆19个区县的六项大气污染物浓度均达到国家二级标准。可见川渝两地空气质量持续优化,但还需要不断改善,而且国家对打赢蓝天保卫战高度重视,成渝地区又是国家重点关注的地区之一。为此,川渝地区应该携手打赢蓝天保卫战,为成渝双绿色经济圈建设夯实基础。借鉴长三角等地区的经验,尽快完善一体化推进机制,包括产业承接转移机制构建、建设川渝区域性排污权交易市场、将大气污染防治纳入政绩考核、试点设立大气污染的生态补偿基金等;推动川渝一体化的环保标准体系、逐步建设川渝地区大气污染大数据信息平台[1],推进成渝地双城经济圈大气污染防治一体化,保卫蓝天,建设高品质生活宜居地。

专栏 7.1：四川"十四五"规划中环境保护重大工程[2]

蓝天保卫战成效巩固提升工程。以工业企业达标排放、超低排放改造、挥发性有机化合物综合整治、城市扬尘治理、秸秆禁烧、机动车治理、二氧化碳达峰等为重点领域,以成都平原、川南、川东北地区为重点区域,实施一批达标城市环境空气质量巩固提升项目、2023年空气质量达标冲刺项目、2025年空气质量达标攻坚项目。

流域水环境综合治理工程。以流域水污染综合整治、河湖缓冲带生态修复、河湖水域生态修复、湿地工程、入河排污口整治、流域环境风险及应急

---

① 周伟铎,周冯琦."蓝天保卫战"提出已有三年,长三角这仗打得怎样[EB/OL].(2019-04-18)[2020-04-30].文汇网.

② 川观新闻.四川省"十四五"规划和2035年远景目标纲要[EB/OL].(2021-03-16)[2021-03-30].四川省人民政府网.

管控等为重点,实施沱江泯江等流域水质巩固提升项目、川渝跨界河流水污染综合防治项目。

城镇生活污水垃圾处理设施补短板强弱项工程。实施一批城乡污水垃圾处理项目,力争城市生活污水集中收集率达60%,污泥无害化处理率地级以上城市达到95%,其他设市城市达到80%,县城达到65%。地级及以上城市基本建成生活垃圾分类处理系统,基本实现原生生活垃圾"零填埋",设市城市生活垃圾回收利用率达到35%以上。

农村污染防治工程。以农村生活污水治理、饮用水水源地保护、面源污染治理、水源涵养及生态带建设等为重点,实施一批农村水环境治理项目、农村饮水风险管控能力提升项目。

地下水污染防治工程。以地下水环境现状调查、水源地保护、地下水污染防控及修复、地下水环境监管能力为重点,实施一批地下水污染防治项目。

土壤污染防治工程。以土壤污染源头防控、风险评估、管控与修复、土壤环境监管能力提升等为重点,实施一批长江—黄河上游土壤安全保障项目、长江—黄河流域固体废物综合整治项目、危险废物及医疗废物处置项目。

专栏7.2:重庆"十四五"规划中生态修复与环境治理重点工程[①]

山水林田湖草生态保护修复。实施长江、嘉陵江、乌江、涪江生态保护修复工程,三峡库区山水林田湖草生态保护修复重点工程和12个全域土地综合整治国家试点项目,完成历史遗留和关闭矿山生态修复2 450公顷。

国土绿化提升。完成森林提升200万亩;建设储备林基地330万亩;实施森林草原防火能力提升工程;实施自然保护地建设及野生动植物保护

---

① 重庆市人民政府.重庆市国民经济和社会发展第十四个五年规划和二○三五年远景目标纲要[EB/OL].(2021-03-01)[2021-03-30].重庆市人民政府网.

工程,推进全市近200个自然保护地整合优化和勘界立标;实施重大林业有害生物防治工程。

地质灾害防治。完成地质灾害治理1 100处,避险移民搬迁3万人;实施三峡库区消落带地质安全治理工程,对170处重大地质灾害隐患实施综合治理。

大气环境治理。完成600家企业挥发性有机物综合整治;淘汰老旧车辆19万辆;对5 000辆重型柴油车进行尾气排放治理改造并加装在线监控系统;推广纯电动车1.6万辆,新建充电设施3万座以上;在中心城区主要道路分步安装机动车尾气遥感检测设施。

水环境治理。实施梁滩河、临江河、璧南河、濑溪河、小安溪、龙溪河、铜钵河、澎溪河、苎溪河、大宁河等流域水环境综合治理。关闭煤矿矿井水治理。新增污水处理能力120万吨以上,改造建设污水管网5 500千米以上。

土壤环境治理。完成5 000亩农用地和建设用地土壤污染状况调查评估和污染土壤终端处置能力提升工程。

固体废物处置。新(改扩)建3座危险废物处理设施。建设22座区县医疗废物集中处理设施。新(改扩)建17个生活垃圾焚烧发电项目、9个厨余(餐厨)垃圾处理项目,以及一批建筑垃圾和其他固体废物处置利用项目。新(改扩)建污水处理厂污泥处置设施18座,新增污泥处理能力2 000吨/天,建设9座管道污泥处置点。

环境风险防范。推进涪陵、长寿、万盛、万州4个化工园区有毒有害气体环境风险预警体系建设。

六、高品质宜居生活圈打造

打造成渝地区高品质生活宜居地除了需要优良的生态环境作为保障,还需要充分考虑交通、教育、文化、医疗卫生等公共服务的便利性和公共安全领域完善度。以成渝地区双城经济圈建设为契机,川渝两省市应加强交通、教育、文化、医疗卫生、公共安全等领域的一体化发展,包括从顶层设计层面加强沟通衔接,联合制定各领域一体化发展专项规划,构建政务信息共享平台推进各领域信息及时共享,毗邻地区试点先行等。此外,两地可共同谋划区域智慧教育、智慧医疗等领域的引领示范发展,充分发挥互联网的媒介作用,以弥补区域内教育、医疗等资源分布不均与供需矛盾问题。充分发挥成都、重庆两个极核城市的引领辐射作用,推进川渝地区公共服务设施以及社会治理体系不断优化完善,将成渝地区建设成为公共服务便利共享、宜居宜业宜游的高品质生活圈。

专栏7.3:成渝地区双城经济圈便捷生活行动方案①

一、实施交通通信便捷行动

推进高铁公交化。推动利用干线铁路开行公交化列车,率先在成渝客专沿线各车站间推行"公交化"票制,开发月票、计次车票等,开通预储值模式的铁路 e 卡通,实现购票公交化、乘车公交化、服务公交化,满足旅客高频次、不定时通勤需求。

推进公交客运便利化。推动川渝两地全国交通一卡通互联互通改造项目,完成一卡通平台建设、标准二维码改造和地铁场景改造工作,实现公交地铁一卡通。推进川渝毗邻地区跨省城际公交线路开行,规划开行 10 条以上跨省城际公交线路。

推进通信一体化。推动两地基础电信企业在套餐设计、资费标准、服务内容等方面加强协同,搭建两地业务服务平台,推进亲情号码两地跨省互设,实现手机异地补卡、异地销户,逐步取消座机通话长途费,满足两地人民群众通信服务需求。

---

① 四川省人民政府办公厅,重庆市人民政府办公厅.成渝地区双城经济圈便捷生活行动方案[EB/OL].(2021-01-04)[2021-01-30].四川省人民政府网.

二、实施户口迁移便捷行动

推进户口迁移便利化。推动两地户籍信息共享、业务协同,全面启动户口迁移迁入地"一站式"办理,实现两地户口迁移"只跑一次"。

推进居住证互通互认。推动两地居住证登记信息纳入政务一体化平台,实现居住证信息互通,促进川渝两地人口流动融合。

三、实施就业社保便捷行动

推进人才跨区域流动。推进经营性人力资源服务机构许可备案和从业人员职业资格互认,推进人才公共服务项目、服务流程、服务标准统一,实现人才跨区域流动就业信息、政策咨询、档案查询、人事代理等业务异地通办。

推进养老保险关系无障碍转移。优化两地养老保险关系转移接续办理流程,推动关系转移电子化,实现关系转移网上办,转移办结时间缩短至15个工作日。

推进社会保险协同认证。推动农民工、新业态新经济从业人员和灵活就业人员等不受户籍限制,在两地便捷参加企业职工基本养老保险;协同开展川渝两地退休人员、工伤保险待遇领取人员资格认证,实现工伤认定协查、劳动能力鉴定结果互认;推动异地参保人员缴费年限互认,实现两地失业保险关系无障碍转移接续。

推进社保卡共享应用。推动建立以社保卡为载体的"一卡通"服务管理模式,加强社保卡、电子社保卡跨区域协同、跨地域服务及应用,推动区域内社保卡异地取款、跨行取款不收或少收手续费。

四、实施教育文化便捷行动

保障两地务工人员子女义务教育。以流入地政府为主,以公办学校为主,将外来务工人员子女义务教育纳入城镇发展规划和财政保障范围,将居住证作为入学主要依据,保障随迁子女享受当地居民同等待遇。

促进公共文化服务资源共享。率先在重庆市图书馆、四川省图书馆、成都市公共图书馆实现读者信息馆际互认和图书通借通还,并逐步推广到川渝两地其他公共图书馆,市民凭个人社保卡或身份证在两地公共图书馆享受阅读服务。

五、实施医疗卫生便捷行动

推进跨省异地就医直接结算。将符合条件的公立和社会办定点医疗机构纳入国家跨省异地就医管理子系统,享受相同的医保政策、管理和服务;进一步扩大跨省普通门诊和药店购药直接结算覆盖范围,持续增加接入定点医药机构数量;探索试点高血压、糖尿病等门诊特殊慢性病跨省异地就医直接结算。

推进医院检查检验结果互认。动态调整两地检查检验互认项目,率先实现两地公立三级甲等综合医院检查检验结果互认,并逐步扩大到公立三级综合医院和公立二级甲等综合医院,避免不必要的重复检查检验,方便两地群众看病就医。

六、实施住房保障便捷行动

推进房地产信息开放共享。建设川渝两地房地产展示平台,实现跨省域房地产项目和房源信息共享;共同优化网签办理流程,提高网签服务效率,为房屋消费提供便捷化服务。

强化城镇常住人口公租房保障。协同调整公租房实物和货币保障的范围和准入门槛,共同推动公租房保障范围常住人口全覆盖;公开各地保障政策和保障性租赁住房申请渠道,共享互认信用信息,开展异地网上受理申请,逐步实现"最多跑一次"。

推进公积金互认互贷。推动两地公积金转移接续和缴存信息共享互认,确保申请异地贷款职工与所在地职工享有同等权益,实现公积金异地贷款缴存证明无纸化、申请贷款"一地办"。

第四节 高品质生活宜居地建设的政策体系

　　打造高品质生活宜居地是成渝地区双城经济圈建设的重要内容之一，而且对成渝地区打造具有全国影响力的重要经济中心、科技创新中心、改革开放新高地具有保障支撑作用，对于筑牢长江上游生态安全屏障具有重要意义。通过梳理发现成渝地区打造具有全国影响力的高品质生活宜居地，具有良好的资源环境禀赋、优良的人居环境、绿色经济发展形成共识、公共服务设施不断完善等基础，但也存在节能降耗、经济发展空间差异、居民生活水平提升、公共安全环境以及医疗资源稀缺等方面的挑战。基于此，提出相应战略政策，以推动成渝地区"两区三体系一圈"的高品质生活宜居地建设。

一、高品质生活宜居地建设的治理政策

　　成渝高品质生活宜居地建设的组织领导体制、战略规划、工作推进机制，是成渝高品质生活宜居地建设取得预期成效的关键，也是适应高品质生活宜居地建设的治理政策的重要内容。为此，需要建立成渝高品质生活宜居地建设国家主导（国家级）的领导体制、"双省级"工作推进机制、专家咨询委员会等决策咨询机制、生态环境信息与生态补偿利益的共享机制、山水林田湖草联防联控联治联保一体化机制，大力推进成渝地区绿色双城经济圈建设和低碳生态宜居家园建设。

二、统筹川渝地区基本公共服务的政策

　　建设高品质生活宜居地离不开公共服务的保障，统筹川渝地区教育、文化、医疗卫生等基本服务需要从川渝省市、城乡统筹两个视角考虑。加强顶层设计，加快编制《成渝地区双城经济圈基本公共服务一体化专项规划》，在万达开、

遂潼等川渝毗邻地区先试先行。整合成渝地区双城经济圈内的公共服务资源，构建区域内基本公共服务一体化发展的标准体系、组织体系、成本分担和利益共享机制、激励约束机制、评价监督机制、公共服务资源互补与信息共享机制等。在城乡基本公共服务共享共建方面，尤其是教育和医疗卫生方面，构建城乡之间教师、医务人员的双向自由流动机制，加快推进城乡居民社会保障一体化。充分发挥成渝地区顶尖医院、优质中小学校的头部引领作用，建立跨区域医院、学校的帮扶机制，建立分院或分校，强化骨干人才的交流及双向挂职机制。

三、推进区域交通一体化网络的政策

加快实现成渝地区交通网络互联互通、共建共营共享。依托高速铁路、航空、高速公路和长江通道，加快构建成渝地区综合立体交通网，全面打通区域经济大动脉，为成渝地区对外开放、交流合作奠定基础，优化内联外通。依托高速铁路、城际铁路、轨道交通等，持续完善双城经济圈通勤交通网，尤其是毗邻地区，实现区域内交通微循环。将交通基础设施建设与新基建结合，川渝两省市共同出力，建立交通专项转移支付制度，完善交通设施建设的成本共担利益共享机制，推进智能交通系统建设、加快新基建布局，进一步提高人民生活的便捷度、舒适度。加快推进运输服务衔接与一体化，逐步实现成都与重庆地铁、公交车二维码扫码乘车互联互通。

四、健全公共安全体系的政策

建立健全公共安全体系，不断增强人民的安全感、幸福感。一是不断完善创新城市公共安全的资金保障机制，巩固政府财政专项资金支持的同时，积极吸纳社会资本，并引入保险机制参与社会公共安全管理。二是建立健全公共安全领域研究的激励机制，发挥高校、研究机构、智库的作用，设立成渝地区公共安全领域课题专项,同时鼓励、支持在成渝地区成立公共安全技术研究院,以聚集国内外有关公共安全领域的顶尖人才和研究力量。三是完善成渝地区公共安全治理部门联动机制,建立完善数据共享机制,实现公共安全领域资源与信息的整合。四是以成都、重庆加快推动国家数字经济创新发展试验区、国家新一代人工智能创新发展试验区等为契机,依托相关科研机构,推进新一代信息技术在公共安全领域的场景应用,联合打造智能公共安全产业高地。

专栏 7.4：四川省"十四五"规划中增进民生福祉工程(节选)①

一、促进就业重点工程

职业技能培训基础能力提升工程。建设国家级高技能人才培训基地和技能大师工作室各 25 个、省级高技能人才培训基地和技能大师工作室 50 个、公共实训基地 15 个。

人力资源服务业提升工程。建设省级人力资源服务产业园 10 个,创建中国川南人力资源服务产业园,打造优质人力资源外包服务中心(基地)10 个,建设国家级人力资源市场 2 个。

就业见习基地提升计划。力争打造 20 个国家级、50 个省级就业见习基地。

二、教育高质量发展重点工程

学前教育提质扩容工程。巩固"50、80"目标,以新增人口集中地区、城市为重点,新建、改扩建公办幼儿园,扶持普惠性民办幼儿园,扩大普惠性幼儿园覆盖率。

基础教育能力提升工程。推进新增人口集中地区城镇义务教育学校和寄宿制学校建设,加强高中阶段教育学校校舍建设。

---

① 四川省人民政府.四川省国民经济和社会发展第十四个五年规划和二〇三五年远景目标纲要[EB/OL].(2021-03-16)[2021-03-30].四川省人民政府网.

职业院校质量提升工程。支持优质中职学校巩固提升、薄弱学校补短补缺，建设 15 所左右高水平高等职业学校和 50 个左右高水平专业群。

产教融合发展行动。培育打造 15 个示范性职业教育集团（联盟）和一批高水平专业化产教融合实训基地，建设 50 个省级"产教融合示范项目"。

高等教育内涵建设过程。支持省属本科院校加强研究中心、实验中心、创新中心、训练中心、成果转化中心、实践实训中心等建设，建设四川省国家教育考试中心，提高教育科技创新能力和信息现代化水平。

"双一流"建设支撑工程。支持 4 所省属国家一流高校加强综合教学实验大楼、创新研究与成果转化中心、现代农业科技创新研究中心、创新研究院与临床技能实训中心等建设。

三、健康四川建设重点工程

疾病防控救治能力提升工程。改善疾病预防控制中心基础条件，布局建设区域疾病预防控制中心；建设省公共卫生综合临床中心、省重大疫情中医药救治基地、6 个区域重大疫情防控救治基地；建设生物安全三级实验室、区域中心实验室，改扩建市县两级 364 个生物安全二级实验室，建设一批公共卫生风险智能监测点，加强远程指挥中心建设。

医疗卫生机构高质量发展工程。创建国家综合、口腔、高原病等医学中心和相关专业国家区域医疗中心，按照二级综合医院标准规划建设 400 个县域医疗卫生次中心。

全方位全生命周期健康保障工程。建设省儿童医学中心（省儿童医院）、一批市级妇幼保健机构、80 个危重孕产妇救治中心、80 个危重新生儿救治中心、80 个省级儿童早期发展示范基地；建设一批职业病防治院；建设人口大县精神卫生服务机构（科室），实现每万人精神床位数达到 5.3 张；规划建设四川省老年医院，建设一批市级和老年人口大县老年医院；支持改建康复医院、护理院和社区医养结合中心。

中医药传承创新工程。实施中医药强省建设"十大行动计划"，支持省级中医医院建设，补齐市县中医院发展短板；建设省中医药转化医学中心、省中医药国际交流中心、省中医药适宜人才培养中心；建设 3 个省级民族医院。

全民健身工程。建设乡镇（街道）及社区全民健身中心、多功能运动场、体育公园、健身步道等场地设施 2 200 个，人均体育场面积达到 2 平方米以上；招募培训群众体育引领员 100 万名，推动 200 个左右大中小型体育场馆向群众免费、低收费开放，打造"百城千万村·社区"等全民健身品牌赛事活动 10 个。

专栏 7.5：重庆市"十四五"规划中增进民生福祉工程①

一、就业创业重点项目

建成中国（重庆）康养高技能人才培训基地，推动建立 50 个"智能+技能"人才孵化空间、20 个世界技能大赛国家集训基地、25 个国家级高技能人才培训基地、150 个新职业培训示范基地。规划建设中国（重庆）职业技能公共实训中心二期、国家级网络直播招人招才公共服务基地、中国·重庆人力资源服务产业园二期项目。创建 100 个市级公共就业创业服务示范平台、5 个西部创业实训示范中心、10 家市级人力资源服务产业园。

二、健康、养老重大项目

公共卫生。实施现代化疾病预防控制体系建设工程，迁建市疾控中心。建设国家紧急医学救援基地。续建市公共卫生中心应急医院、三峡公共卫生应急医院等重大疫情救治基地。建设市职业病防治院新院区、市精神卫生中心精神康复中心。完善采供血服务体系。

---

① 重庆市人民政府.重庆市国民经济和社会发展第十四个五年规划和二〇三五年远景目标纲要［EB/OL］.（2021-03-01）［2021-03-30］.重庆市人民政府网.

医疗卫生。完成重医附一院第一分院改扩建、重庆儿童医疗中心儿童健康与疾病临床医学研究中心建设。建设重大附属肿瘤医院科学城院区、市人民医院两江院区二期工程。实施妇幼健康保障工程,完善市妇幼保健院业务用房,每个区县建成 1 所标准化规范化妇幼保健机构。

中医药。建设国家中医疫病防治基地、国家中医紧急医学救援基地等。

体育运动。建成大田湾体育场保护与利用工程、龙兴专业足球场等。规划建设奥体中心综合体育馆、康体城国际小球赛事中心。承办 2023 年亚洲杯足球赛(重庆赛区),提升重庆国际马拉松赛、中国武隆国际山地户外运动公开赛、长寿湖国际铁人三项赛、黑山谷国际羽毛球挑战赛等赛事品质。

养老服务。建成区县级失能特困人员集中照护中心 60 所,升级改造乡镇敬老院 600 所,建成乡镇养老服务中心 800 所、村级互助养老点 8 000 个。规划建设市第二社会福利院颐康老年护养中心和市中西医结合康复医院失能老人养护中心、老年病医院新院区。

三、现代化教育强市建设重点项目

基础教育。实施学前教育普惠优质发展计划,新增公办幼儿园在园幼儿学位数 5.4 万个,普惠率巩固在 80% 以上。实施义务教育优质资源拓展计划,集团化办学率达到 70% 以上,学区制管理全覆盖。实施普通高中发展促进计划,普通高中优质教育资源覆盖率达到 75%。

职业教育。支持 10 所国家级"双高计划"高职院校发展。建设 15 所市级"双高计划"高职院校和 60 个专业群、30 所国家级优质中职学校和 90 个优质专业,建设 60 个产教融合示范实训基地、200 个示范专业。支持永川建设西部职教基地。

高等教育。力争新增一流学科建设高校 2 所、一流学科 3 个,15 个以上学科在教育部学科评估中进入 A 类。建成 12 所高水平"新工科、新医科、新农科、新文科"特色学校，20 个示范性现代产业学院和未来技术学院。建设 200 个国家级一流本科专业和 200 门国家级一流课程。引进 5 所国内知名院校。推进中国科学院大学重庆学院、长江生态环境学院（长江生态环境联合研究生院）建设，支持重庆大学、西南大学、重庆交通大学、重庆工商大学、四川外国语大学、四川美术学院、重庆第二师范学院、重庆电力高等专科学校、重庆幼儿师范高等专科学校、重庆电子工程职业学院、重庆城市管理职业学院等高校分校区建设。建设 2 个中外合作办学非独立法人机构。建设市级高校高水平科技创新平台 20 个、高校创新研究群体 100 个、省部共建协同创新中心 10 个。

智慧教育。建设智能化学习空间，推进场景式、体验式、沉浸式学习，实现全市适龄学生网络学习空间全覆盖。支持各级各类学校运用智能教育助理，对教师教学和学生学习时间进行全过程分析评价。创建 2 个国家级智慧教育示范区，建设市级智慧教育应用示范区县 15 个，建成 250 所市级智慧校园建设示范学校、200 所市级"名校网络课堂"应用示范学校。

教师队伍。建设 2 所高水平示范性师范大学，支持职业技术师范学院建设。培养 2000 名以上市级骨干教师、卓越教师、教育家型教师和校长。职业院校"双师型"教师比例达到 55%。新增各类高层次人才 400 名、国家级人才团队 25 个。

第五节　成都国家公园城市示范区建设

从 2018 年 2 月习近平总书记在天府新区视察强调"突出公园城市的特点"，到 2020 年 1 月中央财经委员会第六次会议提出明确支持成都建设践行新发展理念的公园城市示范区。经过不断探索与实践，"公园城市"为成都涵养了生活美学、刷新了城市品牌,而成都,也为"公园城市"注入丰富内涵。

一、国内外公园城市简况

(一)国外公园城市①

国外在城市美化运动影响下,开启了城市公园系统规划建设实践,形成了城市环境改造背景下的公园系统规划、战后城市复兴背景下的公园系统规划及生态可持续发展指引下的公园系统规划这 3 个典型阶段。

1.美国

公园化战略的理念,最早起源于美国。第一座城市公园是由美国的奥姆斯特德(Frederick Law Olmsted)于 1857 年在曼哈顿规划之初,在其核心部位设计的长 2 英里、宽 0.5 英里(1 英里 = 1.609 344 千米)的巨大的城市绿肺——中央公园;1881 年开始,他又进行了波士顿公园系统设计,在城市滨河地带形成 2 000 多米的一连串绿色空间。这些极具远见卓识的构想,意在重构日渐丧失的城市自然景观系统,有效地推动了城市生态的良性发展。

在纽约,奥姆斯特德设计的中央公园,自 19 世纪中叶建成以来,一直是曼哈顿乃至整个纽约城的一张名片。中央公园为城市起到了重要的景观、生态效果,并为市民提供了丰富的公共活动空间,也带动了周边城市和社区的建设。而作为景观都市主义代表作的高线公园,不但为城市塑造了新的地标,更为城市带来了公共空间的活力,持续地吸引着游客和市民驻足,成为了城市更新发展的一道靓丽风景②。

1854 年,奥姆斯特德开始着手设计中央公园,试图在繁华纽约市中心创造一种特殊气氛,为城市人提供一个宛如乡村景致的休闲去处。中央公园一举开创城市公园之先河。著名建筑评论家戈德伯格感慨"中央公园虽不是一栋建筑

---

① 清华旅游规划.全球五大"公园城市"案例分享[EB/OL].(2019-01-30)[2020-10-01].搜狐网.
② 李昊.公园城市是城市发展模式的"升维"[N].成都日报,2020-05-06.

物,却是纽约最伟大的建筑"。公园落成后,房地产商因地价升值而掀起开发热潮,政府拿着房地产税投入市政建设。时至今日,房子能否看到中央公园,仍然是影响纽约房价的重要指标。

除了立竿见影的经济作用,中央公园还改变了纽约人的生活方式,市民有了休闲好去处,中产阶级对生活品质的要求得到满足。久而久之,沉淀出纽约的城市精神,转化为世界一流城市的影响力,其他城市纷纷效仿,城市公园运动就此蔓延,城市公园思想得到有力传播,景观学(Landscape Architecture)因此产生。

2.欧洲

在奥姆斯特德的影响下,欧美从 19 世纪末开始,逐渐将生态保护的概念引入城市园林设计。第二次世界大战后,以谢菲尔德(Peter Shelpheard)和海科特(Bdan Hackett)为首的一些英国的景园建筑师开始提倡通过生态因子分析使设计有助于环境保护。海科特认为,对整体景观环境进行研究是设计工作的必要前提。20 世纪 60 年代以来,随着人口增长、工业化、城市化和环境污染的日益严重,生态问题成为全球各界共同关注的焦点。出于对潜在的环境危机的担忧,为谋求科学的解决方法,欧美城市建设中的生态设计开始转向更为现实的课题:如何恢复因人类过度利用而污染严重的废弃地。

伦敦作为全球首个国家公园城市,通过城市公园、绿带和通道的建设,在城区构建绿色网络,改造提升城市公共空间,将整个城市按照国家公园的标准进行建设,有效地提升了伦敦作为全球城市的竞争力。确定了有保护意义的地点达 1 300 余处,包括森林、灌丛、河流、湿地、农场、公共草地、公园、校园、高尔夫球场、赛马场、运河、教堂绿地等。对各级城市公园、城市绿带、绿色通道、绿色网络及废弃地进行生态改造。根据各类公园绿地的功能、服务范围考察伦敦市民对绿地的满意程度,利用等级标准将绿地规划给相关负责人群,再确定各自的绿地服务范围,指导绿地开发、建设与管理。对公众进行自然教育的科普,呼吁全民保护绿地,使公众在游览和学习的过程中逐渐领悟到绿地对城市生活的重要性。

3.日本

在日本,绿地环境颇具特色,日本以高达 67% 的森林覆盖率而闻名①,其都市公园绿地规划特别是近代公园绿地计划体系作为城市绿地总体规划中重要的组成部分,经过多年的努力实践,完善了计划,合理地保障了公园绿地游憩、景观、生态、避灾四大核心功能效应作用得以发挥。从 1873 年开始,日本参照当时欧洲城市绿地的指标,按照东京市区的面积、人口制定了东京市的公园新建指标:49 个市区公园,但之后的十多年内仅建成了 6 所公园。

日本打造"生态城市"的基本思路是:做好顶层设计,统筹做好城市规划,强调密集集约、环境与便利性相互协调等特征。具体体现举措:东京的生态建筑,即"环境共生住宅"是一大特色。另外,全民参与"绿色点数"也是一大亮点。即消费者在购买节能型家电时可以获得一定份额的绿色点数,该点数可再用来购买其他节能型家电。还有"绿色支援"政策,即由政府免费提供树木,但施工则由开发部门负责,维护和管理则直接交由项目周边的居民负责。

在《首都复兴规划》中,首次提出公园绿地的配置方案,并得到了全面实施。之后,又先后诞生了《国立公园法》(1931 年)、《都市公园法》(1956 年)等法律法规,日本的公园绿地规划更加趋向合理、系统、完善。1972 年,日本颁布了《都市公园等准备 5 年规划》。从此之后每 5 年日本政府均对公园整备规划进行修正,使公园绿地的建设与功能定位均走进了一个平稳有序发展的阶段。

4.新加坡

新加坡在建国初期百废待兴的时候,就提出了建设"花园城市"的战略。新加坡从 20 世纪 90 年代着手建立的连接各大公园、自然保护区、居住区公园的廊道系统,为居民不受机动车辆的干扰和通过步行、骑自行车游览各公园提供了方便。他们计划建立数条将全国的公园都连接起来的"绿色走廊",该走廊至少 6 米宽,其中包括 4 米的路面。城市绿化与步行系统结合,在绿化走廊中设计步行道,以此形成网络联系全国的各个公园和组屋区的中心绿化带,人们可

---

① 杨秀娟.日本的公园绿地系统[J].绿化与生活,2007(3):36-37.

以摆脱机动车交通的喧闹,漫步在绿荫覆盖的步行系统网络中,或骑自行车来往于各组屋区,而鸟儿也可以由绿色通道的引导自由往来于各公园,都市环境中的生存空间大大扩展,提高了整个城市的生态系统质量。

新加坡选用了"立体绿化"这一方法,在每一条道路的两旁都进行"标准化"的树木种植。除历史传统建筑外,其他的路上都有各种树木进行标准化的种植。虽然被誉为花园城市,但其实更多的是草,是树。由于花的成本和维护相对花费较大,因此规划时只在一些具有视觉焦点的位置,放置一些花。新加坡还有一大特色,即花园住宅,完美地将植物、水体和居住空间整合一体。

新加坡政府特别重视植被和绿茵的规划和建设,使其在城市化进程中比重不断增加。1986 年全国人口 270 万,国土面积 666 平方千米,植被覆盖率为36%,而这一比率在人口达到 460 万,国土经填海造地达到 700 万平方千米的2007 年反而增长至 47%。土地规划从整体上注重绿色空间的预留和保护。如在 2001 年概念规划中,市区重建局计划在未来 40~50 年将绿色空间由 2 500 公顷增加至 4 500 公顷,2003 年总体规划进一步提出再增设 1 200 公顷绿色空间和 120 千米全岛公园绿道以衔接现有 18 个自然区域和 4 个自然保护区。同属于国家发展部的市区重建局与公园局达成共识,认为保护自然遗产和扩大绿色空间是新加坡成为独特和充满活力的城市的关键,既满足人们生活休闲娱乐需要又是对经济发展的支持。新加坡的树木、花园和公园系统由国家公园局作为"绿色资产"进行统一管理,随着绿色空间的不断建设发展,保护自然和绿色空间的生物多样性已上升为主要的政策目标。

新加坡始终将绿色可持续发展作为城市建设的总体纲领和国家战略,从多样、立体绿化的花园城再到如今绿色无处不在的城市花园,新加坡将景观美化和环境优化作为城市的发展动力,推动了经济活力和宜居水平的持续提升。

5.俄罗斯

莫斯科积极吸取以往城市发展的不足,对生态系统进行由内至外的治理,将生态建设上升为生态文明的塑造,力求促进城市生态意识的提升。莫斯科市内建有 96 座公园,14 座花园,400 个街心花园,160 条林荫道。绿化面积约占总面积的三分之一,达 4.56 万公顷,市区森林面积 1.16 万公顷。具体举措有:莫斯科环保立法,严格规范人的行为、行政执法;坚持"使用多少水,就净化多少水"的原则;建立多座垃圾消纳厂,集中处理垃圾;实行汽油无铅化政策;设立"生态警察"这一职位,提升环保效力等多项举措;建设"生态房屋",开辟人类房屋设计的新纪元等。

(二)国内公园城市

1.深圳

深圳建成美丽宜居"公园城市",打造新增长极。新建公园在设计理念上从"城市的公园"转变为"公园的城市",打破公园边界设定,将公园与城市街区相融合。以绣花之功建设的"美丽深圳",建成了美丽宜居的公园城市,以其高品质的城市环境匹配现代化国际化创新型城市发展要求,在"双区战略"发展战略下,不断打造新的增长极。

2019 年年底,深圳全市建成区的绿化覆盖率达 43.4%,人均公园绿地 14.95 平方米,各类公园总数已达 1 090 个,成为名副其实的"千园之城"。其中包括 33 个自然公园,152 个综合公园,905 个社区公园[1]。三级公园体系构成最重要的自然生态系统,使市民在繁忙之余,既能"推窗见绿、开门进园",又能漫步郊野,感受鸟叫虫鸣、青草花香。

目前深圳共建成绿道 2 448 千米、平均密度达到 1.2 千米/平方千米,绿道覆盖密度全省第一,建成福田梅林绿道、罗湖淘金山绿道、南山大沙河生态长廊、盐田滨海绿道、龙岗大运绿道、龙华环城绿道、光明马拉松山湖绿道等一批展现城市历史文化、自然生态、山海景观等主题特色的精品绿道;建成 382 个衔接公园、自然保护区的"公共目的地"。绿道和郊野径把深圳的山林海岸串联成网,为市民提供了亲近自然、游憩健身的场所和空间,让市民能更便利地体验深圳的自然之美。

---

[1] 陈龙辉,涂世林.今年将新建和改造提升超 30 个公园[N].深圳晚报,2020-07-25(4).

公园建设打造精品、拓展内涵，提升城市文明水平及品质[①]。深圳公园的数量决定市民绿色福利的普惠程度，而公园的品质和特色则彰显城市的气质与内涵，城市文明建设的水平，从深层次抚慰着深圳人的灵魂与精神。人民对美好生活的向往随着经济社会的不断进步而变化发展，深圳这些年也依托公园进行精神文明建设的探索，拓展公园的内涵和价值。为传承和弘扬公园文化，深圳创办公园文化节，推动公园文化多元发展。从2006年开始，连续14年举办"公园文化节"，累计吸引6 000多万市民参与，公园文化节已成为"深圳市民的节日"，成为深圳市的品牌文化活动。深圳公园每年都举办系列特色花事活动，莲花山公园市花展、洪湖公园荷花展、东湖公园菊花展、人民公园月季展、园博园茶花展等精彩纷呈，营造了公园的特色花卉景观。恢复停办三年之久的市级迎春花市，更是提升城市文化内涵，满足市民群众日益增长的精神文化生活的需要。

公园的教育价值也不断被挖掘，深圳在公园中建设了13个自然教育中心，与NGO公益组织合作开展自然教育活动，赋予公园科普功能，增强市民自然环境意识，主动参与自然保育和城市生态保护。

2.上海

上海正在努力成为"公园中的城市"。截至2020年6月，上海共有352座城市公园，超过90%已经免费开放。在门票优惠方面，上海发行了首款"绿色上海公园年票"。过去20年上海的林地面积飞速增长，从1999年的37万亩增加到了2019年的191万亩，2020年年底，森林覆盖率约达到18.2%。其中奉贤围绕"公园之城"的建设，已取得了阶段性成效。截至2020年，围绕创建上海首个国家生态园林城区的目标，因地制宜加大城区园林绿化建设和管理力度，以"万顷林地、千里绿廊、百座公园"为本底，构建"江海联景、林廊环绕、美丽宜居"的公园城市。奉贤全区现有公园180座，已经形成"郊野公园—综合公园—社区

---

① 张小玲.深圳建成美丽宜居"公园城市"打造新增长极[N].南方都市报，2020-06-29(NA16).

公园—游园"的多级公园体系①。

3.杭州

杭州是我国公园城市的典范,杭州城的营造,体现了"天人合一、道法自然"的东方哲学思想,城市、园林和山水和谐统一,体现了东方人居的智慧和魅力。杭州的城市建设,延续了历史上城市与西湖及周边山水融合共生的格局,展现了风景旅游和历史文化名城的特色,也因此获得了联合国授予人居环境领域的国际最高奖项——联合国人居奖。杭州园林绿化部门从城市绿化规划设计、城市环境、养护管理等着手,续写"公园城市"建设新篇章。顶层设计更优化,先后完成了《杭州市绿地系统规划(修编)》(2007—2020)实施评估报告、《杭州市公园体系研究》等规划成果的专题汇报审查;落实市政府《杭州市"迎亚运"园林绿化行动计划(2020—2022)》批复意见,继续推进"迎亚运"园林绿化行动建设计划等。

二、成都公园城市建设现状

近年来,成都持续推进公园城市建设。2018年2月,习近平总书记提出公园城市建设。2018年7月,成都市委决定把"美丽宜居公园城市"确定为城市未来发展的战略方向。2019年1月,成都成立公园城市建设管理局。2020年1月,中央部署成渝地区双城经济圈明确支持成都建设践行新发展理念的公园城市示范区。

(一)公园城市建设政策体系逐步完善

从"公园城市首提地"到"建设践行新发展理念的公园城市示范区",站在新的历史起点,成都被赋予发展的新战略定位,承担起新的历史使命。自成都公园城市建设以来,四川及成都相关政府部门深入学习贯彻习近平总书记重要指示精神,强化顶层设计,制定出台系列支持政策,从规划引领、环境营造、标准

---

① 杜晨薇.城市建在公园里? 这不是童话,而是中国城市未来形态[EB/OL].(2020-11-01)[2020-12-01].上观新闻.

制度、基础设施建设等多个领域发力,支持成都建设公园城市,充分发挥中心城市带动作用,更好服务国家战略大局。

表 7.1 成都公园城市建设主要相关政策列表

年份	文号	政策名称	主要内容/目标
2018	—	中共成都市委关于深入贯彻落实习近平总书记来川视察重要指示精神加快建设美丽宜居公园城市的决定	到 2020 年,加快建设美丽宜居公园城市,公园城市特点初步显现;到 2035 年,基本建成美丽宜居公园城市,开创生态文明引领城市发展的新模式;到本世纪中叶,全面建成美丽宜居公园城市 公园城市理念深入人心,贯穿城市工作全过程;城市形态和谐大美,人与自然和谐共生发展格局基本形成;城市品质宜人宜居宜业,创新创造的新场景不断涌现;城市生态价值充分彰显,形成城市持久竞争力
2018	—	成都市公园规划设计导则（试行稿)2018	包括总则、山地公园、郊野公园、城市公园绿地、天府绿道、附则
2018	成办发〔2018〕32 号	关于健全生态保护补偿机制的实施意见	创新生态价值转化机制。充分挖掘公园城市生态价值,积极探索生态价值向人文价值、经济价值、生活价值转化的实现路径,提升生态系统复合功能,丰富受益者付费和保护者受偿形式,推动"输血式"补偿到"造血式"补偿转变。搭建生态价值实现平台,以天府绿道、龙泉山城市森林公园等重大生态工程为载体,充分运用移动互联网、大数据、人工智能等新技术,构建共享停车、位置信息和周边服务、文化体验等多元复合的新经济应用场景,植入优质商业资源和新的商业元素、商业模式、特色文化,激发环保、文创、研发等新投资需求,引入多样化、生态化的消费形态,充分调动全社会参与生态保护的积极性
2018	成办发〔2018〕34 号	成都市湿地保护修复制度实施方案	实行湿地面积总量管控,到 2020 年,全市湿地面积不低于 43 万亩,其中,自然湿地面积不低于 32 万亩,湿地保护率达到 23%以上。严格湿地用途监管,确保湿地面积不减少,增强湿地生态功能,维护湿地生物多样性,全面提升湿地保护与修复水平

续表

年份	文号	政策名称	主要内容/目标
2019	—	成都市美丽宜居公园城市规划（2018—2035年）	美丽宜居公园城市"三步走"的发展目标明确：2025年，加快建设美丽宜居公园城市，公园城市特点初步显现；2035年，基本建成美丽宜居公园城市，开创生态文明引领城市发展的新模式；2050年，全面建成美丽宜居公园城市，全方位形成人城境业高度和谐统一的大美城市形态
2019	成办发〔2019〕21号	成都市加快重点项目建设开展基础设施等重点领域补短板三年行动实施方案	完善城镇基础设施，构建公园城市骨架。优化城市开发强度，以大尺度生态廊道建设引领城市空间结构调整优化。开通地铁5号线一二期、10号线二期，加快建设6号线等地铁项目。加快推进南北、东西城市轴线建设，完善中心城区"1环11射"快速路等基础设施。强力推进东部新城市民中心等重大支撑性项目建设。开工建设13个TOD综合开发示范项目。推动天府绿道、天府植物园和"百个公园"示范工程；依托天府绿道体系培育特色小镇、特色街区；结合绿道四级驿站服务体系，集成建设文体旅商农等配套设施
2020	成府函〔2020〕6号	成都市公园城市街道一体化设计导则	明确适用于成都市包含快速路、主干路、次干路、支路和街巷在内的城市街道。它首先将街道按人们的生活场景和城市需求，分成生活、商业、产业等六大类。生活型街道车速限制在40千米/小时以内，商业型街道满足多样化消费、休闲和体验需求，交通型街道保障慢行安全和机动车高效通行，产业型街道保障物流运输车辆的通行，特定型街道环境设计人性化，突出不同场景
2020	—	成都市公园社区规划导则	主要包括背景与概况、总体规划指引和分类规划指引三个部分。主要内容包括对公园社区内涵的阐释，基于公园城市理念以及前期研究成果明确界定公园社区的定义和特征。依据社区分布区域以及主导功能，将公园社区划分为"城镇社区、产业社区、乡村社区"三大类型，并综合考虑三类社区的主导功能、规模分类和差异化特征人群需求差异性进行分类设计，明确分类指引要求

续表

年份	文号	政策名称	主要内容/目标
2020	—	成都市美丽宜居公园城市规划建设导则（试行）	核心内容是"以人为本"综合服务功能的提升，强调生态环境、公共空间、居民家庭、城市建筑、历史文化、社会服务、经济发展等要素的有机融合，具有社区形态开放宜人、空间环境优美舒适、社区文化特色鲜明、建设方式低碳永续、交通系统绿色人性、功能产业多元混合、公服设施便民共享等特征。根据成都本身特色，公园社区的规划片区由若干公园社区单元构成，每个单元范围与15分钟公服圈范围一致
2020	川府发〔2020〕3号	关于推动城市基础设施改造加强城市生态环境建设的指导意见	到2022年，全省推动实施一批城市基础设施补短板和生态环境建设重点项目，形成可复制推广的经验。全省城市（县城）初步构建绿色低碳、功能完备的基础设施支撑体系和山清水秀、城乡共美的生态环境。成都市建设践行新发展理念的公园城市特点初步显现。到2035年，四川全省城市（县城）基础设施体系全面健全，生态环境质量明显改善，建成功能完备、生态宜居、文化传承、治理高效的现代化城市。成都市建设践行新发展理念的公园城市特点凸显并在全省形成示范作用
2020	—	关于支持成都建设践行新发展理念的公园城市示范区的意见	到2025年，基本建成践行新发展理念的公园城市示范区，创新策源能力显著增强，城市布局形态持续优化，绿色空间系统更加完善，开放门户能级大幅提升，宜居生活魅力充分彰显，支撑高质量发展的现代产业体系、创新体系、城市治理体系初步建成，国家中心城市国际竞争力和区域辐射力全面提升。到2035年，践行新发展理念的公园城市示范区成为全国样板，生态型、高质量、人本化、有韧性、可持续的特质充分彰显，国际国内高端要素运筹能力明显增强，建成全国重要的经济中心、科技中心和世界文化名城、国际门户枢纽，全方位迈入现代化国际都市行列

续表

年份	文号	政策名称	主要内容/目标
2020	成府发〔2020〕25号	成都市智慧城市建设行动方案（2020—2022）	依托公交、绿道、慢行系统等交通空间打造智慧生态景观带，围绕提升街道环境品质营造智慧城市应用空间场景，全面提升美丽宜居公园城市服务能级。推动城市园林绿地现状调查及基础信息平台、智慧绿道管理服务体系建设，提升园林绿道管理现代化水平
2020	成府发〔2020〕8号	关于推进竹产业高质量发展建设公园城市美丽竹林风景线的实施意见	至2022年，全市竹林面积达到110万亩。建成现代竹产业园区4个。创建省级竹产业高质量发展示范县2个。规划建设竹景观元素的公园和街区100个、竹特色镇10个、竹产业特色村示范点10个。保护与修复川西林盘1 000个，着力打造竹主题川西林盘100个。建设竹元素天府绿道500千米、翠竹长廊5条。以竹为载体的生态旅游达3 000万人次/年，全市竹产业年综合产值达到100亿元
2020	成办发〔2020〕49号	成都市域铁路沿线环境品质提升实施方案	到2020年底，完成成渝高铁成都段、西成客专成都段、成贵客专成都段、成达动车组成都段、成灌线的试点示范治理工作。到2022年底，排查发现问题治理率100%、宜林地段绿化率95%以上，基本消除铁路沿线"脏、乱、差"现象，达到"环境净、景观美、面貌新、安全稳"的工作目标，不断提升成都美丽宜居公园城市形象

（二）覆盖城区的生态"绿脉"逐渐形成①

随着三级绿道体系逐渐成网，贯穿全域、覆盖城区的生态"绿脉"也逐渐形成。当前，成都市绿道累计建成4 081千米。1 000条"回家的路（上班的路）"穿插其间，植入书店、花店、商店、咖啡馆（茶馆）"三店一馆"基本设施，实现"绿道让生活更美好"的建设初心。

塑造公园城市大美形态，成都要营造的是一个生态系统中的巨大绿色空

---

① 王琳黎,缪梦羽,李颖,等.未来城市 成都之路[N].成都日报,2020-10-26(1).

间,在"景观化、景区化,可进入、可参与"的思路下,形成"园中建城、城中有园、城园相融、人城和谐"的公园城市生态美景。

而作为引领成都"东进"的支撑性工程,龙泉山城市森林公园全面建成后,成都市人均增加 10 平方米净森林,每年固碳 31 万吨,释放氧气 23 万吨,创造 30 余万个就业岗位。根据成都市公园城市建设管理局提供的一组数据:通过实施一系列重大工程,成都实现新增绿地面积 1 900 万平方米,森林覆盖率达 39.9%,建成区绿化覆盖率达 43.5%,人均公园绿地面积达 14.9 平方米。

(三)以 TOD 开发促进"多圈合一"

轨道交通改变城市布局,TOD 综合开发改变城市形态。公共交通延展着城市空间的格局尺度,间奏着市民生活的律动音符。成都正重塑城市形态,推进枢纽站点与周边区域一体化设计,促进交通圈、商业圈、生活圈"多圈合一",让一切有空间的地方皆可停留、皆能交往、皆有效益。

成都将形成"轨道公交慢行"相融合的公园城市运行动脉,这一绿色出行系统,将如同网络延伸至城市各个角落,带来生活、生产、出行方式的改变,重塑城市多元空间价值。让市民在生态中享受生活,在公园中享有服务。未来 5 年内,成都市 TOD 项目将全面建成生产、生活、生态多元复合的公园城市地标和活力中心,实现轨道交通有效覆盖中心城区 60% 以上居住就业人口,真正树立轨道交通引领产城融合发展的典范。

数据显示,2020 年,除 14 个 TOD 示范项目外,成都市还将新增 5 个 TOD 开发项目,届时全年在建项目将达到 19 个,所有项目开发完毕后总投资额将超过 1 600 亿元。

(四)推动新经济发展

通过产业功能区建设,优化空间布局和重塑经济地理,克服"大城市病"丛生和区域发展同质化问题。成都提出,构建产城融合、职住平衡的产业功能区和高效协同、开放共享的产业生态圈,是城市发展方式和经济组织方式的重大变革,未来将形成"生产、生活、生态"相统筹的公园城市发展空间。

成都坚持以产城融合发展理念统筹规划建设和功能布局,以功能复合、职住平衡、服务完善、宜业宜居为导向建设产业功能区,目前已见成效。比如,电子信息产业功能区郫都区域精心打造双柏国际化社区,重点围绕社区内居住的大量电子信息企业工作人员,通过"1+N"细胞式布局创智 e 站、e 剧场、双小柏的厨房、Block 街区等一系列公共空间,充分打造功能区党群会客、组织培育、资源对接以及社区人才文艺创作、演出互动、志愿服务、生活美学等多功能载体平台。按照生产、生活、生态"三生合一"发展理念,天府国际生物城以国际生物医药专家和科研人才需求为导向,高标准规划建设了一批国际化学校、医院、邻里中心、生态公园等配套设施。

成都先进材料产业功能区,坚持人城产逻辑,提升城市功能品质。牢固树立公园城市理念,以"功能复合、职住平衡、服务完善、宜业宜居"为导向,进一步优化空间结构,突出生态环境营造和功能配套完善,促进生态和经济价值的良性转换。建设青白江区工业文明遗址公园将是延续城市产业价值、城市记忆、打造城市新活力中心的最佳场景。通过对所有的历史工业建构筑调查,川化集团和攀成钢集团现有大量的标志性工业遗存建构筑物,以有机更新手法保留青白江特色工业印记,以此为城市名片和文化内涵辐射带动城市发展建设。长流河核心区位于青江南路以东、团结中路以北、化工南路以西、沿长流河两侧,按照"公园城市"的理念设计 2.05 千米滨水绿道。如今的长流河正在成为青年户外学习的空间、孩童追逐打闹的乐园、市民休闲娱乐的绿茵。

(五)推进公园与社会有机融合

在第二届公园城市论坛上,《成都市公园社区规划导则》首次发布。《导则》将公园社区划分为"城镇社区""产业社区"和"乡村社区"三大类,描述了未来公园城市的社区场景。就此,论坛上成都所提出的——未来形成"巴适、安逸、和美"为特征的公园城市社区场景也有了行动指南。

根据成都市公园城市建设管理局提供的一组数据,依托以党组织为统揽的城乡社区发展治理体系,当前成都市整治提升背街小巷 2 059 条,改造老旧院落 600 个、棚户区 17 434 户,完成"两拆一增"点位 3 270 个,打造特色精品街区 121 个、公园小区 70 个,实现公园形态与社区生活有机融合,基层治理能力和宜居生活品质同步提升。通过持续开展基本公共服务设施"三年攻坚"行动,打造适应各类群体需求的生活微场景,实现建成区 15 分钟基本公共服务圈覆盖率达到 80%以上。如成华区下涧槽社区从老旧生活区升级成为公园社区,在保留原有工业文化的基础上,进行了基础设施、公建配套设施和功能化改造,并有机融入文化创意和文化旅游元素,在历史传承与创新发展中,凸显出了公园社区的文化特质。

(六)打造成渝地区双城经济圈创新引擎

融入"双循环",坚持市场化、高端化、国际化原则,加快构建起驱动公园城市高质量发展的要素适配体系,让金融、数据、人才等要素资源在成都汇聚,构建起创新资源要素"近悦远来"的生态环境,助力成渝建设全国有影响力的科技创新中心。

坐落于兴隆湖畔的成都科学城正聚焦重点领域,加快布局一批高水平创新平台,推动建设重大科技基础设施集群、研究基地集群和若干功能性产业园区,打造成渝地区双城经济圈创新引擎。以成都科学城为核心区域,成都市正积极创建综合性国家科学中心,争取国家川藏铁路技术创新中心、"西部光源"、多态耦合轨道交通动模试验平台等更多"国之重器"在成都落地建设。当前,天府实验室已初步梳理了包括前沿医学、区块链、能源互联网、航空航天等几个相关领域,并初步遴选了一些团队来作为发展核心。

为鼓励各类资本、投资机构在成都聚集发展,为创新创业提供最友好的金融生态,成都还出台了促进创业投资发展的"20 条"。目前,正在制定实施成都人才新政 2.0 版,引入国际人才服务机构,招引全球知名科学家、顶尖科研人才(团队)、青年科学家,为他们提供最优越的创新环境。一系列创新举措和人才新政的发布,无疑向国内外释放了一个重要信号:成都已经开启了科技创新的加速跑,依托创新强动力、增活力,赋予公园城市示范区更广阔的未来。

(七)持续改善生态环境

公园城市加快建设。科学编制公园城市规划,龙泉山城市森林公园增绿增景 6.5 万亩,累计建成天府绿道 2 607 千米。森林覆盖率 39.5%,较去年增加 0.4 个百分点;森林储蓄量 3 506 万立方米。森林面积 56.6 万公顷。市辖区建成区绿化覆盖率 41.7%,人均公园绿地面积 12.7 平方米。

大力推进环境保护与污染防治。坚决贯彻落实绿色发展理念,持续抓好铁腕治霾、重拳治水、科学治堵,实施突出环境问题整治"百日攻坚"专项行动,打好污染防治攻坚战。空气质量持续改善。全年空气质量达标天数(空气质量指数小于或等于 100 的天数)251 天,比上年增加 16 天。PM_{10},$PM_{2.5}$ 平均浓度下降 8.0%,8.9%。二氧化硫、氮氧化物排放量分别降低 32.0%,22.1%。地表水断面 I-Ⅲ类占比 75.5%,提高 7.2 个百分点,县城以上集中式饮用水水源地水质达标率 100%。农药、化肥使用量分别减少 4.2%,1.3%。单位 GDP 能耗下降 5.79%,单位工业增加值能耗下降 15.43%。

(八)大力提升生态效益价值

据成都市公园城市建设管理局发布的《2019 年成都市森林资源与林业生态状况公告》,成都市森林年涵养水量 16.47 亿立方米、森林固土量 846.05 万吨、森林固碳 160.52 万吨、滞尘 650.23 万吨、释放氧气 338.28 万吨。森林生态效益价值达到 1 436.73 亿元,同比增加 68.51 亿元。

三、成都公园城市建设成效

近两年来，成都积极践行新发展理念，持续推进公园城市建设，努力打造公园城市示范区。通过两年的建设，取得了一系列显著成效，更好地支撑成都公园城市长远建设与发展。

（一）率先构建公园城市支撑体系①

在先行先试中，成都已经开创了多项全国乃至世界"第一"：成立全国首个公园城市建设管理局；成立全国首个公园城市规划研究院——天府公园城市研究院；制订全国首个公园社区规划导则《成都市公园社区规划导则》；发布全球首个公园城市指数。成立天府公园城市研究院和公园城市建设发展研究院，开展公园城市"两山"发展指数研究，举办公园城市论坛，发布公园城市成都共识，初步形成公园城市理论构架。科学编制美丽宜居公园城市总体规划和街道一体化设计导则等30余项技术规范，深入实施20项公园城市规划建设策略，初步形成公园城市规划技术标准体系。整合组建市、区两级公园城市建设管理机构，加快推进公园城市建设条例等立法工作，初步构建以绿色发展为导向的目标考核机制。

2020年10月24日，在第二届公园城市论坛闭幕大会上，全球首个公园城市指数在成都发布。《公园城市指数（框架体系）》由天府新区联合中国城市规划学会编制。该指数源于天府新区2018年以来在公园城市各个领域的实践经验集成，形成了"一个目标、五大领域、十五个指数"的指数框架体系，为公园城市建设提供了目标导航和度量标尺，作为可复制、可借鉴、可推广的公园城市共识，是源于新区又高于新区的一次开创性探索。同时，公园城市指数在研究过程中，广泛吸收纽约、伦敦、东京、上海等世界先进城市的远景发展共识。

---

① 这里是四川."公园城市"这两年，成都做了什么？［N］.成都商报，2020-05-27.

表 7.2　成都公园城市指数(框架体系)①

目标	领域	指数	内涵
和谐美丽、充满活力的永续城市	和谐共生	安全永续	坚持大生态与大安全的统一。坚守底线约束,留下更多生态空间与良田;尊重自然规律,维护原生地理,合理利用资源
		自然共生	城市也是本地动植物的美好家园。从生物视角,降低人类对自然环境的干扰,尊重自然生境网络,提升生物多样性水平
		环境健康	坚持良好的生态环境是最普惠的民生福祉。从宜居角度,改善空气质量常现蓝天白云,改善水质让市民亲水乐水,加强防控以杜绝土壤污染
	品质生活	城园融合	将城市全域建成一个大公园。以组团嵌套、蓝绿渗透、无边界融合的方式,将城市融入大自然,实现无处不公园
		田园生活	引领以公园为中心的生活方式。以功能为导向的绿道系统,承载游憩休闲、绿色通勤和公共服务,让市民出门即公园,园中享生活
		人气活力	焕发精彩、融洽的生活氛围。从市民多元需求出发,提升城市活力,鼓励邻里交往,促进商业繁荣
	绿色发展	生态增值	坚持生态环境就是生产力。推动生态资源价值核算,建立运营反哺维护机制,促进生态资产持续增值
		生态赋能	依托环境品质构筑核心竞争力。围绕优质生态资源,集聚创新要素、吸附高能级功能、撬动产业投资
		绿色低碳	坚持绿色低碳循环发展。推进清洁能源、绿色生产,依托科技创新和智力人才,发展新经济为引领的环境友好产业
	文化传扬	文化传承	重视地方文化传承与彰显。尊重历史源脉以巩固群体认同,强调城市美学以刻画特色印记,注重场景营造以呈现民俗风情
		文化驱动	以文化培育城市长远发展动力。创造性转化历史遗产,创新性发展文化品牌,提升城市软实力,推动文化产业高质量发展
		开放包容	秉承美美与共、兼容并蓄的态度。积极推动城市与世界的广泛链接,提升城市的国际美誉度和文化影响力
	现代治理	依法治理	运用法治思维和法治方式解决城市治理难题。加强法治化建设,营造市场化、法治化营商环境,让法治成为社会共识和基本准则
		基层治理	推动社会治理中心向基层下移。探索同心同向的共建机制,完善多元参与的共治体系,构建普惠公平的共享格局
		智慧治理	运用信息技术让城市更聪明更智慧。发挥数据要素的能力,提高城市管理的效能,让市民享受更加公平、便捷和精细化的服务

① 成都市规划设计研究院.公园城市指数(框架体系)正式发布[EB/OL].(2020-10-26)[2020-12-01]. 成都市规划设计研究院.

（二）率先擘画公园城市空间形态

统筹推进"东进、南拓、西控、北改、中优"，成立省级新区东部新区，推动城市格局由"两山夹一城"向"一山连两翼"转变。规划建设 1 275 平方千米龙泉山城市森林公园和 1.69 万千米天府绿道，建成各级绿道 3 689 千米，新增绿地面积 3 885 万平方米，全市森林覆盖率达 39.93%，建成区绿化覆盖率达 43.5%。建立覆盖 22 个区（市）县、3 个产业新城的公园城市首批 76 个示范片区，推进锦城公园"筑景成势"，实施锦江公园"九大行动"，打造世界级城市名片。统筹布局 66 个产业功能区，创新"领导小组+管委会+专业投资公司"专业化运营模式，加快建设产城融合、职住平衡的现代化城市新区和公园式产业社区。

（三）率先创新公园城市价值转化

创新生态资源市场化运营模式，实施"老公园·新活力"提升行动计划，加快公益性园林转型升级，联合专业机构深化锦城公园、锦江公园生态价值动态转化对城市功能品质提升研究，探索构建近期投入产出平衡、远期生态价值持续放大的长效机制。建立面向全球持续发布 1 000 个新场景、1 000 个新产品的"双千"机会场景发布机制，加快培育山水生态、天府绿道等六大公园场景，打造江滩公园、新桥社区、夜游锦江等场景品牌 120 余个，五岔子大桥、城市之眼、香香巷等网红打卡点位 380 余个。坚持政府主导、市场主体、商业化逻辑，以设施租赁、联合运营、资源参股等多种方式实施全球招引，梳理项目招引机会清单 2 500 余项，天府绿道社会投资占比达 70% 以上。"百个公园"示范工程吸引社会资本 170 亿元，占比 56%。

（四）率先探索公园城市营城模式

深入推进"三治一增"，打好"三大保卫战"，空气优良天数较 2017 年增加 52 天，达 287 天。加快构建"轨道+公交+慢行"绿色交通体系，规划建设 14 个 TOD 示范项目，轨道交通运营里程达 341 千米，新开工"8 类 18 项"公服设施项目 2 199 个，建成功能性项目 987 个，"家门口"的绿色福祉可感知可触及。依托以党组织为统揽的城乡社区发展治理体系,整治提升背街小巷 2 059 条,改造老旧院落 600 个、棚户区 17 434 户,完成"两拆一增"点位 3 270 个,打造特色精品街区 121 个、公园小区 70 个,实现公园形态与社区生活有机融合,基层治理能力和宜居生活品质同步提升。

专栏 7.6:成都 TOD 建设

成都首次提出以 TOD 重塑城市空间形态,发力全球 TOD 典范城市。以功能复合、站城一体、产业优先、生活枢纽、文化地标、艺术典范、综合运营为总体发展目标,成都 TOD 综合开发倡导以轨道交通站点为中心,进行功能融合及集中开发,努力打造高颜值、国际范的城市新地标和"人城境业"高度融合的公园城市活力新社区。

城市让生活更美好,一个 TOD 项目就是一个公园城市社区。便捷、畅通的生活场景背后,"以人为本"的营城理念始终引领着成都 TOD 综合开发的设计和实施。TOD 综合开发的实质,是要以站点为中心,构建人们生活的公园社区,生活在社区中的人们可以通过 TOD 综合开发便捷地获取生活服务,提升生活品质。在全市一盘棋的统筹规划下,成都对全域 700 多个轨道交通站点及周边区域进行合理安排,结合站点不同等级布局不同功能,打造出各具特色的 TOD 项目。

四级站点分类。根据不同站点对城市中心功能、产业功能区和特色镇的支撑作用、轨道网络中的通达条件等特征,将轨道交通站点综合开发分为城市级站点、区域级站点、组团级站点、社区级站点四级。同时,综合考虑城市主要功能的空间布局、站点周边用地构成,将站点分为商圈核心型站点、交通枢纽型站点、综合中心型站点、产业社区型站点和生活服务型站点五类,促进差异化、特色化发展。

轨道交通出行与消费购物、休闲娱乐等功能有机融合。成都提出"137"思路，以轨道交通站点为中心，在半径100米核心区布局商业服务业设施，打造具有显示度的城市地标；在半径300米次核心区布局办公、酒店及公共服务设施，塑造灵动多样的城市场景；在半径700米非核心区，布局住宅、公园等生活生态空间，营造从"城市到自然"的诗意栖居。

以建设公园城市为目标，塑造城市新名片。成都的TOD建设着重公园城市景观体系的构建和城市形象特色的打造，统筹站点周边文化、功能、空间与自然资源等要素，让城市空间"高低错落、疏密有致、整体协调、端庄典雅"。

在城市新区，结合TOD轨道站点，突出"近山不邻山，绿楔环四城"的特点，彰显山、水、城和谐相融风貌。在老城区，开展TOD综合开发，应适当增加开敞空间，通过多层次公共空间、慢行系统、城市绿道等，提升环境品质，展示公园城市的独特个性和独有魅力。在片区中心和特色镇中心，结合TOD轨道交通站点塑造较为开敞的中心形象，通过建筑风貌与公共空间展现风貌特色。

支撑城市绿色低碳发展，构建绿色交通体系。成都TOD综合开发特别强调了多制式交通衔接一体，强化轨道站点与航空、铁路枢纽一体化便捷衔接，保障城市外部客流与内部交通高效转换。此外，构建"BMW"绿色交通体系，即常规公交、轨道交通、慢行交通相融合，提出轨道交通站点周边1 000米范围内步行可达时间不超过15分钟，轨道交通站点周边邻近街坊建筑直连率达到100%，轨道交通与常规公交及共享单车换乘接驳时间不超过5分钟的目标。

链接世界头部城市，对话城市美好未来。未来的3到5年，成都首批14个TOD示范项目将陆续建成，为城市拉开发展新框架。

专栏7.7:《成都市轨道交通TOD综合开发战略规划》①

总体目标:按照"站城一体、产业优先、功能复合、综合运营"的理念,围绕轨道站点打造"商业中心、生活中心、产业中心、文化地标",将成都建设成为全球TOD典范城市。

特色做法:提出体系构建——规划四级分级、五类分类;策划引领——明确片区发展目标与定位、合理确定产业发展思路、科学确定功能业态及规模、构建符合市场逻辑的商业模式;规划设计——总体要求是创造成都TOD的天府基因,在特色引导方面塑造成都TOD的亮丽名片;开发运营——构建政府主导、企业主体、商业化逻辑的投建维运工作体系,建立国际化、统筹化、产业化、差异化的实施路径和策略。

模式转变:《规划》明确了四个转变——从"单站开发"向"片区统筹"转变,从"空间规划"向"策划规划设计一体"转变;从"站点周边空间建设"向"特色场景营造"转变;从"开发建设"向"综合运营"转变。通过"规划、建设、管理、运营"全链条的统筹管理,充分实现轨道交通的价值转化,提升综合效益,促进轨道交通外部效益内部化,反哺轨道建设运营。

实施保障:完善政策配套包括统一领导、多方合作、交流共享、共建共治;完善配套政策包括7个方面、17项配套政策和技术规范;强化人才支撑包括多维度、创新型人才和专业化管理团队。

四、成都公园城市建设典型做法

(一)打造"山水林田湖草"生命共同体,全面锚固生态本底

目前,天府新区已经形成了包括龙泉山、锦江、鹿溪河、东风渠、雁栖河、柴

① 成都市规划设计研究院.《成都市轨道交通TOD综合开发战略规划》正式发布[EB/OL].(2021-03-22)[2021-03-30].成都市规划设计研究院.

桑河等"一山、两楔、三廊、五河、六湖、多渠"的生态格局,这样不仅丰富了城市的生物多样性,还实现了天蓝、地绿、水清、丘美的大美生态本底。优良的生态资源本底,为成都高质量建设践行新发展理念的公园城市示范区夯实了建设基础,奠定了坚实的发展根基。

（二）把生态价值考虑进去，实现绿水青山就是金山银山

通过打造优良的生态环境,吸引集聚产业项目,进而推动产业发展,实现经济效应。建成了天府公园、鹿溪生态湿地等一批重大生态项目,吸引了 200 多个重大和高能级产业项目。美丽兴隆湖边的成都科学城,正成为中国西部(成都)科学城的科技创新策源地。良好的生态环境不仅是对老百姓最普惠的民生福祉,还成为了集聚创新资源要素、吸引优质投资项目的重要"底牌",同时也是推动经济社会高质量发展的内在动力。如以鹿溪智谷为核心区域,新经济顶层谋划不断完善。沿 50 千米鹿溪河生态带,高起步规划建设成都科学城产业功能区,探索建立"功能区管委会+平台公司+运营基金"的管理构架,集聚发展信息安全、集成电路、5G 通信、大数据、云计算等新一代人工智能相关的上下游产业。

（三）坚持人与自然和谐共生，让城市融入大自然

城市功能的空间布局,从传统的"沿路拓展"转变为"拥绿亲水发展";从不同的空间维度深化城市与自然的关系,将好山好水好风光引入城市内部,实现园中现城、城园相融。城市绿道不断延伸,连接了城市与田园,融合了传统与现代。成都从城市形态入手,融入绿色生活理念,规划建设 16 930 千米、覆盖全域的天府绿道,以此作为建设公园城市的重要抓手,着力构建以绿道为脉络的美丽宜居公园城市。随着三级绿道体系逐渐成网,贯穿全域、覆盖城区,串联生态景观资源、公共服务设施及交通枢纽的生态"绿脉"也逐渐形成,城市发展与自然环境有机融合,绿色生活触手可及,不断谱写人与自然和谐永续的美丽诗篇。

专栏 7.8：成都市天府绿道规划建设方案

建设思路：按照建设大生态、构筑新格局的思路，梳理 14 334 平方千米市域的 11 534 平方千米生态基底和 2 800 平方千米城乡建设用地情况，规划构建城市三级慢行系统，厚植城市自然人文环境，提升市民宜居生活品质，以"可进入、可参与、景观化、景区化"的规划理念，以人民为中心、以绿道为主线、以生态为本底、以田园为基调、以文化为特色，全域规划形成区域级绿道 1 920 千米、城区级绿道 5 380 千米、社区级绿道 9 630 千米的三级绿道体系，建设总长度 16 930 千米。其中，1 920 千米的区域级绿道总体结构为"一轴、两山、三环、七带"，覆盖全域 20 个区（市）县及高新区、天府新区直管区，串联"两山两环、两网六片"的生态本底。

建设重点：2020 年建成"两环一轴"绿道，共约 750 千米。天府绿道规划主要分区域级绿道、城区级绿道、社区级绿道。其中，区域级绿道具体是：锦江绿道、熊猫绿道、锦城绿道、田园绿道、龙门山森林绿道、龙泉山森林绿道、滨河绿道。锦江绿道[沿锦江从都江堰紫坪铺至双流黄龙溪，总长度约 200 千米，串联 10 个区（市）县]、熊猫绿道（沿三环路总长 100 千米，以慢行交通为主，兼具生态、休闲、体育、文化等功能）、锦城绿道[依托环城生态带，主线总长度 200 千米（次线 300 千米），串联 11 个中心城区]、田园绿道[沿第二绕城高速路，总长度约 300 千米，串联 10 个区（市）县]、龙门山森林绿道[沿龙门山东侧，长度约 350 千米，串联 6 个区（市）县]、龙泉山森林绿道[沿龙泉山西侧，长度约 200 千米，串联 5 个区（市）县]、滨河绿道[包含走马河、江安河、金马河、杨柳河—斜江河— 江河—临溪河、东风渠、沱江—绛溪河、毗河等河段，总长度约 570 千米，串联 15 个区（市）县]。

建设目标：按照分级分类推动实施的步骤，计划到 2020 年建成"两环一轴"绿道（锦江绿道、锦城绿道、熊猫绿道），共约 750 千米，到 2025 年初步建成 1 920 千米市域主干绿道体系，到 2040 年市域绿道体系全面成网。

（四）坚持城市设计贯穿始终，塑造大美城市形态

以城市设计为先导，通过对天际线、轮廓线、山水通廊进行整体设计和严格规划管控，构建"大开大合、显山露水，高低错落、疏密有致"的公园城市大美格局，也开展了城市色彩、街道景观等提升城市品质的工作。同时，建成一批显示度高的精品建筑，实现了"虽由人作、宛自天开"的城市意境。如天府新区在大开大合、显山露水的布局中，又通过精雕细琢，将城市从"意境"带入"画境"的美学呈现，实施了天府新区的天际线提升工程、夜景光亮工程专业规划、天府新区的色彩规划等。其中天府新区的色彩规划在延续"复合灰"的基础上，又自主进行了"调色"，让城市的色彩服务人的美学感受，并使之能呈现出更好的生活状态。

（五）以人民为中心，构建普惠、公平、共享的格局

加快公共服务设施和基础设施建设，不断提高优质公共产品供给能力，持续提升民生服务保障水平。按照国际化视野推进"三城三都"建设（世界文创名城、旅游名城、赛事名城，国际美食之都、音乐之都、会展之都），加快推进天府奥体城、锦江公园、锦城公园等重大功能性文体、生态环境项目建设。布局了118个"15分钟公服圈"；天府新区成立以来，开工建设了华西天府医院、天府中学等300多处基础公共服务设施；规划建成了200多千米的"游憩绿道""通勤绿道""社区绿道"；营造了"与工作的人一起生活，与生活的人一起工作"的生活工作方式。

（六）创造高品质生活，满足人民对美好生活的向往

精准配套高品质生活空间，打造高品质公园社区。同时，将城市服务功能向乡村延伸，实现共同富裕。在公园城市建设中，天府新区聚焦"一个城市的预期就是整个城市是一个大公园，老百姓走出来就像在自己家里的花园一样"的美好愿景，始终坚持把公园社区作为实现人城境业高度融合的重要实践支撑。位于中国西部（成都）科学城核心区的鹿溪智谷，正是按照公园社区的理念，遵

循"生态打底、产业支撑、数字赋能、美学呈现、生活活化"的路径,着力营造"水清、岸绿、业兴、人和"的城市意境,打造公园城市创新实践"试验田"、高新技术"测试区"、美好生活"体验地",努力建设彰显公园城、科学城、未来城、人民城特点的公园城市示范引领性工程。

专栏 7.9:鹿溪智谷公园城市示范区规划①

主要内容:鹿溪智谷公园城市示范区位于天府新区直管区中部,是"一心三城"中成都科学城的核心区域。规划范围北至武汉路,南至科学城中路,西至宁波路-兴隆湖,东至成自泸高速,总面积18.02平方千米。规划秉承"公园城市"理念,顺应山形水势,布局"智慧坊、数字湾、独角兽岛、科创园、国际港、绿色谷、未来村"七大科技创新产业功能片区,形成"一谷连七片""一网串十景"的总体空间结构。通过构建蓝绿交织生态网络,打造独立便捷社区绿道,加强目标人群精准配套,建设新兴产业创新空间,营造场景体现多元价值,塑造未来城市建设样板六大举措,将鹿溪智谷打造为"蓝绿融城、嵌套布局""以河为轴、拥水发展""开放街区、独立绿道""未来城市、智慧生活"的中国西部(成都)科学城核心区、高品质宜居生活地典范区、践行新发展理念的公园城市未来样板区。

特色创新:一是创新公园城市建设的示范模式。规划重点研究公园城市标准体系、建设模式,提出了"高品质生活圈、高质量产业生态圈、高水平生态价值转化、高效能治理机制"的公园城市建设的示范模式。二是创新公园社区生态价值转化布局模式。坚持生态优先、绿色发展,因循自然做优公园本底,形成城绿交融的嵌套布局;划定蓝线、绿线,严格落实管控要求,结合鹿溪河生态修复工程建设海绵城市,积极探索生态价值转化路径。

---

① 成都市规划设计研究院.鹿溪智谷公园城市示范区规划[EB/OL].(2020-07-22)[2020-10-01].成都市规划设计研究院.

三是探索未来新区公园社区发展模式。未来公园产业突出科技引领、创新驱动，立足构建西部科学城先行区，发挥鹿溪智谷的生态吸附效应，集中布局科技创新重大项目，加快构建创新生态链，赋能以数字经济为核心的未来产业发展。未来公园生活聚焦以人为本、开放共享，精心营造"出门即公园、处处皆场景"的高品质宜居生活空间，塑造"与工作的人一起生活，与生活的人一起工作"的工作生活圈，创造全时活力的未来生活典范。未来公园形态彰显自然之美、科技魅力，将创新气质和巴蜀风韵融入自然山水，塑造"绿水环绕、青山相望，现代时尚、对话未来"的城市风貌，呈现公园城市"和而不同"的未来形态。

实施成效：按照规划全面推进鹿溪智谷的建设，总体建设进度超六成。目前，"四纵四横"骨干路网、7.6 千米鹿溪河上游水环境治理、3.5 千米地下综合管廊、22.5 千米智谷绿道已经建成，国际社区、医院、学校、幼儿园等公共服务设施全面推进。中国科学院大学成都学院、国家成都农业科技中心、中科院光电所、海康威视成都科技园、独角兽岛等 13 个行业龙头产业项目开工建设，公园社区形态初具雏形。

（七）从"产城人"到"人城产"融合发展

从"产—城—人"到"人—城—产"，折射的是公园城市建设思路的改变。天府明珠公园作为天府智能制造产业园配套建设的大型市政主题公园，公园内民营经济博物馆、川菜文化传播中心、运动休闲中心等项目正加快建设，从工业逻辑回归人本逻辑，促进集约高效的生产空间、宜居适度的生活空间、山清水秀的生态空间，"共融共生""人城产"融合的现代产业新城正在加速呈现。公园周边还布局了人才公寓、产业社区服务中心、产业载体等配套设施；植入工业元素、新经济场景和民营经济文化 IP，复合生态休闲、运动健身、文化体验、公共服务、产业配套等多元功能，为广大市民和创新创业人群打造一个可进入、可参与、可交互、可居住的多元化、复合型城市生态中心。极具人才吸附力的菁蓉湖社区精心培植多元消费场景、着力打造"人—城—产"融合新典范。周边既有清水河公园、爱思瑟国际学校、喜来登酒店、菁蓉湖中央商务区,又有随锐5G产业园、软通动力西南总部、国盾融合创新中心等项目,还有郫都区首批国际性创新人才公寓智荟城,形成集生产、研发、居住、消费、服务、生态多种功能于一体的新型城市社区,成为成都电子信息产业功能区的核心引擎,未来将承载3万多名高知群体的工作和消费①。

---

① 刘小莉."人城产"融合新典范!成都郫都打造高品质生活城[EB/OL].(2020-09-15)[2020-10-01].
天府郫都.

8

改革开放新高地：
开启内陆对外开放新时代

改革开放是应对当前复杂局面的制胜之方。从国内看,新时代的中国全面深化改革与新一轮对外开放正孕育新机遇形成新局面。2020 年年初,中央财经委员会第六次会议,为成渝地区双城经济圈明确了"共建具有全国影响力的改革开放新高地"的目标定位,对于促进新时代西部大开发、拓宽中国经济回旋余地、继续向全世界释放中国改革开放红利具有重大意义,同时也意味着成渝地区必须肩负好这一新使命,努力开新局。

第一节　改革开放新高地建设的战略考量

2020 年 1 月 3 日召开的中央财经委员会第六次会议指出,推动成渝地区双城经济圈建设,有利于在西部形成高质量发展的重要增长极,打造内陆开放战略高地,对于推动高质量发展具有重要意义。要尊重客观规律,发挥比较优势,推进成渝地区统筹发展,促进产业、人口及各类生产要素合理流动和高效集聚,强化重庆和成都的中心城市带动作用,使成渝地区成为具有全国影响力的重要经济中心、科技创新中心、改革开放新高地、高品质生活宜居地,助推高质量发展。

2020 年 10 月 16 日中央政治局会议审议《成渝地区双城经济圈建设规划纲要》,会议指出,当前我国发展的国内国际环境继续发生深刻复杂变化,推动成渝地区双城经济圈建设,有利于形成优势互补、高质量发展的区域经济布局,有利于拓展市场空间、优化和稳定产业链供应链,是构建以国内大循环为主体、国内国际双循环相互促进的新发展格局的一项重大举措。会议要求,成渝地区牢固树立一盘棋思想和一体化发展理念,健全合作机制,打造区域协作的高水平样板。唱好"双城记",联手打造内陆改革开放高地,共同建设高标准市场体系,营造一流营商环境,以共建"一带一路"为引领,建设好西部陆海新通道,积极参与国内国际经济双循环,打造带动全国高质量发展的重要增长极和新的动力源。至此,成渝地区双城经济圈建设的国家战略使命已经完全清晰,要实现成渝地区双城经济圈建设"一极一源两中心两地"的战略使命，其中，"改革开放新高地"建设，既是成渝地区双城经济圈建设的目标之一，也是推进成渝地区双城经济圈建设的主要抓手。

如果将成渝地区这个"第四增长极"与其他三大增长极（京津冀、长三角、粤港澳）连点成线，将形成一个占全国经济总量七成以上的巨大菱形空间，形成"北有京津冀、东有长三角、南有粤港澳、西有成渝"的中国区域经济格局。

成渝地区双城经济圈建设中提出的建设改革开放高地是拓展对外开放空间的重大部署，有助于形成陆海内外联动、东西双向互济的对外开放新格局，打造内陆开放战略高地。成渝地区双城经济圈可以依托陆海新通道建设，并具有得天独厚的优势。一方面，重庆作为西部陆海新通道两大主通道起点、内陆国际物流分拨中心、内陆口岸高地、通道物流和运营组织中心，陆海双向开放的核心枢纽地位突出，经济集聚和辐射效应将更加彰显。另一方面，《西部陆海新通道总体规划》明确提出，发挥成都国家重要商贸物流中心作用，增强对通道发展的引领带动作用。成渝地区双城经济圈的对外开放有助于推动中国西部成为新一轮改革开放的前沿，将中国广阔的西部内陆地区与充满生命力的东南亚市场紧密联系起来，成为深化中国与东盟合作的纽带。成渝地区双城经济圈建设与国内大循环战略布局挂钩。正如中央政治局会议所指出，双城经济圈"有利于拓展市场空间、优化和稳定产业链供应链，是构建以国内大循环为主体、国内国际双循环相互促进的新发展格局的一项重大举措"。在双循环的新发展格局下，东南沿海地区外向型产业在新发展格局下"内卷化"，导致国内市场的竞争加剧，且外向型经济都具有较强的市场竞争力（以技术密集、资本密集的创新型产业为主），将对内地企业构成较大的市场竞争挑战和压力，导致国内传统产业结构、市场结构、消费结构重新洗牌。"十四五"期间我国进一步提高对外开放水平，许多产业将进一步向外资企业、外资技术更大力度开放，这将进一步压缩本地产业和企业的生存空间。因此成渝地区双城经济圈建设提出打造改革开放高地，一方面是双循环格局下成渝地区经济发展的必然要求，另一方面，成渝作为西部经济腹地和战略后方,兼顾安全性考虑,也要求成渝地区双城经济圈建设实施改革开放措施。

当前,四川省和重庆市正紧锣密鼓地加快合作与改革开放的步伐,2020年6月,重庆市商务委员会、四川省商务厅决定,建立长期、稳固、全面的战略合作关系,共同建设内陆改革开放高地,并签署了《重庆市商务委员会、四川省商务厅共建内陆改革开放高地战略合作协议》。双方将共建川渝自贸试验区协同开放示范区,共同推动国家赋予更大改革自主权,推动铁路运单物权化、"铁路+"多式联运"一单制"等各类改革创新举措和差别化试点集中落实、率先突破和系统集成,在更大范围内复制推广自由贸易试验区改革试点经验,着力打造"极核牵引、圈层支撑、毗邻拓展"的具有国际重要影响力的内陆特殊经济功能区。双方还将协同建设"一带一路"进出口商品集散中心,共同把成渝地区建设成为立足中国西部、辐射"一带一路"沿线国家的人流、物流、资金流和信息流汇聚的商品集散中心。在深化消费促进合作方面,双方将加快集聚国际消费资源,提升国际消费服务,打造国际消费环境,激发国际消费需求,将重庆和成都建设成为具有全球影响力的国际消费中心城市。

专栏8.1:《国家综合立体交通网规划纲要》中的成渝机遇

(一)加快构建6条主轴。加强京津冀、长三角、粤港澳大湾区、成渝地区双城经济圈4极之间联系,建设综合性、多通道、立体化、大容量、快速化的交通主轴。拓展4极辐射空间和交通资源配置能力,打造我国综合立体交通协同发展和国内国际交通衔接转换的关键平台,充分发挥促进全国区域发展南北互动、东西交融的重要作用。

(二)加快构建7条走廊。强化京津冀、长三角、粤港澳大湾区、成渝地区双城经济圈4极的辐射作用,加强极与组群和组团之间联系,建设京哈、京藏、大陆桥、西部陆海、沪昆、成渝昆、广昆等多方式、多通道、便捷化的交通走廊,优化完善多中心、网络化的主骨架结构。

　　（三）建设综合交通枢纽集群、枢纽城市及枢纽港站"三位一体"的国家综合交通枢纽系统。建设面向世界的京津冀、长三角、粤港澳大湾区、成渝地区双城经济圈四大国际性综合交通枢纽集群。加快建设20个左右国际性综合交通枢纽城市以及80个左右全国性综合交通枢纽城市。推进一批国际性枢纽港站、全国性枢纽港站建设。

　　（四）成渝地区双城经济圈以提升对外连通水平为导向，强化门户枢纽功能，构建一体化综合交通运输体系。

第二节　改革开放新高地建设的主要内容

一、成渝地区双城经济圈改革开放现状

　　当前，成渝地区改革开放已经取得一定的成效：2019年四川省全年实际利用外资124.8亿美元，比上年增长13.1%。新批（备案）外商直接投资企业676家，累计批准（备案）12 984家。外商投资实际到位资金92.3亿美元，增长2.3%。在川落户世界500强累计达到352家，其中，境外世界500强累计达247家。年末驻川外国领事机构19家。2019年四川省对外承包工程新签合同金额185.1亿美元，比上年增长80.0%；完成营业额63.7亿美元，增长4.0%。新增境外投资企业90家，境外投资企业累计1 155家。全年实际到位国内省外资金10 955.1亿元，增长4.4%。进出口总额6 765.9亿元，比上年增长13.8%。其中，出口额3 892.3亿元，增长16.8%；进口额2 873.6亿元，增长9.9%。2019年四川省实现货物贸易进出口总值980.5亿美元，增长9.0%。其中，出口563.8亿美元，增长11.9%；进口416.7亿美元，增长5.4%。

　　2019年重庆市货物进出口总额5 792.78亿元，比上年增长11.0%。其中，出口3 712.92亿元，增长9.4%；进口2 079.86亿元，增长13.8%。重庆市货物出

口前三位国家(地区)是欧盟、美国和德国,分别出口 949.01 亿元、926.57 亿元和 391.03 亿元,分别比上年增长 15.2%、下降 7.1%、增长 1.2%。货物进口前三位国家(地区)为东盟、韩国和我国台湾地区,分别进口 697.21 亿元、308.41 亿元和 299.04 亿元,分别比上年增长 62.1%、下降 0.9%、增长 40.8%。2019 年重庆市新签订外资项目 223 个,比上年下降 3.9%。实际使用外资金额 103.10 亿美元,增长 0.4%。其中,外商直接投资 23.65 亿美元,下降 27.2%。截至 2019 年底,累计有 293 家世界 500 强企业落户重庆。中国(重庆)自由贸易试验区经济建设成效显著,智能制造、商贸物流、新兴金融、医疗健康等产业集群化发展,助推区内外产业转型升级。2019 年,中国(重庆)自贸试验区新增注册企业(含分支机构)13 345 户,注册资本总额 2 155.37 亿元。其中,新增注册外资企业(含分支机构)156 户,注册资本 3.3 亿美元。重庆自贸试验区引进项目 980 个,签订合同(协议)总额 2 551.42 亿元,覆盖大数据、大交通、大健康、总部经济、文化旅游、教育、农业农村、扶贫、环保等领域。截至年底,百度、阿里巴巴、腾讯三大互联网巨头先后落户重庆自贸试验区。

二、成渝地区双城经济圈改革开放的主要内容

改革开放是当前中国应对复杂国际局势的重要手段,新时期中国全面深化改革与新一轮对外开放正孕育新机遇形成新局面。2020 年 3 月 27 日,中欧班列(成渝)开行突破 10 000 列,凸显了成渝地区在全面深化改革和新一轮对外开放进程中的战略地位。2020 年年初中央财经委员会第六次会议明确了成渝地区双城经济圈的目标定位之一就是"建设具有全国影响力的改革开放新高地",这对于促进新时代西部大开发,继续向全世界释放中国改革开放红利具有重大意义,同时也意味着成渝地区必须肩负好这一新使命,努力开新局。当前全球化进入低潮时期,成渝地区双城经济圈建设过程如何坚定将改革开放进行到底,共建具有全国影响力的改革开放新高地,如何努力在变局中开新局,助力我国加快形成国内国际双循环相互促进的新发展格局,是十分重要的议题。

成渝地区在我国区域战略布局上具有重要地位,如果说珠三角、长三角、环渤海三大经济区域主要面向亚太,那么成渝地区作为第四极,就是面向欧亚,地处"一带一路"与长江经济带交会点的成渝地区,陆海新通道和中欧班列、长江黄金水道的联通,使得成渝具有竞争欧亚大陆供应链中心的实力。在成渝地区双城经济圈改革开放的进程中,应重点从以下几个方面进行:

一是探索经济区和行政区适度分离。成渝地区双城经济圈的发展首先要打破川渝分治后因为行政壁垒等原因,规划不协调、产业不配套等现象。要打破行政区划限制,支持川渝毗邻地区合作共建示范区等平台,赋予推进体制机制改革权限,探索经济区与行政区适度分离的利益共担共享机制。成都东部新区和川渝高竹新区的建设就是经济区和行政区适度分离的重要探索举措。(专栏 8.2、专栏 8.3)

专栏 8.2:《成都东部新区总体方案》简介

(一)发展定位

国家向西向南开放新门户、成渝地区双城经济圈建设新平台、成德眉资同城化新支撑、新经济发展新引擎、彰显公园城市理念新家园。

(二)发展目标

到 2025 年,城市形态基本显现,天府国际机场国际航空枢纽功能逐渐凸显,重大基础设施和公共服务设施基本覆盖新区,公共服务体系不断完善,绿色空间体系逐步健全,战略性新兴产业、现代服务业等加速集聚,法规治理和政策支撑体系全面建立。常住人口达到 80 万人,地区生产总值达到 480 亿元。

到 2030 年,城市功能加快健全,科技创新能力明显增强,现代化产业体系基本形成,生态环境持续优化,公园城市品质显著提升,推动成德眉资同城化发展取得重大进展,成都国家中心城市功能的承载能力初步具备。

常住人口达到 110 万人,地区生产总值达到 1 300 亿元。

到 2035 年,"人城境业"和谐统一的现代化城市基本建成,全球航空网络枢纽地位不断提升,成为国际门户枢纽城市的核心支点,新经济新动能形成支撑引领能力,辐射带动成渝相向发展的作用更加凸显,新发展理念引领高质量发展成效充分体现,集聚配置国际资源要素能力走在全国前列,推动成都市基本建成美丽宜居公园城市示范区。常住人口达到 160 万人,地区生产总值达到 3 200 亿元。

(三)空间布局

按照城市组群模式,立足自然资源特点、土地利用现状和产业发展方向,突出国际门户枢纽、国际交往中心、前沿产业基地、科技创新中心等功能,彰显公园城市特色,构建"双城一园、一轴一带"的空间布局。

(四)主要任务

创新现代化城市发展新路径、营造区域协同发展新格局、构建现代化产业新体系、建设国际开放合作新门户、打造高品质生活宜居地。

专栏 8.3:《川渝高竹新区总体方案》简介

(一)目标

到 2025 年,城市形态初步形成,经济区与行政区适度分离机制更加完善,基础设施内畅外联,现代产业加速集聚,公共服务全面融合,空间利用效率逐步提升,示范引领毗邻地区一体化发展作用充分凸显。常住人口 15 万人以上,地区生产总值 120 亿元以上。

到 2030 年,产城景融合格局全面形成,高端要素资源加速集聚,现代产业集聚发展,基本建成经济区与行政区适度分离改革试验区和产城景融合发展示范区。常住人口 20 万人以上,地区生产总值 250 亿元以上。

到2035年,新发展理念引领高质量发展充分体现,生产、生活、生态空间高度和谐统一,城市治理体系和治理能力显著提升。常住人口28万人以上,地区生产总值400亿元以上。

(二)定位

一是经济区与行政区适度分离改革试验区。着力推动跨省域一体化发展,突破行政壁垒,发挥市场主体积极性,推进要素资源优化配置和自由流动,重点探索城市新区管理权、所有权适度分离,建立跨行政区统一的制度体系,提高政策制定一致性和执行协同性,推动政策叠加共享、择优使用,实现经济活动一体开展,社会事务分区管理,示范引领川渝毗邻地区一体化发展。

二是产城景融合发展示范区。着力质量变革、效率变革、动力变革,以创新引领产业发展,以全要素配置、全景区建设、全产业融合推动城市开发,联动重庆两江新区、四川天府新区、重庆高新区、成都高新区、西部(重庆)科学城、西部(成都)科学城等国家级功能平台,打造国家创新型产业协作配套区。依托华蓥山、铜锣山、御临河等自然资源,重点发展生态康养、休闲度假、文化旅游等绿色产业,实现以产兴城、以城聚产、产城融合、景城相依。

三是重庆中心城区新型卫星城。融入重庆中心城区发展,按照现代城市发展规律和要求,优化国土空间开发格局,有效承接重庆中心城区功能疏解,推动交通同城化、产业一体化和人口职住平衡,完善城市公共服务配套,打造高品质生活宜居地。

(三)布局

川渝高竹新区将构建"两区一城一带"功能布局。

先进制造业集聚区:在高滩镇、茨竹镇场镇毗邻区域,以四川广安川渝合作高滩园区为主要载体,培育发展智能制造、电子信息、新材料等主导产业,配套完善基础设施和人才、金融、服务等要素,推动产业成链化集聚集群发展,融入成渝地区双城经济圈产业分工体系,建设创新型现代产业协作配套区。

都市近郊现代农业集中发展区:在武印峡、宝竹寺、八家山、凤龙等地发展特色种植业、山地休闲农业、农产品加工业,培育定制农业、观光农业等现代农业新业态,创新农旅融合发展新机制,建设优质绿色高效农业示范基地。

高品质生活宜居城:以高滩场镇、茨竹场镇为主体,以石马河村—平安寨社区—中河社区—茨竹村为轴布局,统筹城镇发展和生态建设,配套完善公共服务设施和社会保障体系,打造宜商宜业宜居宜游公园城市。

生态康养旅游带:在华蓥山海拔800~1 500米区域,整合人文自然资源,合理利用地形地貌布局设施完备、功能多样的沿山度假康养带。以御临河及其支流桥坝河为廊道,集中打造水系景观,建设沿河休闲观光带。

二是探索赋予科研人员职务科技成果转化所有权或者长期使用权。如何释放科技成果,使之不困于高校、院所之内,如何将科技研究转化为推动经济发展的动能是成渝地区亟须解决的问题。要深化职务科技成果权属混合所有制改革,引导高等院校、科研院所、医疗机构等国有企事业单位进一步健全赋予科研人员职务科技成果所有权或长期使用权决策审批机制,探索形成赋权形式、成果评价、收益分配等方面制度。支持高等院所、科研单位结合实际,促进科技成果转化和产业化,鼓励科技人员在岗开展创新活动或离岗创办领办科技型企业。

三是探索成渝地区双城经济圈县域集成改革试点。为解决成渝中部塌陷问题,选择有改革发展基础的若干县级地区,鼓励试点县(市、区)在区域协同、产业创新、生态保护等方面改革,进行差异化、特色化探索。

四是深化营商环境改革。成渝两地要在行政审批、政府采购、工程建设项目招投标、市场监管、知识产权保护、信用建设等领域合作(如落实川渝两地企业自有迁移、行政审批互认等),深化"互联网+政务服务",加强智慧政务建设,推动政务数据共享应用,探索"不见面"审批,实现100%政务服务事项网上可申请。加快破除行政区划壁垒,构建要素自由流动的统一开放市场。

五是实行更高水平的对外开放。紧抓"一带一路"和西部陆海新通道建设战略机遇,充分发挥成渝连接西部地区和东盟市场的桥梁纽带作用,加强重庆国际物流枢纽园区与成都青白江铁路港等合作,推动在"一带一路"沿线国家布局海外生产和营销服务网络,建立海外仓,建立物流分拨中心等,集聚内外贸易企业,不断扩大欧洲市场和东盟市场,做大做强总部贸易、转口贸易等口岸经济产业集群。

六是促进外贸创新发展。要研究制定支持外贸发展的系列政策措施,组织外贸企业参加进口博览会、线上推介会等,主动参与全球产业链、供应链重塑,积极拓展国际市场,促进外贸创新发展。

七是加强巴蜀文旅产业打造。川渝两地要加强文旅节会打造,塑造区域品牌,开发巴蜀文创产品,规划旅游走廊精品线路等方面合作,协同完善成渝旅游发展合作机制,推动成渝文旅产品、优惠政策共建共享。

八是完善生态环境共治机制。川渝两地要在生态环境规划、生态标准对接、跨界污染治理、生态环境执法等方面加强合作,共同改善区域生态环境质量。

第三节　全面融入"一带一路"与长江经济带建设

一、成渝地区双城经济圈具有开放的良好基础

早在商周时期,古蜀就初步发展了与印度地区的路上交通,成都丝绸通过上缅甸、东印度阿萨姆地区传播到印度和中亚、西亚乃至地中海地区,这就是现

在我们提出的"南方丝绸之路"。在三线建设时期成渝就是国家战略基地的重点建设地区,后来在西部大开发中,西气东输、西电东送、南水北调西线工程、长江上游生态屏障等对国家发展最为重要的标志性工程均在成渝汇聚①。

在积极参与长江经济带建设方面,四川省深入开展大气污染、重点水域污染、土壤污染防治,深入开展长江经济带"共抓大保护"中突出问题专项检查;依托"中欧班列(成都)",畅通中国—中亚—西亚、新亚欧大陆桥经济走廊;全力推动四川自贸区建设,上海自贸区首批推出的 14 项制度已在四川省全部落地。重庆市扎实推进生态环境污染治理"4+1"工程,切实把长江生态保护修复摆在压倒性位置,坚持共抓大保护、不搞大开发,坚持生态优先、绿色发展,山清水秀美丽之地建设取得明显成效。

在积极参与"一带一路"建设方面,四川省委、省政府定期研究部署"一带一路"建设重点工作,形成了全省上下联动、部门齐抓共管、区域协同并进的工作局面;在政策保障机制方面,出台参与建设"一带一路"实施方案、推进国际产能合作行动指引、畅通南向通道深化南向开放合作实施意见等;在重点项目支撑方面,建立了"一带一路"建设重大项目储备库和项目协同推进机制,谋划储备和加快推进一批重点项目;在国际交流合作方面,与 220 多个国家和地区建立经贸关系,在川设领国家 17 个、居内地第 3 位,国际友城和友好合作关系达 288 对,成功举办承办 G20 财长和央行行长会议、第五届中非民间论坛、首届中国大熊猫国际文化周等重大活动,西博会搭建起西部地区参与共建"一带一路"深化同世界各国交流合作的重要平台;在区域合作方面,先后建立川港、川澳合作会议机制,四川省是内地第 5 个、中西部地区首个与香港建立合作机制的省份,与重庆、广东、浙江、广西等建立常态化合作机制。

重庆市积极推进口岸大通关,打造贸易便利化示范窗口,建设了水、空、铁等全方位、立体化口岸体系。目前,重庆已建成 4 个国家开放口岸、3 个海关特

---

① 刘世庆,巨栋."一带一路"与成渝经济区及中国西部开放开发新探索[J].产业创新研究,2018(9):27-30,70.

殊监管区和 3 个保税物流中心，并获批 9 类特殊商品进口指定口岸功能，口岸高地渐具雏形。通过指定口岸，群众可用较优惠的价格购买各种进口轿车、水果等商品，实实在在感受到"一带一路"建设带来的获得感。此外，重庆积极寻求与"一带一路"国家的通关合作，强化政策沟通，提升通关效率。例如，重庆开展了"关铁通"中哈项目测试，率先启用安全智能关锁，开展以安全智能锁和数据交换平台内信息为先决条件的国际海关数据互换和监管互认合作。截至2019 年年末，重庆、成都全年开行中欧班列均超过 1 500 列，合计超过全国中欧班列总量的三分之一，以川渝两地为起点的中欧班列影响力逐年增强①。地处"一带一路"与长江经济带交会点的成渝地区，从相对封闭的内陆深处，跃升到了对外开放的前沿，开启了中国对外开放的"内陆时代"。

二、成渝地区双城经济圈融入"一带一路"与长江经济带的必要性

一是在融入长江经济带建设中，国家将运用投资、产业、环境、土地等政策手段，促进中西部地区有序承接沿海产业转移，为成渝壮大沿江产业带、促进产业集群、转型升级提供良好机遇。

二是在我国区域发展的版图中一直是东部带动西部发展，东部地区始终处于产业链的高端，西部地区则处于供应链的中下游，过于依赖东部或者沿海地区。成渝地区双城经济圈融入"一带一路"建设，可以使内陆地区成为改革开放的前沿地带，不再依靠东部的带动，甚至在某种程度上带动东部，使东西部能够互联互通。例如，重庆作为国内重要的内陆港口城市，有大量的制造业，通过中欧班列的开行，缩短了运输时间，提高了生产运营效率，并带动了其他内陆城市开启中欧班列，而成都则依靠航空，发展无水港口。

① 周洪双,张国圣,李晓东,等.在西部形成高质量发展的重要增长极 川渝共建成渝地区双城经济圈[N].光明日报,2020-03-26.

三、成渝地区双城经济圈融入"一带一路"与长江经济带的构想

国家"一带一路"倡议和长江经济带战略,是以习近平同志为核心的党中央着眼构建对外开放和区域发展新格局作出的重大战略部署。川渝地区位于"一带一路"和长江经济带的交会处,国家战略赋予了两省市新的战略定位,为两省市发展提供了重大机遇,也为深化川渝合作指明了方向。加强成渝合作,加快成渝地区双城经济圈建设,既是实现国家区域发展战略意图的必然要求,也是推动两地自身经济社会发展的迫切需要。川渝要全面融入国家"一带一路"倡议和长江经济带战略,把推进川渝合作摆到更加重要的位置,努力在国家对外开放和区域发展新格局中发挥更大作用,谋求更好发展。

紧抓"长江经济带"发展,加强东西部联通。成渝地区双城经济圈的发展需要紧抓"长江经济带"。利用长江黄金水道发展长江经济带,是打通中国东部至西部经济联系、挖掘和拓展国内市场空间、助力国内大循环的重要抓手。对于这一重要的发展策略而言,重庆和四川是两个极为重要的省份,既是长江经济带发展的重要目标省份,也是长江经济带发展的重要支撑。如果将长江经济带的发展与成渝双城经济圈的发展结合起来,将为成渝发展提供一条通向全国经济的大动脉。

紧抓"一带一路"建设,加强全域开放力度。成都、重庆是我国与东盟、南亚、欧洲大陆、中东陆上距离最近的国家中心城市,东盟、欧洲、南亚、西亚等地区已成为成渝地区越来越重要的进出口贸易目的地、对外工程承包目的地和外商投资策源地。在"一带一路"建设中,川渝要突出做好南向开放,主动融入孟中印缅经济走廊、中国—中南半岛经济走廊,重点推动川渝富余产能走出去,促进部分资金、项目、原料等引进来;突出抓好北向开放,既扩大对欧洲国家的贸易和投资,又大力引进先进的企业和技术。

成渝要加快融入长江经济带和"一带一路"建设,加快构建内陆开放新格

局,打造改革开放新高地,为此我们提出以下建议:

一是理顺成渝协同机制。成渝构建对外开放格局中一个重要问题就是解决二者的"竞争"关系,因此要在体制机制先行先试方面创造经验,按照共商、共建、共筹、共管、共赢的合作理念,共同培育、建设、运营产业集群等。成渝地区要按照"一区多园"的方式,共建西部跨境电商综合试验区,在跨境电商交易、支付、物流、通关、退税、结汇等环节的技术标准、业务流程、监管模式和信息化建设等方面先行先试,进一步扩大进出口规模。

二是发挥特色,错位竞争。长江流域的特色在于联合,上、中、下游的资源禀赋不同,产业层级有差异,应加强合作,实现产业分层级的集聚。利用黄金水道及其综合交通运输体系,实现上、中、下游互补发展,内陆沿海双向开放。成渝应依托长江经济带建设,承接部分符合发展特色的产业转移,优化产业结构,但要防止产业的空间错配、防止区域接力变成污染接力。其次,结合本地特色,促进产业集聚,最大限度发挥集聚效应。在参与"一带一路"建设中,成渝也要分工协作、联动发展。比如成都的电子信息产业较强,跟欧洲的合作更多一些,而重庆在传统制造业如汽车产业等方面比较有优势,两者可以协同发展、更积极地走出去。

三是大力优化营商环境。良好的营商环境是吸引外资投资的重要基础和有力手段,在成渝扩大开放的同时更要注重自身环境的优化,形成面向国际产业创新开放合作的有利局面。用好规划建设成渝地区双城经济圈、实施新一轮西部大开发战略的政策利好,加大改革力度,提升政府运行效率。以法治思维治理经济,将优化营商环境的政策转化为可执行、可量化、可追责的法律法规,为企业提供连续性、公平性的政策环境。

第四节　四川省深化全面创新改革的经验与启示

一、四川省全面创新改革发展背景

2012 年党的十八大提出实施创新驱动发展战略以来,从创新型国家建设到世界科技强国建设,从创新型省份建设到全面创新改革试验区建设,从国家研究中心到国家实验室,再到有全球影响力的国家科技创新中心和综合性国家科学中心建设等,创新驱动发展战略的国家顶层设计不断强化和完善,区域布局体系全面成形,构建了创新驱动发展战略的宏大格局①。

2015 年 8 月,四川省被确定为国家系统推进全面创新改革试验区。同年11 月,省委十届七次全会审议通过《中共四川省委关于全面创新改革驱动转型发展的决定》,将全面创新改革列为四川省的"一号工程"。2016 年 6 月,国务院批复同意《四川省系统推进全面创新改革试验方案》。随着改革方案的整体部署和有序推进,四川省编制实施技术攻关、成果转化等"9 张清单",出台《四川省全面创新改革试验实施方案》等 9 个指导性文件、50 多个配套性文件。在全面创新改革试验的 3 年中,四川省凝心聚力、大胆探索、攻坚克难,国务院授权的30 项先行先试改革任务总体完成,16 条典型经验成果在全国复制推广,国家创新驱动发展先行省建设取得积极成效,为四川省高质量发展提供了有力支撑。

2020 年,成渝地区双城经济圈建设上升为国家战略,在此背景下,四川省开展了新一轮全面创新改革试验的决策部署。2020 年 7 月,四川省委办公厅、省政府办公厅印发了《四川省深入推进全面创新改革试验实施方案》,随后四川省全面创新改革试验工作领导小组办公室印发了《四川省深入推进全面创新改革试验重点事项清单》,作为其配套文件,共梳理了 60 项含金量高、操作性强、带

---

① 张志强.聚焦科技创新发展　服务科技强国建设[J].世界科技研究与发展,2018,40(1):1-4.

动范围广的重点工作任务,并逐项明确具体工作措施和责任单位,以激发全省创新创业创造活力,深入推进全面创新改革试验区建设。2012—2021 年,国家及四川重要创新改革政策与举措见表 8.1。

表 8.1　国家及四川重要创新改革政策与举措

时间	政策或举措	主要内容
2012 年 11 月	党的十八大提出实施创新驱动发展战略,创新驱动发展上升为国家战略,国家开始全面推进创新驱动发展的体制机制改革和战略部署	—
2015 年 5 月	《关于在部分区域系统推进全面创新改革试验的总体方案》	中央批准《关于在部分区域系统推进全面创新改革试验的总体方案》,包括四川在内的八个区域被确定为全面创新改革试验区
2015 年 5 月	《中国制造 2025》印发	强调坚持把创新摆在制造业发展全局的核心位置,完善有利于创新的制度环境,推动跨领域跨行业协同创新,突破一批重点领域关键共性技术,促进制造业数字化、网络化、智能化,走创新驱动的发展道路
2015 年 11 月	中国共产党四川省第十届委员会第七次全体会议通过《中共四川省委关于全面创新改革驱动转型发展的决定》	通过三年努力,基本完成中央确定的全面创新改革试验任务,重点地区率先在创新驱动转型发展方面迈出实质性步伐,基本构建起推进创新改革的长效机制,初步培育一批具有自主知识产权的创新型企业和若干高端产业集群,初步建成一批具有示范带动作用的创新发展平台,初步建立一支富有创新精神的高层次创新人才队伍,着力打造成德绵军民深度融合发展示范区,引领、示范和带动全省加快实现创新驱动转型发展
2016 年 2 月	国务院印发《实施〈中华人民共和国促进科技成果转化法〉若干规定》	打通科技与经济结合的通道,促进大众创业、万众创新,鼓励研究开发机构、高等院校、企业等创新主体及科技人员转移转化科技成果,推进经济提质增效升级

续表

时间	政策或举措	主要内容
2016 年 5 月	《国家创新驱动发展战略纲要》印发	推动产业技术体系创新,创造发展新优势;强化原始创新,增强源头供给;优化区域创新布局,打造区域经济增长极;壮大创新主体,引领创新发展;实施重大科技项目和工程,实现重点跨越;建设高水平人才队伍,筑牢创新根基;推动创新创业,激发全社会创造活力
2016 年 8 月	教育部与科技部联合印发《关于加强高等学校科技成果转移转化工作的若干意见》	全面认识高校科技成果转移转化工作;简政放权鼓励科技成果转移转化;建立健全科技成果转移转化工作机制;加强科技成果转移转化能力建设;健全以增加知识价值为导向的收益分配政策;完善有利于科技成果转移转化的人事管理制度;支持学生创新创业;推进科研设施和仪器设备开放共享;建立科技成果转移转化年度报告制度和绩效评价机制
2016 年 8 月	中科院与科技部联合印发《中国科学院关于新时期加快促进科技成果转移转化指导意见》	为加快技术向现实生产力转化,切实提高中国科学院科技成果转移转化能力,充分发挥科技对经济社会发展的支撑和引领作用,从资产管理、人员管理、考核机制、条件保障几方面制定政策
2017 年 3 月	国务院批复成立辽宁、浙江、河南、湖北、重庆、四川、陕西七个自由贸易试验区	—
2017 年 3 月	科技部批复同意《四川创新型省份建设方案》	科技部批复要求,四川要将创新型省份建设作为全省上下实施创新驱动发展战略的关键标志性抓手,发挥对西部地区乃至全国创新驱动发展的示范引领作用;要努力形成具有四川特色的创新驱动发展模式,发挥好科技创新对推进供给侧结构性改革的支撑引领作用,加快实施系统推进全面创新改革试验、推进军民深度融合发展、加强创新型经济建设、发展壮大创新型企业、推动大众创业万众创新、构建重大创新平台、加强创新创业人才队伍建设 7 大重点任务

续表

时间	政策或举措	主要内容
2017 年 11 月	四川省印发《四川创新型省份建设实施方案》	坚持深入实施创新驱动发展战略，深化科技创新体制改革，着力增强自主创新能力，建设创新人才队伍，扩大科技开放合作，全面推进大众创业万众创新，加快形成适应经济发展新常态的创新体制机制，推动经济增长保持中高速、产业发展迈向中高端，加快建成国家创新驱动发展先行省
2020 年 5 月	李克强提出深化新一轮全面创新改革试验	李克强代表国务院向十三届全国人大三次会议作政府工作报告，指出要深入推进大众创业万众创新。发展创业投资，增加创业担保贷款。深化新一轮全面创新改革试验，新建一批双创示范基地，坚持包容审慎监管，发展平台经济、共享经济，更大激发社会创造力
2020 年 8 月	四川省印发《四川省深入推进全面创新改革试验实施方案》	深入推广全面创新改革经验成果，充分激发全社会创新活力；深化职务科技成果混合所有制改革，不断提升科技成果转化水平；建立产业引导的技术创新体制机制，推进各类市场主体融通创新；加快推动各类创新要素融合聚集，不断优化创新发展环境；加快布局区域创新重大平台，增强创新驱动发展支撑能力
2021 年 4 月	国家发展改革委、科技部印发《关于深入推进全面创新改革工作的通知》	当前和今后一个时期，全面创新改革的重点任务包括：构建高效运行的科研体系、打好关键核心技术攻坚战、促进技术要素市场体系建设、包容审慎监管新产业新业态。在组织方式上，全面创新改革借鉴"揭榜挂帅"，采取任务清单方式推进。在改革任务推进上，全面创新改革按年部署、压茬推进，每年制订并更新改革任务清单

二、四川省全面创新改革试验的经验与不足

在四川省全面推进创新改革发展进程中,形成了具有四川特色的全面创新改革试验的有益经验。其中,第一批 21 项在省内推广的全面创新改革试验经验成果,有 8 条入选国家首批推广经验;第二批 21 项全面创新改革试验经验成果,分为四川省复制推广 11 项、省内扩大试点 6 项、省内借鉴 4 项,8 条入选国家第二批全国推广经验。第三批"设备仪器贷"等经验入选国家第三批全国推广经验。

(一)四川全面创新改革并向全国推广的经验

为深入实施创新驱动发展战略,进一步加大支持创新的力度,营造有利于大众创业、万众创新的制度环境和公平竞争市场环境,为创新发展提供更加优质的服务,国家层面高度重视创新相关改革举措在全国范围内的推广与应用,以持续释放改革红利,激发全社会的创新创造活力,加快培育壮大经济发展新动能。

在全国推广的支持创新相关改革举措中,四川省入选的创新改革经验具体如下:

表 8.2　四川省全面创新改革在全国推广的经验

批次	领域	具体经验
第一批	财税金融创新(3)	以关联企业从产业链核心龙头企业获得的应收账款为质押的融资服务
		贷款、保险、财政风险补偿捆绑的专利权质押融资服务
		面向中小企业的一站式投融资信息服务
	创新创业环境(1)	国税地税联合办税
	知识产权管理改革(1)	专利快速审查、确权、维权一站式服务
	特色发展(3)	涉及仪器设备整合共享、技术联盟创新合作等方面

续表

批次	领域	具体经验
第二批	知识产权管理改革（2）	省级行政区内专利等专业技术性较强的知识产权案件跨区域审理基于"两表指导、审助分流"的知识产权案件快速审判机制
	科技成果转化（1）	以事前产权激励为核心的职务科技成果权属改革
	财税金融创新（1）	以协商估值、坏账分担为核心的中小企业商标质押贷款模式
	特色发展（4）	涉及在技术转用过程中建立以股权为纽带、市场化运作的技术再研发机制、协同通用技术标准创新机制、服务科技型中小企业的专业金融机构 构建产业统计指标体系等方面
第三批	科技金融（1）	银行与企业风险共担的仪器设备信用贷

金融方面，全国首推的科技金融创新 3 条经验均来自四川，第二批中有 1 条来自四川，第三批中有 1 条来自四川，这与相应的科技金融政策及发展战略紧密相连，说明科技金融在推动四川经济高质量发展中发挥了重要支撑作用。作为科技大省的四川，金融资源亦丰富，为进一步促进科技和金融结合，深入实施创新驱动发展战略，推动战略性新兴产业和高新技术产业发展，编撰了《四川省"十三五"科技金融发展规划（2018—2020 年）》，争取到 2020 年基本建成具有国际影响力的科技金融创新中心。

创新创业方面，全国首推的 5 条优化创新创业环境经验中有 1 条来自四川，说明近年四川省双创环境有所改善，尤其是成都。通过建平台、集要素、促交流，一大批双创政策释放红利，带来成都双创生态展现勃勃生机。但是，创新创业政策环境仍需不断优化，破除创新发展的体制机制障碍，激发市场活力。此外，就 7 条经验来源来看，其中 5 条出自成都，1 条来自绵阳，进一步体现成德绵对四川省创新发展的引领作用。

知识产权管理改革方面，全国第一批、第二批经验中，四川分别有 1 条、2 条经验入选。中共四川省委十一届三次全会部署了"建设国家引领型知识产权强省""深化知识产权创新改革"等十项知识产权重点任务。近年来，四川省引领型知识产权强省建设快速推进，有力支撑了经济高质量发展、国家创新驱动发展先行省建设。四川省 2018 年新增专利申请 15.3 万件,专利综合实力居中西部第一;新增注册商标 16.57 万件,累计有效注册商标 63.16 万件,居全国第七;地理标志商标新增 82 件,累计总量 326 件,居全国第四、西部第一;作品登记总量 17 万件,居全国第四;新增植物新品种有效授权 54 件,累计 787 件,居全国第五。

科技成果转化方面,全国第二批推广经验中,四川入选 1 条。四川省政府办公厅印发《2018 年四川省科技成果转化工作要点》,要求加快推动科技成果转化为现实生产力。在具体落实方面,四川着力解决科技成果转化"最先一公里"和"最后一公里"问题,激发高校科研活力,同时加强成果转化,避免无效研发,"研"而不"发"。

(二)全面创新改革省内推广经验

四川省作为全国全面创新改革的八大试验区之一,近年来,围绕"一个核心主题""两个重要目标""三个重点区域""四个基本原则""八项主要任务""三十条先行先试政策",着力推动创新改革发展,及时凝练总结创新发展成果与经验,并在省内推广,以加快四川省全面创新改革发展的步伐(表 8.3)。

表 8.3　四川省全创改在省内推广的经验

领域	具体经验
创新创业环境 (15)	符合条件的众创空间等新型孵化机构适用科技企业孵化器税收优惠政策
	对投向种子期、初创期等创新活动投资的税收支持政策
	推行集群企业住所托管的集群注册模式
	科技创新券模式
	放宽对专利代理机构股东或合伙人的条件限制
	首台(套)组合拳政策
	科技型中小企业全生命周期培育及政策体系
	知识产权"三合一"综合管理体制改革
	东西部产业转移协同发展模式
	创建产业园区市场主导型管理体制
	重点投资项目全程代办新机制
	知识产权类型化案件快审机制
	集群企业住所托管的集群注册模式
	国、地税联合办税
	企业投资项目承诺制

续表

领域	具体经验
科技成果转化（2）	科技型中小企业对科研人员科技成果转化股权激励的个人所得税优惠政策
	职务科技成果混合所有制改革试点
创新人才机制（8）	外籍人才停居留特别通道
	创新装备制造业高端技术技能人才培养模式
	基于技术应用理虚实一体的国际高端技术技能人才培养模式
	以首席技师带动为标志的高技能人才绝技绝活代际传承模式
	建立国企人才分类评价新机制
	探索高职院校毕业生职业资格认定方式改革
	科技人员委派式离岗创业
	农业科技人员"项目化、组团式"创新创业
科技金融创新（5）	依托银行间市场创新"双创"直接债务融资模式
	中小微企业出口风险控制及保单融资补偿机制
	平台化、市场化运营的科技金融服务模式
	中小企业商标融资机制
	专利权质押融资新模式
创新助力扶贫（2）	茶产区茶园认领制管理助力脱贫
	开发性金融"四台一会"支持产业扶贫
特色发展（10）	涉及社会资本参与企业混合所有制改革、金融机构服务等方面

四川省省内推广的经验,分布于特色发展、创新创业环境、科技成果转化、创新人才机制、科技金融、扶贫攻坚六大方面,这也反映了四川省全创改的重点任务和举措。

创新创业方面,主要是对创新创业环境给予财税支持,创新知识产权保护和管理的相关举措;优化管理机制和代办机制,简化办事流程,降低创新创业办事的人力和时间成本;给予中小企业政策扶持,鼓励其发展外向型经济。科技成果转化方面,主要是创新企业对科研人员科技成果转化的激励机制,推进科技成果混合权属的改革。创新人才机制方面,主要是围绕人才引进、高技能人才的培养、国企人才评价、科技人员离岗创业等方面,加快破除体制机制障碍,推进创新人才发展改革。科技金融方面,主要是推进科技与金融的融合发展,创新融资模式,充分发挥市场作用,提升金融服务创新能力。创新助力扶贫方面,主要是创新产业扶贫的管理机制和金融服务支撑。特色发展方面则涉及社会资本参与企业混合所有制改革、金融机构服务等。

在全面创新改革期间,四川省坚持把创新创业作为推动经济高质量发展的一个重要动力,取得了明显成效。主要表现在以下几个方面:

一是创新创业主体增多。四川省分别针对高端人才、大学生、返乡农民工等不同群体,制定了差异化支持政策,力求更多地吸引人才、留住人才,巩固壮大创新创业队伍。

二是创新创业平台规模增大。四川省不仅着力建设和完善成都国家自主创新示范区、攀西战略性资源创新开发试验区等国家级区域创新平台,而且注重建设省内各地的创新基地和平台,以及一些新型的孵化载体。目前,全省国家重大科技基础设施有 9 个,国家重点实验室 14 个,国家级众创空间 65 个(其中专业化示范众创空间 2 个),省级众创空间 125 个,国家级星创天地 96 个,国家级国际科技合作基地 22 个,省级国际科技合作基地 64 个,国家级和省级科技创新平台 1 635 个,国家双创示范基地 6 个,国家级科技企业孵化器 35 个,省级科技企业孵化器 123 个。

三是创新创业能力增强。四川积极落实中央全面深化改革部署,加快推进全面创新改革试验区建设,率先探索开展职务科技成果权属混合所有制改革,强化知识产权保护,不断提升创新创业能力和水平。2019 年共申请专利 131 529 件,其中发明专利申请 39 539 件。在全国两次推广的 36 条全面创新改革试验经验中,四川贡献了 16 条,居全国前列。

四是创新创业成果增加。四川依托成德绵国家科技成果转移转化示范区,加强科技成果的转移转化,提升孵化服务水平,涌现了像歼-20、"华龙一号"等一批重大的科研成果,四川造全球首颗双核人工智能商业卫星成功发射。全省连续四年每年新增城镇就业超过 100 万人。2019 年高新技术产业实现营业收入 1.9 万亿元,比上年增长 7.6%。

专栏 8.4：第一批全国推广的支持创新的相关改革举措

（一）科技金融创新方面 3 项："以关联企业从产业链核心龙头企业获得的应收账款为质押的融资服务""面向中小企业的一站式投融资信息服务""贷款、保险、财政风险补偿捆绑的专利权质押融资服务"。

（二）创新创业政策环境方面 5 项："专利快速审查、确权、维权一站式服务""强化创新导向的国有企业考核与激励""事业单位可采取年薪制、协议工资制、项目工资等灵活多样的分配形式引进紧缺或高层次人才""事业单位编制省内统筹使用""国税地税联合办税"。

（三）外籍人才引进方面 2 项："鼓励引导优秀外国留学生在华就业创业，符合条件的外国留学生可直接申请工作许可和居留许可""积极引进外籍高层次人才，简化来华工作手续办理流程，新增工作居留向永久居留转换的申请渠道"。

（四）军民融合创新方面 3 项："军民大型国防科研仪器设备整合共享""以股权为纽带的军民两用技术联盟创新合作""民口企业配套核心军品的认定和准入标准"。

专栏 8.5：第二批全国推广的支持创新的相关改革举措

（一）知识产权保护方面 5 项：知识产权民事、刑事、行政案件"三合一"审判；省级行政区内专利等专业技术性较强的知识产权案件跨市（区）审理；以降低侵权损失为核心的专利保险机制；知识产权案件审判中引入技术调查官制度；基于"两表指导、审助分流"的知识产权案件快速审判机制。

（二）科技成果转化激励方面 4 项：以事前产权激励为核心的职务科技成果权属改革；技术经理人全程参与的科技成果转化服务模式；技术股与现金股结合激励的科技成果转化相关方利益捆绑机制；"定向研发、定向转化、定向服务"的订单式研发和成果转化机制。

（三）科技金融创新方面5项：区域性股权市场设置科技创新专板；基于"六专机制"的科技型企业全生命周期金融综合服务；推动政府股权基金投向种子期、初创期企业的容错机制；以协商估值、坏账分担为核心的中小企业商标质押贷款模式；创新创业团队回购地方政府产业投资基金所持股权的机制。

（四）管理体制创新方面3项：允许地方高校自主开展人才引进和职称评审；以授权为基础、市场化方式运营为核心的科研仪器设备开放共享机制；以地方立法形式建立推动改革创新的决策容错机制。

（五）其他方面6项。

专栏8.6：第三批全国推广的支持创新的相关改革举措

（一）科技金融创新方面7项：银行与专业投资机构建立市场化长期性合作机制支持科技创新型企业；科技创新券跨区域"通用通兑"政策协同机制；政银保联动授信担保提供科技型中小企业长期集合信贷机制；建立银行跟贷支持科技型中小企业的风险缓释资金池；建立基于大数据分析的"银行+征信+担保"的中小企业信用贷款新模式；建立以企业创新能力为核心指标的科技型中小企业融资评价体系；银行与企业风险共担的仪器设备信用贷。

（二）科技管理体制创新方面6项：集中科技骨干力量打造前沿技术产业链股份制联盟；对战略性科研项目实施滚动支持制度；以产业数据、专利数据为基础的新兴产业专利导航决策机制；老工业基地的国有企业创新创业增量型业务混合所有制改革；生物医药领域特殊物品出入境检验检疫"一站式"监管服务机制；地方深度参与国家基础研究和应用基础研究的投入机制。

（三）知识产权保护方面2项：建立跨区域的知识产权远程诉讼平台；建立提供全方位证据服务的知识产权公证服务平台。

（四）人才培养和激励方面1项："五业联动"的职业教育发展新机制。

（五）其他方面4项。

（三）全面创新改革试验的不足

四川省的全面创新改革试验主要依托成都、德阳和绵阳进行先行先试试验，在全面创新改革试验过程中，成（都）德（阳）绵（阳）地区主要存在以下不足：

1.区域发展不均衡

一是区域创新发展不均衡，成德绵区域应是多点竞争的格局，但是成都各方面的发展遥遥领先于绵阳和德阳，虹吸效应不断增强。二是创新的示范引领作用没有充分发挥，成德绵对其他区域的辐射带动作用不强，创新极化效应日益增强，区域间的差距进一步拉大。三是区域创新活力不均衡，创新发展的经验成果主要诞生于成德绵区域，其他区域创新活力不足，发展后劲不强。

2.产业集聚未成势

一是成德绵作为四川全创改的核心区域，产业发展基础优势明显，但目前尚未形成与电子信息、装备制造、食品饮料、先进材料、能源化工、数字经济等"5+1"产业体系相关的产业集群，产业集聚效应没有充分发挥。二是成德绵区域在军民融合方面形成了一批经验，但还没有形成产业集群。

3.营商环境待优化

一是对民营企业的服务不足，对民营企业与国企、央企尚未完全做到同等对待，一定程度上造成了民营企业办事难、为民营企业办事效率低的问题。二是对民营企业的奖励不足，包括对民营企业及其员工贡献的嘉奖体系不够完善。三是为充分发挥民营企业的社会作用，尚未营造良好的吸纳民营企业参与社会公共事业、服务社会的环境。四是知识产权保护与管理待创新，尚未形成健全的知识产权维权体系和保险机制。

4.人才培育力度不足

一是人才培育的资源优势未充分发挥。成德绵区域本地高校资源集聚,拥有多个优势学科,拥有人才培育的良好基础,但是近年成德绵的人才创新机制主要是人才的引进和高技术、技能人才的培育,没有充分发挥高校资源优势。二是人才培育的扶持和激励举措较少。成德绵区域给予当地高校的扶持政策较少、激励力度不足,高校人才培育的活力没有完全释放。

5.重大科技设施较少

目前,在成德绵区域布局的大科学装置及国家重大科技基础设施较少,且主要集中于绵阳科学城,与北京、上海、合肥等试验区拥有的大科学装置数量相比,差距较大,导致较大的科创孵化器和创新要素集聚平台缺乏,原创性的重大科技成果难以诞生。这在一定程度上将制约成德绵的创新改革发展成效,难以在自主创新、原始创新等方面与其他试验区同台竞争。

(四)成德绵全面创新改革发展政策措施建议

1.构建推进全面创新改革的长效机制

构建推进全面创新改革的长效组织保障机制,地方的全面深化改革领导小组的宏观管理应具有持续性,充分发挥统筹、协调、督促、检查、推动的作用,建立严格的责任制,保障长远目标的实现及其各项举措落到实处。构建推进全面创新改革的长效政策环境机制,市场准入与公平竞争、知识产权与科技成果转化、金融创新与投融资体制、人才培养激励与流动、科技创新与科技管理体制等方面的政策环境需要不断优化与创新,为全面创新改革的长效发展提供良好的"软环境"支撑。

2.加强协同联动发展,完善区域创新体系

重视区域的均衡、联动和一体化发展。充分发挥成德绵区域对其他经济区的带动和辐射作用,引导创新要素的合理布局,促进资源优化配置,强化区域分工协作,实现区域协同共兴、整体跨越,提升全省创新整体实力,打造引领西部、

面向全国的高质量发展区域。

积极促进跨界协同，完善区域创新体系。充分利用成渝地区高校院所、企业研发总部、中介服务、金融资本等集聚优势，充分发挥创新组织优势和治理优势，促进不同类型创新主体之间高频率、高效率的密切互动，成德绵可以联合申报、建设、管理国家重大科技基础设施，以集聚人才、企业、研发机构等创新要素，提升区域自主创新能力。

由政府牵头，以成都为引领，加强成德绵高校、企业和科研院所的合作，从人才、企业、技术等多方面着手，完善创新体系，实现区域创新的协同联动发展，提升整体创新能力。

3.打造良好的营商环境

进一步深入推进成德绵全面创新改革示范，优化有利创新的制度环境、政策环境和营商环境，推进科技成果转化和知识产权的创新发展，建立和维护公平竞争的新兴领域市场环境。

重视科技创新服务业，培育专业化、国际化、品牌化的服务机构和组织，发挥其链接创新、实现价值的重要作用，服务高新技术企业，推动现代高端服务业发展。

在城市规划中要重视并预留创新空间，促进大学、研究所周边创新功能、产业功能和社区功能的有机结合，形成强大的创新"场效应"，塑造具有世界知名度的创新集聚"热圈"。

重视民营企业发展，民营经济作为国民经济的重要组成部分，是推动区域经济社会发展的主要力量和生力军。成德绵区域应借鉴江苏、浙江等地城市民营经济方面发展的经验，从政策、财税、人才、金融、土地等方面着手，为民营企业的发展营造与国企同等的公平竞争环境，推动成德绵市场经济健康持续发展。

4.推动新兴产业集群化发展

推进重点产业链和产业集群建设。围绕四川省"5+1"产业体系，推广成德绵改革经验,集中培育重点产业,瞄准未来发展方向和产业链的补链、强链环节精准招商,有针对性地推动一批重大产业项目落地见效,成德绵区域协同打造一批万亿级的现代化产业集群。

打造多产业融合发展的新兴产业增长极。打造一批产业创新发展的特色小镇,并提高市场知名度,推动经济多元化业态发展,推动区域产业创新发展。

5.提高人才培育能力

加强高等学校建设。高校作为人才培育的平台,需要着力提升其专业建设水平、推进课程内容更新、推动课堂模式创新、建好质量文化,全面提高人才培养能力。就成德绵而言,应加强人才协同、联动培养,着力扶持四川大学、电子科技大学、西南交通大学、成都信息工程大学等高校的优势学科建设,建好"双一流",同时创新高校教师及学生的评价机制,将成都建设为高等教育强市,为全面创新改革发展提供智力支撑。

推进政校企人才培育合作。由政府牵头,以市场需求为导向,加强政校企交流,加深政校企相互了解与信息互通程度,开启高校与地方政府、企业长远合作发展的人才培育模式,通过高校设置产业及企业发展所需专业课程、建设人才实训基地等方式,提升成德绵的人才培育能力,服务地方经济高质量发展。

加快中国西部(成都)科学城建设,依托中科院成都分院,积极争取布局国家重大科学基础设施和大科学装置,为成德绵全面创新改革发展提供人才培养和交流的平台,打造全面创新改革的"策源地",为加强区域原始创新和自主创新提供"原动力"。

三、四川省第二轮全面创新改革发展部署

2020年7月,四川省委办公厅、省政府办公厅印发《四川省深入推进全面创新改革试验实施方案》(简称《实施方案》),开展新一轮的全面创新改革工作。根据方案,下一步四川省改革试验的总体考虑是:继续深化和推广全面创新改

革试验经验,以建设具有全国影响力的科技创新中心为目标引领,以促进科技成果转化和产业化为主攻方向,以推动各类市场主体融通创新为着力重点,推动创新发展各项制度更加成熟定型。

通过深入推进全面创新改革试验区建设,力争用3年左右的时间,建成具有全国影响力的科技创新中心的制度框架,基本建立适应创新驱动发展要求的创新型经济体系,基本形成各类市场主体融通创新的发展格局,建成一批支撑能力强、带动作用大的重大创新发展平台,培养一批具有创新精神、敢于担当使命的创新型人才,培育一批具有国际影响力、拥有自主知识产权的创新型企业和产业集群。

下一阶段全面创新改革试验有四个着力点:

一是融入国家重大战略。将全面创新改革试验作为成渝地区双城经济圈建设的重要内容,以建立完善支撑科技创新中心建设的制度体系为重点,持续深化科技创新和体制机制改革。

二是聚焦重点领域精准发力。围绕职务科技成果权属改革、技术创新体系构建、基础创新能力提升等重点领域,着力打通产学研协同创新通道。

三是注重复制推广经验。深化巩固我省三年改革试验成效,推动科技创新制度体系更加完善,释放改革红利。

四是更加突出终端见效。把以改革促发展作为根本目的,推动成果转化、科技金融、人才支持、区域创新等政策措施形成合力,提升创新体系整体效能,形成带动高质量发展的新动力源。

下一阶段全面创新改革试验将着力五大主要任务:

一是推广全面创新改革经验成果。复制推广国务院部署的3批56条创新举措和我省探索形成的3批56条经验,更大力度推广科技成果转化新机制、金融创新融资新模式、知识产权保护新机制、人才管理创新举措等,确保终端见效。

二是深化职务科技成果混合所有制改革。围绕解决转化机构、转化人才、中试孵化等关键问题，强化落实职务科技成果转移转化激励制度和相关税收优惠政策，赋予科研人员职务科技成果所有权或长期使用权，赋予高校、科研院所职务科技成果转化自主权。

三是建立促进创新主体融通的技术创新体制机制。强化企业创新主体地位和多主体创新协作，探索建设专业化、市场化的省级创新服务平台，支持建设一批高水平新型研发机构，推动高校、科研院所人才和创新资源综合开发，完善以企业为主体的产业技术创新机制。

四是加快推动各类创新要素融合聚集。充分发挥市场配置创新资源的决定性作用，大力建设知识产权获权用权维权高地，强化金融创新支持科技型中小企业发展，推进高端创新要素市场化配置，汇聚国内外一流大学和高水平研发机构，打造环高校知识经济圈和世界一流科技研发平台。

五是加快布局区域创新重大平台。围绕建设具有全国影响力的科技创新中心，推进区域协同创新，创建综合性国家科学中心，打造国家重大科技基础设施集群，推进前沿引领技术创新平台集聚，推动全省产业创新发展，增强创新驱动发展支撑能力。

为推动《实施方案》的落地落实，四川省全面创新改革试验工作领导小组办公室配套印发了《四川省深入推进全面创新改革试验重点事项清单》，梳理了一批含金量高、操作性强、带动范围广的重点工作任务，共有 60 项，并逐项明确了具体工作措施和责任单位。其中推广全面创新改革试验经验成果方面有 15 项；深化职务科技成果混合所有制改革方面有 7 项；推进各类市场主体融通创新方面有 6 项；推动各类创新要素融合集聚方面有 14 项；布局区域创新重大平台方面有 18 项。这些重点工作任务的有效落地，将最大程度地激发全省创新创业创造活力，推动四川省全面创新改革试验取得重大成效。

专栏 8.7：《四川省深入推进全面创新改革试验实施方案》主要内容

（一）主要目标

力争通过 3 年左右的新一轮全面创新改革试验，建成具有全国影响力的科技创新中心的制度框架，基本建立适应创新驱动发展要求的创新型经济体系，基本形成各类市场主体融通创新的发展格局，建成一批支撑能力强、带动作用大的重大创新发展平台，培养一批富有创新精神、敢于承担使命的创新型人才，培育一批具有国际影响力、拥有自主知识产权的创新型企业和产业集群，全省高新技术企业数量超过 7 500 户，高技术制造业增加值占工业增加值比重超过 25%，全社会研究与开发投入占地区生产总值的比重超过 2%，科技进步贡献率达到 60%。

（二）主要任务

1.深入推广全面创新改革经验成果，充分激发全社会创新活力。

2.深化职务科技成果混合所有制改革，不断提升科技成果转化水平。

3.建立产业引导的技术创新体制机制，推进各类市场主体融通创新。

4.加快推动各类创新要素融合聚集，不断优化创新发展环境。

5.加快布局区域创新重大平台，增强创新驱动发展支撑能力。

四、四川省创新驱动发展政策建议

四川必须加快和深化以科技创新为龙头的全面创新改革，力争获得创新驱动发展的战略主动性和发展领先性。

（一）加强规划，部署重大科技基础设施，实施重大战略先导专项，建设综合性国家科学中心

一是以建设成渝国家科技创新中心为总战略，以建设成都综合性科学中心为战略抓手，做好"四川中长期科技创新发展规划"的编制工作，提出创新发展

的大战略和大平台,以重大创新战略和政策引领创新发展。

二是积极规划和全力争取国家在四川部署新的国家重大科技基础设施(如先进核能、航空航天等),支撑重大前沿科技创新供给。

三是以动人的增量资源有效整合、撬动中央在川科研机构、高校和军工单位的科技资源增量化投入,并吸引域外高水平科技创新力量加盟四川,筹建国家实验室、国家研究中心。

四是以全球视野和三顾茅庐的诚意,成团成队引进世界一流科学家和科学家团队(如合肥引进的"哈佛八剑客"),大力支持未来型重大创新平台和创新机构建设。

五是设立"重大科技创新战略先导专项计划"项目,由科研机构、高校、高新技术企业竞争性承担,每年 10 项以上,每项经费 1 亿~2 亿元,项目周期 3~5年,并使之成为四川创新驱动发展的标志性工程。

六是以百年大计的重视度,聚省部院多方合力,全力争取国家批准成都建设综合性国家科学中心,以更好地保障四川在创新竞争"战省"时代浪潮中屹立和迈进。

(二)培育高科技成长性企业,布局构建现代产业体系

一是启动重点高科技成长性企业培育专项计划。通过数据分析、专家咨询、实地调研等方式,遴选、发现有较大发展潜力的中小企业(比如全省每年 100家),培育和扶持其快速成长为瞪羚企业,并进一步向独角兽企业的方向发展。

二是布局构建现代化新经济产业发展体系。面向全球科技发展前沿和战略制高点,结合四川现有产业基础,围绕新一代信息网络、人工智能与机器人、基因工程与医药健康、航空航天与燃机、先进核能等新能源、智能制造、智慧城市、新材料等领域,加快技术创新突破,打造以技术先进、利润率高、带动性强或产业链长的高精尖产业为引领的四川现代化新经济产业体系。

(三)深化供给侧结构性改革,建设现代化经济体系

一是持续深化供给侧结构性改革,优化营商环境。促进以产品质量提升为

核心的高质量发展模式的加速形成；大力落实减税降费政策，大力优化营商环境；加快构建现代金融服务体系，增强金融服务实体经济能力。

二是加快培育新的经济增长点并提升开放型经济水平。推动现代科技与实体经济深度融合并形成强有力的产学研联盟或研发机构，在新兴产业中培育新的经济增长点。深度融入"一带一路"和"长江经济带"建设，在研发合作、技术标准、知识产权、跨国并购等方面为企业搭建平台。

（四）促进科技成果转移转化，打通科技经济结合通道

一是在供需主体方面，激励科技成果市场供给，激发科技成果应用需求。进一步加大科技成果转移转化的激励强度，职务科技成果和职务发明创造转移转化的收益资金对发明人的奖励比例可以提高到100%，股权可以全部由成果发明人持股；依托有条件的企业、高校、科研院所建设细分领域的科技成果中试、熟化基地并鼓励其有偿共享；鼓励科研人员到企业兼职或在职创办企业或离岗创业；结合精准脱贫工作推动适用科技成果向县镇乡村转移转化；逐步开展"一带一路"沿线国家和"军转民"的科技成果转化；倡导高技术和高质量产品的市场竞争，激发企业科技创新和应用先进科技成果的热情。

二是在转化通道方面，加强信息要素配套和运行模式创新。重视信息流在引领技术流、资金流、人才流中的作用，整合包括中央在川科技信息力量在内的全省优势资源，打造高水平、多功能、大数据的成果转化集成信息平台；关注供需双方对成果价值判断的分歧所造成的成果转化障碍，加强知识产权分析评议和科技成果评价工作；参考中国科学院"先试用后付费"模式和线上线下专利拍卖模式，建立全省可以无偿试用或低价试用的科技成果目录，组织并遴选全省可以许可或转让的专利技术，并推动转化。

（五）推进大成都都市圈建设，设立成德绵眉乐协同创新特区

一是支持成都建设国家中心城市，并按照"优势功能互补、特色错位发展、

圈内协同创新、效益共振放大"的思路,全面推进大成都现代化都市圈建设。

二是规划建设成德绵眉乐协同创新特区。成立由省委省政府主要领导挂帅的成德绵眉乐协同创新特区领导小组,顶层设计、总体布局,打破成德绵眉乐几地争夺创新资源的不良竞争局面,发挥"1+1+1+1+1>5"的创新特区作用。创新特区内一体化协同发展,减少重复布局、行政壁垒、资源内耗。将成德绵眉乐协同创新特区建设成为"成都都市圈"的核心区域。

(六)深化人才机制改革,建设创新友好型高端人才政策体系

没有创新人才,创新归零;没有高端人才,跨越式创新归零。

应以系统化理念,设计和建立整套的识才、爱才、用才、重才、敬才的高端人才政策体系,包括:发现猎取性政策,解决"识才"问题(人才在哪里、如何引进等);生活支撑性政策,解决"爱才"问题(生活保障、后顾之忧等);研发支持性政策,解决"用才"问题(研发条件、工作基础等);贡献激励性政策,解决"重才"问题(人才价值承认、兑现待遇和激励等);人文关怀性政策,解决"敬才"问题(人才的社会地位、尊重、认可等)。要突出人才政策的"卖点"、独特性和竞争力,人才政策要与创新平台相结合,让人才有用武之地。可将人才工作纳入领导干部考核的核心指标。

应建立具有国际竞争力的人才引进机制。应建设创新友好型高端人才政策体系。保障政策落实和具体执行过程的友好性,增加政策及其执行的黏度和温度;要简化政策执行的环节和审批流程,开发人才服务一站式应用平台,为人才减少时间浪费。建立符合新经济发展需要的新型人才(包括"不规则创新人才")培养系统。

(七)营造和谐环境,凝聚创新要素,建设创新生态系统

一是完善制度环境,提高政府公信力,提高创新服务水平。彻底摈弃官本位意识,简化行政审批,深化"放管服"改革,深化"多规合一",建立符合创新规

律的政府管理制度；高度注意防止"塔西佗陷阱"对政府公信力的负面影响；改革科研项目经费管理机制，政府以购买服务为导向进行经费的宏观管理，彻底减少对资金具体使用的微观干预。

二是优化营商环境。加大知识产权保护力度；加大对中小企业创新产品和服务的政府采购力度，加强对创新产品供需双方的双向支持；对标国际一流标准，围绕企业全生命周期服务体系建设，逐项查找差距并落实解决办法。

三是完善资本市场体系。发展科技金融，以科技金融促进科技创新；扩大资本市场开放程度；引导风险基金、投资基金与科技创新紧密合作；改善中小企业的融资生态；推动小微金融服务体系建设；提高对中小投资者的保护力度。

四是完善科技评价。坚持分类评价和个性化评价原则，建立对产业创新、企业创新、科技创新、创新人才、创新服务等不同类型创新活动和创新主体的分类评价体系，以及项目、成果、机构的不同评价方法，将评价准则和考核机制公平化、公开化、规范化。引导全社会树立和接受"重质量"的科技评价理念，建立和实施"质量导向"的科技评价模式。

第五节　川渝未来改革开放发展趋向

2021年2月10日，重庆市人民政府印发《重庆市国民经济和社会发展第十四个五年规划和二〇三五年远景目标纲要》（以下简称重庆"十四五"规划）。

2021年3月16日，四川省人民政府发布《四川省国民经济和社会发展第十四个五年规划和二〇三五年远景目标纲要》（以下简称四川"十四五"规划）。

上述川渝两个省市的"十四五"规划纲要中，均提到了"十四五"期间以及至2035年的深化改革发展工作规划，明确了未来深化改革开放发展的思路与举措。

一、四川"十四五"规划提出要深化重点领域改革，建设高标准市场体系

（一）加大要素市场化配置改革力度

推进土地管理制度改革。稳妥推进集体经营性建设用地入市试点，加快建设城乡统一的建设用地市场。实施年度建设用地总量调控制度。争取中央赋予省级更大用地自主权，改革土地计划管理方式。推进耕地指标和城乡建设用地指标在省级统筹下实现跨区域流转，探索节余指标与长三角地区跨区域交易。强化土地利用全生命周期监管，开展工业用地"标准地"改革，推进"亩均论英雄"考核评价。健全低效用地盘活激励约束机制，实行盘活存量与下达增量相挂钩。探索土地用途兼容复合利用、点状供地等用地模式，适应新产业新业态用地需求。

引导劳动力合理畅通有序流动。建立户籍与居住登记并行的人口服务管理新机制，实行城镇教育、就业创业、医疗卫生等公共服务资源与常住人口挂钩。健全统一规范的人力资源市场体系，培育壮大人力资源服务市场主体，完善劳动力市场化、社会化流动机制，畅通人力资源跨所有制、跨区域流动渠道。完善人才共享机制，引导党政机关和国有企事业单位、社会组织之间的人才合理流动，促进人才向基层一线流动，提高人才配置效能。落实国家职业资格制度，动态管理职业资格目录，推进职业资格与职称制度有效衔接、职业技能等级证书与学历证书互通衔接。

提升资本市场化配置效率。增强资本市场枢纽功能，实施"五千五百"上市行动计划，提升上市公司质量，大力推进债券发行，提高直接融资比重，在天府（四川）联合股权交易中心开展制度和业务创新试点。支持地方商业银行增资扩股，深化农村信用社改革，促进村镇银行健康发展。在审慎监管前提下引导银行业金融机构创新产品和服务，扩大投贷联动业务规模。鼓励各地建立融资

风险补偿基金,推广"政府+保险+担保+银行"等风险共担模式。

完善科技创新资源配置方式。健全职务科技成果产权制度,深化科技成果使用权、处置权和收益权改革。建设知识产权运营示范基地、高价值专利育成中心,促进自主知识产权市场化运营。建立市场化社会化的科研成果评价制度,健全科技成果常态化路演和科技创新咨询制度。探索科技成果资本化新路径,推广知识产权质押等融资方式。建立重大科研基础设施和大型科研仪器共享机制,促进科技资源高效配置和综合利用。

培育发展数据要素市场。健全公共数据开放和数据资源有效流动的制度规范,制定新一批数据共享责任清单,建立数据分类管理和报备制度,推动数据资源管理地方立法。建立社会数据开发利用机制,加大数据采集、加工、存储、分析和应用力度,促进数据价值增值。创新大数据应用模式,加快构建产业、城市管理、信用监管、公共资源交易等领域规范化数据开发应用场景。研究制定数据权属界定、流通交易规则,推动开展数据资产确权、评估、定价、质押、抵押。发挥数据经纪商等市场中介作用,扩大数据市场交易。探索数据跨境流动试点。

(二)激发市场主体活力

深化国资国企改革发展。实施国企改革三年行动,做强做优做大国有资本和国有企业。加快国有资本布局优化和结构调整,聚焦主责主业推动国有企业战略性重组和专业化整合,向产业链价值链中高端、关系国计民生的重要行业和前瞻性战略性新兴产业集中。以发展公众公司作为主要形式,积极稳妥深化国有企业混合所有制改革,探索完善优先股制度,提高资产证券化水平。健全以管资本为主的国有资产监管体制,完善国有资本出资人管理职责,推进授权经营体制改革,充分发挥国有资本投资运营公司作用。健全完善国有资本动态补充机制,强化国有企业经营风险控制。

支持民营企业创新发展。强化民营企业产权保护和激励,完善企业合法权益受损的补偿救济机制,增强行业协会(商会)维权服务功能。保障不同所有制企业在资质许可、政府采购、要素获取等方面的公平待遇,全面落实促进民营经济健康发展政策措施。提升金融服务功能,强化金融机构对民营企业贷款激励考核。创建国家民营经济示范城市,搭建全省中小民营企业综合服务平台,支持建设改革发展标杆民营企业。实施四川民企雁阵培育计划和民营企业家梯队培育工程。鼓励川商回乡创业。

加强现代企业制度建设。推进国有企业完善现代企业制度,把加强党的领导和完善公司治理统一起来,建立企业党委(党组)落实党的领导融入公司治理制度,完善企业"三重一大"决策制度。推动"外大于内"董事会建设,完善董事会向经理层授权管理制度,推行经理层成员任期制、契约化管理和职业经理人制度。深化市场化经营机制改革,建立健全中长期激励约束机制。采用信息化智能化方式开展流程再造,推进管理体系和管理能力现代化。完善法人治理结构,支持企业整体上市或核心业务资产上市。引导民营企业健全经营决策、财务管理、内部控制等制度,提高规范运营水平。

健全社会信用体系。加快地方信用标准规范体系建设,构建社会信用信息"一张网",完善全省统一的社会信用信息平台功能。推进各地区、各行业的信用信息归集、公开和共享,积极拓展"信用+"应用场景。规范"红黑名单"和信用修复管理,建立健全守信联合激励和失信联合惩戒机制。引导规范行业组织和第三方信用服务机构发展,大力培育信用服务市场,健全完善多元化信用服务体系。推进地方信用平台建设,促进信用、评级市场合规健康发展。推进社会信用立法,加强诚信宣传教育。

强化竞争政策基础地位。全面落实公平竞争审查制度,推动对新出台地方性法规、规章、规范性文件和其他政策措施应审尽审,保障涉及市场主体经济活动的政策措施体现公平竞争原则。优化审查机制,建立第三方评估制度。健全定期评估、动态清理长效机制,及时废除妨碍统一市场和公平竞争的政策措施。加强反垄断和反不正当竞争执法司法,建立举报绿色渠道。完善市场竞争状况评估制度。在自由贸易试验区开展强化竞争政策实施试点。

（三）提升政府经济治理能力

优化经济运行调节机制。正确把握国家宏观政策取向，促进就业、产业、投资、消费、环保、区域等政策协同发力，统筹做好"六稳""六保"工作。健全经济运行调度机制，重视预期管理，强化政策预研储备。加强苗头性、倾向性、潜在性问题研究，提升经济监测预警和风险防控能力。推进统计现代化改革，完善统计体系，发挥统计监督职能。加强经济治理数据库等建设，提升大数据等现代技术手段辅助治理能力。

健全现代财税金融体制。加强财政资源统筹，强化中期财政规划管理，增强重大战略任务的财力保障。深化预算管理制度改革，全面实施预算绩效管理，强化预算约束。健全省以下财政体制，建立权责清晰、财力协调、区域均衡的省与市县财政关系，增强基层公共服务保障能力。完善地方税体系，建立健全社会保险费、非税收入征管体系。加强财政金融互动和政策协调，优化政府引导基金体系，构建金融有效支持实体经济的体制机制。支持普惠金融发展，加快数字普惠金融体系建设，创建普惠金融改革试验区。

推进"放管服"改革向基层延伸。推动省市级行政权力向基层下放，减少省级部门具体审批事项。健全完善各级政府权责清单和服务清单，实行动态管理。完善省市县乡村五级政务服务体系，统一服务标准和规范。将部分审批、服务、执法等权限依法赋予乡镇，促进乡镇行政服务职能整合，建立综合治理、综合执法、公共服务、政务公开等功能集成统一平台。推进镇村便民服务中心、站点标准化建设，实现乡镇可办、村级代办、就近能办。

构建新型市场监管体系。坚持放管结合、并重推进，推动更多行政资源从事前审批转向事中事后监督管理，加快形成政府监管、企业自治、行业自律和社会监督的协同监管格局。全面推行"双随机、一公开"监管、跨部门联合监管、信用监管。制定全省新兴行业分类指导目录和监管规则，创新包容审慎监管。完善行政执法"三项制度"，集中开展市场监管重大执法行动。开展移动端执法、非现场执法，推动执法结果共享互认。

打造市场化法治化国际化营商环境。实施市场准入负面清单制度,深化"证照分离"改革,推行"不见面"办事,更大范围推动"一件事"集成办理和"一网通办"。制定实施四川省优化营商环境条例,落实四川省企业和企业经营者权益保护条例,健全企业参与重大涉企政策制定机制。贯彻外商投资法及其实施条例,实行高水平投资自由化便利化政策,支持地级及以上城市开展外商投资企业注册登记。深化行业协会、商会和中介机构改革。建立健全政策评估制度,支持争创国家营商环境创新试点城市。

(四)探索经济区与行政区适度分离改革

探索一体建设的组织管理机制。建立跨行政区一体运行的领导机制,共同研究决定经济区规划、改革、项目、政策等重大事项。建立跨行政区对口职能部门共同参与的协调机制,整合行政审批和监管职能,集中推进经济区建设工作。建立统一高效的实施机制,探索以委托管理、成立管理公司等方式组建经济区管理运营主体。制定经济区独立考核的指标体系,创新绩效评价办法。

健全共建共享的公共资源配置机制。建立规划统筹机制,一体开展经济区国土空间、生态环境、基础设施、公共服务等规划编制和审定,推进多规合一。建立项目统筹机制,总体谋划、联合报批、共同实施经济区重大基础设施、重大公共服务项目建设。建立政策统筹机制,推进经济区公共服务政策体系对接、标准统一,搭建公共资源共管平台,促进"无差别受理、同标准办理"。

完善市场主导的产业协作机制。统筹规划经济区产业布局,明确主导产业,共同制定产业引导目录和产业地图,推进产业相互配套成链发展,培育优势产业集群。统筹建设经济区产业发展平台,创新跨行政区"一区多园""飞地园区"等模式,集成优势资源打造高能级产业创新载体。统筹经济区产业支持政策,制定无差别化招商引资激励措施,推动经济区市场主体享受同等政策待遇。

建立互利共赢的利益联结机制。建立经济区财政协同投入机制,发挥省区域协同发展引导基金作用,支持地方联合设立区域性投资基金。探索重大工程项目财政支出跨行政区结算机制。建立经济区税收分享机制,推进税收征管一体化,合理划分跨行政区合作项目产生的财税收益。探索建立经济区独立统计核算制度。

二、重庆"十四五"规划提出要在更高起点推进全面深化改革,构建高水平社会主义市场经济体制

(一)激发各类市场主体活力

深化国资国企改革。推进国有经济布局优化和结构调整,围绕服务国家和全市发展战略,推动国有企业战略性重组和专业化整合。完善国有资产监管体制,充分发挥国有资本投资运营公司作用,推动国资监管从管企业向管资本转变,实现政企分开、政资分开。有力有序推进国企混合所有制改革,以市场化方式设立成渝混合所有制改革产业基金,吸引更多资本参与国有企业改革。推动国有企业建立健全有效制衡的现代企业治理体系、高度市场化和灵活高效的现代企业经营机制、激励和约束并重的现代企业管理机制,推进国有企业经理层人员任期制和契约化管理,完善中国特色现代企业制度,切实激发国有企业发展活力和内生动力。开展国资国企综合改革试验。深化效率导向的国资经营评价制度改革。

优化民营经济发展环境。持续放开重点领域市场准入,坚决破除制约民营企业发展的各种壁垒,构建亲清政商关系,营造依法平等获取资源要素、公开公平公正参与竞争的市场环境。畅通减税降费政策传导机制,持续降低民营企业成本费用。支持民营企业开展科技创新,加快数字化转型,推动"上云、上规、上市"。建立规范化常态化政企沟通机制,畅通民营企业反映问题和诉求的渠道。推动建立面向民营企业的救助补偿机制,缓解民营企业和中小微企业发展困难。创建民营经济示范城市,建设民营经济协同发展示范区,深入开展民营经济综合改革试点示范。弘扬企业家精神,引导民营企业聚精会神办实业。搭建渝商综合服务平台,引导川渝两省市商会(协会)共同开展项目推介、银企对接,

举办川渝民营经济发展合作峰会,鼓励渝商回乡创业。健全平等保护的法治环境,保护民营企业产权和民营企业家合法权益。到2025年,力争民营经济增加值占地区生产总值比重达到62%。

(二)完善高质量发展政策体系

发挥发展规划的战略导向作用,构建发展规划、财政、金融、产业、投资、消费、区域等经济政策协调和工作协同机制,建立健全推动高质量发展的政策体系。抓好经济有效管理,加强目标管理、运行管理、统计管理和风险管理,建立健全宏观调控政策落实、协调评估和监督考核机制。编制财政规划,加强财政预算与全市发展规划实施的衔接协调。围绕全市发展规划确定的重点任务,引导金融要素资源配置方向和结构。推动产业政策向普惠化和功能性转型,加强招商引资政策协同,防止无序恶性竞争。完善促进投资结构优化和消费升级的政策措施。围绕"一区两群"协调发展,制定完善土地、人口、环境、社会等公共政策,推动区域政策目标精准化、措施精细化、协调机制化。建立健全重点领域地方标准,强化各类标准实施与产业政策、区域政策、节能环保政策等衔接。制定高质量发展绩效评价办法,实施差异化政绩考核。推进统计现代化改革。

(三)建立现代财税金融体制

加强财政资源统筹,强化财政中期管理,完善政府性基金预算、国有资本经营预算、社保基金预算与一般公共预算衔接机制,增强对全市重大战略任务实施的支撑保障能力。健全预算管理制度,全面推进预算绩效管理,严格预算控制,逐步建立全面规范透明、标准科学、约束有力的预算制度。优化市与区县财政事权与支出责任,健全市对区县转移支付制度,完善财力分配机制,逐步建立权责清晰、财力协调、区域均衡的政府间财政关系。主动配合加快地方税体系建设,培育壮大地方税税源,深化非税收入收缴管理改革,巩固和拓展减税降费成效,持续推动企业降本减负。加强风险防控,深化政府债务管理制度改革。健全财政金融联动机制。完善地方金融监管机制,推进地方金融法规制度建设,强化专业监管力量配置。深化金融机构市场化改革,支持中小银行健康发展。加大金融机构向"两群"布局力度,支持在"两群"有条件的区县设立绿色村镇银行。

(四)建设高标准市场体系

健全市场体系基础制度。健全归属清晰、权责明确、保护严格、流转顺畅的现代产权制度。深化自然资源资产、农村集体产权、知识产权等产权改革,健全产权执法司法保护制度,依法平等保护各类产权。实施统一的市场准入负面清单制度,推动"非禁即入"普遍落实。建立健全竞争政策实施机制,强化公平竞争审查制度刚性约束,探索建立公平竞争市场环境指标体系。强化反垄断和防止资本无序扩张。加强企业商业秘密保护。实施高水平市场开放,促进国内外市场分工和竞争,实现市场交易规则、交易方式、标准体系国内外融通,推动制度型开放。推进能源、公用事业等行业竞争性环节市场化改革。完善重要民生商品价格调控机制,保障市场供应和价格总体平稳。

完善要素市场化配置机制。健全要素市场运行机制,壮大重庆联合产权交易所、重庆农村土地交易所等要素市场,增强集聚辐射效应。深化土地管理制度改革,承接推进国家建设用地审批权委托试点,开展脱贫地区建设用地增减挂钩节余指标和工矿废弃地复垦利用节余指标交易,推进土地征收成片开发,探索混合产业用地和点状用地模式,允许不同产业用地类型依法合理转换,完善土地复合利用、立体开发政策。健全统一规范的人力资源市场体系,畅通劳动力和人才流动渠道。推进技术、数据等要素市场化改革。继续深化公共资源交易监督管理改革。

(五)持续优化营商环境

加快转变政府职能。深入推进简政放权、放管结合、优化服务改革,建设人民满意的服务型政府,构建职责明确、依法行政的政府治理体系。全面实行政府权责清单制度。推进重大政策科学决策、审慎决策,实行事前评估和事后评价。深化"证照分离"改革,大力推进"照后减证",实施涉企经营许可事项清单管理,探索建立企业强制退出机制。创新行政管理和服务方式,深入开展"互联网+政务服务",提升"渝快办""渝快政"效能,最大限度精简行政审批事项和环节,推行"最多跑一次"改革,发布"零跑腿"事项清单,推进政务服务标准化、规范化、便利化。建立健全运用互联网、大数据、人工智能等技术手段进行行政管理的制度规则。深化投资项目审批制度改革,完善并联审批、超期默认制、告知承诺制等制度。提高市场综合监管能力。对新产业新业态新模式实行包容审慎监管。

优化涉企公共服务。引导水电气讯等公用企事业单位为市场主体提供安全、便捷、稳定和价格合理的服务,持续减环节、缩时间、提效率、降费用。深化行业协会商会和中介机构改革。发挥行业协会商会扎根行业、贴近企业的独特优势,加强行业自律,助力企业提升服务水平和治理能力。推进中介服务机构与行政机关脱钩,健全中介服务规则,促进中介市场健康发展。

完善社会信用体系。强化信用信息共享开放,建立公共信用信息同金融信息共享整合机制。完善市公共信用信息平台、"信易贷"平台和"信用重庆"功能,推动政务部门、企业、个人等市场主体公共信用信息应用便利化。完善信用承诺机制,培育信用服务市场,探索筹建地方国有征信机构,鼓励市场主体积极从事信用咨询、信用风险控制等相关经营活动,鼓励信用服务产品开发和创新。完善信用服务市场监管,促进信用服务业健康发展。建立政务诚信监测治理体系,健全政府失信责任追究制度。完善失信主体信用修复机制。

附
件

附件一 成渝地区双城经济圈建设规划纲要

前　言

党中央、国务院高度重视成渝地区发展。2020 年 1 月 3 日,习近平总书记主持召开中央财经委员会第六次会议,作出推动成渝地区双城经济圈建设、打造高质量发展重要增长极的重大决策部署,为未来一段时期成渝地区发展提供了根本遵循和重要指引。

成渝地区双城经济圈位于"一带一路"和长江经济带交会处,是西部陆海新通道的起点,具有连接西南西北,沟通东亚与东南亚、南亚的独特优势。区域内生态禀赋优良、能源矿产丰富、城镇密布、风物多样,是我国西部人口最密集、产业基础最雄厚、创新能力最强、市场空间最广阔、开放程度最高的区域,在国家发展大局中具有独特而重要的战略地位。为加强顶层设计和统筹协调,加快推动成渝地区形成有实力、有特色的双城经济圈,编制本规划纲要。

规划范围包括重庆市的中心城区及万州、涪陵、綦江、大足、黔江、长寿、江津、合川、永川、南川、璧山、铜梁、潼南、荣昌、梁平、丰都、垫江、忠县等 27 个区(县)以及开州、云阳的部分地区,四川省的成都、自贡、泸州、德阳、绵阳(除平武县、北川县)、遂宁、内江、乐山、南充、眉山、宜宾、广安、达州(除万源市)、雅安(除天全县、宝兴县)、资阳等 15 个市,总面积 18.5 万平方公里,2019 年常住人口 9 600 万人,地区生产总值近 6.3 万亿元,分别占全国的 1.9%、6.9%、6.3%。

本规划纲要是指导当前和今后一个时期成渝地区双城经济圈建设的纲领性文件,是制定相关规划和政策的依据。规划期至 2025 年,展望到 2035 年。

第一章 规划背景

"十三五"以来,成渝地区发展驶入快车道。中心城市辐射带动作用持续提升,中小城市加快发展,基础设施更加完备,产业体系日渐完善,科技实力显著增强,内需空间不断拓展,对外交往功能进一步强化。到 2019 年,地区生产总值年均增长 8% 以上,社会消费品零售总额年均增长 10% 以上,常住人口城镇化率超过 60%,铁路密度达 3.5 公里/百平方公里,机场群旅客吞吐量超过 1 亿人次,常住人口规模、地区经济总量占全国比重持续上升,呈现出重庆和成都双核相向发展、联动引领区域高质量发展的良好态势,已经成为西部地区经济社会发展、生态文明建设、改革创新和对外开放的重要引擎。与此同时,成渝地区综合实力和竞争力仍与东部发达地区存在较大差距,特别是基础设施瓶颈依然明显,城镇规模结构不尽合理,产业链分工协同程度不高,科技创新支撑能力偏弱,城乡发展差距仍然较大,生态环境保护任务艰巨,民生保障还存在不少短板。

当今世界正经历百年未有之大变局,新一轮科技革命和产业变革深入发展,国际分工体系面临系统性调整。我国已转向高质量发展阶段,共建"一带一路"、长江经济带发展、西部大开发等重大战略深入实施,供给侧结构性改革稳步推进,扩大内需战略深入实施,为成渝地区新一轮发展赋予了全新优势、创造了重大机遇。在这样的背景下,推动成渝地区双城经济圈建设,符合我国经济高质量发展的客观要求,是新形势下促进区域协调发展,形成优势互补、高质量发展区域经济布局的重大战略支撑,也是构建以国内大循环为主体、国内国际双循环相互促进新发展格局的一项重大举措,有利于在西部形成高质量发展的重要增长极,增强人口和经济承载力;有助于打造内陆开放战略高地和参与国际竞争的新基地,助推形成陆海内外联动、东西双向互济的对外开放新格局;有利于吸收生态功能区人口向城市群集中,使西部形成优势区域重点发展、生态功能区重点保护的新格局,保护长江上游和西部地区生态环境,增强空间治理和保护能力。

第二章　总体要求

加强顶层设计和统筹协调,牢固树立一体化发展理念,唱好"双城记",共建经济圈,合力打造区域协作的高水平样板,在推进新时代西部大开发中发挥支撑作用,在共建"一带一路"中发挥带动作用,在推进长江经济带绿色发展中发挥示范作用。

第一节　指导思想

以习近平新时代中国特色社会主义思想为指导,全面贯彻党的十九大和十九届二中、三中、四中、五中全会精神,坚持党中央集中统一领导,坚定不移贯彻新发展理念,坚持稳中求进工作总基调,以推动高质量发展为主题,以深化供给侧结构性改革为主线,立足构建以国内大循环为主体、国内国际双循环相互促进的新发展格局,围绕推动形成优势互补、高质量发展的区域经济布局,强化重庆和成都中心城市带动作用,引领带动成渝地区统筹协同发展,促进产业、人口及各类生产要素合理流动和高效集聚,加快形成改革开放新动力,加快塑造创新发展新优势,加快构建与沿海地区协作互动新局面,加快拓展参与国际合作新空间,推动成渝地区形成有实力、有特色的双城经济圈,打造带动全国高质量发展的重要增长极和新的动力源。

第二节　主要原则

——双核引领,区域联动。提升重庆、成都中心城市综合能级和国际竞争力,处理好中心和区域的关系,强化协同辐射带动作用,以大带小、加快培育中小城市,以点带面、推动区域均衡发展,以城带乡、有效促进乡村振兴,形成特色鲜明、布局合理、集约高效的城市群发展格局。

——改革开放,创新驱动。充分发挥市场在资源配置中的决定性作用,更好发挥政府作用,强化改革的先导和突破作用,积极推动更高层次开放。强化体制创新,面向国内外集聚创新资源,推动科技创新应用与产业转型升级深度融合,构建协同创新体系。

——生态优先,绿色发展。全面践行生态文明理念,强化长江上游生态大保护,严守生态保护红线、永久基本农田、城镇开发边界三条控制线,优化国土空间开发格局,提高用地、用水、用能效率,构建绿色低碳的生产生活方式和建设运营模式,实现可持续发展。

——共享包容,改善民生。坚持以人民为中心的发展思想,增加优质公共产品和服务供给,持续改善民生福祉,构建多元包容的社会治理格局,让改革发展成果更多更公平惠及人民,提高人民群众获得感、幸福感、安全感。

——统筹协同,合作共建。坚持"川渝一盘棋"思维,发挥优势、错位发展,优化整合区域资源,加强交通、产业、科技、环保、民生政策协同对接,做到统一谋划、一体部署、相互协作、共同实施,辐射带动周边地区发展,显著提升区域整体竞争力。

第三节　战略定位

尊重客观规律,发挥比较优势,把成渝地区双城经济圈建设成为具有全国影响力的重要经济中心、科技创新中心、改革开放新高地、高品质生活宜居地。

具有全国影响力的重要经济中心。依托综合交通枢纽和立体开放通道,提高参与全球资源配置能力和整体经济效率,培育竞争优势突出的现代产业体系,发展富有巴蜀特色的多元消费业态,打造西部金融中心、国际消费目的地,共建全国重要的先进制造业基地和现代服务业高地。

具有全国影响力的科技创新中心。紧抓新一轮科技革命机遇,发挥科教人才和特色产业优势,推动创新环境优化,加强创新开放合作,促进创新资源集成,激发各类创新主体活力,大力推进科技和经济发展深度融合,打造全国重要的科技创新和协同创新示范区。

改革开放新高地。积极推进要素市场化配置、科研体制、跨行政区经济社会管理等重点领域改革。依托南向、西向、东向大通道,扩大全方位高水平开放,形成"一带一路"、长江经济带、西部陆海新通道联动发展的战略性枢纽,成为区域合作和对外开放典范。

高品质生活宜居地。大力推进生态文明建设,筑牢长江上游生态屏障,在西部地区生态保护中发挥示范作用,促进社会事业共建共享,大幅改善城乡人居环境,打造世界级休闲旅游胜地和城乡融合发展样板区,建设包容和谐、美丽宜居、充满魅力的高品质城市群。

第四节　发展目标

到 2025 年,成渝地区双城经济圈经济实力、发展活力、国际影响力大幅提升,一体化发展水平明显提高,区域特色进一步彰显,支撑全国高质量发展的作用显著增强。

——双城引领的空间格局初步形成。重庆、成都作为国家中心城市的发展能级显著提升,区域带动力和国际竞争力明显增强。都市圈同城化取得显著突破,中小城市和县城发展提速,大中小城市和小城镇优势互补、分工合理、良性互动、协调发展的城镇格局初步形成,常住人口城镇化率达到 66% 左右。

——基础设施联通水平大幅提升。现代化多层次轨道交通网络初步建成,出渝出川四向通道基本形成,重庆、成都间 1 小时可达,铁路网总规模达到 9 000 公里以上、覆盖全部 20 万以上人口城市,航空枢纽地位更加凸显,长江上游航运中心和物流中心基本建成,5G 网络实现城镇和重点场景全覆盖,新型基础设施水平明显提高,能源保障能力进一步增强。

——现代经济体系初步形成。区域协同创新体系基本建成,研发投入强度达到 2.5% 左右,科技进步贡献率达到 63%,科技创新中心核心功能基本形成。优势产业区域内分工更加合理、协作效率大幅提升,初步形成相对完整的区域产业链供应链体系,呈现世界级先进制造业集群雏形,数字经济蓬勃发展,西部金融中心初步建成,现代服务业优势明显增强。

——改革开放成果更加丰硕。制度性交易成本明显降低,跨行政区利益共享和成本共担机制不断创新完善,阻碍生产要素自由流动的行政壁垒和体制机制障碍基本消除,营商环境达到国内一流水平,统一开放的市场体系基本建立。

重庆、四川自由贸易试验区等重大开放平台建设取得突破,协同开放水平显著提高,内陆开放战略高地基本建成,对共建"一带一路"支撑作用显著提升。

——生态宜居水平大幅提高。生态安全格局基本形成,环境突出问题得到有效治理,生态环境协同监管和区域生态保护补偿机制更加完善,地级及以上城市空气质量优良天数比率达到88%,跨界河流断面水质达标率达到95%,河流主要断面生态流量满足程度达到90%以上,城市开发模式更加集约高效,公共服务便利共享水平明显提高,精细化治理能力显著增强。

到2035年,建成实力雄厚、特色鲜明的双城经济圈,重庆、成都进入现代化国际都市行列,大中小城市协同发展的城镇体系更加完善,基础设施互联互通基本实现,具有全国影响力的科技创新中心基本建成,世界级先进制造业集群优势全面形成,现代产业体系趋于成熟,融入全球的开放型经济体系基本建成,人民生活品质大幅提升,对全国高质量发展的支撑带动能力显著增强,成为具有国际影响力的活跃增长极和强劲动力源。

第三章　构建双城经济圈发展新格局

以发挥优势、彰显特色、协同发展为导向,突出双城引领,强化双圈互动,促进两翼协同,统筹大中小城市和小城镇发展,促进形成疏密有致、集约高效的空间格局。

第一节　提升双城发展能级

面向新发展阶段、着眼现代化,优化重庆主城和成都功能布局,全面提升发展能级和综合竞争力,引领带动双城经济圈发展。

重庆。以建成高质量发展高品质生活新范例为统领,在全面深化改革和扩大开放中先行先试,建设国际化、绿色化、智能化、人文化现代城市,打造国家重要先进制造业中心、西部金融中心、西部国际综合交通枢纽和国际门户枢纽,增强国家中心城市国际影响力和区域带动力。以长江、嘉陵江为主轴,沿三大平行槽谷组团式发展,高标准建设两江新区、西部(重庆)科学城等,重塑"两江四岸"国际化山水都市风貌。

成都。以建成践行新发展理念的公园城市示范区为统领,厚植高品质宜居优势,提升国际国内高端要素运筹能力,构建支撑高质量发展的现代产业体系、创新体系、城市治理体系,打造区域经济中心、科技中心、世界文化名城和国际门户枢纽,提升国家中心城市国际竞争力和区域辐射力。高水平建设天府新区、西部(成都)科学城等,形成"一山连两翼"城市发展新格局。

第二节　培育发展现代化都市圈

把握要素流动和产业分工规律,围绕重庆主城和成都培育现代化都市圈,带动中心城市周边市地和区县加快发展。

重庆都市圈。梯次推动重庆中心城区与渝西地区融合发展。畅通璧山、江津、长寿、南川联系中心城区通道,率先实现同城化。强化涪陵对渝东北、渝东南带动功能,支持永川建设现代制造业基地和西部职教基地,支持合川加快发展网络安全产业、推动建成区域性公共服务中心,推进綦江、万盛一体建设西部陆海新通道渝黔综合服务区和渝黔合作先行示范区,打造重庆中心城区辐射带动周边的战略支点。推进重庆向西发展,提升荣昌、铜梁、大足、潼南特色化功能,建设与成都相向发展的桥头堡。推动广安全面融入重庆都市圈,打造川渝合作示范区。

成都都市圈。充分发挥成都带动作用和德阳、眉山、资阳比较优势,加快生产力一体化布局,促进基础设施同网、公共服务资源共享、政务事项通办、开放门户共建,创建成德眉资同城化综合试验区,建设经济发达、生态优良、生活幸福的现代化都市圈。推动成都、德阳共建重大装备制造基地,打造成德临港经济产业带。加快天府新区成都片区和眉山片区融合发展,打造成眉高新技术产业带。促进成都空港新城与资阳临空经济区协同发展,打造成资临空经济产业带。推动成都东进,以促进制造业高质量发展为重点将成都东部建成与重庆联动的重要支点。

第三节　促进双圈互动两翼协同

依托资源禀赋、人员往来、产业联系等方面优势,强化区域中心城市互动和毗邻地区协同,优化成渝地区双城经济圈协同发展格局。

推动重庆、成都都市圈相向发展。依托成渝北线、中线和南线综合运输通道,夯实成渝主轴发展基础,强化重庆都市圈和成都都市圈互动。支持遂宁与潼南、资阳与大足等探索一体规划、成本共担、利益共享的建设模式。强化都市圈辐射作用,带动成都平原一体化发展,把绵阳、乐山打造为成都平原区域中心城市,支持雅安建设绿色发展示范市,支持黔江建设渝东南区域中心城市。

推动渝东北、川东北地区一体化发展。支持万州建设渝东北区域中心城市,支持南充、达州建设川东北区域中心城市,发挥垫江、梁平、丰都、忠县、云阳节点作用,带动双城经济圈北翼发展。支持万州、达州、开州共建川渝统筹发展示范区,加强规划、政策、项目统筹,在产业发展、公共服务、生态环保等领域探索建立符合高质量发展要求的利益共享机制。

推动川南、渝西地区融合发展。支持宜宾、泸州建设川南区域中心城市,推动内江、自贡同城化,带动双城经济圈南翼跨越发展。支持自贡、泸州、内江、宜宾、江津、永川、荣昌等共建川南渝西融合发展试验区,探索建立重大政策协同、重点领域协作、市场主体联动机制,协同建设承接产业转移创新发展示范区,打造西部陆海新通道和长江经济带物流枢纽。

辐射带动川渝两省市全域发展。强化双城经济圈对重庆市、四川省其他地区特色产业发展、基础设施建设的引领带动,促进基本公共服务均等化,引导秦巴山区、武陵山区、乌蒙山区、涉藏州县、大小凉山等周边欠发达地区人口向双城经济圈集中,强化生态环境保护,切实巩固提升脱贫成果,促进城乡区域协调发展。

第四节　分类推进大中小城市和县城发展

分类指导、科学施策,推动公共资源在双城经济圈各级各类城市间合理配置,优化城市规模结构和功能布局。

推动超大特大城市中心城区瘦身健体。统筹兼顾经济、生态、安全、健康等多元需求，推动重庆和成都中心城区功能升级，合理控制规模，优化开发格局，推动城市发展由外延扩张式向内涵提升式转变，防止城市"摊大饼"，积极破解"大城市病"，合理控制开发强度和人口密度。集聚创新要素，增强高端服务功能，率先形成以现代服务业为主体、先进制造业为支撑的产业结构。建设产城融合、职住平衡、生态宜居、交通便利的郊区新城，实现多中心、串联式、组团化发展。

加快提升大中城市产业水平和功能品质。主动承接超大特大城市产业转移和功能疏解，夯实实体经济发展基础。立足特色资源和产业基础，推动制造业差异化、规模化、集群化发展，因地制宜打造先进制造业基地、商贸物流中心和区域专业服务中心。优化大中城市管辖范围和市辖区规模结构。支持三级医院和新建高校、高校新建校区在大中城市布局，增加医疗、文化、体育资源供给。优化市政设施功能，改善人居环境，营造现代时尚的消费场景，提升城市生活品质。

推进县城城镇化补短板强弱项。加快县城城镇化建设，推动农业转移人口就地就近城镇化。推动重庆市郊区和四川省县城及县级市城区公共服务设施、环境卫生基础设施、市政公用设施、县域经济培育设施提级扩能，推动公共资源适当向县城（郊区、县级市城区）倾斜，补齐短板、补强弱项，提升县域经济发展能力。引导产业项目向资源环境承载力强、发展潜力大的县城（郊区、县级市城区）布局，培育壮大特色优势产业。推动具备条件的县有序改市。

分类引导小城镇发展。切实放权赋能，支持位于都市圈范围内的重点镇加强与周边城市的规划统筹、功能配套，分担城市功能。通过规划引导、市场运作，将具有特色资源、区位优势的小城镇培育成为专业特色镇。引导一般小城镇完善基础设施和公共服务，增强服务农村、带动周边功能。

第四章　合力建设现代基础设施网络

以提升内联外通水平为导向,强化门户枢纽功能,加快完善传统和新型基础设施,构建互联互通、管理协同、安全高效的基础设施网络。

第一节　构建一体化综合交通运输体系

打造国际航空门户枢纽。高质量建成成都天府国际机场,打造国际航空枢纽,实施双流国际机场扩能改造,实现天府国际机场与双流国际机场"两场一体"运营。推进重庆江北国际机场改扩建,规划研究重庆新机场建设,提升重庆国际枢纽功能。布局建设乐山、阆中、遂宁、雅安等一批支线机场,研究广安机场建设。织密国际航线网络,提高与全球主要城市之间的通达性。推动两省市机场集团交叉持股,强化城市群机场协同运营,合力打造世界级机场群。优化空域结构,提升空域资源配置使用效率。深化低空空域管理改革,加快通用航空发展。

共建轨道上的双城经济圈。科学规划干线铁路、城际铁路、都市圈市域(郊)铁路和城市轨道交通,完善多层次轨道交通网络体系。规划建设川藏铁路,适时推动引入成都枢纽的天府—朝阳湖铁路项目实施。加快建设成都至西宁、重庆至昆明、成都至自贡至宜宾、重庆至黔江、郑州至万州铁路襄阳至万州段等铁路项目,规划建设重庆至万州、成都至达州至万州、重庆至西安、重庆至宜昌、成渝中线等铁路项目,规划研究重庆至贵阳铁路,研究论证重庆至自贡至雅安铁路,拓展出渝出川客运大通道。推进叙永至毕节等铁路及铁路专用线等货运设施建设,逐步恢复沪汉蓉铁路货运功能,完善货运通道布局。研究规划重庆都市圈环线、成都外环、绵遂内等连接重庆中心城区、成都与周边城市的城际铁路和都市圈市域(郊)铁路,优先利用铁路资源开行城际、市域(郊)列车,基本建成中心城市间、中心城市与周边城市(镇)间1小时交通圈和通勤圈。有序推进重庆、成都城市轨道交通规划建设。

完善双城经济圈公路体系。畅通对外高速公路通道,强化主要城市间快速联通,加快推进省际待贯通路段建设。提高既有路网通行能力,全面推动 G318 川藏公路升级改造,加快成渝、渝遂、渝泸、渝邻和成自泸赤等国家高速公路繁忙路段扩能改造,加强干线公路与城市道路有效衔接。优化城际快速路网,疏通主要节点城市进出通道,增强公路对客货运枢纽的集疏运服务能力,提升路网通达效率和安全水平。推动毗邻地区互联互通,建设重庆至合江至叙永、泸州至永川、大足至内江、铜梁至安岳、南充至潼南、大竹至垫江、开江至梁平等高速公路。

推动长江上游航运枢纽建设。健全以长江干线为主通道、重要支流为骨架的航道网络,优化干支流水库群联合调度,研究优化长江上游分段通航标准,加快长江上游航道整治和梯级渠化,全面畅通岷江、嘉陵江、乌江、渠江等。推进利泽、白马、犍为、龙溪口、风洞子等航电枢纽建设。加强港口分工协作,构建结构合理、功能完善的港口群,打造要素集聚、功能完善的港航服务体系。组建长江上游港口联盟,加强与上海国际航运中心合作,推进港口企业加强合资合作,促进区域港口码头管理运营一体化。

提升客货运输服务水平。推动多层次轨道交通网络运营管理衔接融合,研究建立一体化建设运营机制,推广交通"一卡通"服务和二维码"一码畅行",加快实现运营公交化。加强机场与轨道交通衔接,完善机场集疏运体系,探索空铁联程联运新技术新模式。推进一体化综合客运枢纽和衔接高效的综合货运枢纽建设,提升枢纽运营智能化水平。推进铁路专用线进重要枢纽型港区、大型工矿企业和物流园区,加快发展铁水、公铁联运和"一单制"联运服务。支持高铁快运、电商快递班列、多式联运班列发展。

第二节　强化能源保障

优化区域电力供给。稳步推进金沙江、雅砻江、大渡河水电基地开发,优先建设具有调节能力的水库电站。统筹推进风光水多能互补能源基地建设,积极推广分布式能源发展,研究开展氢能运营试点示范,建设优质清洁能源基地。优化川渝电力资源配置,完善川渝电网主网架结构,优化重庆都市圈 500 千伏目标网架。研究论证疆电入渝工程。推进白鹤滩水电站留存部分电量在川渝电网消纳。培育发展电力现货市场和川渝一体化电力辅助服务市场。

统筹油气资源开发。发挥长宁—威远、涪陵国家级页岩气示范区引领作用,推动页岩气滚动开发,建设天然气千亿立方米产能基地,打造中国"气大庆"。完善天然气管网布局。优化完善成品油储运设施,有序开展中航油西南战略储运基地、陕西入川渝成品油管道、沿江成品油管道等前期工作。发挥重庆石油天然气交易中心作用,形成具有影响力的价格基准。完善页岩气开发利益共享机制,有序放开油气勘探开发市场,加大安岳等地天然气勘探开发力度。

第三节　加强水利基础设施建设

研究推进跨区域重大蓄水、提水、调水工程建设,增强跨区域水资源调配能力,推动形成多源互补、引排得当的水网体系。推动大型水库及引水供水重点工程建设。有序推进引大济岷、涪江右岸、向家坝灌区二期、长征渠、渝南及重庆中部水资源配置、沱江团结等引水供水重大工程的研究论证。加强大中型灌区续建配套和现代化改造。加强饮用水水源地和备用水源建设,推进人口分散区域重点小型标准化供水设施建设,保障区域供水安全。推进防洪减灾设施建设,加强主要江河和中小河流防洪治理,实施防洪控制性水库联合调度。系统推进城市堤防、排水管渠、排涝除险、蓄水空间等设施建设,有效治理城市内涝问题。构建智慧水利平台,健全水资源监控体系,推进水利资源共享、调配、监管一体化。

第五章　协同建设现代产业体系

以全球新一轮科技革命和产业链重塑为契机,坚持市场主导、政府引导,强化机制创新,优化、稳定、提升产业链供应链,加快构建高效分工、错位发展、有序竞争、相互融合的现代产业体系。

第一节　推动制造业高质量发展

优化重大生产力布局。整合提升优势产业,加快补齐关键短板,增强全产业链优势,形成特色鲜明、相对完整、安全可靠的区域产业链供应链体系。提升重庆、成都产业创新发展能力,打造制造业高质量发展双引擎,推动都市圈外围地区加快发展电子信息、汽车等产业,形成研发在中心、制造在周边、链式配套、梯度布局的都市圈产业分工体系。强化双城经济圈北翼地区先进材料、汽摩配件等产业协作,南翼地区联动集聚食品饮料、装备制造、能源化工、节能环保等产业。

培育具有国际竞争力的先进制造业集群。以智能网联和新能源为主攻方向,共建高水平汽车产业研发生产制造基地。聚焦航空航天、轨道交通、能源装备、工业机器人、仪器仪表、数控机床、摩托车等领域,培育世界级装备制造产业集群。整合白酒主产区优质资源,壮大健康食品、精品服饰、特色轻工等产业,培育特色消费品产业集群。深入推进国家战略性新兴产业集群发展工程,前瞻布局一批先导产业,壮大先进材料产业,协同发展生物医药、医疗器械、现代中药产业,共建西部大健康产业基地。

大力承接产业转移。发挥要素成本、市场和通道优势,以更大力度、更高标准承接东部地区和境外产业链整体转移、关联产业协同转移,补齐建强产业链。积极发挥产业转移项目库作用,建立跨区域承接产业转移协调机制,完善信息对接、权益分享、税收分成等政策体系。布局产业转移集中承接地,继续安排中央预算内投资支持国家级新区、承接产业转移示范区重点园区的基础设施和公共服务平台建设,不断提升承接产业能力。研究以市场化方式设立区域产业协同发展投资基金,支持先导型、牵引性重大产业项目落地。

整合优化重大产业平台。发挥重庆两江新区、四川天府新区旗舰作用,加快重庆经济技术开发区、海峡两岸产业合作区、成都国际铁路港经济开发区及其他国家级、省级开发区建设,推动成都天府临空经济区建设。鼓励涪陵、綦江、合川、资阳、遂宁、宜宾等创建国家高新技术产业开发区,打造一批国家新型工业化产业示范基地,推动建设广安—渝北等一批跨省市毗邻地区产业合作园区。支持自贡等老工业城市转型升级,建设新时代深化改革扩大开放示范城市。创新"一区多园""飞地经济"等建园方式,推动各类开发区和产业集聚区政策叠加、服务体系共建。

第二节　大力发展数字经济

布局完善新一代信息基础设施。加快 5G 网络建设,推进千兆光纤接入网络广泛覆盖,加快推进基于 IPv6 的下一代互联网部署,推动国家级互联网骨干直联点宽带扩容。统筹布局大型云计算和边缘计算数据中心。完善工业互联网标识解析国家顶级节点功能,加快建设二级节点。积极发展物联网,建设全面覆盖、泛在互联的城市智能感知网络。开展新一代移动通信网络试验验证,实施车联网试点示范建设工程。加快提升传统基础设施智能化水平。

合力打造数字产业新高地。聚焦集成电路、新型显示、智能终端等领域,打造"云联数算用"要素集群和"芯屏器核网"全产业链,培育超高清视频、人工智能、区块链、数字文创等创新应用,联手打造具有国际竞争力的电子信息产业集群。大力发展数字经济,推动数字产业化、产业数字化,促进软件、互联网、大数据等信息技术与实体经济深度融合,加快重点领域数字化发展,引领产业转型升级。围绕产业发展需要,推动共建成渝工业互联网一体化发展示范区、区域协同公共服务平台和服务体系,构建全国领先的"5G+工业互联网"生态。支持联合建设国家数字经济创新发展试验区和国家数字服务出口基地,建设"智造重镇"和"智慧名城"。

积极拓展数字化应用。探索建立统一标准、开放互通的公共应用平台,推动双城经济圈政务数据资源共享共用,推动地级以上城市全面建立数字化管理平台。推进城市基础设施、建筑楼宇等的数字化管理,稳步推进"数字+"与城市运营管理各领域深度融合。完善大数据辅助科学决策机制,加快提高治理数字化水平。适应数字技术全面融入社会交往和日常生活新趋势,促进公共服务、社会运行和治理方式创新,构筑全民畅享的数字生活。

全面提升数字安全水平。加强通信网络、重要信息系统和数据资源保护,增强关键信息基础设施安全防护能力。深化网络安全等级保护制度和关键信息基础设施安全保护制度。完善重庆和成都重要数据灾备中心功能,建设联合异地灾备数据基地。建设网络安全产业基地,支持开展法定数字货币研究及移动支付创新应用。

第三节 培育发展现代服务业

推动先进制造业和服务业融合发展。引导制造企业延伸服务链条、发展服务环节,推动生产服务型企业创新服务供给,提升制造业服务化水平和全产业链价值。在研发设计、科技服务、商务咨询、人力资源服务等领域,联合打造一批服务品牌。依托优势企业培育发展工业设计中心,支持食品药品检测基地、重庆工业设计产业城等建设。支持在成渝地区建设国家检验检测高技术服务业集聚区。支持川渝毗邻地区建立人力资源服务产业园。鼓励重庆、成都等开展先进制造业和现代服务业融合发展试点。

提升商贸物流发展水平。强化重庆、成都国家物流枢纽功能,合力建设国际货运中心。支持万州、涪陵、长寿、遂宁、达州、泸州、自贡等打造区域性物流中心。支持全货运航空公司在成渝地区设立基地,加快完善多式联运国际物流服务网络,打造多元化、国际化、高水平物流产业体系,培育发展龙头企业。围绕优势产业和主导产品,差异化建设一批内外贸相结合的专业市场。扎实推进跨境电子商务综合试验区建设。大力发展数字商务,探索建立反向定制(C2M)产业基地。强化会展经济对商贸物流的带动作用,联合打造一批专业会展品牌。

共建西部金融中心。支持重庆开展区域性股权市场制度和业务创新。支持开展共建"一带一路"金融服务。开展本外币合一账户试点。支持跨境人民币业务创新,探索开展跨国企业集团本外币合一跨境资金池等试点业务,支持在自由贸易试验区设立人民币海外投贷基金。支持开展合格境内投资企业(QDIE)和合格境内有限合伙人(QDLP)试点。积极支持区域金融改革创新,开展绿色金融、金融科技等创新试点,在成都建设基于区块链技术的知识产权融资服务平台。推进金融市场和监管区域一体化,推动在担保、不良资产处置、创业投资和私募股权投资等领域跨区域合作。支持设立市场化征信机构,研发适合西部地区的征信产品,支持中外信用评级机构在成渝地区设立实体机构,推动信用融资产品和服务创新。设立破产法庭,健全金融审判体系。

第四节　建设现代高效特色农业带

推动农业高质量发展。支持川渝平坝和浅丘地区建设国家优质粮油保障基地,打造国家重要的生猪生产基地、渝遂绵优质蔬菜生产带、优质道地中药材产业带、长江上游柑橘产业带和安岳、潼南柠檬产区。推进特色农产品精深加工,打造全球泡(榨)菜出口基地、川菜产业和竹产业基地。发展都市农业,高质量打造成渝都市现代高效特色农业示范区。

强化农业科技支撑。共建国家农业高新技术产业示范区。支持建设西南特色作物种质资源库、西部农业人工智能技术创新中心、国家现代农业产业科技创新中心等。推动畜禽遗传资源保护利用,建设区域性畜禽基因库、畜牧科技城、国家级重庆(荣昌)生猪大数据中心。

大力拓展农产品市场。积极开展有机产品认证,健全农产品质量安全追溯体系。做强地理标志农产品,推广巴味渝珍、天府龙芽等特色品牌,打造川菜渝味等区域公用品牌。强化农产品分拣、加工、包装、预冷等一体化集配设施建设,大力建设自贡等国家骨干冷链物流基地。大力发展农村电商,建设一批重点网货生产基地和产地直播基地。建设国际农产品加工产业园。

第六章　共建具有全国影响力的科技创新中心

坚定实施创新驱动发展战略,瞄准突破共性关键技术尤其是"卡脖子"技术,强化战略科技力量,深化新一轮全面创新改革试验,增强协同创新发展能力,增进与"一带一路"沿线国家等创新合作,合力打造科技创新高地,为构建现代产业体系提供科技支撑。

第一节　建设成渝综合性科学中心

聚焦核能、航空航天、智能制造和电子信息等领域的战略性产品开发,在四川天府新区、重庆高新区集中布局建设若干重大科技基础设施和一批科教基础设施,引导地方、科研机构和企业建设系列交叉研究平台和科技创新基地,打造学科内涵关联、空间分布集聚的原始创新集群。发挥基础研究和原始创新的引领作用,吸引高水平大学、科研机构和创新型企业入驻,强化开放共享,促进科技成果转化,有效支撑成渝全域高水平创新活动。

第二节　优化创新空间布局

统筹天府国际生物城、未来科技城和成都高新区等资源,建设西部(成都)科学城。瞄准新兴产业设立开放式、国际化高端研发机构,建设重庆两江协同创新区。依托重庆大学城、重庆高新区等,夯实智能产业、生物医学发展基础,建设西部(重庆)科学城。高水平建设中国(绵阳)科技城,鼓励大院大所发展孵化器、产业园。以"一城多园"模式合作共建西部科学城。推动中国科学院等在双城经济圈布局科研平台。

第三节　提升协同创新能力

强化创新链产业链协同。坚持企业主体、市场导向,健全产学研用深度融合的科技创新体系,建设产业创新高地。鼓励有条件的企业组建面向行业共性基础技术、前沿引领技术开发的研究院,支持创新型领军企业联合行业上下游组建创新联合体。支持高校、科研机构和企业共建联合实验室或新型研究机构,共同承担科技项目、共享科技成果。建设一批产业创新中心、技术创新中心、制造业创新中心、工程研究中心等创新平台和综合性检验检测平台。

推动区域协同创新。实施成渝科技创新合作计划,联合开展技术攻关,参与实施高分卫星、载人航天、大型飞机、长江上游生态环境修复等国家重大科技任务,积极申报航空发动机、网络空间安全等科技创新重大项目。鼓励共用科技创新平台和大型科研仪器设备,共建创业孵化、科技金融、成果转化平台,打造成渝地区一体化技术交易市场。完善区域知识产权快速协同保护机制,支持设立知识产权法庭。鼓励区域内高校、科研院所、企业共同参与国际大科学计划和大科学工程。

第四节　营造鼓励创新的政策环境

大力吸引创新人才。实施有吸引力的人才政策,引进和培养高水平创新人才队伍,鼓励科技人才在区域内自主流动、择业创业。支持在人才评价、外籍人才引进等政策创新方面先行先试。鼓励成渝地区大学面向全球招生,引进优秀博士后和青年学者。支持引进国内外顶尖高校和科研机构在成渝地区合作建设研究院和研发中心,设立长期、灵活、有吸引力的科研岗位。

深化科技创新体制改革。深入推进职务科技成果所有权或长期使用权改革试点,探索高校和科研院所职务科技成果国有资产管理新模式。深化政府部门和科研单位项目资金管理制度改革,允许科研资金跨省市使用。探索建立两省市改革举措和支持政策异地同享机制。

健全创新激励政策体系。加大对引进高水平研发机构和先进科技成果的支持力度。综合运用财政、金融等政策手段激励企业加大研发投入力度,引导创业投资机构投资早中期、初创期科技型企业,依法运用技术、能耗、环保等方面的标准促进企业技术改造和新技术应用。支持通过股权与债权相结合等方式,为企业创新活动提供融资服务。支持符合条件的创新型企业上市融资。

第七章　打造富有巴蜀特色的国际消费目的地

以高质量供给引领和创造市场新需求,坚持高端化与大众化并重、快节奏与慢生活兼具,激发市场消费活力,不断增强巴蜀消费知名度、美誉度、影响力。

第一节　营造高品质消费空间

打造城市消费品牌。支持重庆、成都塑造城市特色消费品牌,打造国际消费中心城市。推动涪陵、合川、乐山、雅安、南充等发展人文休闲、度假康养,打造成渝"后花园"。发挥宜宾、泸州白酒品牌优势。推动万州、江津、铜梁、自贡、内江等围绕特色美食、传统工艺产品、民俗节庆、自然遗迹等,建设特色消费聚集区。改造提升商业街区,集聚高端消费资源,打造世界知名商圈。建设一批人文气息浓厚的特色商业名镇。

共建巴蜀文化旅游走廊。充分挖掘文化旅游资源，以文促旅、以旅彰文，讲好巴蜀故事，打造国际范、中国味、巴蜀韵的世界级休闲旅游胜地。打造贯通四川、重庆的文化遗产探秘、自然生态体验、红色文化体验等一批精品旅游线路，扩大长江三峡、九寨沟、武隆喀斯特、都江堰—青城山、峨眉山—乐山大佛、三星堆—金沙、三国文化、大足石刻、自贡彩灯等国际旅游品牌影响力。规划建设长征国家文化公园（重庆段、四川段）。打造绵竹熊猫谷和玫瑰谷，探索川西林盘、巴渝村寨保护性开发，依托特色自然风光、民俗风情、农事活动等，发展巴蜀乡村旅游。推动黔江与周边区县文旅融合发展，建设文化产业和旅游产业融合发展示范区。

第二节 构建多元融合的消费业态

推动消费供给升级。促进经典川菜、重庆火锅、盖碗茶等餐饮产品品牌化，创建美食地标。推动传统文化和全新科技元素融入创意设计产业，提升传媒影视、动漫游戏、音乐演艺等产业发展水平，支持举办有国际影响力的时装周、电影节、艺术节等文化展演活动。发展水上运动、山地户外运动、汽车摩托车运动、航空运动等，布局建设自驾游营地和野外露营地，发展乡村民宿，推出温泉、游轮、徒步、自驾等一批特色化、品质化旅游产品，大力发展"旅游+"产品。提升健康、养老、托育、家政服务等市场化供给质量，壮大社会服务消费。

发展消费新场景。引导网络直播、短视频等新消费形态健康发展，促进直播电商、社交电商等线上新模式新业态发展，推动教育、医疗等服务线上线下交互融合。鼓励发展智慧门店、自助终端、智能机器人等"无接触"零售。发展更多参与式、体验式消费模式和业态。发展假日经济，丰富夜市、夜展、夜秀、夜游等夜间经济产品，建设一批夜间文旅消费集聚区，擦亮"两江游"、"街巷游"等夜间经济名片，展现国际时尚范、巴蜀慢生活。

第三节 塑造安全友好的消费环境

完善消费促进政策。规范发展消费金融，在风险可控、商业可持续前提下稳妥开发适应新消费趋势的金融产品和服务。拓展移动支付使用范围，提升境外人员在境内使用移动支付便利化水平。研究将闲置厂房、办公用房等改为商业用途的支持政策。支持符合条件的地区建设市内免税店、口岸免税店、离境提货点。优化离境退税服务，促进国际消费便利化。

健全消费者权益保障制度。推动服务标准化建设，发布行业优质企业名录，鼓励企业开展消费体验评价并公开评价结果。对涉及安全、健康、环保等方面的产品依法实施强制性产品认证（CCC认证），建设针对食品、药品等重点产品的溯源公共服务平台，推动溯源信息资源稳妥有序向社会开放。加强重点领域广告监管。鼓励线下实体店自主承诺无理由退货，探索建立特色旅游商品无理由退货制度。健全消费领域信用监管体系，加强信用信息采集，开展消费投诉信息公示，强化社会监督。完善消费环节经营者首问责任制和赔偿先付制度。

第八章　共筑长江上游生态屏障

坚持共抓大保护、不搞大开发，把修复长江生态环境摆在压倒性位置，深入践行绿水青山就是金山银山理念，坚持山水林田湖草是一个生命共同体，深入实施主体功能区战略，全面加快生态文明建设，建立健全国土空间规划体系，形成人与自然和谐共生的格局。

第一节　推动生态共建共保

共建生态网络。构建以长江、嘉陵江、乌江、岷江、沱江、涪江为主体，其他支流、湖泊、水库、渠系为支撑的绿色生态廊道。依托龙门山、华蓥山、大巴山、明月山等，实施森林生态系统休养生息和矿区恢复治理，共筑绿色生态屏障。加大对重点流域、三峡库区"共抓大保护"项目支持力度，实施"两岸青山·千里林带"等生态治理工程。推动大熊猫国家公园建设，加强珍稀濒危动植物保护。加快各类自然保护地整合优化，强化重要生态空间保护。打造龙泉山城市森林公园。强化周边地区生态系统保护和治理，加强三峡库区小流域和坡耕地水土流失综合治理，实施三峡库区消落带治理和岩溶地区石漠化综合治理。

共抓生态管控。统筹建立并实施双城经济圈及其周边地区"三线一单"生态环境分区管控制度。加强流域水资源统一管理和联合调度。建立跨流域跨区域横向生态保护补偿机制。加大国家和省级生态保护补偿资金对长江上游生态屏障建设支持力度。严格执行生态损害赔偿制度。试点推进生态敏感区生态搬迁。落实好长江十年禁渔,实施长江上游流域重点水域全面禁捕,严厉打击非法捕捞,建立禁捕长效机制。依法联合查处交界区域破坏生态环境的违法行为。

第二节 加强污染跨界协同治理

统一环保标准。制定统一的环保标准编制技术规范,联合开展现行环保标准差异分析评估,有序制定修订统一的大气、水、土壤以及危险废物、噪声等领域环保标准。坚持一张负面清单管川渝两地,严格执行长江经济带发展负面清单管理制度体系,建立健全生态环境硬约束机制。开展跨区域联合环境执法,统一管控对象的界定标准和管控尺度,共同预防和处置突发环境事件。完善重大基础设施建设项目环境影响评价制度。

推进跨界水体环境治理。完善跨省市水体监测网络,建立上下游水质信息共享和异常响应机制。开展联合巡河,加强工业污染、畜禽养殖、入河排污口、环境风险隐患点等协同管理。加强三峡库区入库水污染联合防治,加快长江入河排污口整改提升,统筹规划建设港口船舶污染物接收、转运及处置设施,推进水域"清漂"联动。推动毗邻地区污水处理设施共建共享。支持在长江、嘉陵江一级支流开展水环境治理试点示范,深化沱江、龙溪河、岷江流域水环境综合治理与可持续发展试点。完善饮用水水源地风险联合防控体系。

深化大气污染联防联控。建设跨省市空气质量信息交换平台,发挥西南区域空气质量预测预报中心作用,实施联合预报预警。建立重污染天气共同应对机制,推进应急响应一体联动。探索实施细颗粒物($PM_{2.5}$)和臭氧(O_3)污染连片整治。实施"散乱污"企业清理整治,依法淘汰落后产能,加快淘汰老旧车辆,加强油品质量联合监督。创建清洁能源高质量发展示范区,提高清洁能源消费比例。

加强土壤污染及固废危废协同治理。以沿江工业园区、矿山、受污染耕地、污染地块为重点开展修复与治理。推动固体废物区域转移合作,建立健全固体废物信息化监管体系。统筹规划建设工业固体废物资源回收基地和危险废物资源处置中心,加强尾矿库污染治理,推进毗邻地区处置设施共建共享。依法严厉打击危险废物非法跨界转移、倾倒等违法行为。推动地级以上城市医疗废物集中处置设施全覆盖,县级以上城市及县城医疗废物全收集、全处理,并逐步覆盖到建制镇。协同开展"无废城市"建设。

第三节　探索绿色转型发展新路径

构建绿色产业体系。培育壮大节能环保、清洁生产、清洁能源产业,打造国家绿色产业示范基地。联合打造绿色技术创新中心和绿色工程研究中心,实施重大绿色技术研发与示范工程。实施政府绿色采购,推行绿色产品优先。鼓励国家绿色发展基金加大向双城经济圈投资力度。推行企业循环式生产、产业循环式组合、园区循环化改造,开展工业园区清洁生产试点。落实最严格的水资源管理制度,实施节水行动,加大节能技术、节能产品推广应用力度。深化跨省市排污权、水权、用能权、碳排放权等交易合作。

倡导绿色生活方式。共建绿色城市标准化技术支撑平台,完善统一的绿色建筑标准及认证体系,推广装配式建筑、钢结构建筑和新型建材。推动可再生能源利用,支持能源互联网创新,统筹布局电动汽车充换电配套设施。加快推进垃圾分类,共建区域一体化垃圾分类回收网络体系。完善对汽车等的强制报废配套政策,统筹布局再生资源分拣中心,建设城市废弃资源循环利用基地。鼓励创建国家生态文明建设示范市县,深入开展爱国卫生运动。

开展绿色发展试验示范。支持万州及渝东北地区探索三峡绿色发展新模式,在生态产品价值实现、生态保护和补偿、绿色金融等领域先行先试、尽快突破,引导人口和产业向城镇化地区集聚,走出整体保护与局部开发平衡互促新路径,保护好三峡库区和长江母亲河。支持四川天府新区在公园城市建设中先行先试,开展可持续发展创新示范,实施城市生态用地改革创新,探索建立公园城市规划导则、指标评价、价值转化等体系。支持重庆广阳岛开展长江经济带绿色发展示范。建设沱江绿色发展经济带。

第九章　联手打造内陆改革开放高地

以共建"一带一路"为引领，打造陆海互济、四向拓展、综合立体的国际大通道，加快建设内陆开放枢纽，深入推进制度型开放，聚焦要素市场化配置等关键领域，深化综合配套改革试验，全面提升市场活力，在西部改革开放中发挥示范带动作用。

第一节　加快构建对外开放大通道

合力建设西部陆海新通道。深化西部省区市协作，支持发挥重庆通道物流和运营组织中心、成都国家重要商贸物流中心作用，共同建设跨区域平台，统筹设置境内外枢纽和集货分拨节点。支持建立铁路运输市场化与政府购买服务相结合的定价机制，降低综合运价水平。对接21世纪海上丝绸之路，推动国际陆海贸易新通道合作，与新加坡合作推动东盟及相关国家共同参与通道建设，探讨衔接中国—中南半岛、孟中印缅等经济走廊和中欧班列建设合作。

统筹完善亚欧通道。加强协调联动，推动中欧班列高质量发展，打造西向开放前沿高地，紧密对接丝绸之路经济带。统筹优化中欧班列（成渝）去回程线路和运力，推动集结点、代理、运输、仓储、信息等资源共建共享，强化多式联运衔接，探索国际贸易新规则，提高通关便利化水平，增强国际竞争力。完善跨境邮递体系，建设铁路口岸国际邮件互换中心。打造重庆兴隆场、成都北中欧班列枢纽节点。开拓中欧班列中、东通道，积极衔接中蒙俄经济走廊。

优化畅通东向开放通道。依托长江黄金水道和沿江铁路，构建通江达海、首尾联动的东向国际开放通道，扩大与日韩、欧美等国家和地区经贸合作。加强陆水、港航联动，开通往返主要港口的"水上穿梭巴士"和铁水联运班列，建设统一运营品牌，提高进出口货物运输效率、降低运输成本。推进沿江省市港口、口岸合作，优化"沪渝直达快线"运行机制，提高通关效率。

第二节　高水平推进开放平台建设

建设川渝自由贸易试验区协同开放示范区。加大力度推进首创性、差异化改革，支持重庆、四川自由贸易试验区协同开放，试行有利于促进跨境贸易便利化的外汇管理政策。探索更加便利的贸易监管制度。在双城经济圈复制推广自由贸易试验区改革创新成果。扩大金融、科技、医疗、贸易和数字经济等领域开放。

打造内陆开放门户。以重庆两江新区、四川天府新区为重点，优先布局国家重大战略项目、试点示范项目，创建内陆开放型经济试验区。扩大包括第五航权在内的国际航权开放，按规定积极扩大铁路、港口、机场以适当方式对外开放，合理规划发展综合保税区、保税物流中心（B型）。加快建设中德、中法、中瑞（士）、中意等双边合作园区。培育进口贸易促进创新示范区，建设"一带一路"进出口商品集散中心。

高标准实施高层级开放合作项目。推进中新（重庆）战略性互联互通示范项目，合规有序发展供应链金融和特色跨境金融服务平台，依托贸易金融区块链平台，探索形成贸易金融区块链标准体系。推动建设中新金融科技、航空产业、跨境交易、多式联运等领域合作示范，建设第三方飞机维修中心，共同打造国际数据港。开展中日（成都）城市建设和现代服务业开放合作示范项目，建设药物供应链服务中心、先进医疗服务中心，推动科技、金融等领域合作。

共建"一带一路"对外交往中心。支持举办重要国际会议和赛事。支持共建"一带一路"科技创新合作区和国际技术转移中心，共同举办"一带一路"科技交流大会。高标准举办中国国际智能产业博览会、中国西部国际投资贸易洽谈会、中国西部国际博览会、中国（绵阳）科技城国际科技博览会等国际大型会展。深化文化、教育、医疗、体育等领域国际交流，高质量建设国家文化出口基地，支持川剧、彩灯等中国文化走出去。加强国际友好城市往来。支持建立境外专业人才执业制度，放宽境外人员参加各类职业资格（不包括医疗卫生人员资格）考试限制，支持为外籍高层次人才来华投资就业提供入出境和停居留便利。

第三节　加强国内区域合作

加强与西部地区协调联动。加强与关中平原、兰州—西宁城市群联动,深化能源、物流、产业等领域合作,辐射带动西北地区发展。加强与北部湾、滇中城市群协作,把出境出海通道优势转化为贸易和产业优势,促进西南地区全方位开放。深化与黔中城市群合作,带动黔北地区发展。

有力支撑长江经济带发展。加强与长江中游和下游协作,共同推动长江经济带绿色发展。促进生态环境联防联治,加快建立长江流域常态化横向生态保护补偿机制。共同推进长江黄金水道、沿江铁路、成品油输送管道等建设。优化沿江经济布局,有序承接产业转移和人口迁移。

深化与东部沿海地区交流互动。对接京津冀协同发展、粤港澳大湾区建设、长三角一体化发展等重大战略,加强科技创新合作与科技联合攻关。鼓励与东部沿海城市建立产业合作结对关系,共建跨区域产业园区,促进项目、技术、人才等高效配置。支持沿海港口在双城经济圈设立无水港。深化三峡库区对口支援工作。

第四节　营造一流营商环境

建设高标准市场体系。共建统一的市场规则、互联互通的市场基础设施,加快清理废除妨碍统一市场和公平竞争的各种规定和做法。打破行政区划对要素流动的不合理限制,推动要素市场一体化,探索以电子营业执照为基础,加快建立公共资源交易平台市场主体信息共享与互认机制。探索建立"市场准入异地同标"机制,推进双城经济圈内同一事项无差别受理、同标准办理。全面实施外商投资准入前国民待遇加负面清单管理制度。推动信用一体化建设,逐步形成统一的区域信用政策法规制度和标准体系,支持共同开发适应经济社会发展需求的信用产品。

持续转变政府职能。深化"放管服"改革,对标国际一流水平,加快服务型政府建设,最大限度精简行政审批事项和环节,推行政务服务"最多跑一次"改革,发布"零跑腿"事项清单,加快实现区域内"一网通办"。推行企业简易注销登记,开展企业投资项目承诺制改革,深化工程建设项目审批制度改革。优化综合监管体系,建立健全行政执法联动响应和协作机制。

第五节 增强市场主体活力

深化国有企业改革。有力有序推进国有企业混合所有制改革,推动国有企业建立健全有效制衡的现代企业治理体制、高度市场化和灵活高效的现代企业经营机制、激励和约束并重的现代企业激励机制,推进国有企业经理层成员任期制和契约化管理,完善中国特色现代企业制度,切实激发国有企业发展活力和内生动力。支持开展区域性国资国企综合改革试验。支持以市场化方式设立成渝混合所有制改革产业基金,吸引更多资本参与国有企业改革。加快完善国资监管体制,充分发挥国有资本投资运营公司作用,推动国资监管从管企业向管资本转变,真正实现政企分开、政资分开,使国有企业真正成为独立市场主体。深化效率导向的国资经营评价制度改革。

大力发展民营经济。建立规范化、常态化政商沟通机制,畅通民营企业反映问题和诉求的渠道。积极缓解民营企业和中小微企业发展难题,创建民营经济示范城市。搭建川商渝商综合服务平台,引导川渝两省市商(协)会和重点民营企业共同开展项目推介、银企对接,鼓励川商渝商回乡创业。支持举办川渝民营经济发展合作峰会。

第六节 探索经济区与行政区适度分离改革

支持在重庆都市圈、成都都市圈以及川渝统筹发展示范区、川南渝西融合发展试验区等地,率先探索建立统一编制、联合报批、共同实施的规划管理体制,试行建设用地指标、收储和出让统一管理机制,探索招商引资、项目审批、市场监管等经济管理权限与行政区范围适度分离。支持在合作园区共同组建平台公司,协作开发建设运营,建立跨行政区财政协同投入机制,允许合作园区内企业自由选择注册地。以市场化为原则、资本为纽带、平台为载体,推动两省市机场、港口、中欧班列、西部陆海新通道等领域企业采取共同出资、互相持股等模式促进资源整合和高效运营。允许能源、电信、医疗等行业有序提供跨行政区服务。探索经济统计分算方式,支持建立互利共赢的地方留存部分税收分享机制,推进税收征管一体化。

第十章　共同推动城乡融合发展

以缩小城乡区域发展差距为目标,推动要素市场化配置,破除体制机制弊端,加快建设国家城乡融合发展试验区,形成工农互促、城乡互补、协调发展、共同繁荣的新型工农城乡关系。

第一节　推动城乡要素高效配置

促进城乡人口有序流动。在重庆主城和成都加快取消对稳定就业居住 3 年以上农业转移人口等重点群体的落户限制,推动都市圈内实现户籍准入年限同城化累计互认、居住证互通互认,完善居民户籍迁移便利化政策措施。尽快实现公共资源按常住人口规模配置。完善集体经济组织人力资源培育和开发利用机制,探索农业职业经理人培育模式和多种人才引进方式。维护进城落户农民在农村的土地承包权、宅基地使用权、集体收益分配权,研究通过合资、合作、投资入股等方式保障新村民依法享有农村相关权益。健全统一的人力资源市场体系,加快建立衔接协调的劳动力流动政策体系和交流合作机制。

深化城乡土地制度改革。探索工业项目标准地出让,探索建立国有土地使用权到期续期制度。深化土地用途转用模式探索,推进城镇低效用地再开发,探索混合产业用地供给和点状供地模式,允许不同产业用地类型依法合理转换。完善建设用地使用权分层管理、统筹开发利用制度,促进地下空间开发。

增强城乡建设资金保障。鼓励发展基础设施领域不动产投资信托基金,在防范债务风险前提下,推动城市建设投资稳定增长。发挥中央预算内投资作用,支持引导工商资本在农村投资。依法积极拓宽农业农村抵质押物范围,鼓励创新开发适应农业农村发展、农民需求的金融产品。通过发行地方政府专项债券等支持乡村振兴、农村产业融合发展等领域建设项目。运用大数据、区块链等技术,提高涉农信贷风险管理水平,优化普惠金融发展环境。

第二节　推动城乡公共资源均衡配置

推动城乡一体规划。加快推进"多规合一"，统筹生产、生活、生态、安全需要，建立国土空间规划留白机制和动态调整机制，提高规划适应性。开展城市体检，查找城市规划建设管理存在的风险和问题，探索可持续的城市更新模式，有序推进老旧小区、老旧厂区、老旧街区及城中村改造。强化城市风貌管理，促进建筑物设计更加适用、经济、绿色、美观，推动天际线、街道立面、建筑色彩更加协调，严格控制超高层建筑建设。加强历史文化街区、古镇古村、全国重点文物保护单位等遗产遗迹的整体保护和合理利用，延续城市和乡村文脉，保护传统的山水城格局。严禁违背农民意愿和超越发展阶段撤村并居。

推动城乡基础设施一体化。完善级配合理的城乡路网和衔接便利的公交网络。推进城市电力、通信、供水、燃气、污水收集等市政管网升级改造和向乡村延伸，合理建设城市地下综合管廊。开展国家数字乡村试点。大力推进生活垃圾分类处理及再生利用设施建设，全面改善城乡居民卫生环境。加强城乡无障碍设施建设和设施适老化改造。推进城市公共基础设施管护资源、模式和手段逐步向乡村延伸，明确乡村基础设施产权归属，合理确定管护标准和模式，以政府购买服务等方式引入专业化机构管理运行。优化应急避难场所布局，完善抗震、防洪、排涝、消防等安全设施。

推动城乡基本公共服务均等化。建立城乡教育联合体和县域医共体。深化义务教育阶段教师"县管校聘"管理改革，鼓励招募优秀退休教师到乡村和基层学校支教讲学，动态调整乡村教师岗位生活补助标准，在职称评审和分配特级教师名额时适当向农村薄弱学校倾斜。加快基层医疗卫生机构标准化建设，提高医护人员专业技术水平，对在农村基层工作的卫生技术人员在职称晋升等方面给予政策倾斜，推动对符合条件的全科医生实行"乡管村用"。把防止返贫摆在重要位置。

健全城乡基层治理体系。健全党组织领导的自治、法治、德治相结合的城乡基层治理体系，加强农村新型经济组织和社会组织的党建工作。培育专业化社会组织和社会工作者队伍,调动企业履行社会责任积极性,畅通公众参与城乡治理渠道,推动政府、社会、企业、居民多方共治。推动基层治理重心下沉,完善社区网格化管理体系和便民服务体系,显著提升社区在流动人口服务管理、公共服务提供、社情民意收集等方面的作用。积极运用现代化手段,推动实现智慧化治理。妥善解决村改社区遗留问题。加强交界地带管理联动,建立重大工程项目选址协商制度,充分征求毗邻地区意见。

第三节 推动城乡产业协同发展

依托相应公共资源交易平台,推动农村集体经营性建设用地、承包地经营权、宅基地使用权、集体林权等依法流转和高效配置,盘活农村闲置资源资产。培育高品质特色小镇,着力发展优势主导特色产业。优化提升美丽乡村和各类农业园区,创建一批城乡融合发展典型项目,打造城乡产业协同发展先行区。

第十一章 强化公共服务共建共享

以更好满足人民群众美好生活需要为目标,扩大民生保障覆盖面,提升公共服务质量和水平,不断增强人民群众获得感、幸福感、安全感。

第一节 推进基本公共服务标准化便利化

建立基本公共服务标准体系。实施基本公共服务标准化管理,以标准化促进均等化、普惠化、便利化。联合制定基本公共服务标准,建立标准动态调整机制,合理增加保障项目,稳妥提高保障标准。创新政府公共服务投入机制,鼓励社会力量参与公共服务供给。加大双城经济圈对周边地区支持力度,保障基本公共服务全覆盖。

提升基本公共服务便利化水平。共建公共就业综合服务平台,打造"智汇巴蜀""才兴川渝"人力资源品牌。重庆市和四川省互设劳务办事机构,推动农民工劳务企业规范化发展。支持探索发展灵活共享就业方式,强化对灵活就业人员的就业服务和权益保障。加快实现双城经济圈社会保险关系无障碍转移接续,推动养老金领取资格核查互认,加快推进全国统一医保信息平台跨省异地就医管理子系统建设,推进跨省市异地就医门急诊医疗直接结算,推进工伤认定和保险待遇政策统一。建设统一的社会保险公共服务平台,推广以社会保障卡为载体的"一卡通"服务管理模式。将常住人口纳入城镇公共租赁住房保障范围,逐步实现住房公积金转移接续和异地贷款信息共享、政策协同。

第二节　共享教育文化体育资源

推动教育合作发展。扩大普惠性幼儿园供给,加大对社会力量开展托育服务的支持力度。鼓励有条件的中小学集团化办学、开展对口帮扶,完善进城务工人员随迁子女就学和在流入地升学考试的政策措施。统筹职业教育布局和专业设置,扩大招生规模,打造一批职业教育基地。建设一批实训基地和国家级创业孵化基地,联手打造"巴蜀工匠"职业技能大赛品牌,打造有区域特色的产教融合行业、企业和院校。组建双城经济圈高校联盟,联手开展世界一流大学和一流学科建设,支持高校向区域性中心城市布局。建设城乡义务教育一体化发展试验区。支持引进境外高水平大学开展中外合作办学,允许外国教育机构、其他组织和个人在自由贸易试验区内单独设立非学制类职业培训机构、学制类职业教育机构,支持建设国际合作教育园区。

构建现代公共文化服务体系。构建"书香成渝"全民阅读服务体系,鼓励博物馆、美术馆、文化馆等建立合作联盟,实现公共文化资源共享。建设三星堆国家文物保护利用示范区。推动出版、影视、舞台艺术发展,共同打造"成渝地·巴蜀情"等文化品牌。放宽文化演艺准入,研究建设文化艺术品和文物拍卖中心。建立非物质文化遗产保护协调机制,支持川剧、蜀锦、羌绣、夏布等非物质文化遗产的保护传承发展,研究建设巴蜀非遗文化产业园。

共同推进体育事业发展。促进全民健身,推动公共体育场馆、全民健身活动中心、体育公园、社区体育场地等资源设施建设和开放共享,支持公办中小学校和高校的体育场馆、附属设施向社会分时段开放。建立成渝体育产业联盟,支持建设国家级足球竞训基地等专业场地,推动体育项目合作和竞技人才交流培养,协同申办国际国内高水准大型体育赛事。

第三节　推动公共卫生和医疗养老合作

构建强大公共卫生服务体系。增强公共卫生早期监测预警能力。健全重大突发公共卫生事件医疗救治体系,建设省级和市地级重大疫情救治基地、公共卫生综合临床中心。分级推动城市传染病救治体系建设,实现地级市传染病医院全覆盖,加强县级医院感染疾病科和相对独立的传染病区建设。提高公共卫生应急能力,完善联防联控常态机制。加强公共卫生应急物资储备,提升应急物资生产动员能力。

优化医疗资源配置。依托四川大学华西医院、重庆医科大学附属医院等优质医疗资源,加快建设国家医学中心。支持共建区域医疗中心和国家临床重点专科群。推进国家老年疾病临床医学研究中心创新基地建设,支持重庆整合有关资源建设国家儿童区域医疗中心,推进四川省儿童医学中心建设。深化中医药创新协作。推动优质医疗资源下沉,支持医联体建设和跨区办医,推动中心城市三甲医院异地设置医疗机构。加强基层医疗卫生服务体系和全科医生队伍建设,构建更加成熟定型的分级诊疗制度。发展在线医疗,建立区域专科联盟和远程医疗协作体系,实现会诊、联网挂号等远程医疗服务。完善二级以上医疗机构医学检验结果互认和双向转诊合作机制。

推进养老服务体系共建共享。开展普惠养老城企联动专项行动,发展居家养老、社区养老、机构养老,构建综合连续、覆盖城乡的老年健康服务体系。支持以市场化方式稳妥设立养老产业发展引导基金,制定产业资本和品牌机构进入养老市场指引,支持民营养老机构品牌化、连锁化发展。推动老年人照护需求评估、老年人入住评估等互通互认。鼓励养老设施跨区域共建。统筹医疗卫生和养老服务资源,促进医养融合。推动人口信息互通共享,率先建立人口发展监测分析系统,开展积极应对人口老龄化综合创新试点。

第四节　健全应急联动机制

健全公共安全风险防控标准和规划体系。强化防灾备灾体系和能力建设,完善重大灾害事件预防处理和紧急救援联动机制,加快建设国家西南区域应急救援中心以及物资储备中心,打造 2 小时应急救援圈,推进防灾减灾救灾一体化。建立健全安全生产责任体系和联动长效机制,有效防范和坚决遏制重特大安全生产事故发生。推广实施公共设施平急两用改造,提升平急转换能力。在跨界毗邻地区,按可达性统筹 120、110 等服务范围。

第十二章　推进规划实施

加强党对成渝地区双城经济圈建设的领导,明确各级党委和政府职责,细化各项政策措施,建立健全协同实施机制,确保规划纲要主要目标和任务顺利实现。

第一节　加强党的集中统一领导

坚定不移加强党的全面领导,增强"四个意识",坚定"四个自信",做到"两个维护"。充分发挥党总揽全局、协调各方的领导核心作用,把党的领导始终贯穿成渝地区双城经济圈建设重大事项决策、重大规划制定调整等各方面全过程。充分发挥党的各级组织在推进成渝地区双城经济圈建设中的领导作用和战斗堡垒作用,激励干部锐意进取、担当作为,组织动员全社会力量落实规划纲要,形成强大合力。

第二节　强化组织实施

重庆市、四川省作为成渝地区双城经济圈建设的责任主体,要明确工作分工,完善工作机制,共同研究制订年度工作计划,落实工作责任,把规划纲要确定的各项任务落到实处。中央有关部门要按照职责分工,加强对规划纲要实施的指导,在规划编制、体制创新、政策制定、项目安排等方面给予积极支持。国家发展改革委要依托城镇化工作暨城乡融合发展工作部际联席会议制度,加强对规划纲要实施的统筹指导,协调解决规划纲要实施中面临的突出问题,督促落实重大事项,适时组织开展评估,及时总结经验做法。重大规划、重大政策、重大项目按程序报批,重大问题及时向党中央、国务院请示报告。

第三节　完善配套政策体系

中央有关部门要加强与重庆市、四川省沟通衔接,负责编制印发实施成渝地区双城经济圈国土空间规划以及多层次轨道交通体系、综合交通发展、西部金融中心建设、科技创新中心建设、生态环境保护、巴蜀文化旅游走廊等规划或实施方案,指导编制践行新发展理念的公园城市示范区、川渝统筹发展示范区、川南渝西融合发展试验区等建设方案,研究出台产业、人才、土地、投资、财政、金融等领域配套政策和综合改革措施。重庆市、四川省编制出台重庆都市圈、成都都市圈发展规划,共同推动形成规划和政策体系,不改变不减弱对三峡库区等周边地区的支持政策。

第四节　健全合作机制

健全推动成渝地区双城经济圈建设重庆四川党政联席会议机制,研究落实重点任务、重大改革、重大项目等,压茬推进各项任务。建立交通、产业、创新、市场、资源环境、公共服务等专项合作机制,分领域策划和推进具体合作事项及项目。培育合作文化,鼓励两省市地方建立合作协同机制。推动与东部地区开展干部人才双向交流、挂职任职。广泛听取社会各界意见和建议,营造全社会共同推动成渝地区双城经济圈建设的良好氛围。

附件二 成渝地区双城经济圈建设相关政策

（一）国家相关政策

序号	发文日期	发文机构	政策名称
1	2022 年 2 月	生态环境部、国家发展改革委、重庆市人民政府、四川省人民政府	成渝地区双城经济圈生态环境保护规划
2	2021 年 12 月	国家发展改革委	成渝地区双城经济圈多层次轨道交通规划
3	2021 年 12 月	中国人民银行、国家发展改革委、财政部、中国银行保险监督管理委员会、中国证券监督管理委员会、国家外汇管理局、重庆市人民政府、四川省人民政府	成渝共建西部金融中心规划
4	2021 年 10 月	中共中央、国务院	成渝地区双城经济圈建设规划纲要
5	2021 年 6 月	国家发展改革委、交通运输部	成渝地区双城经济圈综合交通运输发展规划
6	2021 年 2 月	中共中央、国务院	国家综合立体交通网规划纲要
7	2021 年 1 月	最高人民法院	最高人民法院关于为成渝地区双城经济圈建设提供司法服务和保障的意见
8	2020 年 12 月	科学技术部	关于加强科技创新促进新时代西部大开发形成新格局的实施意见

续表

序号	发文日期	发文机构	政策名称
9	2020 年 10 月	交通运输部	交通运输部关于四川省开展成渝地区双城经济圈交通一体化发展等交通强国建设试点工作的意见

（二）川渝省市相关政策

序号	发文日期	发文机构	政策名称
1	2022 年 2 月	重庆市人民政府办公厅,四川省人民政府办公厅	成渝地区双城经济圈碳达峰碳中和联合行动方案
2	2022 年 2 月	四川省发展和改革委员会,重庆市发展和改革委员会	资大文旅融合发展示范区总体方案
3	2022 年 1 月	四川省人民政府办公厅,重庆市人民政府办公厅	成渝地区双城经济圈优化营商环境方案
4	2022 年 1 月	四川省人民政府办公厅	关于印发《增强协同创新发展能力行动方案》的通知
5	2022 年 1 月	重庆市人民政府,四川省人民政府	关于城宣万革命老区振兴发展示范区总体方案的批复
6	2022 年 1 月	重庆市人民政府,四川省人民政府	关于合广长协同发展示范区总体方案的批复
7	2021 年 12 月	中共重庆市委、中共四川省委、重庆市人民政府,四川省人民政府	重庆四川两省市贯彻落实《成渝地区双城经济圈建设规划纲要》联合实施方案
8	2021 年 12 月	重庆市人民政府,四川省人民政府	关于内江荣昌现代农业高新技术产业示范区总体方案的批复

续表

序号	发文日期	发文机构	政策名称
9	2021 年 11 月	四川省人民政府办公厅,重庆市人民政府办公厅	成渝现代高效特色农业带建设规划
10	2021 年 11 月	重庆市发展和改革委员会,四川省发展和改革委员会	明月山绿色发展示范带总体方案
11	2021 年 11 月	四川省人民政府	成都都市圈发展规划
12	2021 年 10 月	四川省人民政府,重庆市人民政府	关于泸永江融合发展示范区总体方案的批复
13	2021 年 6 月	四川省人民政府办公厅	关于支持成都东部新区发展的政策措施
14	2021 年 3 月	四川省经济和信息化厅,重庆市经济和信息化委员会	2021 年成渝地区工业互联网一体化发展示范区建设工作要点
15	2021 年 3 月	四川省人民政府办公厅,重庆市人民政府办公厅	成渝地区双城经济圈"放管服"改革 2021 年重点任务清单》
16	2021 年 3 月	四川省人民政府办公厅,重庆市人民政府办公厅	川渝通办事项清单(第二批)
17	2021 年 1 月	重庆市人民政府办公厅,四川省人民政府办公厅	重庆市人民政府办公厅四川省人民政府办公厅关于协同推进成渝地区双城经济圈"放管服"改革的指导意见
18	2021 年 1 月	四川省人民政府办公厅,重庆市人民政府办公厅	成渝地区双城经济圈便捷生活行动方案
19	2020 年 12 月	重庆市人民政府	重庆市人民政府关于印发推动成渝地区双城经济圈建设加强交通基础设施建设行动方案(2020—2022 年)的通知

续表

序号	发文日期	发文机构	政策名称
20	2020 年 12 月	四川省人民政府,重庆市人民政府	关于同意设立遂潼川渝毗邻地区一体化发展先行区的批复
21	2020 年 10 月	四川省人民政府办公厅,重庆市人民政府办公厅	关于印发川渝通办事项清单(第一批)的通知
22	2020 年 10 月	四川省市场监督管理局	四川省市场监督管理局关于深化川渝市场监管一体化合作推动成渝地区双城经济圈建设的实施意见
23	2020 年 8 月	四川省生态环境厅,重庆市生态环境局	深化四川重庆合作推动成渝地区双城经济圈生态共建环境共保工作方案
24	2020 年 8 月	四川省生态环境厅,重庆市生态环境局	深化四川重庆合作推动成渝地区双城经济圈生态共建环境共保 2020 年重点任务
25	2020 年 8 月	重庆市委全面深化改革委员会,四川省委全面深化改革委员会	关于推动成渝地区双城经济圈建设的若干重大改革举措
26	2020 年 7 月	四川省人民政府办公厅,重庆市人民政府办公厅	关于协同推进成渝地区双城经济圈"放管服"改革合作协议
27	2020 年 7 月	重庆市人民政府办公厅,四川省人民政府办公厅	川渝毗邻地区合作共建区域发展功能平台推进方案
28	2020 年 7 月	中共四川省委	中共四川省委关于深入贯彻习近平总书记重要讲话精神加快推动成渝地区双城经济圈建设的决定

续表

序号	发文日期	发文机构	政策名称
29	2020 年 6 月	重庆市信访办,四川省信访局	共同推动成渝地区双城经济圈建设信访服务保障工作合作框架协议
30	2020 年 5 月	川渝两地自然资源部门	深化规划和自然资源领域合作助推成渝地区双城经济圈建设合作协议
31	2020 年 4 月	四川省公安厅,重庆市公安局	四川省公安厅重庆市公安局服务成渝地区双城经济圈建设22 条
32	2020 年 4 月	四川省公安厅,重庆市公安局	四川省公安厅重庆市公安局服务成渝地区双城经济圈建设警务合作运行机制
33	2020 年 4 月	—	协同推进成渝地区双城经济圈建设改革合作框架协议
34	—	四川省自然资源厅,重庆市规划和自然资源局	四川省重庆市成渝地区双城经济圈国土空间规划编制工作方案
35	—	四川省生态环境厅,重庆市生态环境局	推动成渝地区双城经济圈建设联合办公室生态环境共建专项工作组工作机制(试行)

(三)成都市相关政策

序号	发文日期	发文机构	政策名称
1	2021 年 8 月	成都市人民政府办公厅	关于大力推进绿色建筑高质量发展助力建设高品质生活宜居地的实施意见

续表

序号	发文日期	发文机构	政策名称
2	2021 年 4 月	成都市人民政府	关于进一步促进高水平利用外资的若干意见
3	2021 年 2 月	中共成都市委,成都市人民政府	关于实施幸福美好生活十大工程的意见
4	2020 年 10 月	成都市委、市政府	关于支持成都东部新区建设全面体现新发展理念的未来之城的意见
5	2020 年 9 月	成都市人大常委会办公厅	成都市推进科技创新中心建设条例(草案)
6	2020 年 7 月	中共成都市委	关于坚定贯彻成渝地区双城经济圈建设战略部署加快建设高质量发展增长极和动力源的决定
7	2020 年 6 月	中共成都市委办公厅,成都市人民政府办公厅	全面加强科技创新能力建设的若干政策措施

参考文献

［1］重庆市地方志编纂委员会总编辑室.重庆市志:第 1 卷［M］.成都:四川大学出版社,1992.

［2］重庆市地方志办公室.重庆市志:综合卷(1986—2016)［M］.重庆:西南师范大学出版社,2020.

［3］何一民,王毅.成都简史［M］.成都:四川人民出版社,2018.

［4］李后强,唐青阳.论双城经济圈［M］.成都:巴蜀书社,2020.

［5］李绍明,林向,徐南洲.巴蜀历史·民族·考古·文化［M］.成都:巴蜀书社,1991.

［6］蒙默.四川古代史稿［M］.成都:四川人民出版社,1988.

［7］四川省地方志工作办公室.四川年鉴(2019)［M］.成都:四川年鉴社,2019.

［8］四川省地方志编纂委员会.四川省志·地理志:上册［M］.成都:成都地图出版社,1996.

［9］唐文金.成渝地区双城经济圈建设研究［M］.成都:四川大学出版社,2020.

［10］熊梅.川渝传统民居地理研究［D］.西安:陕西师范大学,2015.

［11］张志强,熊永兰,韩文艳.成渝国家科技创新中心建设模式与政策研究［J］.中国西部,2020(5):11-23.

［12］张志强,熊永兰.成渝地区双城经济圈一体化发展的思考与建议［J］.中国西部,2020(2):1-12.

［13］张志强,熊永兰,等.四川省全面创新改革发展研究［M］.北京:人民出版社,2020.

［14］张志强.论成渝地区双城经济圈建设的第三极［J］.中国西部,2020(4):28-34.

［15］张志强.川渝毗邻地区如何先行和示范成渝经济圈一体化发展？［EB/OL］.人民网,2020-07-07.

［16］姚作林,涂建军,牛慧敏,等.成渝经济区城市群空间结构要素特征分析［J］.经济地理,2017,37(1):82-89.

［17］钟海燕,冷玉婷.基于知识图谱的成渝地区双城经济圈研究综述［J］.重庆大学学报(社会科学版),2020,26(4):13-26.

［18］滕英明.成渝地区双城经济圈背景下公路水路交通一体化发展研究［J］.公路交通技术,2020,36(4):105-109.

［19］杨继瑞,杜思远,冯一桃.成渝地区双城经济圈建设的战略定位与推进策略:"首届成渝地区双城经济圈发展论坛"会议综述［J］.西部论坛,2020,30(6):62-70.

［20］王大明.成渝双城经济圈建设之南充思考［J］.西华师范大学学报(哲学社会科学版),2020(5):99-102.

［21］秦瑶,曾俊林,汤继强,等.专家谈:成渝地区双城经济圈如何发力？［J］.四川省情,2020(7):34-37.

［22］范恒山.把握关键,推动成渝双城经济圈建设［N］.中国城市报,2020-08-17(14).

［23］陈宪.成渝双城经济圈要加快做好这几件事［N］.每日经济新闻,2020-12-31(9).

［24］阎星,姚毅.高质量建设成渝地区双城经济圈［N］.成都日报,2020-04-01(7).

［25］赵驹,郭靖,梁正.成渝经济区会展业发展研究［M］.成都:四川大学出版社,2013.

［26］马述林.重庆发展改革筹谋［M］.重庆:重庆大学出版社,2016.

［27］本书编写组.《中共中央关于制定国民经济与社会发展第十四个五年规划和二〇三五年远景目标的建议》辅导读本［M］.北京:人民出版

社,2020.

[28] 张文忠.宜居城市的内涵及评价指标体系探讨[J].城市规划学刊,2007(3):30-34.

[29] 胡伏湘,胡希军.城市宜居性评价指标体系构建[J].生态经济,2014,30(8):42-44.

[30] 耿冰,付梅臣.基于科技文本挖掘的宜居城市评价体系研究[J].技术经济与管理研究,2016(12):30-34.